Georges Vermard

OMÉGA - ALPHA

La voie spirituelle du IIIe millénaire

GEORGES VERMARD

Oméga - Alpha
La voie spirituelle du IIIème millénaire

Publié par
Omnia Veritas Ltd

www.omnia-veritas.com

© Omnia Veritas Ltd – Georges Vermard – 2017

Tous droits réservés. Aucune partie de cette publication ne peut être reproduite par quelque moyen que ce soit sans la permission préalable de l'éditeur. Le code de la propriété intellectuelle interdit les copies ou reproductions destinées à une utilisation collective. Toute représentation ou reproduction intégrale ou partielle faite par quelque procédé que ce soit, sans le consentement de l'éditeur, de l'auteur ou de leur ayants cause, est illicite et constitue une contrefaçon sanctionnée par les articles L-335-2 et suivants du Code de la propriété intellectuelle.

Nous remercions Monsieur Gilles Dormion pour le graphique du plateau de Gizeh. Ce graphique a parfois servi de trame de fond à nos propres travaux.
Réf : « **La chambre de Chéops** », Fayard éditeur (2004).

« Une nouvelle façon de penser est essentielle
si l'humanité doit survivre »
Einstein

Cet ouvrage est une ouverture vers la lumière,
une voie vers le méconnu, une quête de l'absolu.

*Comme tout parcours initiatique,
il sera parfois nécessaire de faire étape,
ne serait-ce que pour exalter son intuition
à l'ombre de la symbolique.*

*Tant mieux, si nous sommes parvenus
à donner un sens à l'existence.
Tant pis, si nous n'avons réussi qu'à interpeler le lecteur.*

INTRODUCTION	11
AUX CONFINS DE LA PHYSIQUE	18
LA QUÊTE MYTHOLOGIQUE	23
L'HÉRITAGE HÉBRAÏQUE	27
L'HÉRITAGE ÉGYPTIEN	34
LA PENSÉE ÉGYPTIENNE	42
L'ÉCRITURE	48
NAISSANCE DES RELIGIONS OCCIDENTALES	53
LA GENÈSE	65
DIEU ET NOUS	74
EFFLEURONS LA SYMBOLIQUE DU 1 + 2	83
LE NOMBRE « 36 » ET LE CERCLE	86
LA MYSTIQUE DU « 3 »	95
LA CRÉATION	101
GENÈSE ET MYTHOLOGIE ÉGYPTIENNE	114
ACTE PREMIER DE LA CRÉATION	118
ACTE SECOND DE LA CRÉATION	125
LE « NOUN » ET LE « NOU »	131
L'AITHÉRON	137
TROISIÈME ET QUATRIÈME PRINCIPES	148
LA MÈRE CÉLESTE	154
LES DEUX MÈRES	163
LES « 5 » ENFANTS DE NOUT	173
OSIRIS ROI	182
HARMONIE DES NOMBRES ET DES FORMES	187
LA LUTTE DES ÉLÉMENTS PRIMORDIAUX	192
LA VEILLÉE D'ARMES NUMÉRIQUES	200

LA DUPLICITÉ HUMAINE	209
LA LÉGENDE DU ROI ARTHUR	215
NAISSANCE D'HORUS	221
HORUS ET LA MAIN ROYALE	227
L'UNION DES « 9 » PORTES PLUS « 1 »	233
DUALITÉ ET GÉOMÉTRIE	235
LA LOI DE BODE ET LE MYTHE	240
L'ENVOL DU FAUCON	248
LE MYTHE LE NOMBRE ET LA FORME	256
L'ANKH OU LA CROIX ANSÉE	263
L'ARBRE EMBLÈME DE VIE	269
LA CROIX DE VIE	275
L'ŒIL DES DIEUX	277
LE MYSTÈRE DE L'OUDJAT	282
LA TRADITION RELIGIEUSE	288
MAHOMET, LES NOMBRES ET LE CORAN	298
LA VALEUR DE L'ANNÉE ET LE MYTHE	305
SOUS LE REGARD DE LA TRADITION	309
LA GNOSE	316
LES « 153 » GROS POISSONS	323
LE SENS CACHÉ DES LÉGENDES	339
« HA OH » DE L'O DE L'A	346
ÉGYPTE, ÎLE DE PHILAE	355
CIVILISATIONS OPPOSÉS	363
LA SOCIÉTÉ ARCHAÏQUE	370
LA ROUE	377
LES NOMBRES DIVINS	379

LA PRIMOSOPHIE	387
LE NOMBRE " 102 "	391
CONCLUSION	396
DÉJÀ PARUS	399

INTRODUCTION

> « La seule chose que l'on ne peut embellir
> Sans qu'elle en périsse, c'est la vérité. »
> Jean Rostand

Les plus grands mystères ont toujours plané sur quelques mots du vocabulaire : Dieu, Infini, Esprit, Vie, Mort, le réel se fond en l'irréel et l'infiniment petit en l'infiniment grand.

Au cours de ces derniers siècles, la science aura dissipé des étendues de brume, éclairci des énigmes, chassé des préjugés. D'une manière générale, elle aura bousculé les frontières du savoir au-delà de ce que l'on considérait être, il y a bien des lunes, les confins de l'envisageable. Elle n'a cependant pu et ne pourra jamais, cette science, franchir les limites physiques que la loi des extrêmes lui impose.

Nous, êtres humains, nous nous trouvons condamnés à errer entre un espace-temps tributaire de la vitesse de la lumière, et les vertigineux abysses dans lesquels évoluent les plus infimes particules d'énergie quantique soupçonnable. Bref, nous demeurons prisonniers de la matière dont nous sommes faits ; elle est notre maître intransigeant qui veille à ce que nous n'outrepassions pas les bornes établies.

Convenons malgré tout, que les domaines exploitables demeurent considérables ! L'esprit a encore de quoi s'émerveiller. Cependant, nous ne feindrons pas d'ignorer que depuis le fameux « fruit de l'Éden », l'homme n'a de cesse de repousser les limites de ses aspirations. Frustré peut-être par les arcanes de la nature qui résistent à son analyse, il n'y a pas de voiles qu'il ne désire ôter, fussent-ils ceux d'Isis, et par extension, point d'exigences qu'il ne veuille conduire à terme. Légitime ou non, la démarche ne peut être satisfaite par la seule « mécanique cérébrale » indispensable outil de la pensée. Il nous faut donc admettre pour corollaire l'apport sporadique du **subconscient**, dont l'un des édifiants supports est *l'intuition*.

Cette constatation fait appel à un aspect noétique profondément ancré en chacun de nous, et dont certaines dispositions d'esprit facilitent l'émergence. Jugé par une généralité invraisemblable ou peu crédible, **le phénomène intuitif** est le plus souvent relégué au rang des chimères invérifiables, issues des fantasmes de l'inconscient. En notre ère où sévit un rationalisme exacerbé, l'intuition s'oppose naturellement à la pensée discursive. Si l'intuition demeure un postulat admissible pour certains, elle subit une éviction presque systématique des « essayistes de l'éprouvette » qui ne savent comment en effectuer l'analyse. **L'intuition** ne devrait pas être l'objet de notre mépris, plutôt devrait-elle être différenciée de **l'instinct** plus animal, lequel, est profitable à notre équilibre, puisque les individus évolués ou prétendus tels, n'en seraient pas démunis.

L'intuition* est à la *conscience supérieure*,
ce que *l'instinct* est au *cérébral* et le *réflexe* au *corps*.

Si l'on en croit les Anciens, *l'intuition* chemine par les dédales du cœur pour venir affleurer **la conscience**, cet état le plus éthéré de ***l'esprit***. Il n'est guère possible de solliciter la manifestation du sentiment *intuitif* pas plus que l'on ne peut en limiter ou en réguler les augures. La présence fortuite du phénomène est le plus souvent assimilée à une coïncidence, à laquelle une majorité d'entre nous n'accorde qu'une attention songeuse tout au plus. Nous manquons, il est vrai, de critères raisonnables pour identifier l'intuition. Comment en effet, considérer ces figures de l'imaginaire qui se situent hors du domaine commun de la réflexion ?

Les peuples anciens, Égyptiens, Chaldéens, Celtes, Amérindiens, Chinois ou Hindous assimilaient l'intuition à un élan du cœur. Le plus souvent, ils n'hésitaient pas à consentir que celle-ci influe sur la pensée objective. Ces communautés archaïques accordaient au seul mental un pouvoir efficace mais relatif. Pour eux, ce mental n'était pas à même d'élucider les énigmes existentielles, auxquelles l'humanité n'a jamais cessé d'être confrontée depuis l'avènement de l'intelligence. Dans l'Antiquité, les disciplines consistant à **stimuler la réaction intuitive** prenaient place parmi les mystères initiatiques. On croyait à l'innéité de la faculté supra normale, on cultivait les spécificités des individus. D'une manière générale, on entretenait des relations d'ordre métapsychique avec le monde réputé occulte des esprits et des dieux.

Quant au **gnosticisme,** c'était un pont jeté entre **le conscient et l'inconscient.** L'abondance que générait cette arche, venait ensemencer les connaissances dont l'homme avait besoin pour se positionner au sein de son espace-temps. Hélas, la dilution des références traditionnelles, l'altération des philosophies, le dédain de la symbolique et la déliquescence des mœurs, ont lentement éradiqué les principes de ce souverain équilibre. L'être humain se trouve aujourd'hui ballotté entre une déduction analytique qui se veut objective et une pensée subjective incohérente qu'il a grand mal à véhiculer dans les dédales du collectivisme ambiant. Perturbé, démotivé, lassé, ce nouvel humanoïde résultant de la modernisation, va tenter de canaliser ses aspirations dans le bien-être matériel. Utilisateur immodéré des technologies de service, qui obèrent lentement son capital mémoire, il va progressivement et à son insu éviter toute interrogation contraignante. Pis encore, il va éroder l'aspect vital de **sa raison d'être** au bénéfice de la **nécessité d'être,** répondant à un grégarisme médiatisé aux influences pernicieuses. À l'heure où le **droit** prime sur le **devoir** et l'induction informative sur la déduction individuelle, la vie est un état fortuit et la mort une dégradation biologique...

Reste la souveraine marginalité ; mais la marginalité à notre époque humano aseptisée n'est-elle pas synonyme d'isolement, si ce n'est de déclin précoce ? Entre ces deux tendances, demeure le plus souvent un parcours existentiel aléatoire, soumis aux bourrasques perfides de la fatalité. Affecté par un « tout » que nous ne parvenons pas à cerner, nous serions à la fois rien et le jouet de rien.

Raisonner ainsi, c'est faire fi des lois qui régissent la nature, et c'est là que se trouble quelque peu la logique primaire du rationaliste. S'il y a loi, il y a organisation. L'organisation, on ne peut le nier, entraîne son cortège d'expériences, de choix, d'interrogations, d'adaptabilité, de sensibilité, de déductions, donc un appel aux ... **fonctions cognitives.**

Si nous admettons ne serait-ce qu'implicitement **une organisation ingénieuse de la nature,** et si nous convenons qui plus-est en être issu, c'est que notre figuration sur la scène du temporel a sa raison d'être. Nous ne pouvons être une conjonction chromosomique dû au hasard darwinien, comme certains voudraient nous le faire croire. Si la nature avait dû forger ses possibilités de discernement dans l'atelier du hasard manœuvrier, les risques de démantèlement auraient été si grands qu'ils auraient fait barrage au facteur évolutif. Par conséquent, il n'y aurait jamais eu de commencement, c'est la loi des probabilités qui nous le prouve.

Par ailleurs, si nous prêtons à cette nature une activité sensorielle aléatoire, entendons par là totalement démunie d'un état orienteur théorique et conscient, il nous faudrait admettre que cette nature a évolué par petites touches timorées. Elle aurait, cette nature, procédé à des milliards de milliards de tentatives arbitraires, pour enfin parvenir au niveau biophysique actuel ; tentatives qui, pour chacune d'elles, n'auraient point manqué d'être reconduites à l'infini. Cela, en raison des bouleversements moléculaires, des influx telluriques, cosmiques, chimiques, des inversions de toutes tendances et des dégénérescences de tout ordre. Si, au détriment de toute logique, ces divers obstacles devaient être pris en considération, l'intelligence humaine émergerait d'un magma à probabilités évolutives quasiment nulles. À ce stade des constatations, reconnaissons que pour n'être en fin de compte que le produit du *Pur Hasard*, l'homo erectus est on ne peut plus au poil en sa villeuse apparence ! Certes, quelques améliorations sur le plan physique ne seraient point à dédaigner. On peut toujours considérer que les nymphettes soucieuses de leurs atours pourraient être pourvues d'une toison chevelue fleurissant à chaque printemps. Deux yeux derrière la tête nous seraient bougrement utiles, de même que deux petits bras supplémentaires, pour maintenir en place le poulet que l'on dévore ou l'instrument que l'on répare. Nous pourrions revendiquer une queue plate et dépliable en forme de siège souple, pratique pour les spectacles en plein air. Depuis le temps où l'homme s'exerce à pourfendre les « nues », il est étrange de constater qu'il n'est point nanti d'un sexe à rallonge ou pour le moins à la hauteur de ses aspirations. La nuit étant, à l'instar du ver luisant pourquoi n'avons-nous pas des orteils dotés d'une photoluminescence, pour savoir au moins où l'on met les pieds... ?

Cette liste ne saurait être exhaustive, mais elle nous permet de constater que ces graves omissions, ne corroborent en rien le fameux apophtegme **la fonction crée l'organe**. Malgré les millénaires, nous sommes lamentablement restés ce que nous sommes, à quelques poils près, bien sûr ! Fort heureusement, l'ère de la robotique serait sur le point de remédier aux lacunes darwiniennes que nous qualifierons d'élémentaires.

Reléguons très vite cet humour contestable au placard pour préciser que le phénomène existentiel est inséparable de l'esprit ordinal de ladite nature. Cela signifie en clair qu'un principe intelligent gère les choses de l'Univers. La Terre elle-même ne pourrait se soustraire aux lois de l'harmonie cosmique, sa forme, sa position dans l'espace, son immuabilité giratoire et son équilibre magnétique ont été préalablement déterminés. Tout autant, sa raison d'être et de perpétrer la vie, dont nous, êtres terrestres, sommes bénéficiaires. Une telle vision nous éloigne radicalement du *Pur Hasard* sans toutefois rendre crédibles à nos yeux ces dieux condescendants, batailleurs ou revanchards des mythes à prendre au premier degré. Ce constat de l'inéluctable **Harmonie Universelle** devrait nous favoriser une approche toute désignée d'une **Omniscience Cosmique** propre à nous procurer une image moins puérile, si ce n'est tout à fait crédible, d'un **Principe Créateur**. C'est ce que nous allons nous efforcer d'entrevoir d'un âge à un autre :

Image idéelle extraite d'une Bible de l'an 1602, Dieu est le triangle

L'Égypte antique nous donne un aperçu de la connaissance cachée, apte à dimensionner les êtres qui se sentent motivés par la quête du soi à travers la nature des choses. Ce rectangle 3 - 4 — 5 ou triangle d'Isis, nous conduit à la Grande Pyramide de Gizeh. La philosophie consiste à voir au-delà de l'apparence le caractère subtil de ce que nous côtoyons innocemment et que nous considérons comme banal.

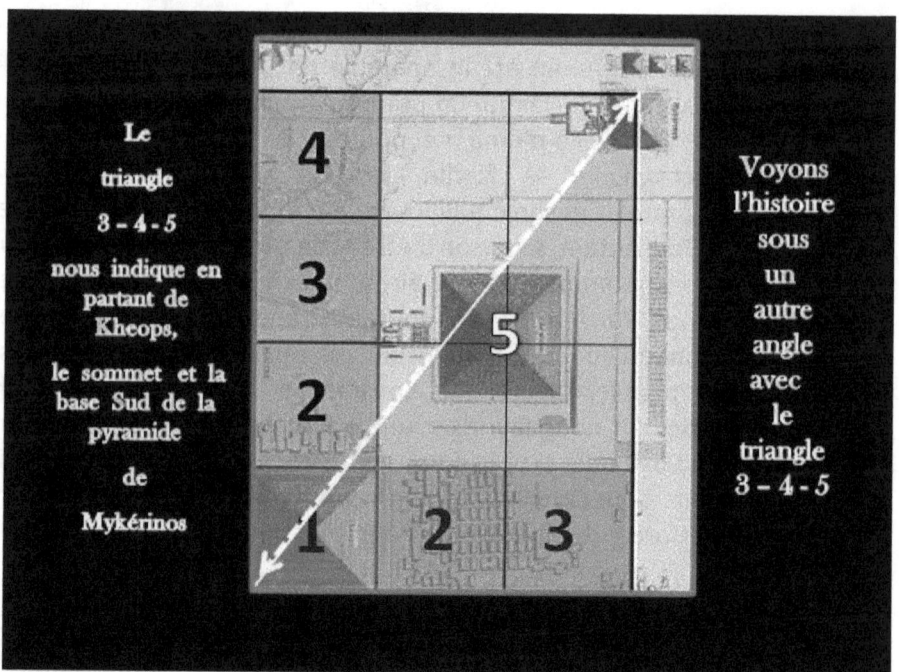

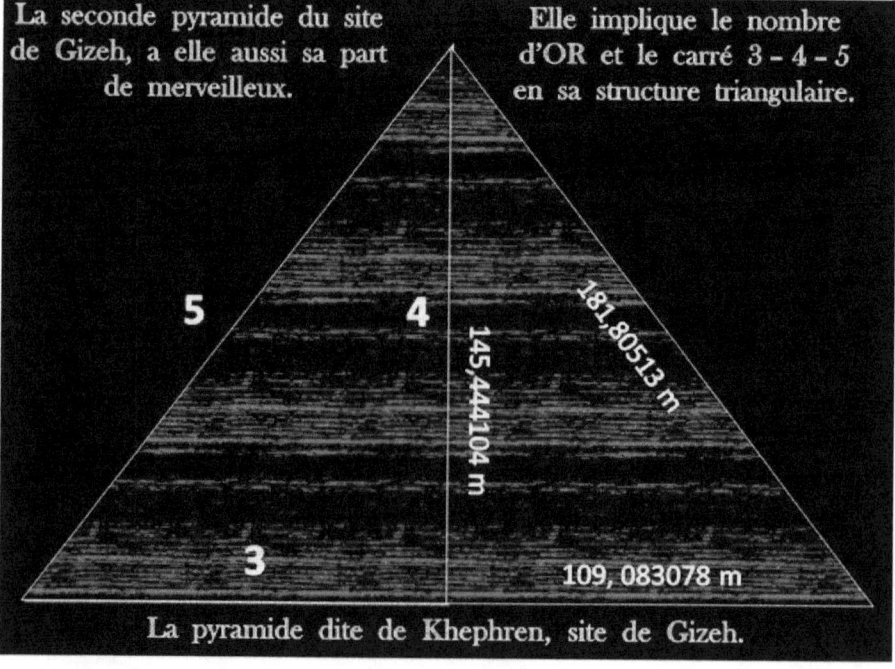

Le fameux triangle 3 – 4 – 5 égyptien, il est l'une des icones secrète unie à la connaissance que recelait la Grande Tradition.

Le triangle 3 – 4 – 5 remarqué par Pythagore, était l'un des arcanes secrets des mages du moyen-âge. Ce docte personnage nous indique le chiffre 4 lequel est à la base des recherches de connaissances en ce qui concerne la Terre et la lune $4 / \pi \times X^2 \times 10\,000 =$ en kilomètres le diamètre des deux astres.

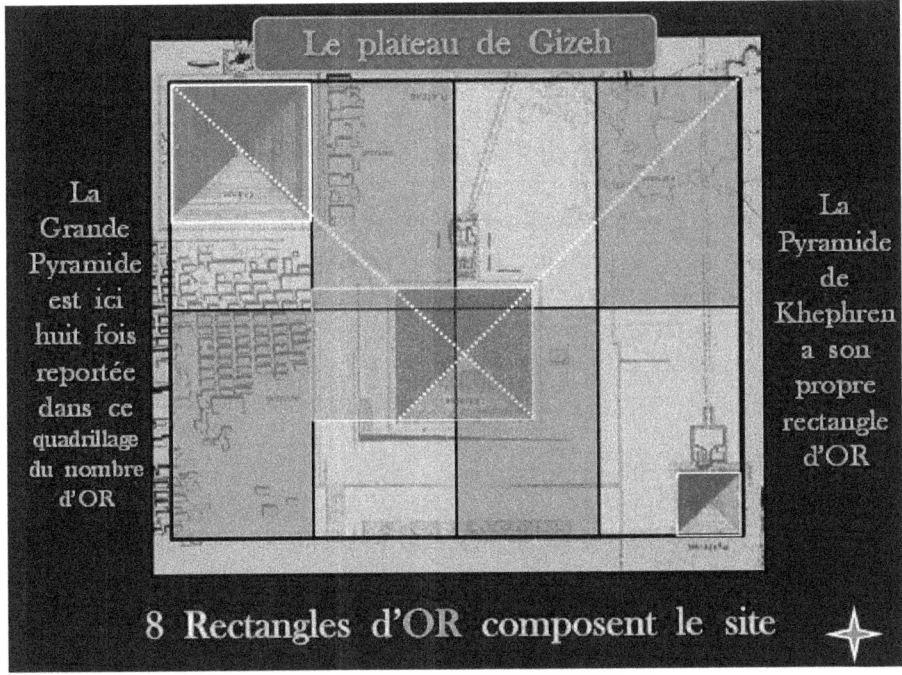

L'harmonie est la première manifestation de la spiritualité.

Aux Confins de la Physique

> « Tout ce que Dieu crée possède
> Un caractère mathématique. »
> **Platon**

Voyons, comment imaginer que ce **moi** bien charnel et au demeurant bien-pensant, pourrait avoir quelques liens de parenté avec un **caillou**, un **nuage**, un **arbuste** ? Le lecteur nous pardonnera cette osmose bucolique, mais ne devons-nous pas faire preuve d'une réflexion symbiotique, face au Grand tout dans lequel nous sommes impliqués. Si nous pouvions connaître l'antécédent des atomes qui nous structurent, si nous pouvions savoir à quelles formations ils ont appartenu et celles auxquelles ils appartiendront, sans doute aurions-nous matière à nous étonner. Que sommes-nous d'autre, si ce n'est un emprunt à court terme que Dame Nature en sa clémence aura bien voulu nous concéder ?

Quant à ces milliards de particules intervenant dans la composition de notre corps, elles n'ont pas pris forme avec nous. Lorsque viendra notre mort, répondant à l'impérieux désir d'une recomposition permanente, elles nous abandonneront sans le moindre regret, sans la moindre nostalgie pour notre ego pensant. Il nous faut, chers lecteurs, accepter cette évidence, sur le plan physique, nous ne sommes qu'un assemblage précaire, un mécanisme corporel aléatoire, une entité transitive. Le temps écoulé, nous serons sommés de rendre en bonne et due forme jusqu'au plus négligeable atome rentrant dans la composition de ce qui fut, le temps d'un souffle, la quiddité même de notre entité.

Mais à la réflexion, sommes-nous si sûrs d'être de notre vivant, ce **moi** prétendu tel ? Nous ne pouvons mettre en doute qu'un cycle de 7 ans change en nous la quasi-totalité des molécules composant notre corps. Ce qui fait qu'à 70 ans, nous sommes 10 fois la copie intégrale de nous-mêmes. Qui plus est, force nous est de constater que nous sommes passablement altérés par la déperdition ergodynamique des organes et substances constituant notre entité.

C'est la preuve absolue que notre **MOI** change de *moi*, ce qui nous incite à penser que cette belle entité n'est peut-être qu'une **onde** parmi les **ondes**. Qui dit onde, dit par extension eau, source, fleuve, mer. Ces évocations sont porteuses d'une riche tradition symbolique que l'on peut estimer être à la base de l'univers matière. Cette eau, est-elle en soi aussi banale qu'il n'y paraît ? Suivant les meilleures estimations, notre corps en serait composé de 72 à 80 % et plus encore pour le seul cerveau. Voyons ! Cela voudrait dire que si nous prélevons l'eau contenue à l'intérieur d'un homme de 75 kg, nous ne soutirons pas plus de 15% de matière consistante de ce que représente son corps apparent. À la suite d'une telle prise de conscience, si nous persévérons à côtoyer les gros arrosoirs de jardin avec la même indifférence ignare, c'est que nous ne serons jamais de parfaits humanistes ! Au passage, jetons si vous le voulez bien un coup d'œil sur ces quelques pour cent de magma résiduel, témoin de notre « hominien princeps ». Pouah ! Le Cœlacanthe lui-même désavouerait cette rognure et replongerait en son classique H2O.

L'eau est une matière manifestement bien étrange. Certains scientifiques auraient calculé que les polarités Hydrogène et Oxygène de la molécule d'eau seraient proportionnelles aux distances mesurées entre la Terre et le Soleil. Cette cocasserie s'ajoute au fait que l'eau solidifiée sous forme de glace flotte et s'étend au-delà de son volume liquide d'origine. Nous savons par ailleurs qu'il n'y a pas deux flocons de neige semblables. Et s'il est évident que l'eau est visible, les deux éléments Hydrogène et Oxygène rentrant dans sa composition sont eux invisibles. Cela ne les empêche pas d'être dangereusement inflammables. Est-ce pour cette raison que la nature en les associant s'en sert pour éteindre le feu ? Paradoxe des paradoxes ! Non, simple mystère de l'onde qui n'est autre qu'onde.

Revenons avec soulagement vers nos quelques kilos de matière biologique corporelle déshydratée. Si nous avons évincé l'eau de notre corps, après avoir jugé que sa transparence ne relève d'aucune étrangeté, nous n'allons pas adopter une logique différente pour **le vide**, puisque nul ne conteste qu'il est le symbole même du **rien**. Or, si nous considérons que l'espace que s'octroient **les atomes** pour former **les molécules**, ainsi que l'espace entre ces molécules elle-même, est superfétatoire, en rendant le tout compact, nous devrions obtenir une micro-synthèse de l'objet de notre quête, un « moi » substantiel à défaut d'être pensant.

Si la formule est téméraire, la tentative de concrétisation s'avère insensée, le constat visuel nous place dans l'impossibilité de déceler quoi que ce soit. À ce stade, nous pouvons légitimement nous indigner à la pensée que ces milliards de particules moléculaires, (structure corporelle de notre entité agissante) aient pu s'évanouir sans laisser de traces. Une réflexion motivée par les incommensurables domaines que s'octroie l'éther nous suggère de soumettre ce « moi », si cruel à minorer, à l'examen d'un instrument électronique de haute résolution. Admettons qu'à la suite d'une telle démarche, notre agglomérat quintessencié soit... enfin localisé. Nous déchantons aussitôt en constatant que les particules atomiques liant ces agrégats moléculaires se meuvent, elles aussi, en des vides immenses où nulle configuration de substance n'apparaît. Ne compare-t-on pas le noyau central de chaque atome à une balle de tennis placée au centre d'un terrain de football. Les électrons (têtes d'épingle) qui gravitent autour, se tiendraient en limite des cages de but. On a alors une idée concrète des espaces qui les séparent les uns des autres. Nous sommes pris de vertiges, mais notre obstination n'a qu'un but : prouver que l'homme est autre chose qu'un grand vide organisé. Ponctionnons donc allègrement ces ultimes espaces inter particulaires et interrogeons-nous de nouveau ! Hélas ! Les choses se compliquent puisque l'on avance calculs à l'appui, que l'humanité ainsi réduite tiendrait dans le fond d'un dé à coudre. Autrement dit, un petit pois équivaudrait en volume à sept milliards d'hommes, à quelques dizaines de millions près, bien sûr ! Quant à notre représentativité intrinsèque, je vous laisse le soin, amis lecteurs, de l'évaluer sobrement.

Cet impressionnant plongeon dans les abîmes du rien ne saurait être terminé. Les éléments pressentis comme étant les plus infimes substances de la matière, entendons par là les douze particules élémentaires composant les quarks et les leptons ainsi que les quatre forces de transmission que constituent les bosons, se meuvent elles aussi en d'immenses espaces. Ce qui laisse clairement supposer que leur nature même est faite d'ondes immatérielles, circonscrites en des espaces donnés, laissant çà et là des soupçons de poids atomiques qui ne sont que les manifestations magnétodynamiques des réseaux d'ondes qu'elles contiennent.

En conclusion, puisque nous sommes à bord d'un vaisseau fantôme répondant au doux nom de VIE, profitons-en pour diriger nos gouvernes vers les rivages réputés illusoires de la métaphysique. Laissons aux anthropocentristes impénitents le soin de poursuivre aux confins du rationnel ce **Moi…** prétendu existant. Alors que tout prouve qu'il n'est rien… si ce n'est une onde infinitésimale et inappréciable à l'échelle humaine.

Le jour viendra où la science, en son omnipotence toute « pharisienne », sera obligée d'admettre la non-existence pure et simple des constituants supposés « **solides** » de la matière. Si elle a lieu, cette reconnaissance aura pour mérite de réunir deux coupes trop longtemps séparées, celles de **la connaissance et du savoir**. À notre époque, la physique nucléaire n'a jamais été aussi proche des données hermétiques qui depuis toujours forment les arcanes de la tradition. La théorie quantique entrouvre cette voie, avec les interactions nucléaires photoniques ou électromagnétiques, les forces dites faibles, fortes et gravitationnelles dont les schémas, pour autant qu'ils soient indéfinis sur le plan structurel, ont une réalité mathématique effective. Si la science admet aujourd'hui qu'il existe une différence entre le **vide** et le **néant,** cela devrait logiquement nous laisser espoir à échéance de trouver un domaine de conciliation. Il interviendrait après plus de 2000 ans de recherche hasardeuse que l'on aurait tort d'assimiler à une préjudiciable errance de la pensée.

Imaginons un voyageur résidant dans le midi de la France, dont le désir est de se rendre à Paris. Dans ce dessein, notre homme envisage de traverser la Méditerranée. Contrairement à ce qu'il est logique de penser, ce voyageur ne commet pas une erreur de direction, il a simplement effectué un choix d'itinéraire, et même si celui-là lui prend plus de temps, ce choix l'amènera assurément au même but. À l'instar de cet aventurier, notre civilisation semble avoir effectué une démarche identique. En rejetant sans considération ce qui est issu de La Tradition Primordiale, elle aura perdu beaucoup de temps pour parvenir au terme du cycle à un résultat analogue. Sous le fallacieux prétexte d'une avancée scientifique raisonnée, saurons-nous être pour autant raisonnables, rien n'est moins sûr !

L'atome aujourd'hui n'est plus visualisé comme une bille, il est plutôt vu comme un assemblage complexe de particules, ce qui nous semble parfaitement correct. Ce qui l'est moins, nous l'avons vu, c'est de conserver l'espérance de corpuscules d'ordres matériels, alors que tout n'est qu'ondes indécelables, oscillant du » **nombre** à la **forme** », en passant par l'énergie, ce qui donne un poids illusoire à l'atome.

Nous allons tenter au cours de ces pages d'expliciter cette thématique, non point par une série d'idées fulgurantes dues à un génie hasardeux, mais bien par la symbolique attachée aux mythes millénaires. Riches de ces principes, nous soutenons que l'accommodement des points de vue de l'hermétiste et du scientifique s'avérerait être l'événement le plus heureux qu'aurait connu l'humanité depuis la nuit des temps. Il rapprocherait la raison de la foi, la matière de l'onde, la physique de la métaphysique et par voie de conséquence, l'homme aux déductions darwiniennes de l'homme aux ressentis intuitifs. L'ouroboros, le vieux serpent alchimique, pourrait enfin se mordre impunément la queue sans que l'on crie à la sottise. L'âge d'or serait imminent, craignons d'en être loin. Ce qui nous fait adhérer sans réserve à cette pensée de Jean Charon que nous jugeons supra consciente :

« *La physique gravit pas à pas la haute montagne qui accède au réel, pour trouver finalement, déjà installée au sommet, la connaissance intuitive.* »

Les anciens ont vécu les noces du **symbolisme immuable** et de **l'intuition noétique**, soyons persuadés que les Vénérés Sages de la haute Antiquité n'étaient en rien inférieurs à notre « *intelligentsia médiatique sélecte* ». Aujourd'hui, nous ne semblons voir que la matière preuve, ne nous fermons pas à une autre réalité. Gardons-nous d'un sourire condescendant, avant d'avoir fait l'effort nécessaire pour comprendre

Les tendeurs de la tente sont aux normes de l'angle de la Grande Pyramide. La femme enceinte va accoucher de la géométrie et des nombres (Soleil – Lune).
Le chercheur travaille à la découverte sans aucun répit.
C'est du feu de l'athanor (intelligence) que la vérité se révélera.
L'alchimie est héritière de l'hermétisme égyptien, elle a pour office de provoquer la réflexion.

La Quête Mythologique

> L'initiation est moins
> La supériorité en la connaissance que
> La connaissance en la supériorité.

Le néophyte sensibilisé par la démarche se doit d'extraire de tout examen liminaire les ferments d'une Tradition Primordiale et aux approches celle-ci, les vérités cryptographiées qu'elle recèle. Les Mages et autres Grands Adeptes ont de tout temps puisé en cet hermétisme, car il est à la fois prégnant et intemporel.

Au cours des âges, les travaux de ces êtres d'exception ont alimenté la source des connaissances cachées. Leur intuition gérait l'ordonnance des rites, de la même manière qu'elle illuminait les mythologies, étayait les légendes et les contes, abreuvait les philosophies, insufflait le respect des arts et esquissait sur les stèles le profil des dieux. Si pour beaucoup d'entre nous aujourd'hui ésotérisme et charlatanisme ont une certaine concomitance, c'est que notre société déliquescente a altéré nos facultés de discernement et que l'époque où nous vivons édulcore la différence avec l'apport de la sophrologie médiatique.

Un hermétiste digne de ce qualificatif ne saurait tolérer comme fruit de ses recherches des résultats équivoques ou probables. Sachant pertinemment qu'à l'inverse des mots, les nombres refusent toute interprétation. Une mythologie peut être utopique, improbable, plausible, interprétable ou encore admissible, alors que les résultats numériques, eux, sont ou ne sont pas.

Toute translation pour aider le processus dans le sens souhaité par l'opérant ne ferait que l'éloigner de son but, très vite, celui-ci se perdrait dans les dédales d'un obscurantisme infécond et dégradant. Cet hermétiste en herbe serait assimilable à ces légions d'écervelés que la lumière brûle sans éclairer, dont les fallacieux travaux contribuent à semer le trouble parmi la gent crédule ou non informée.

Celui que la lumière pénètre est modeste, c'est la qualité requise chez l'**initié** (du latin : initium = commencement). C'est le souverain principe de **l'adepte**, non parce qu'il s'efforce d'être humble, mais bien parce qu'il ne peut avoir une autre attitude devant le spectacle suprême que lui offre la symphonie universelle.

> « Lorsque l'on sait, on admire plus que l'on ne prouve, et l'on prouve moins que l'on ne sait. »

Souvenons-nous de ces trois évocations emblématiques précitées (cailloux, arbustes, nuages). Leurs implications sont-elles aussi dénuées de sens qu'elles le paraissent ?

Caillou : (en latin : calculus) le mot évoque **le nombre** ; prenons l'exemple suivant dans « l'Apocalypse de Jean ». Il est dit :

« Au vainqueur, je lui donnerai de la manne cachée, je lui donnerai un caillou blanc et écrirait sur ce caillou un nom nouveau. »

Pour les Anciens, le nom que l'on donnait aux choses et aux êtres avait une importance capitale. Le Père du judaïsme, Abraham, marque de son sceau les mystères de la langue hébraïque. La racine Ab a pour signification « *le désir d'avoir un père* », mais aussi de manière plus subtile « *un fruit une germination* », il est la gloire du shin (caractère hébraïque). Un corpus de référence existe entre l'hindouisme et le judaïsme. De souche identique, **Réham,** signifie « *la multitude* », **Ab-ram** « *Père élevé* », **Abraham** père élevé d'une multitude générationnelle. Il serait donc aussi **le père des nombres**. Par le fait même, il est reconnu par le judaïsme, l'islamisme et le christianisme, ce qui est à la fois un exemple et une preuve de son caractère universel, vénérable et secret.

Comprenons-nous bien ; qu'Abraham ait ou non existé n'est pas important. Ce qui est important c'est la symbolique du mythe qu'il véhicule. Ajoutons que certaines racines « Indo-européennes » que l'on retrouve dans les idiomes celtiques viennent jeter le doute sur les véritables origines de la langue hébraïque. En sanskrit, le mot **Brahma** Dieu souverain dans la Trimurti hindoue a une troublante similitude avec **Abraham** qui désignerait en sanskrit un grand hiérarque sans charge orthodoxe. Il en est de même d'une série de termes à consonances évocatrices, il faut donc nécessairement remonter ces filiations pour en percevoir l'étymologie cachée.

Passons de la multiplicité des cailloux au **Nuage** : sa géométrie évolutive modifie l'onde ou l'eau du Ciel, proche de l'au-delà. Nous verrons que cette onde (terme générique) est la forme porteuse du nombre énergie. **L'arbuste** est le petit arbre, emblème de l'évolution, il va de la Terre au Ciel, il est la représentativité alchimique de l'accomplissement. Sa voûte en arche est avide d'air et de lumière, comme ses racines sont avides d'eau et de terre. L'étymologie des mots véhicule des richesses insoupçonnées, cela est valable pour toutes les langues du monde. Certaines analogies sont troublantes :

En Français, le mot « **mer** » désigne un espace globulaire en forme de cavité remplie d'eau. Cette « **mer** » pense-t-on, contenait à l'origine les éléments vitaux de la planète. Son homophone « **mère** » évoque la femme et en sa situation première l'enveloppe placentaire, puis, par extension, le liquide amniotique à l'intérieur duquel se tient l'embryon. L'évolution de celui-ci s'effectue au sein de la sphéricité abdominale que caractérise l'état de grossesse.

En égyptien, le mot « **mer** » signifie « pyramide », laquelle est un volume de connaissance. Voilà que **l'enfant paraît** (revoir l'image alchimique précédente), nous allons essayer de capter son cheminement symbolique. Les hiéroglyphes sont tellement porteurs de mystères que leur morphologie n'a pas d'âge. Ils véhiculent une réalité qui a les accents d'une universalité.

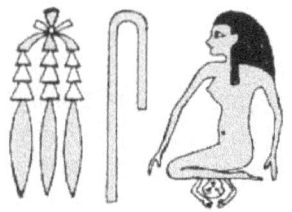

L'enfant en train de naître illustre la naissance d'une pensée, d'une action, d'une détermination, d'une évolution. L'Égypte ancienne est une source de connaissance inépuisable.

Ce quadrilatère est celui qui regroupe de façon implicite, les trois pyramides sur le site de Gisez.

La longueur du rectangle est identique au périmètre de la Grande Pyramide sur le roc, soit 924, 456167 m et sa largeur est de 693, 3421254 m ou trois fois la base.

Par le fait même, ce rectangle inspire un cercle, dont le diamètre est égal à la longueur et un triangle équilatéral circonscrit dont la hauteur représente la largeur du rectangle.

Le plateau de Gizeh, où se trouvent les trois pyramides les plus célèbres du monde, nous délivre un message.

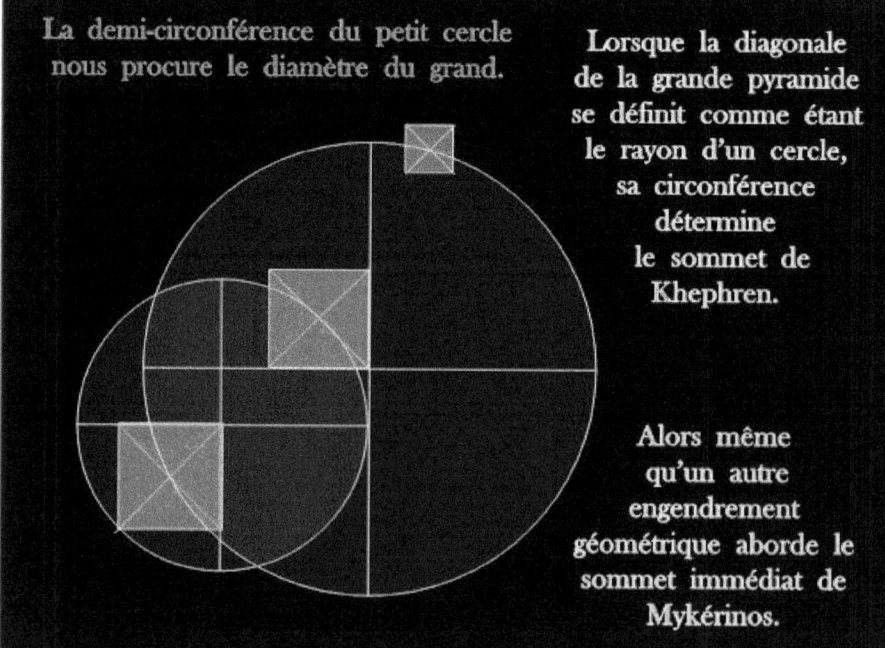

La demi-circonférence du petit cercle nous procure le diamètre du grand.

Lorsque la diagonale de la grande pyramide se définit comme étant le rayon d'un cercle, sa circonférence détermine le sommet de Khephren.

Alors même qu'un autre engendrement géométrique aborde le sommet immédiat de Mykérinos.

L'Héritage Hébraïque

> Comment pouvons-nous
> faire de la foi une arme pour la cérébralité
> alors qu'elle est un instrument pour le cœur.

Moïse, le Père des « séphères » (s-ph-r = chiffre) avait pour signification en ancienne Égypte : mesout (naissance) ou mw-mos = enfant des eaux. La légende nous laisse entendre que la cause en revient au couffin où, étant enfant, il aurait été trouvé flottant sur les eaux du fleuve. Une allusion à la connaissance traditionnelle voguant sur les eaux du déluge n'est point à exclure. Sur un plan ésotérique, les eaux sont le plus souvent célestes, elles représentent l'élément en lequel on puise **les nombres**. L'esquif qui vogue sur l'onde est l'outil qui permet cette opération et par le fait même **« l'enfant des eaux »** devient le **messager des nombres**.

Moïse dit par ailleurs : « *Instruit dans toute la sagesse des égyptiens.* » Le verset précise : « *Il était puissant en parole et en œuvre.* » Acte des apôtres 7/22.

Il ne s'agissait pas seulement d'un être charismatique et inspiré, mais aussi, on nous le précise, « *instruit* » et « *puissant en parole et en œuvre* ». C'est-à-dire initié aux mystères de l'Ancienne Égypte. Ce Grand Prêtre missionné, était dépositaire d'un système d'écriture, élaboré par **la haute prêtrise égyptienne**.

Selon toute vraisemblance, ses pairs agréèrent à ce qu'une telle sémiotique soit transmise à ce peuple en émergence, les Hébreux. Cette population de souches composites n'était pas impliquée en une religion millénaire comme pouvaient l'être les Égyptiens, dont le polythéisme ou plus précisément « l'hénothéisme » était devenu indéracinable par le fait du temps. Une communauté nouvelle, pour des temps nouveaux, l'expérience du monothéisme s'imposait.

Le procédé alphabétique de la langue hébraïque comprend 22 lettres ou caractères. En cela, il est comparable au nombre de polygones réguliers s'inscrivant dans le cercle de 360 degrés, dont l'angle à partir du centre correspond à un nombre entier de degrés. Le mot **alphabet** est évocateur : « **Alpha** », signifie ce qui est à la tête d'une chose (tel le feu sur la torchère). « **Béta** » est synonyme d'énergie primordiale. Autrement dit, ce qui draine les courants de l'esprit. **L'abbé** ou **l'A-B**, de l'araméen **abba**, se veut être porteur d'une vérité originelle. Les Sages de l'Antiquité voyaient en l'usage des mots idoines, une volonté humaine à capter l'attention des dieux, en veillant par-dessus tout au choix des lettres, des nombres et des formes.

Nous l'avons dit, l'alphabet comprend 22 lettres et 10 séphiroth, chaque lettre ayant une valeur usuelle et une valeur secrète. Prenons pour exemple, le « **M** » hébraïque ; il s'inscrit de deux manières à peu près similaires, toutefois sa signification diffère :

מ = **mëm** = m, le signe affirme : « Ce qui est fécond et formateur ». Il évoque **la mère**, l'épouse, mais aussi la femme, la femelle, l'aspect passif des choses.

Le ם = **mëm** final a une signification plus discrète, voire secrète, son graphique est fermé sur lui-même. Selon Fabre D'Olivet, il symbolise l'être, nous pensons à une gestation, à une forme imbriquée dans le néant.

Curieusement, lorsque les deux signes se trouvent réunis (union quelque peu inusitée de nos jours) ils paraissent s'annuler l'un l'autre םמ = **M.m**.

Ils indiquent alors une chose inanimée, morte, une momie, une solitude, un désert. Ils sont en cela comparables au hiéroglyphe **mwt** = **mout**, mot de l'ancienne Égypte, signifiant suivant sa composition **mère**, **mort** ou **poids** (action de la pesanteur sur les molécules d'un corps).

Lorsqu'un י **yod** (dixième lettre de l'alphabet) les accompagne, les deux םמ « **m.m** » hébraïques deviennent propres à « la fécondation » la progression est alors intéressante :

י מ = l'eau. מ י מ = les eaux. Suivant les circonstances, avec deux **yod** la racine signifie מי ים mers ou " immensité aqueuse ".

Le י « yod » ne donne-t-il pas naissance à toutes les lettres ?

Nous savons que les syllabes **am - me - mä - mëm** ont un rapport avec « **la mère** » dans la plupart des langues du monde et par extension logique, avec « **l'eau** ». Celle-là même où se mire la Lune emblématique de la situation féminine. Eau = **mâ** en sumérien. « maa » signifiait pour l'égyptien voir - regarder - comprendre ou plus précisément connaître « co-naître », naître à la vérité, comme on naît à la vie. Maâ-kherou, le justifié, **Maât** étant la justice, la vérité, la conscience cosmique, l'élément divin. Résumons en simplifiant : **l'onde énergie** se soumet à **la forme** afin d'engendrer un phénomène évolutif, produit des deux. Reprenons le dessin de ces caractères et étudions leurs contours archétypaux proches de la nature féminine, les signes représentant deux états en un. En ce qui concerne ce schéma, nous pensons que la réflexion du lecteur remplacera avantageusement le commentaire de l'auteur.

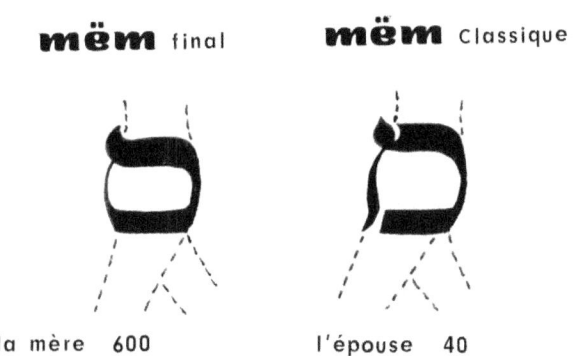

mëm final — la mère 600

mëm Classique — l'épouse 40

Avec « **l'eau** » nous nous acheminons progressivement vers « **l'O** », entendons l'universalité des critères et des formes. Quant à l'induction analogique de ces caractères symboles, ils ne remontent pas à l'Onde Primordiale. Néanmoins, ils ne peuvent être que d'inspiration universelle, si ce n'est pour certains divine, tant ils s'harmonisent avec ce que nous connaissons de l'essence des choses. N'oublions pas qu'au cours des âges,

la femme a toujours été symboliquement reliée à **la Terre** ou à l'eau de la Terre.

Or, la valeur numérique attribuée au signe ⟨mëm⟩ **mëm** est **40**. Le chiffre **4** correspond à **la Terre** (planète), mais aussi au **carré** ⬜, le **mëm** occupe la treizième place dans l'alphabet hébraïque.

13 = 1 + 3 = 4, le carré en ses « chiffres et formes » est indissociable des notions **femme, eau, terre**.

L'eau dont il est question étend ses domaines sur à peu près 72 % de la surface planétaire, proportion analogue à celle qu'elle occupe dans le corps humain. Le chiffre « 4 » divisé par π nous révèle le nombre-clé, capable d'ouvrir les mesures structurelles de la Grande Pyramide, soit **1, 273239544** (objet d'une merveilleuse étude – http : // www.grandepyramide.com).

Mieux encore, le **mëm** ⟨m̈ëm⟩ surmonté de deux points, devient une lettre numérale de valeur **40 000**, ce qui équivaut en kilomètres à la circonférence moyenne de **la Terre**, soit **40008**.

Ainsi, de la tortue de Chine 🐢 (4 pattes + carapace) ⟨⟩ aux demi-bases des pyramides, via l'énigmatique Swastika 卍 dextrogyre ou lévogyre l'immuabilité de la tradition demeure.

C'est l'échelle aux « 9 barreaux » qui permet de passer du ⬜ au ⌒ ou de « **La Terre au Ciel** », les « **9** » chiffres composant tous les nombres.

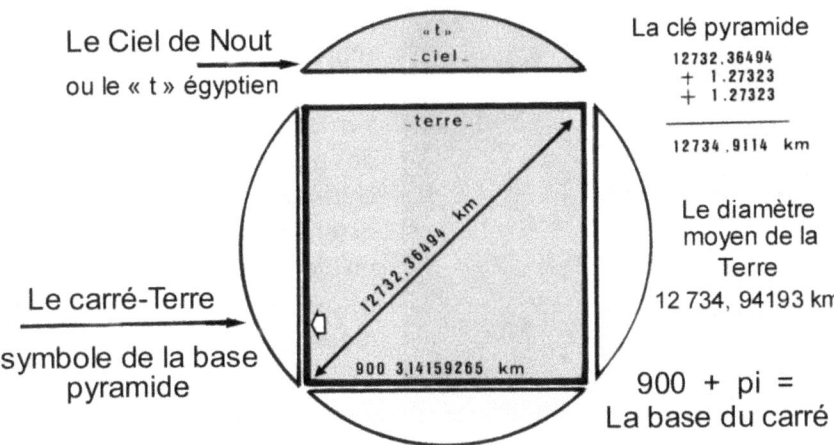

Persévérons et rappelons que la lecture des caractères hébraïques s'effectue dans le sens contraire de la course du Soleil, Occident, Orient, soit de droite à gauche. Lorsque l'aleph א, première lettre de l'alphabet, précède le מ mëm, la racine devient אמ am = mère, matrice, notion de principe, origine.

Lorsque l'aleph suit le מ, il devient ma, il contribue à la puissance génératrice ; il s'agit d'un état latent, passif, en voie de devenir.

Lorsque le shin ש, 21éme lettre de l'alphabet signifiant proportion, mesure, harmonie, couleur blanche, calme et bonheur, précède les eaux מים, le mot devient שמים « Les Cieux » ou plutôt les eaux élevées, sublimées. Nul besoin d'être grand clerc pour saisir l'harmonie de ces agencements. Leur profondeur ésotérique les éloigne de toute intellection orientée. Le même fil conducteur relie l'onde et la forme, sous un autre aspect, la mère, les eaux de la Terre et les Cieux.

Visualisée sous cet angle, la mention « **Mère des Cieux** » n'est sûrement pas à jeter au caniveau des naïvetés que viendrait clore la dalle de l'indifférence. Nous aurons l'occasion d'y revenir, pour mieux pressentir le bien-fondé de cette allégorie sublime.

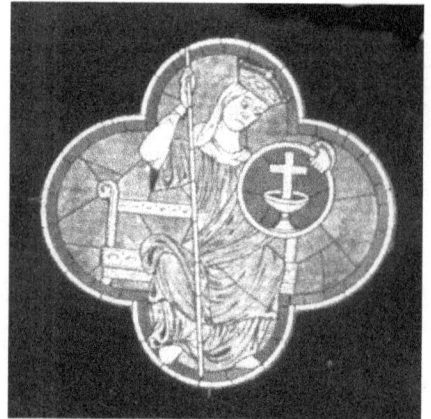En ce vitrail moyenâgeux, l'effigie représente la Reine des Cieux. Nous remarquons des détails troublants, sur lesquels il ne serait pas inutile de porter notre attention. Deux chiffres s'imposent de manière ostensible : le (4) et le (9). Le (4) vu du Ciel, avec les quatre demi cercles traçant le schéma pyramide. Mer = mère.

Le (4), nous le savons, nous donne en son diamètre la clé pyramidale, soit : 1, 273239544, ainsi que le diamètre de la Terre (voir l'illustration). Le (9) ennéade s'impose lui, de façon ostensible, par les fractions de la mesure que tient « la Reine des Cieux » en sa main droite. Ces deux chiffres (4 et 9) se trouvent être à la base du concept pyramidal.

Nous remarquons également que le regard de la vierge est posé sur le Graal d'où émerge d'un cercle la croix christique. Ce cercle se situe à l'emplacement exact des 3 étoiles du baudrier d'Orion. Enfin, le plus important peut-être, « la mesure tenue en main » est considérée comme une base, sa verticale affiche 51°, 51'14'', soit l'angle de pente de la Grande Pyramide. Le côté inverse (arête) affiche, lui, les 42°.

Ces deux valeurs sont celles d'un arc-en-ciel double, avec ses effets prismatiques sur les gouttes d'eau (études scientifiques). Nous en concluons que, si un tel concours de circonstances n'est pas voulu et mis en pratique, cela n'en est que plus troublant ; Il nous faudrait alors accorder au hasard un crédit d'authenticité, à moins que ce ne soit là que malignité ?

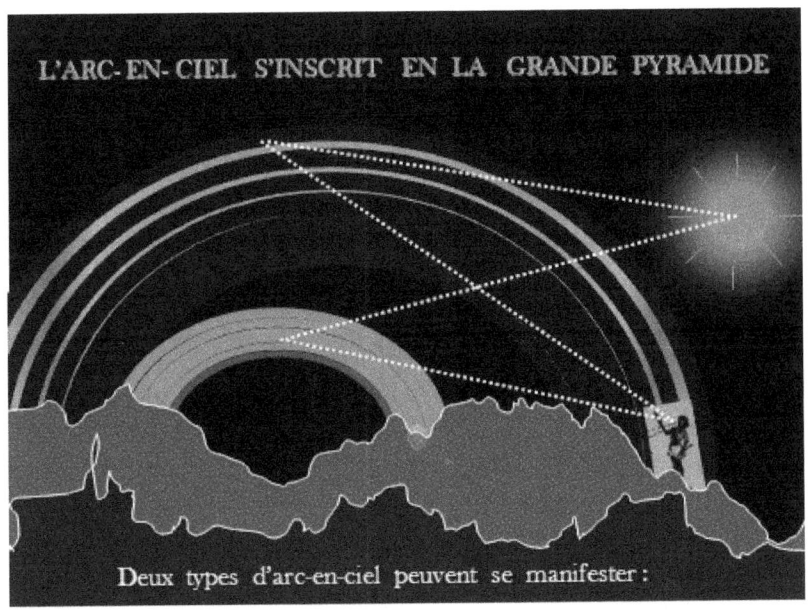

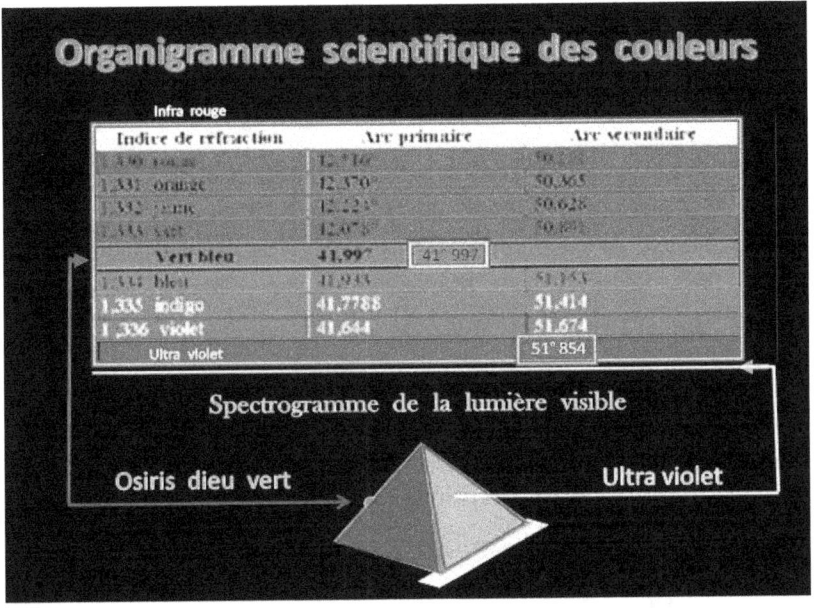

L'angle de l'apothème de 51° 85 38 pénètre le violet, alors que l'angle des arêtes de 41°96 72 atteint la zone verte au centre du spectre visible

L'Héritage Égyptien

> Il n'y a pas d'ombre sans lumière,
> mais y aurait-il des lumières sans ombres ?
> Et qu'éclaireraient-elles, si ce n'est notre conscience ?

Voyons ce qu'en pensaient les Anciens Égyptiens, dont il est dit, que les Hébreux se sont imprégnés de leur science. Une bien curieuse coïncidence veut que de nos jours, les lettres en lignes brisées de notre alphabet **M-N-W** représentent graphiquement les flots et vagues que dessinent sur leurs cahiers les enfants du monde occidental.

« **N** » 〰〰〰 signifie en égyptien, **fluide, liquide, énergie vibratoire**.

Si le hiéroglyphe est 3 fois superposé et qu'il est ainsi confirmé par un petit trait latéral, 〰〰〰, il devient « **eau** » et se traduit phonétiquement (mou). Nous pouvons subodorer que ce n'est pas fortuit, le mot **Mout** signifie **mère** et le « **t** » de **Nout** (l'arche) = ⌒ = Ciel.

Les appellations « eaux célestes » et « mère du Ciel » ont donc une réelle similitude.

Nous remarquons que la valeur syllabique (**ou**) s'écrit **W** et que les phonèmes **M** et **W** retracent l'onde. La sémiotique ironiserait-elle avec les formes et le temps ? Parmi les divers phonogrammes évoquant les sons « **ou** », lesquels s'entendent parfois (**u**), il en est un qui retiendra plus particulièrement notre attention ; il se concrétise par un effet spiroïdal ༄ (**ou**). Si le 〰〰〰 (**N**) se trouve associé à lui en son début et fin, il s'inscrit : 〰〰〰 ༄ 〰〰〰 (**Noun**), l'**Univers incréé**.

Avec seulement deux phonèmes ainsi placés : 〰〰〰 ༄ le mot devient « **Nou** » **les eaux célestes** ou l'**Univers créé**.

Ceci nous amène à considérer que l'effet ❨ spiroïdal, à lui seul, symbolise « **l'Esprit Créateur** ».

Lorsque cet esprit réside en dessous des eaux ᗰᗰ❨ , c'est **le chaos**.

Si le même esprit plane au-dessus des eaux ❨ᗰᗰ « **il crée** ».

S'il se situe avant l'onde ❨ ᗰᗰ , la création est imminente en l'incréé.

Elle devient effective lorsque l'onde précède le divin ᗰᗰ ❨. Aussi, inciterait-elle à penser qu'elle en émane ? Pour ces nilotiques qui vivaient en des temps réputés archaïques, c'était « presque »... intelligent !

S'il nous fallait de nos jours esquisser un idéogramme représentant **Dieu** suivi du mot **onde**, il y a de fortes chances pour que la majorité de nos contemporains concrétise « **Dieu** » par une spirale 🌀 ' alors que pour le mot « **onde** », ils dessineraient cela : ᗰᗰᗰ . La preuve serait ainsi faite que nous n'avons pas beaucoup progressé depuis 5 000 ans, ou ce qui est plus probable, que ces « bougres » d'égyptiens avaient " une avance sacrée " à défaut d'avoir « une sacrée avance ».

Doit-on s'étonner du parallèle existant entre le **Nou** (Univers) et **les Nues** ennuagées de notre vocabulaire. D'autant que le « **nous** » grec est l'élément intellectuel qui est en relation avec le plan spirituel et mystique. Le hiéroglyphe ▬▬ **Ciel** a une grande similitude avec la posture qu'adopte généralement la déesse 𓀀 **Nout**, dont le corps, en forme d'arche étoilée, semble soutenir les cieux.

Le nom de la déesse pourrait s'inscrire phonétiquement : ᗰᗰ ❨ ⌒ **Nout**, la lettre « **t** » étant symbolisée par un demi-cercle ⌒ (aspect féminin). Rappelons que **Nout** (déesse du Ciel) est mère des **5 enfants**

dieux de l'ennéade, nous aurons l'occasion d'étudier cet aspect de la mythologie. Pour l'instant essayons de cerner cette sémiotique particulière :

Les eaux primordiales s'inscrivent : [hiéroglyphe] (nouou = NWW)

Au-dessus de ce hiéroglyphe se trouve l'aspect matriciel évoqué par les 3 vases [hiéroglyphe]. Implicitement : **Atoum, Shou, Tefnut**, triade de l'esprit créateur, 1 en 3 ou **10²**, nous verrons pourquoi !

Au centre : Le hiéroglyphe [hiéroglyphe] « **Ciel** » est assimilé nous l'avons dit, à la déesse **Nout**, il est aussi comparable au « **t** » = [hiéroglyphe].

Au-dessous ; se trouvent « **les eaux** » [hiéroglyphe] mais nous préciserons « **les ondes** », terme beaucoup plus approprié à « **l'Univers créé** ».

L'oiseau **Benou**, c'est le héron [hiéroglyphe] phénix d'Héliopolis qui le premier osa poser sa patte sur le tertre émergeant des « **eaux** ». Son nom s'inscrit dans une situation hiéroglyphique intéressante : [hiéroglyphe] **Benou**, la patte de la création se pose (tel le premier pas d'Armstrong) sur un tertre, pierre gnomonique émergeant des eaux.

Cette pierre ou prépondérance a pour nom [hiéroglyphe] **benbenet**, signifiant « **pyramidion** ». Le pyramidion est l'édifice le plus sacré qui soit, puisqu'il représente l'éminence de « La Pyramide », laquelle est nommée « **mer** », reflet phonétique du verbe **aimer**. Les Hébreux ont une légende semblable à celle des Égyptiens :

*« Lors de la création, Dieu jeta de son trône une pierre précieuse dans l'abîme. Un bout s'enfonça dans cet abîme, l'autre émergea du chaos, ce bout forma un point qui commença à s'étendre, créant ainsi l'étendue et le monde fut établi dessus, c'est pourquoi cette pierre s'appela **Shetiya**, c'est-à-dire **pierre fondamentale** ».*

Revenons à nos « **ondes** » et faisons abstraction de la phonétique pour n'envisager que la valeur symbolique ou figurative des idéogrammes représentés. Que constatons-nous ?

Le Phénix « **benou** » (le héron cendré) incarne **l'esprit ailé**, celui qui peut évoluer entre Ciel et Terre. Il est également « **mère** » couveuse de l'œuf fécondé dont le symbole perpétue la vie. Voyons le hiéroglyphe **benbenet** (pyramidion) :

Le héron a deux pattes, en l'occurrence deux jambes , ses pieds symbolisent le lien avec la Terre. Lesdites pattes effleurent alors l'onde primordiale terrestre d'où émerge le tertre sur lequel l'oiseau va se poser, entendons par là, **la matière créée**. Cette matière, le nombre et la géométrie l'ont organisée à partir de **l'onde** originelle , incarnée par les deux premiers principes du mythe de la Genèse **1 Shou Tefnut 2**. Le couple est une émanation du cercle, représenté par le zéro « **0** » d'**Atoum = 102**, (voir en fin d'ouvrage le rapport avec Dieu et « La Primosophie ».)

Le pyramidion quant à lui, représente le perpétuel devenir de la matière, il est le symbole de **l'harmonie cosmique** (pyramidion, 360 en Primosophie).

Le quart de cercle , c'est le ressenti, « l'état intuitif » celui qui prédispose à « la céleste ascension ». L'arche rejoint ici « la promesse » *placée par Dieu dans les nues*. **L'arc-en-ciel** décompose la lumière pour mieux nous faire apprécier ses variantes. On pourrait voir en ce signe la forme d'un pain , ce qui n'est pas incompatible. Le pain ne nourrit-il pas le corps, comme la promesse du Ciel (Nout) nourrit la conscience. Pour compléter, ajoutons que le mot **Pyramide** s'inscrit : , il se lit « **mer** » et s'entend **aimer** (meri) la terre aimée d'Égypte (ta mery).

La traduction littérale la mieux adaptée serait, l'aimée (la Pyramide), celle qui reçoit la lumière et indique la voie ascensionnelle. Nous savons les railleries que l'on encourt à abandonner les mots qui prouvent, pour ceux qui tendraient à prouver. Toutefois, nous ne pouvons résister plus longtemps au désir de communiquer notre sentiment, concernant cette œuvre sublime qu'est **La Grande Pyramide.** Ce monument sur lequel on a tant écrit, et finalement, si peu de choses raisonnables. Certains auteurs que l'on ne doit pas pour autant considérer comme des écrivassiers, se sont, il est vrai, révélés insuffisamment documentés sur cette œuvre exemplaire. En admettant qu'ils se soient fourvoyés dans l'interprétation des données, peut-on en déduire que l'œuvre qu'ils ont cherché à traiter ne représente rien d'autre qu'un tas de cailloux. La Grande Pyramide aurait alors la destination que lui prêtent les diplômés non inspirés, garants du bon sens intellectuel. Cette façon d'appréhender les choses ne différencie guère, semble-t-il, les interprétateurs des interprétants. Ne doutons pas que cette Pyramide soit le lien métaphysique, le cordon ombilical liant **le Ciel à la Terre.** (ORION la Tradition Primordiale. Horizon 444, ou www.grandepyramide.com Notre société matricide, qui ne veut voir en la Grande Pyramide qu'un irrévérencieux sépulcre, se fourvoie tragiquement. Oublierait-on en notre rationalisme débridé que l'histoire a ses cycles ? Si nous devons dénigrer aujourd'hui, ce que des êtres appartenant à une autre civilisation ont encensé hier, prenons garde de son équité, avant que d'émettre un tel jugement. Sommes-nous présentement certains de notre progression en tous les domaines ? Pouvons-nous sans hésiter, nous prêter des qualités d'esprit supérieures à celles des très Anciens ? Pour répondre brièvement et favorablement à cette dernière question il ne faut surtout pas avoir fait d'études dans ce sens.

Dans l'absolu, ces qualités dont il est question dépendent moins de nos capacités cérébrales que de notre **état de conscience**, lequel, conditionné par la civilisation dont nous avons résulté, est aujourd'hui passablement mis à mal. En toute connaissance de cause, on peut alors présumer des raisons qui ont incité ces Nobles Anciens à agir pour la postérité, ce qui ne fera pas l'affaire de l'éternel incrédule, lequel ne gardera des thèses formulées que ce qu'il considère rassérénant pour son conformisme ! Alors que « *les pyramides tombeaux* » n'ont pas un soupçon de crédibilité, nous sommes à même de prouver qu'il s'agit là, de consensus véhiculés en l'absence de preuves concrètes, pour évacuer quelques carences historiques.

L'esprit des Anciens Égyptiens n'était en rien sectaire, il laissait aux choses leur mouvance, sachant bien, que celles-ci finissent toujours par rallier une réalité secrète, essence de leur raison d'être. Les sages plaidaient une communion intime entre la raison et le ressenti. Nous, les modernes, avons perdu le sens du « lien ». Les lois nous canalisent plus qu'elles ne nous lient, elles risquent à chaque instant de se rompre sous le flot grandissant de nos inconséquences. Les derniers prêtres égyptiens disaient des grecs, fer de lance de notre civilisation naissante, que leurs réactions étaient emplies d'orgueil et le plus souvent puériles. En ce qui concerne leur legs et la conduite du monde occidental, ces présomptions nous apparaissent plus que jamais d'actualité.

Aujourd'hui, la constitution déraisonnable qu'est la mondialisation marchande nous contraint à une existence de forcené, dépossédés des plus élémentaires notions de discernement, phénomène illustré par le terme absurde de « *croissance* ». Les peuples de l'Antiquité avaient le sens du mystère, ils cultivaient « *le cacher* » qui perpétue la joie de la découverte. Ils étaient les dépositaires d'une science de la nature, propre à entretenir un idéal, stimulateur de vie. Nous avons trop rapidement troqué cette manière d'être, contre les artificieux pouvoirs de ce que nous estimons être « *la panacée scientifique* ».

Ne nous étonnons pas qu'à notre époque, l'être humain se sente dépossédé de ce qui fut naguère *un état de conscience*. Pourtant, il s'avère que cette conscience est aussi essentielle à l'esprit que l'esprit est indispensable au corps. Dans le cas contraire, ce choix porte en lui un processus d'autodestruction, comme un virus mortel qui n'accorde vie à sa victime que le temps nécessaire à sa prolifération. Le devoir du « **connaissant** » ne consiste aucunement à révéler ce qui ne peut l'être, laissant le soin à chacun de faire ou parfaire sa démarche. Plutôt serait-il enclin, ce « connaissant », à guider ceux qui cherchent, en plaçant de loin en loin des signes distinctifs, propres à jalonner le parcours :

- Faut-il prendre les légendes et la symbolique qui s'y rattache, au pied de la lettre ou faut-il chercher à en puiser l'essence ?

- Les gnoses, moteurs secrets des religions, sont-elles le reflet d'une vérité cachée ?

- Pourquoi l'hermétisme des anciens n'est-il pas naturellement abordable et universellement répandu ?

Autant de questions auxquelles nous allons tenter de répondre à travers les données traditionnelles que véhicule la tradition :

La terre d'Égypte a été choisie en des temps immémoriaux afin d'être détentrice de secrets primordiaux de caractère universel. Son devoir implicite, serait de les restituer opportunément, à l'heure d'un choix de civilisation. Mais le comportement humain est à ce point déviant que nous négligeons de prendre en considération *cet ultime message de sagesse*. Aussi risquons-nous de nous acheminer très vite et sans rémission vers le chaos, la voie spirituelle, étant preuves à l'appui, la seule issue possible à notre inconséquence.

Le phénix – La constellation d'Orion – La Grande Pyramide

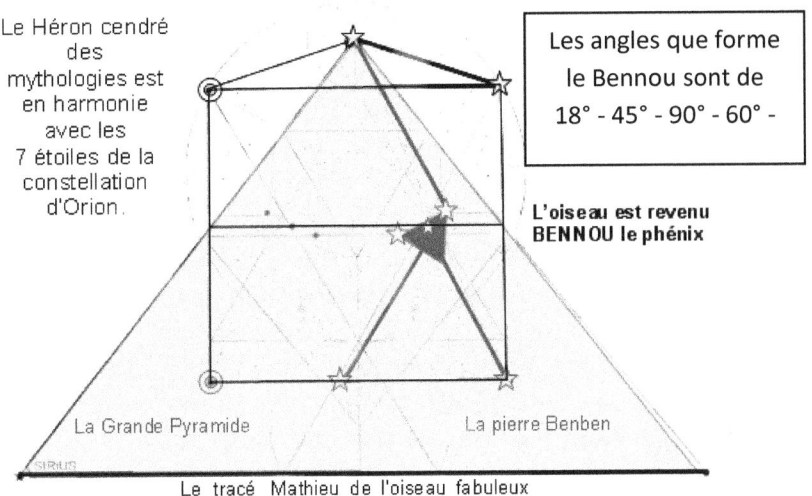

Le Héron cendré des mythologies est en harmonie avec les 7 étoiles de la constellation d'Orion.

Les angles que forme le Bennou sont de 18° - 45° - 90° - 60° -

L'oiseau est revenu BENNOU le phénix

La Grande Pyramide   La pierre Benben

Le tracé Mathieu de l'oiseau fabuleux

Les astres, les formes et les nombres ont inspirés les mythologies

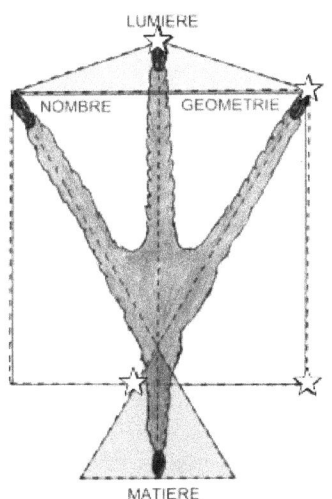

La patte du Héron, le Phénix égyptien, répond aux critères d'une grande symbolique.

Par un concours de circonstances, l'ergot situé à l'arrière de la patte se trouve le plus souvent déplacé du côté de l'étoile Saïph.

Dans tous les cas, la patte de « l'oiseau fabuleux » engage à une réflexion.

La Pensée Égyptienne

Il n'y a pas de printemps sans racines !

Si nous prenons pour exemple la cosmologie biblique, l'étude exhaustive du premier verset demanderait à elle seule une si savante exégèse que nous nous accorderons le prudent mérite de ne point la tenter. Toutefois, il nous appartient, après beaucoup d'autres, de rendre cette lecture plus sensible, peut-être plus attrayante et en tous les cas, moins superficielle qu'elle ne peut apparaître à un esprit suspicieux ou simplement peu motivé.

Il faut savoir que la plupart des textes anciens traitant de la cosmologie sont indissociables des connotations mythologiques à caractère religieux. Les textes les plus éloignés dans le temps remontent à environ 5 000 ans (évaluation due à une chronologie classique), mais pour certains d'entre eux, on peut, sans que cela soit déraisonnable, leur prêter une antériorité de plusieurs millénaires. Si nous accordons un certain crédit à **Manéthon de Sebennytos**, personnage qui vécut en Égypte à l'époque ptolémaïque, dont les écrits nous furent en partie transmis par Eusèbe, l'historicité des mythes égyptiens remonterait à « **la dynastie des dieux** », soit plus de 30 000 ans avant J-C. Que ces mythes se révèlent ou non attachés à une chronologie aussi lointaine, nous constatons, que dans la plupart des cas, ils ont inspiré la trame des textes sacrés, aujourd'hui portés à notre connaissance.

Prenons pour exemple les idéogrammes composant les hiéroglyphes, ils étaient assemblés sur une base de compréhension progressive, ceux-ci allaient d'un langage banalisé à une cryptographie hermétique au commun. Cette forme graduelle de perception convenait à l'adepte en voie d'initiation, tout autant qu'à l'omniscient adepte. De l'évocation primitive à la formule hiératique, l'écriture était adaptée à divers niveaux de connaissance.

Nous verrons plus loin que ce judicieux encodage s'érigeait comme un obstacle infranchissable pour le non-initié. Les écrits étalaient leur art au grand jour, ce qui avait l'avantage de les rationaliser aux yeux des déprédateurs, profanateurs et autres égarés. Ces immenses richesses, souvent insoupçonnées, s'avèrent aujourd'hui encore abordables par le biais de la perception intuitive, prémices nécessaires à la démarche initiatique et analytique.

En Égypte prédynastique et tout au long des lointaines périodes historiquement répertoriées, la linguistique n'avait pas de corrélation manifeste avec l'idéogramme. Pour aider aux talents des déchiffreurs, conteurs et narrateurs, on faisait correspondre des sons.

Mais l'écriture figurative était tout sauf le reflet de l'expression verbale. Elle paraissait ainsi se suffire à elle-même, laissant au lecteur à travers le choix des codes, la libre évocation du texte. Cela allait de la tournure la plus sommaire aux déductions les plus subtiles. Le commentateur n'était pas placé sur le rail rigide de la traduction, mais plutôt sur le sentier bucolique de l'interprétation. Des signes appropriés balisaient le parcours idéogrammatique et renseignaient le lecteur sur la locution qu'il était convenu d'employer. Ce n'est qu'au cours des siècles, avec la dilution de la trame originelle, que les signes devinrent graduellement l'expression exclusive d'un langage phonétique. Champollion, ce grand savant, savait cela.

Le terme de l'ancienne Égypte « **medou-neter** ou **medou-netcher** », désigne les textes gravés, il signifie : **paroles divines** ou **langage des dieux**. Les grecs le traduisirent par « hiéroglyphe », hiéro = sacré et gluphein = graver, écrire. Ces caractères peuvent être répartis en deux catégories, offrant trois options chacune

Écriture	Idéogramme	Maitrise et subtilité de la définition
	Phonogramme **Idée**	Option conventionnelle
	Déterminatif	Sens général codifié

Les premières dynasties n'avaient pas notre conception du signe, nos lettres sont, certes, pratiques et les mots qui les véhiculent se veulent sans ambiguïté. Mais par rapport aux infinies nuances des écritures idéographiques, le système reste prisonnier du contexte dans lequel il se trouve. Au regard des Anciens, nos agencements alphabétiques leur apparaîtraient singulièrement asservis à l'idée, alors que les bases sur lesquelles ils sont fondés, constituent pour nous un instrument adapté à nos méthodes de réflexion.

Pour l'égyptien, « la composition graphique conventionnelle » prive le signe de sa *liberté native* et par le fait même, le caractère ne peut parvenir à une notion eidétique des choses. Il était primordial que l'idéogramme pénètre la pensée par les voies sublimatoires du cœur, « haty = cœur, hatyou = pensée », avant d'être subordonné aux rigueurs de l'intellect, valeurs aujourd'hui dominantes en nos sociétés. Cela appelle à une question ; la conscience est-elle uniquement assujettie aux méandres encéphaliques d'un pouvoir déductif ou enveloppe-t-elle de manière plus subtile la subjectivité de l'être ?

À cette époque qualifiée « d'archaïque », on faisait choix du phonème pour appuyer la prononciation désirable, mais cela ne constituait pas une obligation. Les auteurs de textes hermétiques tenaient très peu compte de l'aspect phonétique estimé complémentaire, ce qui parfois rend les textes, traduits littéralement totalement inintelligibles.

Les siècles passant, on s'inclina, sans y adhérer pleinement, vers le couplage « signe + son », que pratiquaient déjà efficacement d'autres civilisations. Pour l'Égyptien initié, il était impératif de conserver la valeur ésotérique des caractères, ce qui entraîna la création de nouveaux idéogrammes.

Ainsi, de 750 signes aux origines, on passa à plus de 5 000 à l'époque ptolémaïque. Malgré cela, l'écriture égyptienne restera à jamais inappropriée aux options du futur. L'apport du démotique ne résistera pas davantage aux vagues subversives du monde nouveau. Nous ne saurons jamais si ce mode d'écriture s'est évanoui par une totale inaptitude à notre évolution ou si ce sont les coups de boutoir de l'océan profane qui l'ont englouti avec le sacré. Rappelons tout de même les trois formes qui le caractérisent :

Le cursif était pratiqué par les scribes pour traiter des affaires courantes.
Le démotique était l'une de ses formes les plus simplifiées, tardives

toutefois, puisqu'il ne prit une réelle importance qu'aux environs de l'an 1000 avant J-C.

L'hiératique peut être assimilé à une écriture cursive. Il était généralement soigné et apprécié des gens cultivés. Il pouvait être très subtil et renfermer des secrets de connaissance. Bien qu'un tel privilège fût plutôt réservé à l'hiéroglyphique, le sérieux de l'hiératique ne l'empêchait nullement de dispenser humour et poésie.

L'hiéroglyphique, quant à lui, était pour l'essentiel destiné aux textes mythologiques ou de portée connexe. Les **médou-neter** étant estimés « *paroles divines pour l'éternité* », on peut dire que la plupart des textes détenaient, et pour certains détiennent encore, un hermétisme non révélé ou plutôt non recevable sans démarche préalable. Diverses façons s'offrent à nous de percevoir ce type d'écriture :

Champollion l'avait nettement pressenti au cours de ses études ; une traduction peut en cacher une autre, infiniment plus prometteuse. Le choix et le positionnement des idéogrammes, la couleur employée, l'orientation, la gestuelle des personnages, les proportions, emplacements et attitudes sont autant d'indices conventionnels. Dès lors, on comprendra que seuls les adeptes initiés à cet art étaient à même d'en appréhender le sens caché. Ces « clés », que constituent **les nombres idoines** ingénieusement répartis permettaient de redonner au texte sa cohérence originelle, entendons, sa réelle portée ésotérique.

La prouesse, car cela en était une, consistait à inclure deux et parfois trois possibilités d'interprétation en une seule inscription lapidaire. D'une manière générale, on s'employait à préserver au mieux le sens commun relevant de la phonétique. Mais cela n'était pas toujours aisé, ce qui fait que certaines traductions révèlent beaucoup d'incohérences, elles sont incompréhensibles ou ce qui est pis, d'une logique aberrante.

Cette constatation fit dire à des égyptologues (si tant est que l'on puisse les considérer comme tels...) qu'ils avaient affaire à un peuple bizarre, arriéré, manifestement anormal, détraqué, quand il ne leur apparaissait pas franchement aliéné. Convenons qu'il s'agit là de jugements pour le moins hâtifs. Comment admettre, en effet, qu'une idéologie vouée au crétinisme ait pu traverser les millénaires sans risque de démantèlement, et que ses adeptes aient effectué des travaux aussi grandioses ? Les

Égyptiens n'ont cessé d'être imités, loués et respectés, bien au-delà de leur audience frontalière. Peu nombreuses sont les civilisations qui se sont élevées aussi haut, dans le domaine de la pensée, des arts et de la métaphysique. L'Égypte ancienne était un fanal pour les sociétés d'alors, elle devrait continuer à en être un pour la nôtre. Lorsque nous n'apercevrons plus sa lumière spirituelle et que nous ne verrons d'elle que son génie d'entreprise, nous pénétrerons une zone d'ombre que nous ne pourrons éclaircir. Ce peuple vivait conjointement avec la présence acceptée de la mort, en tant que finalité et réalité suprême. Non que les égyptiens aient entretenu un nihilisme contre nature, mais plutôt « une eschatologie » adaptée à une conjoncture spirituelle.

À l'inverse, nous qui tendons de toutes nos inclinations vers un hédonisme perpétuel, nous nous montrons « dés… orientés » par la mort, ce qui fait qu'au terme du chemin, nous ne comprenons plus ce que représente son indispensable office. Nous faut-il raisonner sur la mort jusqu'à **la vie**, plus qu'il ne nous faut raisonner sur la vie jusqu'à **la mort** ? La question était hier, elle demeure aujourd'hui, la réponse est en nous.

Les étoiles-cadre de la constellation d'Orion et les angles de la Grande Pyramide.

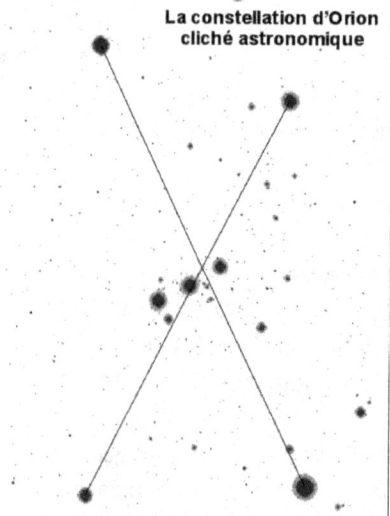

La constellation d'Orion cliché astronomique

C'est en utilisant les angles de la constellation d'Orion que les mystérieux concepteurs de ce monument ont théorisé sa structure pyramidale. Ils n'ignoraient pas que dans les âges, le rapport serait un jour établi entre les agencements stellaires et la Terre. En cette époque de découvertes, l'être humain se trouve sur le point de franchir une étape évolutive décisive. Saura-t-il l'évaluer à sa juste valeur ? Là est la question…

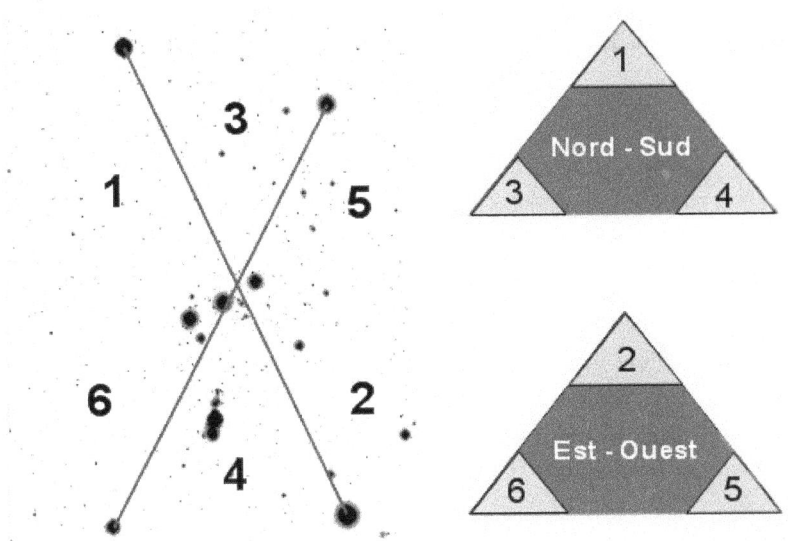

Les « 4 » étoiles cadre d'Orion forment une croix de Saint André, qui nous procure tous les angles de la Grande Pyramide de Gizeh.

Ignorer cela est dramatique, ne pas en tenir compte est inconvenant.

Vue astronomique authentique, la tâche verticale au-dessus du (4) représente la nébuleuse d'Orion.

L'ÉCRITURE

> Les religions se parfument aux essences
> les plus intimes de nos aspirations.

Éloignons-nous momentanément de l'Égypte pour étendre notre champ de vision sur le monde d'alors. Les tentatives d'écriture pictographique relevées en divers points de la planète, ne peuvent être comparées aux orbes que provoque l'impact d'une géniale invention. Les signes picto-idéographiques relevaient du signifiant signifié, la nécessité se fit donc sentir au cours des âges d'adapter ces signes au langage.

Si les peuplades d'Asie mineure et celles d'Anatolie furent, croit-on, parmi les premières à tenter cette gageure, une telle nécessité dut être ressentie en beaucoup de lieux de rassemblement. Ainsi, des cupules vermiculaires du néolithique aux encoches proto-élamites, des pictogrammes torves aux glyphes maladroits, des runes aux oghams et des premières tentatives du cunéiforme à l'alphabet phénicien ou araméen que parachevèrent les Grecs, on peut constater une progression lente mais constante. Les signes conventionnels vont alors graduellement représenter les divers aspects de la linguistique.

L'option fonctionnelle généralement retenue allait à l'encontre de la tendance égyptienne, plus axée sur le sacré. Pour autant, elle ne signifiait pas que les peuples ayant opté pour un choix différent, se trouvaient éloignés de toute idéation spirituelle. Plutôt avaient-ils décidé que leurs systèmes d'écriture n'avaient pas à être tributaires de leurs inspirations et croyances. Les peuplades diversifiées de ces lointaines époques dispensaient un enseignement oral, généralement adapté à l'ontologie qui leur était propre. C'était le cas des Aryens et principalement des Celtes dont les contes et légendes s'apparentaient souvent à la flore et à la faune près desquelles évoluaient ces peuples. N'entrevoyons point là un manque d'imagination, mais plutôt un corpus codé ; à l'instar des Égyptiens, celui-ci relevait d'une symbolique aux subtiles ramifications. Nous avons personnellement l'assurance que les connaissances des Celtes étaient égales à celles des Égyptiens, si ce n'est supérieures en certaines matières (nous en donnerons plus loin un aperçu). Hélas, il ne reste guère de trace de cette prééminence, si ce n'est quelques œuvres relevant d'un art consommé. L'écriture cunéiforme concernait les Sumériens, les Élamites, les Akkadiens, les Babyloniens, les Assyriens et quelques autres peuples avoisinant le golfe Arabo-persique.

Certains textes d'inspiration ésotérique comportaient et comportent encore des mots codifiés. Ces mots se trouvent généralement rattachés à une symbolique hermétique. Les Mages leur prêtaient une signification particulière, en général fort éloignée de leur sens premier. La cryptographie avait pour intention de servir « **une grande tradition** », dont la gnoséologie était enseignée dans le secret des temples.

Quant aux *medou-neter* de l'Ancienne Égypte, ils sont apparus au IIIème millénaire avant J-C comme étant une calligraphie construite. Ces découvertes coïncident avec les rois recensés des premières dynasties, ce qui fait qu'il est impossible de situer parmi les âges la prime émergence des esquisses proto-conceptuelles de ce type d'écriture. Il en est de même pour le Panthéon Égyptien et plus encore des rôles traditionnels qui étaient attribués aux dieux tutélaires, rôles et fonctions qui n'ont pas manqué de varier aux cours des millénaires.

En ce qui concerne l'Égypte, il nous faut admettre que l'écriture a une antériorité infiniment plus lointaine que celle parfaitement académique que nous lui prêtons généralement, soit 3 150 ans avant Jésus-Christ. Cette date ne peut être qu'erronée, si on accorde un intérêt quelconque aux enquêtes et recherches effectuées par Manéthon à l'époque ptolémaïque. Il est vrai que ce Grand Prêtre n'était ni grec, ni juif, ce qui peut en partie expliquer son manque de crédibilité auprès des historiens. Cet Égyptien devait pourtant bénéficier de sources savantes, auxquelles, à titre de comparaison, n'a probablement jamais eu accès Hérodote, même si les écrits de ce dernier furent empreints d'une honnêteté foncière, qu'accompagnait une grande naïveté. Cela est un autre mystère que nous étudierons ultérieurement. Une hypothèse consisterait à penser que l'Égypte a plagié Sumer dont l'écriture, officiellement (plus qu'historiquement), serait antérieure de quelques siècles. Cela revient à dire que les égyptiens se seraient inspirés d'un système idéographique radicalement différent de leur propre culture, après quoi et sans légitime errance, ils en auraient déduit le leur, immuable pour des millénaires. La chose est irrecevable, car s'il est loisible à tout chercheur de suivre à travers les siècles « l'évolution des genres » propre au cunéiforme, l'émergence inopinée des hiéroglyphes sur les bords du Nil et le lyrisme religieux qui lui est corollaire reste une énigme protohistorique que nous ne sommes pas près d'élucider.

Nous avons dit que « **la tradition de connaissance** » transmise par l'écriture ne saurait être l'apanage des seuls égyptiens. Les textes sanscrits ou chinois, avec pour ces derniers les huit trigrammes de base, prouvent, s'il en était besoin, l'universalité de cette science numérale de caractère hermétique. Ajoutons que les codex amérindiens offrent, eux aussi, un grand intérêt. Leurs glyphes affichent d'indéniables références à l'esprit de tradition, que ce soit pour l'évaluation du temps ou pour les mesures apportées à la construction des temples. Les données relevées sont concordantes à celles qui furent en vigueur dans l'ancien monde méditerranéen, encore faut-il fractionner yards, coudées, pouces et pieds pour faire se correspondre ce type de valeurs. Quant au mètre, élément d'une Tradition Primordiale, il était parfaitement connu des grands hiérarques, nous pouvons en apporter la preuve irréfutable autant que provocatrice pour l'orthodoxie.

L'ancien et le Nouveau Testament font état de nombres hiératiques que l'on retrouve essaimés des Sagas du Nord aux Hymnes du Sud. On aurait tendance à penser que ces Cananéens ou paléo-hébraïsants se sont largement inspirés de la manière ingénieuse qu'avaient les Égyptiens pour insérer le sacré au cœur de leurs écrits. Mais les Hébreux d'alors n'ont pu procéder eux-mêmes à cette cryptographie, ils n'en avaient ni la science ni la pratique.

En ce qui concerne la phonématique liée à la forme de ces caractères, nous voyons là des correspondances avec les écrits araméens, phéniciens archaïques ou encore grecs primitifs. Mais pour ce qui est de la structure grammaticale, il y a un mystère qu'il serait pertinent de qualifier « d'hiérogamique », tant ses liens avec ce que nous savons de **la Tradition Primordiale** sont évidents. Par ailleurs, des analogies linguistiques seraient à établir avec les Aryas orientaux des royaumes d'Hurrit et de Mitanni, l'ancien royaume d'Aram, proche de la Palestine, ou encore avec les Galates ou Gaëls, ces tribus celtes de Phrygie émigrées en Galilée. Des centaines de noms ou de mots cananéens utilisés par les Hébreux, aux consonances identiques, tendraient à prouver une parenté d'origine indo-aryenne et pas seulement sémitique.

Sipour = le parlé **Séfer** = l'écrit **Séfar** = le nombre

Cette « **triade sacrée** » correspondant à l'évolution de la pensée, elle est parfaitement respectée en ces trois évocations. La calligraphie arabe elle aussi, pourrait revendiquer l'art de la forme, car elle n'est pas démunie, loin s'en faut, de réalités cachées. De tels écrits furent voilés pour que demeure la continuité de l'esprit relevant de **la Grande Tradition**. L'alchimie occidentale s'en est imprégnée, mais, pour l'essentiel elle s'est directement inspirée de **l'ésotérisme égyptien**. Certains arcanes sont venus renforcer la tradition celte encore en vigueur, notamment en ce qui concerne le Graal, sa mythologie et son symbolisme. Nous verrons çà et là au cours de cet ouvrage les rapprochements qu'il y a lieu de faire, notamment avec la Grande Pyramide. La profondeur du calice représentée ici fait juste 200 m de hauteur.

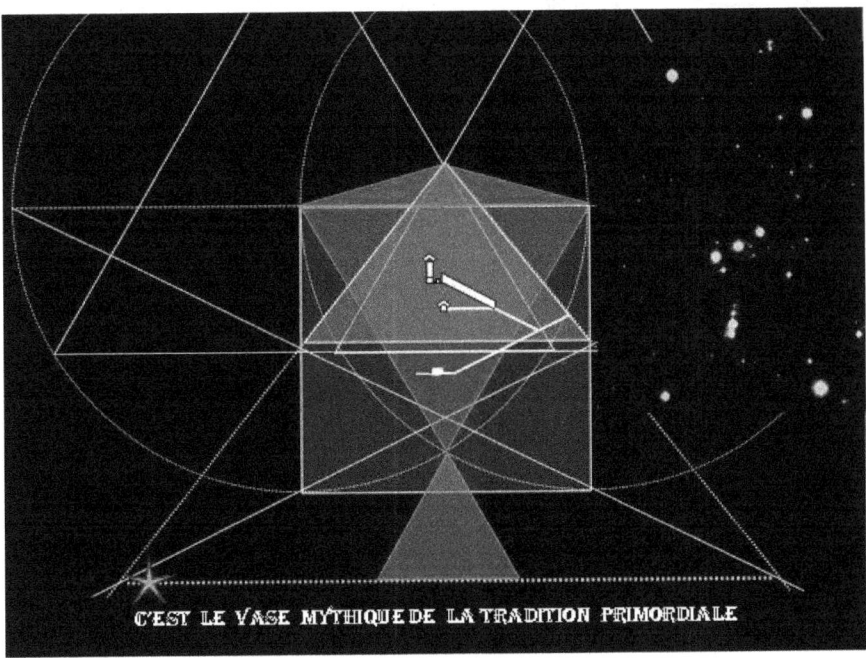

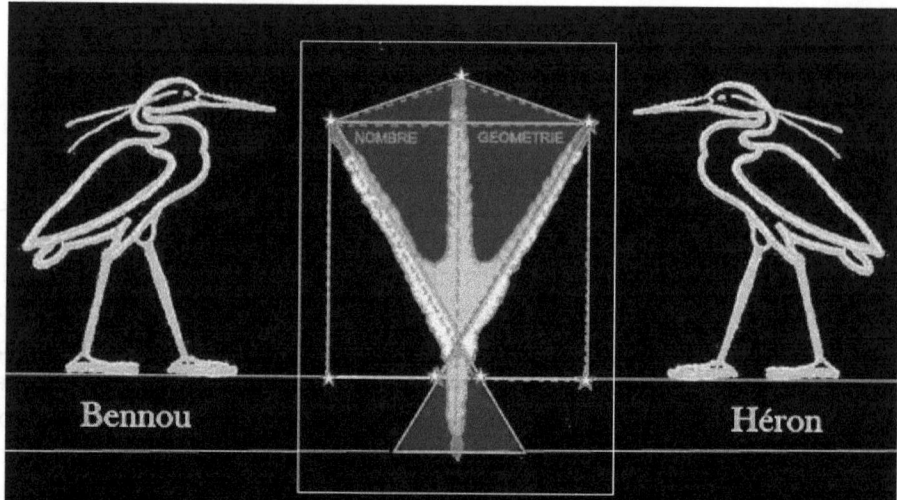

La patte du phénix des légendes se pose sur le tertre originel pour créer le monde, mais elle est aussi l'allégorie du schéma graalique. Sa signification est synonyme de création par le principe divin.

Naissance des Religions Occidentales

> Les gnoses sont comme les graines,
> leurs plus belles fleurs ne croissent
> que lorsqu'on les a enterrées.

Avant d'aborder cette phase qui pourrait consister à épousseter les fardages dissimulateurs du paysage historique, essayons de mieux cerner l'origine de ces tribus arabo-sémitiques, hamitiques diront certains, qui étaient appelées à constituer le tissu du peuple hébreu.

Peut-on d'ailleurs qualifier de « peuple » ces agglomérats tribaux qui de l'Asie Mineure au Sinaï, n'ont cessé pendant des siècles d'amorcer des mouvements migratoires et que telle époque se plût à fixer çà et là, du nord de l'Euphrate au désert Arabique. Il serait en fait hasardeux d'attribuer à ces peuplades une filiation directe avec l'une ou l'autre de ces ethnies côtoyant le littoral méditerranéen. Encore peut-on leur donner une appartenance sémitique akkadienne à peu près certaine. N'oublions pas que l'akkadien, en tant que langue diplomatique, était répandu dans l'ensemble du Proche-Orient 1800 ans avant notre ère.

L'énigme toutefois reste entière, il faut bien admettre que cette partie du monde fut jalonnée de cités millénaires parmi les plus anciennes répertoriées. Leurs ruines témoignent encore de la présence de peuples aux idées avancées et aux allants mystiques indéniables.

La Palestine, terre de privilèges, de convoitises et de souffrances, a vu se développer au cours des âges de nombreux foyers de civilisations. Cananéens, Araméens, Philistins, Ismaéliens, Hourrites, Syro Phéniciens y prospérèrent avec les mouvances que l'on sait, en ce qui concerne les lieux et les dates. Ces anciens territoires considérés asiatiques étaient appelés par les égyptiens pays de « Retenou ». Ils ont été longtemps des protectorats d'où émanaient, au gré des époques, les influences égyptiennes ou mésopotamiennes. Le sud-ouest de la Palestine, le Sinaï, le Néguev et par extension tout le désert arabique étaient occupés par des tribus d'origines diverses, bédouins itinérants appelés « Chasou ». Ceux-là n'avaient de cesse d'aller d'une frontière à l'autre, ballottés par les invasions, les séismes, quand ce n'était pas d'endémiques famines exterminatrices. Ces pasteurs nomades dont l'incurie structurelle était proverbiale subirent avec résignation, des siècles durant, les pires calamités. Ils mêlèrent souvent leur sang et leur identité à ceux des envahisseurs Habiru ou Hapirou et autres ramassis d'écornifleurs que les sumériens nommaient « Su gaz » et dont ils se défiaient ouvertement. Les égyptiens, quant à eux, qualifiaient ces populations erratiques de « *coureurs de déserts* », tant leur nomadisme était proverbial. La plupart du temps, il était question de tribus Bédouines, les Édomites-Shasou, dont les traces sont demeurées dans les annales égyptiennes. Les siècles passant, certaines tribus se regroupèrent par affinité de pensée, plus que par liens ethniques ; elles formèrent des collectivités, lesquelles au cours des siècles devaient constituer les souches prolifiques du peuple akkadien.

Cette brillante civilisation qu'était Sumer faiblissait d'âge en âge, mais les autochtones mésopotamiens à la fois rivaux et voisins, baignaient encore en son orbe culturel. Sargon y mit brutalement fin en créant le premier empire assyrien, vers 1875 avant J-C. Il va de soi que nos pasteurs pré-hébraïques furent le plus souvent victimes de leur choix géographique. Ils eurent à subir la loi des plus forts. Tout laisse cependant supposer qu'ils concédèrent délibérément à des cultes et rituels importés par ces peuples en mouvance, comme les Aryens dont descendaient les Mitanniens. Plus tard, ce furent les Galates du plateau phrygien dont certaines tribus traversant l'Anatolie essaimèrent leurs acquis « civilisateurs » jusqu'aux Gaëls de Galilée (Jésus n'était-il pas Galiléen ?) Les fouilles archéologiques laissent aujourd'hui peu de doutes sur la réalité de ces peuplades semi-sédentarisées qui séjournaient sur les hauts plateaux de Canaan. Peut-être devons-nous voir en eux les descendants du futur royaume de Juda. Au fil des décennies, ceux-là renforcèrent les liens avec ces peuplades en errance venues du nord de la mer Caspienne. Il faut dire qu'en dehors du littoral et des plaines cultivables, la vie était précaire et les lendemains incertains en pays de Canaan. Ce constat pourrait justifier qu'une fraction, la moins sédentarisée de la population, contribua à grossir les effectifs de l'armée composite qu'étaient les Hekaou-Khasouts (étrangers) ou Hyksos. Souvenons-nous que leurs hordes successives déferlèrent vers le delta du Nil, à partir de la fin du XVIIIe siècle avant J-C, et que leurs souverains régnèrent sur l'Égypte de 1670 à 1580 av. J-C. Bien avant que ne furent envisagées des tentatives d'invasion de l'Égypte, ce type de société arabo-sémitique que nous décrivons, évolua sur le plan religieux, d'un polythéisme confus d'inspiration aryano-akkadienne, vers une sorte de mono-paganisme simplificateur. Celui-ci, semble-t-il, prit une connotation d'hénothéisme avec les deux patriarches ancestraux que furent **Melchisédech** et **Abraham**. Malgré l'influence au sein de ces populations pastorales d'un monothéisme sous-jacent, l'adoration des « idoles » ne disparut pas du jour au lendemain. Pendant des siècles, il y a pléthore de témoignages, les élus spirituels et leurs inconditionnels sectateurs se livrèrent à des versatilités religieuses qui n'étaient point faites pour simplifier les rapports sociétaux.

L'influence des cultes rendus aux dieux et déesses des peuples voisins était telle que ce ne fut qu'au VIIe siècle avant J-C, sous le règne de Josias, que l'adhésion des juifs à **« Yahvé »** de Moïse, fit l'unanimité parmi les tribus de Juda et d'Israël. À l'avènement de **Moïse**, (Grand Prêtre Égyptien), peut-être celui-ci était-il génétiquement descendant des nobles otages syriens de Thoutmosis III, à moins qu'il ne s'agisse d'un personnage de composition, car il n'apparaît réellement dans les textes que très tardivement, sous Josias et dans un contexte de suspicion sur un plan d'authenticité.

À l'avènement de Moïse, disions-nous, les Hébreux se tournèrent, en partie malgré eux, vers une structure linguistique particulière. Elle devait faire plus tard office de loi. En elle était inclue « une gnose » savamment cryptographiée, comme seuls étaient en mesure de le faire de très vieux peuples imprégnés de **« La Tradition Primordiale »**, tels que les Égyptiens, les Hindous, les Celtes, les Amérindiens et sans que l'on en ait la certitude, les Chinois.

« *Chaque parole de l'écriture cache un mystère* » affirme le Zohar.

Avec la somme de connaissance qui était sienne, la hiérarchie égyptienne était parfaitement capable de mettre au point un alphabet sacré au demeurant nombré et fonctionnel, mieux adapté aux temps futurs que ne l'étaient ses « vieillissants » hiéroglyphes. Ne lit-on pas dans les Stromates de Clément d'Alexandrie :

" *Les énigmes des Égyptiens sont donc semblables à celles des Hébreux, au point de vue du secret dans lequel elles étaient enveloppées.* "

« *Au point de vue du secret* », car pour ce qui est de la forme des caractères ce que nous connaissons ne remonte guère au-delà des premiers siècles de notre ère. Les plus anciennes inscriptions retrouvées, environ 800 ans avant Jésus-Christ, sont formulées en caractère « Moabitique », entendons Canaanite, et elles constituent ce que l'on a coutume d'appeler le paléohébraïque. En tant que langage parlé, le proto-canaanite remonte quant à lui à 1300 ans avant notre ère. Ces observations ne sauraient prouver ou infirmer l'antiquité de ces caractères traditionnels, plutôt, étaient-ils tenus pour sacrés et non révélés à l'œil profane. Cela les mettait à l'abri de toute altération, contrairement à l'exemple que pourraient en donner certains textes samaritains.

Peut-être ignorait-on l'existence de ces caractères au temps des Ptolémées, mais il est fort probable que la traduction en grecque, des 5 livres de la loi par les 72 exégètes dite des « Septante », fut réalisée à partir de caractères non araméens, comme on le croit généralement. S'agissait-il alors de caractères tenus secrets, approchant les caractères hébraïques que nous connaissons ? Il est incontestable que la forme même des lettres dut sensiblement varier au cours des âges. Ce constat ne saurait en amoindrir le capital caché. La tradition sut adapter son message, sans pour cela que s'en trouvent gravement altérées ses vertus originelles.

Nous pouvons observer que l'aventure amarnienne, précédait de peu le vent novateur qui allait porter **Moïse** au faîte de la renommée. L'audacieux Pharaon **Akhenaton** (Aménophis IV) était encore présent dans toutes les mémoires et ce monothéisme révélé avait des partisans inavoués parmi le haut clergé d'Amon Râ. Ce qui, à priori, constitue un paradoxe, s'explique à une certaine hauteur hiérarchique et dans le contexte de l'époque considérée. À l'échelon des Hiérarques égyptiens, le « polythéisme » enseigné était depuis toujours un monothéisme travesti. Il est à considérer qu'il y avait **un créateur unique**, appelé « Atoum » et plus tard Amon (le caché), et toutes les autres divinités du panthéon en résultaient. C'est donc une aberration intentionnellement entretenue, que de conjecturer que l'Égypte Ancienne était assujettie à un polythéisme. Ce n'était là qu'un décor allégorique, exhorté par le sens caché des mythologies. L'authentique démarche était celle d'un « hénothéisme » ou plus communément d'un « monothéisme lattent », lequel était étayé au sein de la hiérarchie des lumières de **La Connaissance Primordiale**.

Après la XVIIIe dynastie, l'émancipation des mœurs avait, par contrecoup, entraîné une dépréciation croissante des lois et des rituels ancestraux. Ce « polythéisme » complexifié par l'amoindrissement des valeurs s'était sophistiqué et était de fait de moins en moins perçu par le peuple, aussi en résultait-il un manque d'exaltation. On ne s'étonnera pas que quelques décennies plus tard, au temps de Moïse, son application apparut à certains Hiérarques comme virtuellement condamnée par le bouleversement provoqué par les peuples allogènes. Face à cette adversité, il devenait impératif pour les classes dirigeantes de simplifier la religion, d'en stimuler de nouveau le sens moral, afin que le peuple ne verse pas en une idolâtrie délétère. Sous un autre aspect, il fallait que ce peuple recouvre ses liens ancestraux avec l'inframonde, seul garant de la paix sociale. La haute prêtrise craignait, à juste titre, que ne s'effondre en des égarements subversifs, le peu de cohésion de cette société en partie désorganisée par l'apport de la roue. Mais, pour des raisons ataviques, consécutives à l'échec d'Akhenaton, il s'avérait que cette reconversion souhaitée s'avérait compromise en Égypte même. La Grande-Dame qui avait bouclé son cycle multimillénaire ne devait-elle pas vivre sa religiosité moribonde et s'effacer devant ces peuples conquérants, comme le prédisaient les devins prophètes ?

Après l'ère de tempérance occasionnée par le règne de Ramsès II, le déclin progressif de l'Égypte millénaire devint une réalité. L'héroïque défense de Ramsès III contre les peuples de la mer, n'empêcha pas Ramsès VII d'abandonner les territoires devenus stratégiquement ingouvernables. Il y eu bien encore l'invasion de la Palestine par Sheshonk en 924 et la traque aux Assyriens avec Psammétique en 655, mais Néchao II, son fils, fut défait à Babylone et la Grande Égypte termina sous cette monarchie l'ambition de ses conquêtes.

Revenons au siècle supposé de Moïse : les Grands Hiérarques omniscients de l'Égypte Ancienne, se trouvaient soudainement placés devant la conjoncture d'un polythéisme défaillant. Toutefois, un espoir demeurait avec ces tribus sémitiques, déjà préconditionnées par un monothéisme qui ne demandait qu'à s'épanouir. Il manquait à celui-ci l'apport hiérogamique de l'écriture, véritable âme d'un peuple, cet apport lui fut donné dans un parfait esprit de tradition. Moïse (si Moïse il y a), ne pouvait être qu'un Grand Prêtre missionné par la hiérophanie égyptienne. Dès lors, il n'est pas étonnant qu'il ait pu s'entretenir librement avec Pharaon et ses Grands Prêtres Conseillers, sans qu'on ne l'ait obligé à flairer le sol en leur présence.

Par ailleurs, le sens du devoir, la probité, le respect d'autrui demeuraient encore profondément ancré dans les mœurs des Nilotes. Ces longues alternatives faites de soubresauts et de vaines tentatives de redressement, ne sauraient expliquer ou justifier les événements auxquels il est fait allusion dans la Bible. Si nous n'avions la crainte de commettre un anachronisme, il serait plus juste d'imputer les meurtres, les coups reçus et les injustices caractérisées dont se plaignaient les Hébreux, aux rois Hyksôs qui sévissaient en Égypte deux ou trois siècles plus tôt. Ceux-ci, on le sait, n'étaient pas réputés d'un naturel angélique et, pour ces raisons, parfaitement capables de forfaitures, surtout avec les Hébreux qu'ils n'estimaient guère en tant que forces supplétives. Quant à l'attitude déconcertante de Pharaon à l'époque supposée de l'exode, ce comportement trouve une explication logique, sans qu'il y ait besoin d'avoir recours au despotisme, à la haine ou à un quelconque esprit de vengeance. Considérons les faits tels que la Bible nous les dépeint :

1 - Le départ massif et soudain d'une main d'œuvre étrangère, installée en pays d'Égypte depuis des siècles.

2 - Des manifestations géologiques inquiétantes et en première analyse totalement inexplicables.

3 - La mise à l'index d'une religion millénaire et la crainte pour Pharaon que de telles démonstrations entraînent, à terme, le bannissement des dieux traditionnels. Mais aussi, la dénégation des mythologies ancestrales, base de la structure sociale.

4 - L'attitude apparemment relapse des Grands Prêtres, face au déterminisme arrogant de Moïse et d'Aaron prônant un monothéisme novateur.

Si à cela, on ajoute les avis embrouillés, si ce n'est contradictoires des conseillers royaux tels que Coré et Hâmân (de souche juive), nous avons là un amoncellement de faits déstabilisants auxquels Pharaon dut faire face en un temps supposé très court. Humainement, on ne peut que s'imaginer le désarroi de celui-ci, ce qui expliquerait ses tergiversations ou brusques retournements.

Quant aux plaies d'Égypte, on n'abonderait pas de décrire les maux qu'eut à subir la planète à cette époque et principalement, semble-t-il, le bassin méditerranéen : séismes, raz-de-marée, tornades, pluies de sable, de grenouilles ou d'insectes, obscurcissement du ciel, épidémies diverses dues aux nombreux cadavres d'hommes et d'animaux que l'on n'avait guère d'empressement à ensevelir ou incinérer. L'ensemble de ces tourments trouverait aujourd'hui une explication rationnelle avec l'éruption du volcan Santorin au XVIIe siècle avant J-C. L'ennui, c'est que cette date ne correspond pas au texte biblique, doit-on par ailleurs considérer ces datations comme fiables ? Ajoutons que les Hébreux pénétrèrent en Égypte en tant que peuple déshérité, certes, mais libre ! Ils y vécurent, non en esclaves, comme il est souvent dit à dessein, mais en travailleurs, au même titre que d'autres nomades arabo-sémitiques. Nous en voulons pour preuve ces extraits de la bible :

- « Ils lui répondirent : *Nous sommes la descendance d'Abraham et de personne nous n'avons jamais été esclaves.* » (Jean, 8-14/8-33)

- Les fils d'Israël leur dirent : « *Que ne sommes-nous morts de la main de Yahvé dans le pays d'Égypte, quand nous étions assis près des chaudrons de viande, quand nous mangions du pain à satiété.* » (Exode, 16-3)

- Les fils d'Israël se remirent à pleurer, ils dirent : « *Qui nous fera manger de la viande ? Nous nous souvenons du poisson que nous mangions pour rien en Égypte, et des concombres, et des melons, et des poireaux, et des oignons, et de l'ail ! Et maintenant, notre gosier est sec, plus rien, rien que la manne sous nos yeux !* » (Nombre, 11/5)

« *Qui nous fera manger de la viande ?*

Nous étions si bien en Égypte ! » (Nombre 11/18)

Moïse n'affirme-t-il pas lui-même, en s'adressant aux juifs :

- « *Car le pays où tu vas entrer pour en prendre possession n'est pas comme le pays d'Égypte d'où vous êtes sortis, où après avoir semé ta semence, tu arrosais avec les pieds, comme un jardin potager.* » (Deutéronome, 11/10)

Ne doutons pas qu'il y ait eu au cours de l'histoire, et qu'il y a encore, des conditions oppressives plus éprouvantes, si ce n'est coercitives, que celles qui sont décrites par Moïse. Plus loin, nous lisons :

- « *Tu n'auras point en abomination l'égyptien, car tu as été étranger dans son pays* » (Deutéronome, XXIII /8)

- « *Bénie soit l'Égypte, mon peuple* » (Isaïe 19 - 23)

Il est clair que les Juifs de l'après-guerre n'ont jamais tenu de tels propos à l'adresse de leurs tortionnaires. L'égyptien était réputé immuable en sa tradition et juste en ses principes. Quant aux esclaves, peu nombreux en Égypte, il s'agissait pour la plupart de prisonniers de guerre rebelles à toutes compromissions auxquels, il est vrai, on réservait un sort misérable. Ceux-là étaient employés pour l'extraction de minerais dans des conditions pénibles, n'avaient-ils pas osé défier la souveraine autorité de Pharaon ? Il en allait tout autrement des Juifs, leur noblesse (car il y en avait une), portait les armes, elle était reçue à la cour du Roi au même titre que les ambassadeurs des peuples frontaliers. Elle était, cette élite, écoutée avec attention, parfois même était-elle appelée auprès du souverain en tant que conseillère. Les narrations concernant Joseph et Coré constituent des preuves significatives, si l'on accorde, bien sûr, une quelconque historicité aux faits mentionnés par l'Ancien Testament ! Gardons tout de même à l'esprit que ces faits furent traduits du manuscrit hébraïque « *la Loi de l'Éternel* » par le prêtre Hilkija, qu'il avait lui-même extrait d'une mystérieuse cachette se trouvant dans les ruines du temple. Cela, sous le règne du roi Josias, environ 623 ans avant notre ère. Nous sommes bien loin des faits exposés, mais revenons à notre récit : lorsque les grands maux précédemment décrits firent leur apparition, on peut supposer qu'une fraction des travailleurs Hébreux qui œuvraient sur les sites décida de quitter cette terre d'asile, persuadée qu'une malédiction s'abattait sur le pays d'Égypte. Ils ignoraient alors que le fléau concernait l'ensemble du bassin méditerranéen et que ces manifestations hostiles s'étendaient bien au-delà des rives du Nil. La persistance de ces phénomènes explique en partie l'errance des tribus conduites par Moïse avant d'atteindre « *la terre promise* », parcours labyrinthique s'il en fut, ordonnancé par ce Grand Prêtre d'Égypte. Les maux dont il est question rendent vraisemblable le passage de la mer Rouge, les nuées, les colonnes de feu, les tremblements de terre et notamment celui du mont Sinaï, Jéricho et tant d'autres situations, conformes à des bouleversements climatiques ou telluriques. En ce qui concerne le passage de la mer Rouge, appelée en cet endroit « mer des joncs » (ce qui est suffisamment explicite) la tragique aventure que la Bible prête aux soldats de Pharaon a bien failli être vécue par le corps expéditionnaire français conduit par Bonaparte. Goethe rapporte, lors d'un entretien avec Eckermann, que l'armée s'était engagée à pied sec, à l'extrémité nord du golfe de Suez. Subitement, des vagues se mirent à déferler manquant d'anéantir l'arrière-garde, ainsi se trouva-t-elle avec de l'eau jusqu'aux épaules, sans qu'aucun indice préalable ne l'eut laissé supposer. Ajoutons à ce désordre, une situation topographique différente, un fort vent sud-est, et nous avons le plausible déroulement de ce verset biblique. La disparition de Pharaon et l'anéantissement de son armée sont ainsi décrits dans la Bible :

- « *Les eaux refluèrent et recouvrirent les chars et les cavaliers de toute l'armée de Pharaon qui avait pénétré derrière eux dans la mer.* »

En ce début de XIIIe siècle avant Jésus-Christ (à supposer que ce soit la date exacte de l'exode et si exode il y eut), il pourrait s'agir du Pharaon Mineptah, Méneptah ou Meren Ptah (celui qui est aimé de Ptah). La momie de ce fils de Ramsès II (entreposée au musée du Caire) comporterait des singularités anatomiques que l'on pourrait considérer comme étant consécutives à ce type d'accident. Aussi, nous ne pensons pas, que Pharaon se lança à la poursuite des Hébreux dans le dessein de les contraindre à réintégrer leur condition d'esclaves (sic), ce comportement étant à l'opposé de ce que nous savons de la mentalité égyptienne. Il tenta plutôt, avec une partie de son armée, de récupérer le bétail et surtout les objets précieux dérobés dans les temples et autres domaines administratifs du royaume. L'attitude ne caractérise pas le peuple en question, elle est commune à tout déplacement de masse, quelle que soit l'appartenance ethnique. De surcroît, les Hébreux savaient qu'ils allaient devoir affronter les conditions éprouvantes du désert Arabique. Il était donc vital qu'ils se prémunissent ou se dotent de denrées et d'objets de troc que leur condition de simples ouvriers ne leur permettait pas de détenir. L'épisode du veau d'or n'en apporte-t-il pas la preuve flagrante, où ces « esclaves » auraient-ils pris cet or ?

« *Et ils dépouillèrent les Égyptiens...* » (Exode 12/36)

Malgré cet important mouvement ethnique, on ne peut pas dire que le départ des travailleurs étrangers, composés de ces tribus sémitiques, fut pour les égyptiens un fait marquant. Aucun texte n'en parle et cela parut s'inscrire dans l'ordre des choses. Ce nombre de 603 550 guerriers mentionné, ne peut en aucun cas correspondre à la réalité, compte tenu de la fluidité des populations de l'époque. On ne peut raisonnablement envisager un tel nombre de « *guerriers* » à tendance homosexuelle confirmée, il faut donc nécessairement leur adjoindre des femmes et des enfants ainsi que du bétail. Nous parvenons vite à plusieurs millions, soit, à l'époque, plus de deux fois la population de l'Égypte que ceux-ci avaient décidé de fuir. Le semi-désert d'alors qu'ils s'apprêtaient à affronter n'était pas à même de nourrir une telle population, tant en eau qu'en fourrage, d'autant que des tribus bédouines occupaient résolument les rares pacages disséminés. Par ailleurs, les Égyptiens échaudés par l'invasion Hyksos se méfiaient de tout déplacement de masse qui aurait pu mettre en danger la sécurité de leur territoire. Ils avaient, nous disent les textes, installé des fortifications le long de la frontière afin de filtrer à l'unité les mouvements migratoires. Quelques milliers d'individus, tout au plus, seraient acceptables. Cela même est troublant, car aucun texte égyptien ne fait mention de l'Exode, et encore moins de la mort de Pharaon, ce qui de surcroît pose une énigme historique. Alors même qu'une stèle, datant de 1207 avant J-C, donc, sous le règne de Méneptah, ferait état d'une bataille remportée par les troupes égyptiennes sur le peuple d'Israël ? L'interrogation est totale !

À moins que nous accordions un quelconque crédit aux études effectuées par le Docteur Immanuel Vélikovsky ? Celui-ci prétend, en prenant pour référence le papyrus d'Ipuwer, que d'importants cataclysmes ont bouleversé la chronologie antique. Selon cet éminent chercheur, les dates généralement retenues par les égyptologues seraient suspectées de désordres portant sur de nombreux siècles !

Ce n'est pas improbable, mais d'autres critères de nature analogique sont propres à nous interpeller, ils sont d'ordre hermétique et répondent à l'esprit de la Tradition cachée. Pour cela, revenons un instant sur ce nombre irraisonnable de 603 550 guerriers et considérons que ce nombre par trop fantaisiste peut être un appel à la réflexion. L'Exode des Juifs ne draine-t-il pas en lui-même l'idée de « *la diaspora* », autrement dit, la dispersion à travers le monde des sémites répartis autour de la planète. Imprégnés de cette vision des choses, essayons de retrouver des révélations numériques, on ne peut plus troublantes, dissimulées depuis toujours au sens commun :

Le nombre 603 550 comprend 6 chiffres que l'on va transcender de la manière suivante 1+2+3+4+5+6 = 21, les caractères hébraïques se lisent de droite à gauche, cela se conçoit donc 12. Maintenant ôtons de 603 550 la valeur en affichage similaire des 6 premiers chiffres, soit 123 456, le résultat est 480 094, divisons alors cette valeur par 12, puisque ce nombre s'impose avec les 12 tribus d'Israël. Le total nous donne 40007,8333 en kilomètres, nous avons là *au mètre près* **la circonférence moyenne de la Terre.** Ceci constitue le reflet type des processus de discernement égyptiens. Nous constatons que ce nombre de « guerriers » sans signification raisonnable, pourrait-être assimilé dans le temps à la diaspora juive répartie sur la surface du globe. Autrement dit : la circonférence de la Terre, ce qui serait parfaitement explicite et prémonitoire.

Reprenons nos interrogations sur le parcours et demandons-nous si les Hébreux auraient pu survivre, en tant que peuple livré à lui-même, si ces deux Grands Prêtres qu'étaient **Moïse** et **Aaron** ne leur avaient insufflé l'esprit de cohésion ? Ces deux **égyptiens** *Grands Connaissants* ont su galvaniser leur foi en ce Dieu prometteur, symbolisé par « Arqua » **l'Arche d'Alliance** présente en **l'arc-en-ciel**.

Cette arche est conforme au ⌒ « t » de **Nout**, déesse du ciel, comprenons la promesse incluse en 〰️ **les eaux primordiales** ou **« la création du monde. »**

> « Je place mon arc dans les nuées,
> ce sera le signe de l'alliance entre moi et la Terre. »

Nous avons vu avec le lien arc-en-ciel – Grande Pyramide ce qu'il nous faut penser de cette relation. Elle est due à l'esprit de la Tradition Primordiale, résumé par l'acte de conceptualisation d'un **Principe Créateur Universel**. Peut-on raisonnablement envisager un simple concours de circonstances lorsque géométrie et nombres se plaisent à nous étaler à profusion les preuves qui nous sont indispensables.

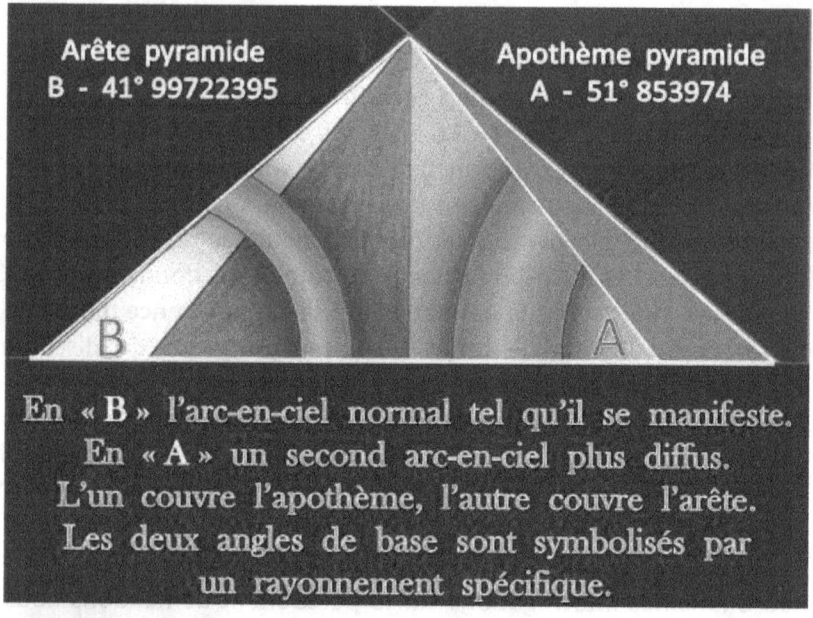

En « B » l'arc-en-ciel normal tel qu'il se manifeste.
En « A » un second arc-en-ciel plus diffus.
L'un couvre l'apothème, l'autre couvre l'arête.
Les deux angles de base sont symbolisés par
un rayonnement spécifique.

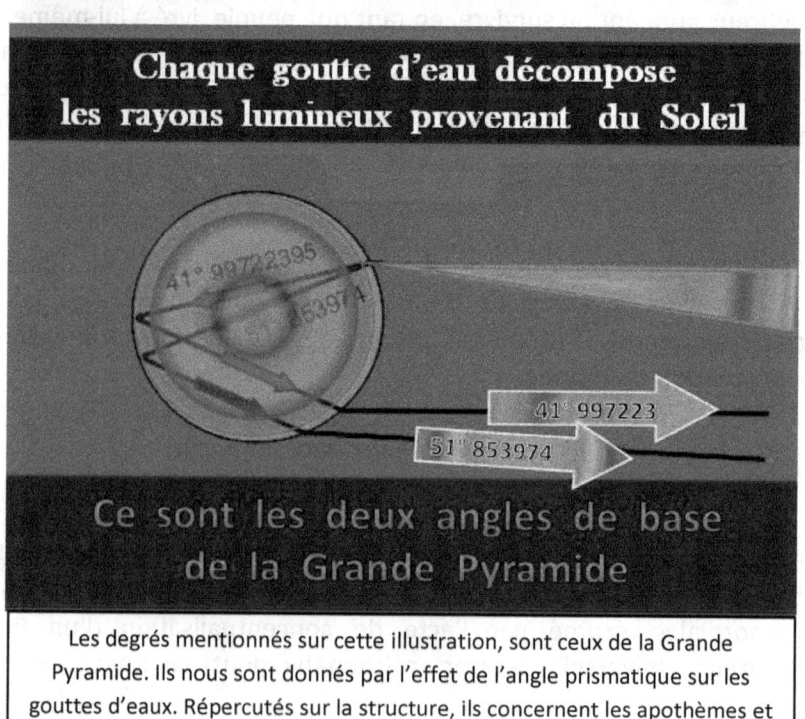

Les degrés mentionnés sur cette illustration, sont ceux de la Grande Pyramide. Ils nous sont donnés par l'effet de l'angle prismatique sur les gouttes d'eaux. Répercutés sur la structure, ils concernent les apothèmes et les arêtes à la base de l'édifice.

La Genèse

> Quand Dieu efface, c'est qu'il s'apprête à écrire.
> **Bossuet**

Maintenant que nous avons effectué un rapide tour d'horizon sur le corps de l'écriture, et sur l'esprit qu'il serait bon de pressentir, revenons aux caractères hébraïques, dont les formes même paraissent être directement inspirées des flammes.

À titre d'exemple, prenons le premier mot de la Bible que nous avons précédemment cité en son contexte. Il est logique de considérer ce premier mot inexprimable, pour l'excellente raison qu'il est censé renfermer en lui la totalité de l'impulsion créatrice. Nous n'hésiterons pas cependant à amorcer une approche, dans la mesure où ce premier mot, plus que tout autre, va éclairer d'une précieuse lueur notre propos de « **Au commencement...** »

« בראשית » **Bereschit** ; les variantes les plus connues sont

Beraeshith - Berechith - Berîchônâh - Berîth-Esch - Brit-Esh,

« premièrement - en principe – primitivement - alliance du feu ».

Que faut-il penser de toutes ces interprétations et de bien d'autres qui ne contribuent pas, loin s'en faut, à éclaircir le texte. Certains exégètes avancent que la signification ésotérique de ce premier mot n'est autre que « Créateur de l'hexade. » Autrement dit, **il créa 6** (bara-schith). Ce qui somme toute ne saurait constituer une aberration, puisque Dieu étant par essence 1 en 3 ▽ créant 6 = 36. Ce nombre appelle **360** ou **le cercle en degrés**, il y a là une incontestable référence à la lumière divine émanant du disque solaire. Ce pourrait être également la somme de l'éloignement en années lumières des étoiles d'Orion, puisqu'elles réalisent 5 236 années lumières et que la coudée égyptienne mesure 0,5236 x par le 6 que nous évoquons = 3,1416.

Héraclite, s'exprimant sur l'écriture égyptienne, voyait en elle trois genres : **le parlant - le signifiant - le cachant**. Les Hébreux de souches akkadiennes, aux divers rameaux, ont emprunté **l'esprit** de leur écriture aux Indo-Européens. La morphologique, **corps** de leurs caractères, aux Cananéens et **l'âme** chiffrée qui s'y trouve incluse aux Égyptiens et Sumériens.

Le Zohar n'affirme-t-il point par ailleurs :

« *Ces paroles doivent être prises à la lettre.* »

C'est ce que nous allons tenter de définir. Envisageons ce que symboliquement nous pourrions imaginer pour décrire « **Le principe premier** ». Ce quelque chose qui marque le début de la création, avant que n'ait pris forme quoi que ce soit en tant qu'élément **concret**. Nous dessinerions... quoi... ?

Un homme ? ... Non, il était loin d'exister !

Un atome ? ... Il n'était point encore question de lui !

Un point en l'univers ?... Ah... nous brûlons... !

Voilà que nous approchons de la grande vérité, lorsqu'elle est associée à une implacable logique, un volume, qui ne peut être que sphérique et un point. Ce qui nous donne sur un plan graphique **un cercle** autour de ce point, de manière à cerner l'étendue même de notre création, voilà que nous touchons au but.

Pour autant, cher lecteur, ne nous prenons pas pour Dieu le Père, mais pour une de ses émanations qu'il a souhaitée raisonnable et abordons de nouveau ce premier mot « **Beraeshith** ».

Prenons pour analyse le caractère qui se trouve placé au centre :

בראשית

א **Aleph**, premier caractère de l'alphabet. Il représente l'unité, **le point central,** le principe abstrait des choses, mais aussi la puissance, la force. Il est **1** en 3 et **3** en 1.

ש **Le Shin**, lui, est à **l'image de l'arc ou du cerc**le, il représente un son doux qui s'étend, sachant que doublé il signifie « **6** ».

> **ש א** La racine **Ash** (lecture droite gauche), représente **une unité harmonique déployant une circonférence.** C'est le cercle qu'entourent les flammes, le centre du foyer, l'esprit de lumière ou son principe actif.

י **Le yod**, ce caractère est le symbole de « **la toute-puissance manifestée** », il relève de l'éternité, il est la main royale numérisée.

ת **Le Thaô** est le signe par excellence, il est **le symbole de l'âme universelle**, il engage la sympathie, la réciprocité.

> La racine **ת י** participe à l'accomplissement, elle signifie en principe, **en puissance d'être.**

Tentons en dernier lieu, d'analyser les deux caractères de droite :

En tête vient **le Beth**, **ב** la maison, **le côté réceptif des choses.**

Vient ensuite **ר** le **Resch**, il représente la tête de l'homme, **il est l'emblème igné de la nature.**

> Les deux accouplés forment la racine , elle représente toute conception, toute émanation potentielle, **le rayon** du cercle, duquel naît **la circonférence.**

Si, à ce stade, le secret n'est qu'effleuré, convenons que nous approchons de la plus probable signification, cette lecture donne **Bereschith :**

בראשית

« **Il** (Le Créateur) porte la juste mesure vers ce qui est en puissance d'être. **Sa lumière s'apprête à pénétrer un volume prédéfini...** »

Peut-on rêver plus belle, plus simple et plus juste définition, pour déterminer la prime impulsion créatrice. La traduction littérale tourne autour de définitions sensiblement analogues :

« **Il créa le principe avant tout, primitivement en principe, il créa, dans le principe, il créa** ».

On peut aussi anticiper à l'extrême et traduire :

« **Au commencement, Dieu créa...** »

Une première constatation s'impose : l'absence de limpidité de ces écrits, mais ce côté confus n'est-il pas conforme à ce que nous savons des textes hiéroglyphiques égyptiens.

Pour plus de cohérence, voyons le mot suivant, **Aélohim**, il s'agit d'un nom, celui qui désigne « **L'Être suprême** », toutefois nous constatons une anomalie notoire, le nom est un pluriel. Comment Dieu peut-il être « **Un et Plusieurs** » ? Certains n'ont pas hésité à faire le saut, s'il est question « **des dieux** » il ne peut s'agir que d'extraterrestres initiateurs du genre humain. Pour audacieuse qu'elle apparaisse, l'idée n'est pas totalement absurde. En dehors des faits avérés, la science actuelle subodore qu'il y a des millions de galaxies dans l'Univers et les probabilités les plus pessimistes veulent qu'il y ait des millions de possibilités d'existences supérieures ou identiques à la nôtre. Ceci étant, les choses se compliquent si nous tenons compte qu'il faut à la lumière 85000 ans pour traverser notre seule galaxie. En l'absence de voisins immédiats, il y a vraiment peu de chance que l'on reçoive des visites de courtoisie émanant de situations galactiques aussi lointaines. La vitesse de la lumière proche de 300 000 km seconde, s'avère bien trop « poussive » pour envisager à l'échelle sidérale le déplacement des corps physiques. Il nous faudrait alors songer à une dématérialisation codifiée et une recomposition des éléments matière ou encore à un réseau semblable au nôtre, mais plus éthéré, différent par ses fréquences et densités d'ondes. Indécelable, mais homogène et tout aussi fiable, thèse à laquelle nous adhérons. Cette hypothèse relevant de la fiction, est-elle cependant aussi insensée qu'elle paraît ? Voir poindre un homme sur la face d'une « boîte brillante » n'aurait-il pas paru tout aussi ahurissant, aux penseurs Grecs de la haute époque ? Toutefois, si initiateurs il y a, il est impératif qu'ils demeurent dans l'ombre. Nos capacités psychiques « d'homo-sapiens plus ou moins émancipé » ne sont pas conditionnées pour accepter, sans traumatisme, une telle éventualité. Il est donc salutaire que ces initiateurs revêtent l'uniforme commun et coiffent la casquette de « Monsieur ou Madame tout le monde. » Mieux encore, que la ligne directrice qu'ils proposent ou tolèrent, ne diffère que raisonnablement des préoccupations humaines du moment.

Il en résulte qu'il nous faut savoir distinguer « Les Adeptes Hermétistes » des créatures communes, et veiller à ne pas confondre **Le Créateur de toute chose** avec les initiateurs « supposés » du genre humain. Il nous faut prendre en compte que l'individu est tributaire d'un esprit collectif aux lentes mutations. Le fait de vouloir anticiper sur sa logique du moment, le désorganiserait plus sûrement qu'on ne démantèlerait un cerf-volant en voulant lui faire franchir le mur du son. Notre époque souffre d'un décalage chronique entre les poussées intempestives des technologies et le déferlement des informations, face aux possibilités pour ainsi dire inchangées, si ce n'est rétrogrades, de l'esprit collectif.

À elle seule, cette désynchronisation pourrait s'avérer à échéance un facteur fatal de dégénérescence. Pour l'heure, revenons au concret et considérons qu'il y a quantités de choses merveilleuses à élucider entre Ciel et Terre. Bien que guidés par des influx que nous pourrions qualifier d'extrasensoriels, nous ne pouvons nous livrer à des interprétations sur l'herméneutique sacrée, considérant que ce serait anticiper sur l'accessibilité du moment. Nous nous rallierons plutôt, à l'avis d'un hébraïsant intuitif, doté d'une profonde érudition, Fabre d'Olivet. Selon lui :

Aélohim signifierait : « Lui-l'être-des-êtres » ou « Lui-eux-qui-sont », ce qui nous amènerait aux "dieux pluriel", mais avec une nuance appréciable : **Lui et Eux**.

אלהים **Aélohim** ou **Élohim**, le mot forme un pluriel par rapport à ce singulier que l'on prête au **Principe Créateur** אלה.

La racine אל « **AL ou EL** », dont on retrouve la première syllabe en arabe dans **Allah**, se traduit par : ce qui s'élève, ce qui a force et puissance expansive, autrement dit, **Dieu**. La racine en tant que pronom relatif se traduit par celui ou ceux. Si nous voulions entendre "**celui qui est**" il faudrait écrire « **Aélôah** », alors qu'il s'agit d'un pluriel, » **Aélohim - lui-eux-qui-sont** ».

Insanité, erreur… ou inaccessible vérité ?

L'évidente signification, en dehors de toute cryptographie du chiffre se trouve dans « **La Tradition Primordiale** » que dépeint si bien la mythologie égyptienne. Il suffit pour cela d'effectuer un transfert. Voyons l'avènement à partir de l'union hypostatique formée par **Atoum**, **Shou** et **Tefnut**, Dieu tripartite ou solidaire des deux éléments premiers de sa création. Vu sous cet angle, il est tout à fait correct de voir figurer :

« **Lui** (le créateur) **eux** (les dieux) **qui sont** ».

Sous-entendu : "**Eux**" qui sont inséparables de "**lui**" en la création, △ = **3 en 1, « La trinité »**. Nous allons voir qu'il n'est pas inutile d'évoquer la signification des caractères composant le mot **Aélohim**. À l'échelle humaine, le **Principe Créateur** devient inséparable de sa création.

נ Il exprime le point, mais aussi la stabilité, la continuité, celle qu'inspire le maître.

ל L'aile de l'oiseau, tout ce qui s'élève, s'étend, se déploie, enseigne et instruit.

ה Le principe de l'aspiration vitale, équilibre, égalité.

י Le symbole de toute puissance manifestée.

ם Tout ce qui est fécond et formateur, mouvement circulaire.

Si nous osons tenter la synthèse, nous obtenons à quelques variantes près :

« La toute puissance manifestée ayant alors déployé son aspiration vitale s'élève tel un principe, procurant l'équilibre d'une énergie épousant la forme ».

Il est tout de même curieux de constater que ce troisième mot, **Aélohim**, vient en quelque sorte corroborer le premier, Bereschit, comme pour souligner que la volonté créatrice de **l'Être des êtres** précède de peu l'essence de sa pensée.

Le fameux « premièrement en principe » décrit sans équivoque l'idée de création avant la création, alors qu'Aélohim, « **LUI – les – dieux** » affirme l'œuvre par consécration de la trilogie divine :

Atoum – Shou - Tefnut

Bien évidemment, cette trilogie n'enlève rien à l'ipséité d'un « **Dieu unique** » en la symbolique du cercle regroupant de 1 à 9 tous les nombres ; le zéro d'**Atoum** ou « *l'Ineffable Principe* » se situe symboliquement entre les deux éléments premiers de sa création, 1 et 2 ou **102** (voir « La Primosophie » en fin d'ouvrage).

Pour les nécessités du mythe, la réalité divine « s'anthropomorphise » et crée selon sa volonté un flux composé de **deux principes complémentaires** émanant de **Dieu** même :

> L'énergie numérique associée à la forme géométrisée,
> voilà l'unique et authentique base de toute la création.
> De leur fusion naîtra la lumière, source de vibrations, donc de vie.

Ces deux principes forment un premier symbole hétéro polaire de l'origine duquel tout résulte, il s'inscrit sous le signe alchimique de l'or ⊙ ou du soleil, **Ré** en égyptien.

Un point : ● Pour le nombre = Shou

Un cercle : ◯ Pour la géométrie = Tefnut

Soyons attentif au langage des dessins et à leurs significations :

Iconographie simpliste, oui, mais jusqu'à quel point ?

« Ancien testament » bible française – 1 602 –

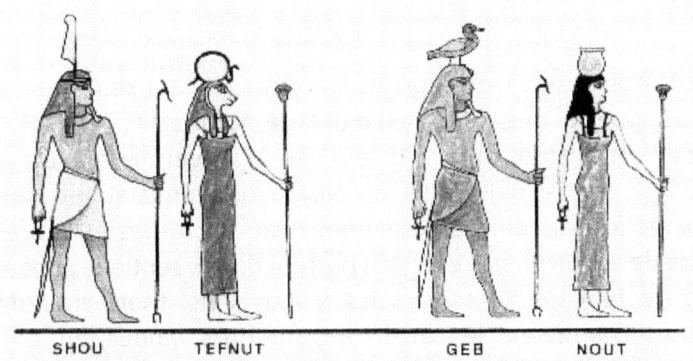

DIEU et Nous

> Lorsque l'on sait,
> on suggère plus que l'on ne prouve,
> et l'on prouve moins que l'on sait.

Savoir que le monde fut engendré à partir d'une base numérique que serait venue synthétiser la forme nous aurait, en nos primes réflexions de jeunesse, probablement désorienté.

En ce temps-là, « l'océan des nombres » évoquait pour nous la sécheresse des exposants, l'univers des jeux, l'insipidité du matricule, la malignité de l'ordinateur. À l'opposé, la nature nous offrait généreusement ses manifestations gracieuses, sa beauté sans calcul, sa poésie, son art, sa tendresse dissimulée en sa rudesse édifiante. Pour nos quinze ans, le chiffre opposait sa matérialité roide aux effluves odorants de la vie. Les domaines rigidifiés par les mots, opération, calcul, total nous semblaient impénétrables à toute sentimentalité. C'est pourtant en cette apparente évidence $1 + 2 = 3$, que devait débuter notre balbutiante germination. Il nous aura fallu du temps pour être convaincu du bien-fondé... des nombres.

Aujourd'hui, nous savons que les nombres, en leur simplicité, détiennent plus de poésie que tous les mots de toutes les langues, lesquelles d'ailleurs n'existent que par eux et à travers eux ! La symbolique numérique est si belle qu'il ne serait nullement superfétatoire de la comparer à un jardin paradisiaque. Avec ses larges et sobres allées, la caresse de ses brumes, l'enivrant parfum de ses sentiers, joint à l'ineffable résille de lumière au travers les frondaisons. Mais pour découvrir la lumière filtrante sous le couvert des ramures, il nous faut l'étudier hors de la trop ostensible matérialité. Plutôt devrons-nous chercher cette lumière là où fleurit le symbole. S'il n'est plus l'époque de la quérir à l'ombre des sacrariums, tentons d'en relever la trace entre les mots des légendes oubliées que nous appelons « les mythes ». Peut-être alors, aurons-nous l'insigne privilège d'affleurer le corps de la mystérieuse **Isis**, dont il est dit que *nul mortel, jamais, n'a soulevé le voile*. Suspendons ce vol autour du pyramidion et revenons à tire-d'aile vers notre propos.

Précisons avant toute étude, que **le Principe Créateur** revêt **3 aspects**, et cela quel que soit le nom qu'on lui prête au sein des diverses religions.

En son Principe Premier, examiné sur le plan d'une logique idéationnelle, **Dieu** est incognoscible, impénétrable, inaccessible, inconnaissable, il ne peut donc être évoqué, si ce n'est en ce monde sensible que certains nomment « Les Cieux ». Étant donné qu'aucune nature pensante ne peut adorer ou maudire ce qu'elle ne peut concevoir raisonnablement, toute inspiration allusive ne peut être favorisée que par une aliénation de l'esprit. Voyons en ce « Principe Premier » la raison d'être (à lui secrète) de Dieu ou pour employer une terminologie celtique plus conventionnelle en occident :

Le **Keugant**

Dieu en tant que « Principe Second » ne peut guère se définir à l'échelle humaine. Toutefois « l'innommable » (celui que l'on ne peut nommer) est recevable sous la forme intuitive d'une présence indicible. Ce principe second est perçu par les divinités, les dieux des religions ancestrales, mais aussi par les Saints, Archanges ou Entités de Lumière des cultes traditionnels. Un tel ressenti, que l'on peut qualifier de subliminal, constitue le privilège des « êtres missionnés », dont le charisme éclaire d'âge en âge les sentiers de l'évolution.

Hommes et femmes d'exception, ces êtres cultivent leur vie durant l'esprit de vérité, sous la forme d'éveil. Bien que ce genre de ressenti ne souffre aucun prosélytisme, ils n'ont de cesse d'exalter en chacun de nous le domaine spirituel, tout en relativisant la dévolution matérielle :

C'est le **Gwenved** des celtes.

Dieu « Troisième Principe » est immanent en la nature. Cette indéniable présence croît en vertu de la persévérance que le néophyte met à la discerner. De même, elle s'évapore au point de disparaître au regard de cet autre, qui ne lui aura accordé qu'une attention passagère :

C'est l'**Abred** des celtes.

Soyons clairs, une telle prise de conscience (si elle a lieu) ne manquera pas d'apporter son cortège d'isolement, de doute, si ce n'est de souffrance. L'élévation est à ce prix. L'accessibilité aux mystères passe nécessairement par « *la sombre grotte de la transformation* », celle que garde « le dragon » des légendes. Les trois têtes du cerbère ont pour nom :

La cruauté - l'iniquité - la suffisance. Auxquelles il nous faut opposer cette triade :

L'amour - la sagesse – l'humilité. Aucune véritable ascension n'échappe à cette règle depuis la nuit des temps.

Revenons à ce « **troisième principe** » car c'est le seul à l'échelle des aspirations théologales qui nous permette d'appréhender les aspects de l'harmonie divine. Il est conseillé à l'homme de pousser plus avant ses facultés objectives et intuitives. N'est-ce point faire honneur au Créateur que de rechercher en soi, et au-delà de soi, sa raison existentielle ? L'intelligence nous a été attribuée pour satisfaire à cette quête, nous en faisons généralement un tout autre usage.

La voie première, ou voie de « **l'élévation** », consiste à susciter ou à entretenir le feu vital par des pratiques **cultuelles**. N'oublions pas que ce sont les religions anciennes qui détiennent encore ce qui demeure de « La Tradition Primordiale ». La réalisation spirituelle se dissimule sous le voile des liturgies, des gnoses, des rituels et de la symbolique, elle s'avère indécelable en la vision commune, trop banalisée.

Trois voies s'offrent à l'aspiration théologale :

L'élévation

L'illumination

La révélation

La seconde voie ou voie de « **l'illumination** » conduit « l'inspiré » à opter peu ou prou pour la rupture sociale et à vivre ses aspirations mystiques en se livrant à l'ascétisme. Considérant que pensées intenses, prières et méditations sont source de régénérescence spirituelle. Ce prétendant aux mystères sera dévot au sein d'une communauté, moine, anachorète ou ermite. L'épreuve alors résidera dans la solitude intérieure. L'illumination englobe en elle, l'élévation.

La troisième voie ou voie de **« la révélation »** est incontestablement la plus difficile. Elle consiste à demeurer au sein de la société des hommes, d'y travailler, de s'y loger et de s'y nourrir conformément à nos nécessités physiques. Cette voie contraint celui qui l'adopte à développer une volonté inflexible. La foi ne saurait suffire, elle est bien trop fragile pour assurer une telle conduite. Comment alors découvrir « le chemin des certitudes » qui serait à même d'insuffler le courage qu'il faut, pour persévérer ? Le partisan de la troisième voie est un chercheur infatigable. C'est aussi un homme libre que le dogme ne dévie pas. La révélation englobe en elle, l'élévation et l'illumination.

Il existe des « disciplines » qui devraient permettre au néophyte d'affiner ses perceptions. L'observation de la nature dans ce qu'elle a de plus banal, l'étude de la symbolique hermétique des anciens, jointe à l'analyse des nombres. Cette nouvelle discipline qu'est l'archéologie spatiale. Il serait bon pour l'amplitude de la quête de s'intéresser à l'alchimie. En ce qui concerne cette dernière, on se gardera toutefois de placer la charrue avant les bœufs. L'opérative avant la lettre mène tôt ou tard à l'altération des valeurs et au fourvoiement des principes. Rentre bien évidemment dans le cadre de ces souhaits, l'étude des mythologies, des philosophies et des religions. L'astrologie, si répandue actuellement, ne saurait compléter utilement ces disciplines. Craignons que cette authentique science des temps anciens soit aujourd'hui définitivement perdue pour les chercheurs motivés et scrupuleux. Les bribes de connaissances qui se trouvent encore rattachées à cette matière ne justifient plus l'appellation de science. Les résultats obtenus tiennent moins à la fiabilité des techniques, qu'aux aptitudes intuitives de quelques-uns de ses pratiquants, ce qui est tout autre chose.

C'est un truisme d'avancer que l'astrologie est l'une des portes les plus fermées à la science et les plus ouvertes au charlatanisme. Pourtant, l'astrologie hindoue, chinoise ou grecque, celle de Dendérah et de Babylone avaient des lettres de noblesse qui les rendaient parfaitement crédibles. Hélas, il ne s'agit plus que d'un lointain passé, Hermès nous avait prévenu : « les dieux déserteront la Terre ». Quant aux pratiques hystériformes dérivant des magies grises, dont le spiritisme est souvent le mentor sulfureux, nous soulignons ceci : les mages omniscients de la Haute Antiquité savaient à quoi s'en tenir sur les réels dangers d'une parapsychologie qui tend vers la métempsycose. Tenter de manipuler ces puissances occultes à l'état latent, ce n'est pas en dominer la science. Aussi déconseillons-nous à nos lecteurs d'esquisser quoi que ce soit en la matière. Si l'homme a plusieurs vies pour évoluer, il n'a qu'une âme pour se réincarner, nous n'ajouterons rien à cela ! Si vous le voulez bien, récapitulons brièvement :

Dieu hypostatique en son « Principe Premier » est impénétrable à toutes formes de pensée incarnées ou non. La louange même que l'on viendrait à formuler à l'adresse de ce « Principe Premier » ne pourrait être qu'inconvenante.

Dieu « Principe Second » ne peut être perçu que par une conscience supérieurement élevée. Il s'agit de l'intuition du cœur (cœur étant compris dans le sens égyptien du terme), intraduisible au niveau de la pensée discursive. Ce privilège de la vision divine est réservé à des êtres charismatiques dont l'état de conscience évolue entre Ciel et Terre, entre le monde des nécessités et celui de la contemplation.

Dieu « Troisième Principe » est présent en la nature des choses, il se trouve dissimulé sous l'apparence, banalisé par le lourd manteau du quotidien. Il faudrait renaître chaque jour ingénument à la vie pour recevoir l'image immanente de Dieu. Nos esprits dénaturés par l'attitude médiatique, oppressés par le mode de vie, débilités par les palliatifs que génèrent fiction et supports virtuels, ne sont plus à même d'en appréhender la révélation. Le seul « mental » que notre société prône avec suffisance, mental qui depuis la Grèce antique semble justifier tous ses actes, n'occupe en fait que la deuxième place parmi l'échelle des valeurs que le monde spirituel prête à l'esprit :

La raison primaire

Enregistre et mémorise **Intelligence de base Préconscient**

Le mental structuré

> Évalue et décide **Intelligence constituée Prime Conscient**
>
> **La conscience élaborée**
>
> Apprécie et suggère **Intelligence sensible Conscient**
>
> **L'intuition nouménale**
>
> Évoque et inspire **Intelligence subtile Subconscient**

Ne commettons pas l'erreur de croire que l'intuition et la conscience sont issues du seul état mental. Ainsi que pourrait le prétendre celui qui serait pénétré de psychologie ! À l'analyse, les choses s'avèrent infiniment plus complexes et relèvent du processus des réincarnations.

Sans la présence dominante de **l'intuition**, laquelle corrobore **l'état de conscience**, aucune loi humaine n'a pu et ne pourra endiguer la démesure en matière de privilèges égotiques. Pour une majorité d'entre nous, de telles exigences sont favorisées par la réminiscence d'un comportement animal. Selon les critères d'évolution, chaque individu en serait plus ou moins affligé. L'être humain ne parvient que difficilement à dominer cette tendance profondément ancrée en sa **prime conscience**. Dès lors, l'intelligence ne sert plus, comme il serait souhaitable, à travailler, partager et philosopher sur les phénomènes enrichissants de la nature, mais bien à mobiliser l'ensemble de ses capacités psychiques pour faire fructifier son capital personnel, le plus souvent au détriment des êtres plus scrupuleux ou défavorisés. Ce comportement est bien évidemment répréhensible à l'échelle individuelle, mais à l'échelle d'une civilisation, il y a péril en l'attitude. C'est précisément ce que notre société s'apprête à vivre.

C'est déjà arrivé me direz-vous. C'est exact pour certaines civilisations, l'ennui cette fois... c'est que notre planète est à bord !

Ce symbole (page suivante) représente **la Terre et la Lune** en leurs circonférences ajustées. Il s'agit là, de l'une des représentations les plus étonnantes qui soit de l'harmonie universelle, mise en place par :

« Le Principe Créateur »

Après l'application créative de 1 + 2 formant le 3 de la trinité, le chiffre « 4 » impose la Tétraktys de Pythagore avec 1+2+3+4 = 10.

Le « 4 » est donc à la base de la Grande Pyramide d'Égypte, mais aussi de la tradition fondamentale, il nous en donne une démonstration flagrante avec la formule suivante :

« 4 » ÷ π = 1,273239544 X² = 1,621138936 X 10 000 =

Terre – Lune Ø moyen 16 211,3893 km

Ce dernier nombre 16 211,38936 représente en kilomètres, et au mètre près, le diamètre moyen de la Terre et de la Lune réunies. Le nombre 1,273239544 est la clé ésotérique qui ouvre toutes les portes numériques de la Grande Pyramide. Dans le cadre d'une réflexion approfondie sur la nature des exposants, nous pouvons nous interroger à l'exposé des constatations suivantes :

1. Le résultat donné par cette opération numérique ne s'interprète pas… il est ou il n'est pas !
2. Si il est ; il devrait pousser le lecteur en une profonde analyse des lois de probabilités.
3. Dieu écrit avec la forme et signe avec le nombre. C'est la signature qui fait… foi (le Sahu égyptien).

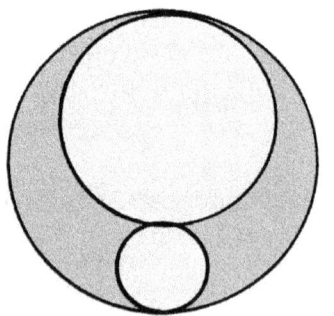

Graphique des diamètres terrestre et lunaire dont la circonférence couvre 50 929,58 km.

Le diamètre affiché des deux astres nous communique la valeur de la clé pyramidale par la racine de son nombre.

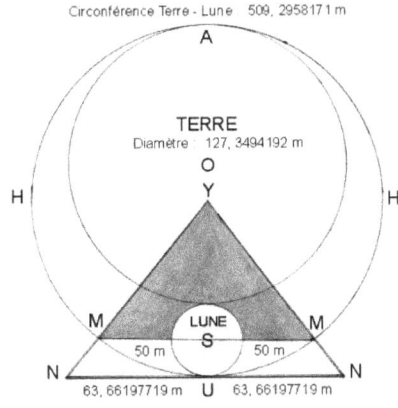

Lorsque la Terre et la Lune sont placées sur la géométrie de la Grande Pyramide, nous obtenons d'étonnants rapports d'harmonies qui ne peuvent être assimilables à des coïncidences.

Nous avons en cet exemple les critères de base d'une science universelle.

Ces formules et graphiques sont les preuves irréfutables d'un Principe Créateur, organisateur de l'univers, elles représenteront un véritable enjeu pour la société humaine de demain. Si celle-ci ne gagne pas en spiritualité, elle perdra en moralité, et en l'absence de moralité, aucune société n'est envisageable.

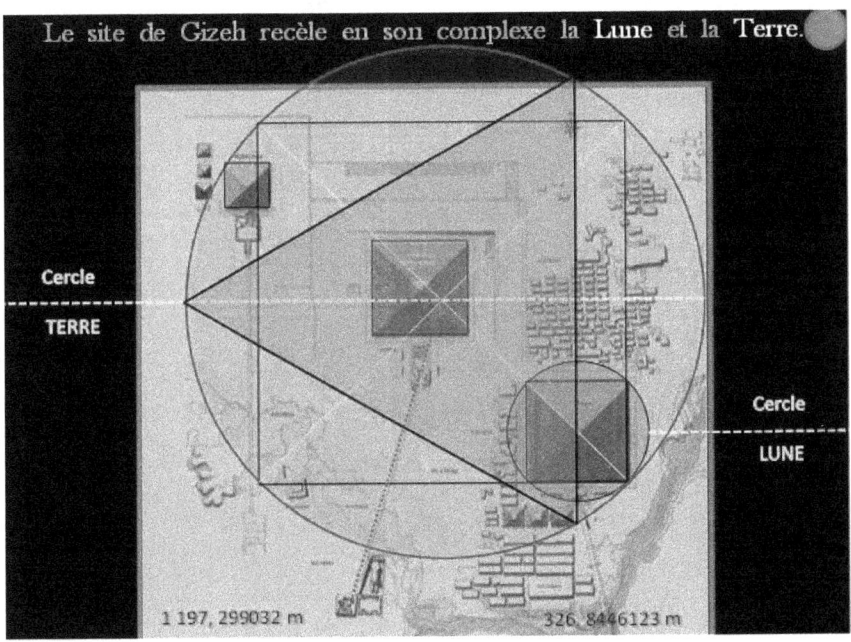

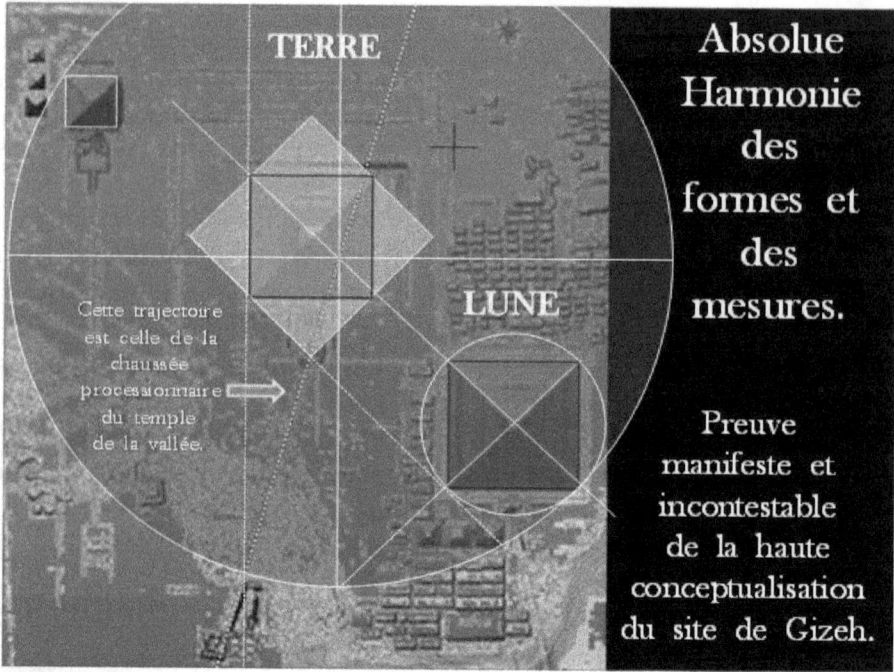

EFFLEURONS LA SYMBOLIQUE DU 1 + 2

*Regarde la flamme, elle est présence et humilité,
mais autour d'elle, sa lumière fait trembler l'ombre.*

Essayons de cerner l'esprit de La Grande Tradition encore appelée « Science Universelle » ou « **Tradition Primordiale** ».

Le triangle équilatéral compris dans le cercle ⟁ symbolise **Dieu,** immanent en sa création. Le symbole représente aussi l'énergie active, limitée en un volume « espace-temps », qui n'est autre que la création.

Le triangle équilatéral △ représente le premier principe, il évoque la création sous trois faces distinctes : chez les Celtes, Dieu est « **Oiw** » phonétiquement « **Oyoune** ». Il est symbolisé de la sorte :

Éther   **Lumière**

Matière

Ces trois pétales ont quelque chose de commun avec « *l'ouadj* » le sceptre floral des déesses égyptiennes.

△ **Le triangle**, c'est le feu vital installé au cœur de toutes choses.

Des Quarks + Leptons ou du 6 + 6 des 12 particules élémentaires de « matière » qu'animent les Bosons, pivots de la mécanique quantique, jusqu'aux points de stabilité gravitationnelle des astéroïdes de Lagrange, **le triangle symbolise le nombre**, il est masculin.

C'est le « **NERZ** » celtique.

Le cercle, deuxième principe, illustre **la géométrie symbolique**. Il est le contenant des choses et toutes choses y sont contenues. En pénétrant la géométrie, le feu numérique devient lumière, le cercle symbolise la beauté, il est féminin.

C'est le « **KARANTEZ** » celtique.

Triangle + cercle : la synthèse, c'est l'immanence de Dieu en l'Univers créé. C'est l'union énergie-forme, c'est le nombre et la géométrie. L'œil interrogateur, la sagesse représentée par :

Le « **SKIANT** » celtique.

Vu sur un plan mythologique, c'est **Shou** et **Tefnut,** liés par l'amour d'**Atoum**. Le symbole par lui-même est androgyne et par définition sexuellement neutre. Jamais un tel symbole n'encourt le risque d'être souillé, qu'il soit utilisé à des fins iniques, voire crapuleuses par des sectes ou qu'il serve de logo publicitaire à un producteur de betteraves. Quelle que soit son utilisation, cette valeur attachée à l'âme cosmique se situe hors de l'espace temporel, ce qui exclut toute atteinte sacrilège.

Le poisson qui crache dans l'océan ne le souille pas, il est l'océan !

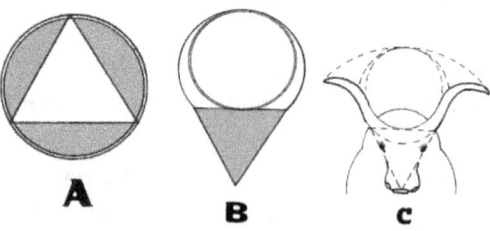

Du triangle au cercle, de la lumière aux ténèbres, de l'**A**lpha à l'**O**méga, n'y aurait-il qu'un souffle chaud et léger comme la plume de Shou ? Oui, Ô combien, si nous considérons que du point compas au rayon, le trait que nous utilisons symbolise le « 1 ».

---

1 = Rayon, trait de départ.

0 = Cercle ou circonférence. = **102** = **Dieu** (en Primosophie).

2 = Diamètre ou les deux rayons.

Prenons un carré diagonale « 1 » superficie 0,5

Le cercle de cadrature a une circonférence de 2, 506628275

**La circonférence divisée par 360° = 0, 00696228563141
X 2 (et 10 7) = 1 392 571, 264
diamètre solaire en kilomètres**

Autrement dit : cela équivaut à 360 rayons de Soleil, regroupés dans la circonférence de quadrature d'un carré de diagonale « 1 ».

Ici, le chiffre « 1 » que nous évoquons nous donne la lumière du Soleil. Il implique le chiffre « 2 » et le cercle illustré par les 360° = « 102 ». Le diamètre en question est celui de la plus grande extension du Ø solaire enregistrée par les scientifiques, soit 1 392 571, 262 km.

Si nous ne devions voir là qu'un simple concours de circonstances, c'est que nous avons encore un long chemin à parcourir pour que se manifeste en notre esprit la quête de connaissance. Ayons confiance toutefois, le monde divin de la révélation, attend que nous fassions le premier pas, pour que cela l'incite à en faire deux vers nous. C'est ce que les alchimistes nomment « le merveilleux ».

Le Nombre « 36 » et le Cercle

> Si par dissension en ton cœur,
> la haine devait prendre une direction,
> fais en sorte que l'amour prenne toutes les autres.

Nous observons que ce symbole est l'irrécusable témoignage de la sagesse divine. Son caractère androgyne est représenté par le « Rebis ». Les 4 lettres du mot **Dieu** = **102**, nous l'avons dit, en Primosophie (se référer aux pages hors-texte en fin d'ouvrage).

Lucifer, qu'il ne faut pas confondre avec le « Sa Ta » égyptien « Satan », produit reptilien de la déviation humaine. Lucifer est un archange, non point déchu, mais missionné en la matière pour en légiférer le principe. Lucifer, l'archange de clarté dont le front est orné de « l'œil émeraude », est avant tout **le gardien de la lumière Divine. La lumière** est en lui détenue, sous la forme d'harmonie structurée. Sur le plan Primosophique, Lucifer, est judicieusement l'inverse de **102**, soit **201**. Si nous étudions « la coupe d'un œil » ou celle d'un appareil photographique, que constatons-nous ?

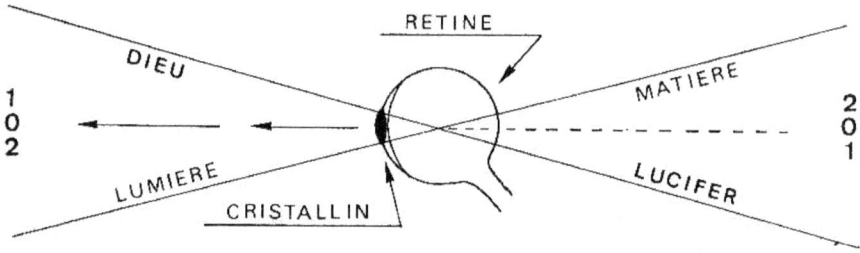

L'image que voit notre œil, en passant par le cristallin, est inversée pour parvenir à la rétine. C'est notre cerveau qui redresse l'image pour nous faire apprécier correctement la nature des choses.

201 moins **102** = **99**

99 = « Les attributs d'Allah », ils constituent le but suprême de l'évolution de l'homme. En Primosophie, le mot « vie » réalise « 99 ».

Chez les Soufis, la réalité unique est Aymel-qualb, « **l'œil dans le cœur** », l'élévation mystique capte les tonalités. Il appartient donc à l'homme d'effectuer le parcours inverse, le cerveau étant soumis à la conscience, celle-là doit se diriger vers « **la porte de lumière** » et de là, vers Dieu.

Le 201 réintègre alors le 102.

Dans un ouvrage différent[1], nous démontrons à l'aide de simples formules arithmétiques que pour les Égyptiens, « la porte de lumière » était la constellation d'Orion, qu'ils dénommaient « **Sah** ».

La lumière divine n'est jamais absente de la structure matérielle. Nous l'avons vu dans l'étude du symbole. Le triangle, lorsqu'il est utilisé en prisme, permet une réfraction des composantes spectrales, ce qui corrobore pleinement la révélation.

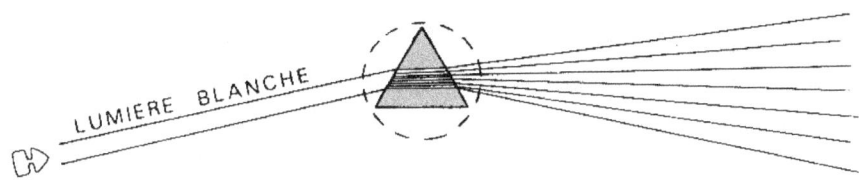

L'alphabet hébraïque comporte une numérisation qui dote chaque lettre d'un nombre spécifique. Deux sortes de valeurs numériques sont à considérer : l'une **cachée**, nous n'en toucherons mot, l'autre **révélée**, ce qui nous permet le rapprochement suivant :

Aleph א, première lettre de l'alphabet, représente la lettre (**A**), laquelle a pour valeur numérique le chiffre (**1**).

---

[1] Trilogie Orion, www.omnia-veritas.com

Beith, seconde lettre de l'alphabet, représente la lettre (**B**), laquelle a pour valeur numérique le chiffre (**2**).

Faisons abstraction du (**0**) **qui** nous l'avons vu, **est** inaccessible à l'entendement et méditons sur l'étrangeté suivante :

Dieu 102 - Lucifer 201 s'apparentent (sur le plan du rapport aux lettres à) :

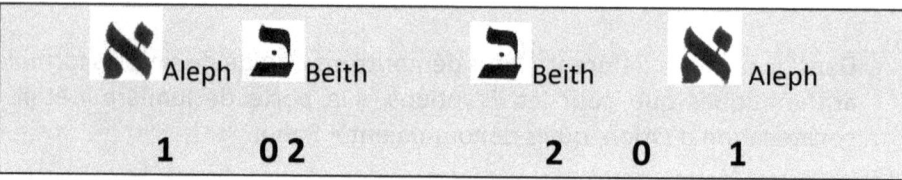

Aleph	Beith	Beith	Aleph
1	0 2	2 0	1

Laissons « l'**A**bbé **B**éat » d'admiration et poursuivons notre examen ! Ces lettres réunies forment des racines qui exhalent un parfum de connaissances antérieures.

Dieu 102, **Principe Créateur Universel**, est égal aux lettres hébraïques ou (lecture droite gauche) **Beith-Aleph**.

Ou encore Beith 0 Aleph = **1 - 0 - 2**. Cette racine a pour signification :

« **Toute idée de progression, de construction de pensée** ».

Son miroir matérialisé en l'unité et la forme :

Lucifer 201 Archange de lumière, à qui Dieu a confié la bonne marche de la structure matière est égal à ou **Aleph-Beith**. Ou encore Aleph 0 Beith = **2 - 0 -1**. Ainsi composée, la racine révèle : **Le désir d'avoir un père** (autrement dit) **Dieu**.

En ce qui concerne « **Lucifer** » peut-on rêver plus juste définition ?

« *Trois sort d'un, un est dans trois, un est au milieu de deux, et deux embrasse celui du milieu, et celui du milieu embrasse le monde* ».

Le Zohar (1-326).

Transposée au nombre « 102 », la séculaire définition du Zohar est rigoureusement juste : **102 + 201 = 303 = 6 Bara-schith** (il créa le 6).

1+2+3+4+5 = 15 = 6, le chiffre 6 est également celui de la perfection pythagoricienne. La création ne fut-elle pas effectuée en 6 jours de 24 heures, soit **144** heures (autre nombre à caractère ésotérique). C'est aussi l'angle en degré du fronton triangulaire aux sommets des temples, lorsque l'architecture sacrée est fidèle à la tradition des origines.

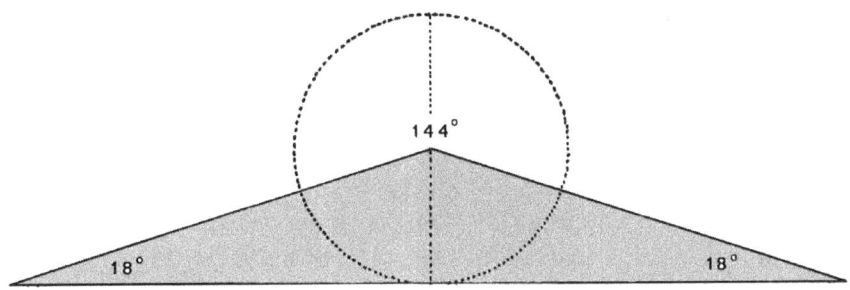

Filon d'Alexandrie, 20 avant J-C, écrivait :

« *Pour que les choses se formassent à l'existence, il fallait une harmonie, l'harmonie exige le nombre. De tous les nombres, 6 est celui qui régit la formation. C'est le premier nombre parfait en partant de l'unité, puisque égal aussi bien à la somme qu'au produit de ses parties, sa moitié est 3, son tiers 2, il est par nature mâle et femelle et possède la puissance de l'un et de l'autre. L'impair est en effet mâle et le pair femelle. Partant du nombre impair 3 et du nombre pair 2, on obtient 6 en les faisant se produire, puisque le monde est parfait dans son harmonie universelle, sa formation fut gouvernée par un nombre parfait, c'est-à-dire 6* ». À l'unité 102201 = 6 = 3 x 2.

Cela nous amène à évoquer : **Le** ◯ **de 360°**

Le **3** est représentatif de « **la triade divine** ».

Le **6** est représentatif de « **l'Univers créé** ».

Le mystère du « **O** » est celui de « **l'incréé** ». Par le fait même, il est en perpétuelle potentialité d'être. O = Sûnya (en Sanskrit), littéralement **vide** ou **Sifr** (en Arabe), ce qui donnera plus tard **chiffre** en français. Le « **O** » (le cercle) affirme ainsi sa paternité numérique, ne précède-t-il pas les **9** chiffres et ceux-ci ne composent-ils pas **tous les nombres** ?

On aurait tort de penser que les **360 degrés** ou unités d'arc sont l'aboutissement d'études récentes. Cette division de la circonférence est immémoriale, aussi est-il impossible de situer dans le temps sa mise en pratique. De nombreux textes font mention du nombre **360**.

Du Bundehesh des perses aux Védas des hindous, des stèles sumériennes aux codex mayas, en passant par toutes les civilisations qui les ont précédés ou succédés. Les Grands Prêtres de l'ancienne Égypte rendaient des libations en l'honneur d'Osiris, ils se servaient de 360 urnes. Nous citerons les 360 temples édifiés au sommet de la montagne de Lowham en Chine. D'après Csétias, 360 « furlongs » représentaient la longueur de la muraille d'enceinte à Babylone. Peut-on oublier les 360 dieux du Panthéon Orphique. Les 360 divinités du palais de Dairi au Japon ou les 360 Éons des gnostiques. De nombreuses civilisations font référence au nombre « **360** ». Il jalonne l'histoire de l'Humanité, du Mégalithique à nos jours. Avec le Yin et le Yang, la Chine antique érige le cercle au sommet de la nomenclature symbolique. C'est ainsi que le triangle équilatéral, objet de notre attention, se trouve être inscrit avec la plus extrême justesse au cœur du symbole. L'œil du **Yang** se situe en effet au milieu du rayon du cercle et à la base du triangle équilatéral, position inverse pour le **Yin** (observer la position du triangle sur notre schéma page suivante).

Le graphique confirme la présence du sceau dit de Salomon ou de l'étoile de David. Le symbole avait le mérite d'exister bien avant l'avènement de ces deux Rois. D'autant que le symbole initial des Hébreux était semblable à celui-ci. Ces deux triangles en opposition étaient plus proches d'une réalité transcendantale, **on les retrouve encore sur de très vieilles « mézouzoth » du XIe siècle.**

Nous pouvons observer ci-dessous à droite, que les angles de l'étoile actuelle gèrent les points d'équilibre de la dualité **Yin et Yang**, mais aussi, ceux de la complémentarité hétéro-polaire.

Le **Yang,** élément masculin, s'inscrit par **1** trait : ▬

Le **Yin,** élément féminin, s'inscrit par **2** traits : ▬ ▬

Le **Ciel,** (lumière de l'esprit créateur), s'inscrit : ≡ par **3** traits.

La **Terre,** (matrice de réceptivité), s'inscrit : ≡ ≡ **par 6** traits.

La création se trisèque en une harmonie profonde, laquelle, après la dualité complémentarité, associe l'équilibre du monde. C'est le triskèle des Celtes. Nous le constatons, entre autres, dans la somme des trois premiers chiffres mis au cube soit : $\underline{1^3 + 2^3 + 3^3 = \mathbf{36}}$.

Si nous portons un tant soit peu d'intérêt aux symboles, nous remarquerons que le **Yang** se positionne dans le **Yin** à la manière d'un embryon dans le ventre maternel. 3 + 6 évoquent, bien évidemment les 9 mois de gestation. Mais la trente-sixième triangulaire est aussi un nombre biblique. Celui-ci ne sait être « bête » que pour les bêtes !

En effet, si nous additionnons : 1 + 2 + 3 +....... + 34 + 35 + 36 = **666**, ces deux derniers nombres sont liés à **la Terre,** c'est la belle et la bête.

L'apôtre Jean nous précise : *« Que celui qui a de l'intelligence calcule le chiffre de la Bête, car c'est un chiffre d'homme ».*

Cette invite laisse clairement supposer qu'une démarche est à effectuer, celle sans doute qui consiste à aller plus loin que l'apparence. Ne nous contentons pas des textes appréhendés au premier degré, tentons de percevoir les messages plus subtils qu'ils véhiculent. Les religions et les mythologies anciennes ont leurs **sens cachés**, non par élitisme pour dissimuler la vérité au commun, mais pour qu'ils deviennent les fruits d'une recherche profitable.

1 35 34 3 32 6 $\Rightarrow$						111		
30 8	28	27	11	7	$\Rightarrow$	111		
24 23	15	16	14	19	$\Rightarrow$	111		
13 17	21	22	20	18	$\Rightarrow$	111		
12 26	9	10	29	25	$\Rightarrow$	111		
31 2	4	33	5	36	$\Rightarrow$	111		
$\Downarrow$	$\Downarrow$	$\Downarrow$	$\Downarrow$	$\Downarrow$	$\Downarrow$	**666**		
111-111-111-111-111-111- = 666								

```
        6 X 6 = 36

    1       4       7

    2       5       8

    3       6       9
   _____

    6      15      24

    6       6       6
```

Ce nombre " **666** " que l'on dit être celui de la Bête, devrait représenter toute autre chose, car il est avant tout celui de la déduction intelligente. Il devient celui de « **la Bête** » lorsqu'il se montre incapable d'être autre chose que ce dont on l'accuse. Cette subtilité montre combien l'interprétation des textes est nécessaire pour accéder aux arcanes cachés des écrits de tradition. Placé à l'envers, le « 666 » devient « 999 » et si l'on ôte « 666 » le résultat est « **333** ». Ce nombre-là n'est pas un nombre banal, pour ne donner qu'un seul exemple, notamment en Primosophie, il est directement associé à la raison mathématique, laquelle implique avec la géométrie « la lumière divine ».

DIEU = 102 + LUMIERE = 231 = **333**

Sur cette enluminure médiévale, l'un des deux anges mesure, à l'aide d'une coudée, le périmètre céleste de la Grande Pyramide, alors que l'autre invite le saint homme (initié) à une approche plus évidente.

Vue en plan, cette allégorie était appelée par les gnostiques chrétiens **« la Jérusalem céleste ».** Nous remarquons que le Pandokrátor en majesté, tient le schéma d'ORION fruit de la connaissance, à l'envers. La tenue à l'envers, selon la convention secrète, indiquait la présence d'un mystère, il appartenait donc à l'adepte de le découvrir. Souvenons-nous : Léonard de Vinci écrivait à l'envers, de manière à ce que ses écrits se lisent dans un miroir.

 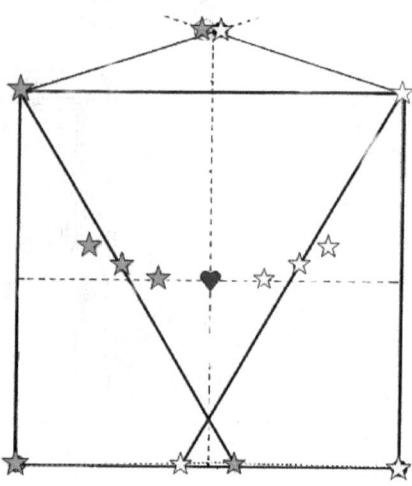

Il est étrange de constater que le motif tenu à l'envers par le Christ est de forme identique au schéma de la Grande Pyramide. Celui-ci est vu en plan, il représente le carré-base de la pyramide, lequel est composé par les sept étoiles d'Orion dédoublées en effet miroir. Le linteau de 144° qui se juxtapose sur l'un des côtés place sa pointe entre les deux axes de l'étoile Bételgeuse, sous ses aspects réel et virtuel. Le Christ nous montre ici le chiffre « 3 » de la trilogie hermétique, il précède le « 4 », révélateur de connaissances cachées. La gnose chrétienne a elle aussi contribué à véhiculer le message à partir du XIIe siècle. Alors que le dogme christique pris forme au IVe siècle, sous l'empereur Constantin, assisté de son biographe, l'évêque Eusèbe de Césarée.

La Mystique du « 3 »

> Ne te contente pas d'avoir été, veille à celui d'être.

Vue sous un angle mythologique, l'Ancienne Égypte nous offre un panorama atypique de la création. Ce parcours se présente sous la forme d'une symbolique corporelle à base anthropomorphique ; c'était là une ingénieuse façon de concrétiser le côté abstrait de la Genèse.

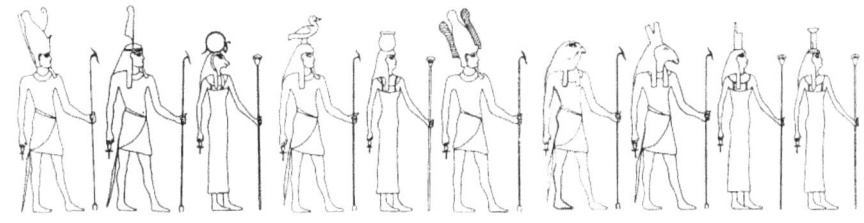

Atoum - Shou - Tefnut - Geb - Nout - Osiris - Haroéris - Seth - Isis - Nephthys

« 1 » **Principes fondateur** : Atoum

« 4 » **Principes créés** : Shou - Tefnut - Geb - Nout.

« 5 » **Principes élaborés** : Osiris – Haroéris – Seth – Isis - Nephtys.

Pour peu que nous nous laissions porter par le pouvoir évocateur de ces légendes, nous nous sentons très vite séduits par la généalogie qui en résulte. C'est ainsi que tout en haut de la pyramide siège **Atoum**, « **Le Principe Créateur »,** que nous symboliserons dans le contexte mythologique par une hachure extérieure au cercle. L'évocation se situe, en effet, **avant** la création, c'est le **Noun** égyptien, l'incréé, le **Keugant** des celtes, symbole numérique « O » c'est aussi l'univers incognoscible où réside **Oiw** (Dieu).

NOUN = (nnw), le hiéroglyphe est composé de « 3 » motifs. Il comprend un triangle inversé avec 3 récipients boules (les contenants du NOU céleste) et les 3 flots évoquant **l'océan primordial**.

Le « **1, Principe Premier** » est incarné par le dieu **Shou**, indissociable émanation du Père. C'est « **le nombre énergie** » que nous représenterons par un point " ● " ou vu de profil un diamètre. Ce qui engendre une vision très subtile du point. Vient ensuite la déesse **Tefnut**, « **la géométrie des formes** » chiffre « **2** » que nous représenterons par deux demi-cercles joint , l'arche de la promesse et sa coupe de terre réceptrice.

Concrètement, nous avons alors ce type de schémas :

"**1 0 2**"

(1) le nombre en puissance. (0) la voie magnétique. (2) la géométrie d'accueil.

Le rayon avec le « 1 » -

        La circonférence avec le « O » -

                Le volume avec le « 2 » -

Si nous tentons une étude thématique de la création suivant la cosmologie d'Héliopolis, que trouvons-nous ? Avant toutes choses existait « **Un vaste Océan** », le néant cosmique, l'abîme des origines.

Cet exil sidéral, cet inframonde est perçu par l'imaginaire comme étant inerte, insondable et envahi par de glaciales ténèbres.

Les égyptiens l'appelaient **Noun** 🏺〰️👤 , les Hébreux **Ein Soph**, les Celtes **Keugant**. Il serait raisonnable de se l'imaginer « **Univers de Dieu** » abscons à toute perception humaine.

En ce néant primordial, il y eut un soudain sursaut, une pulsion génératrice, la masse obscure et froide frissonna. Alors se manifesta l'esprit d'**Atoum**, Père des dieux. Le nom signifie à la fois **« celui-qui-est »** et **« celui-qui-n'est-pas »**. Ou encore, celui qui est omniprésent sans être à l'état de potentialité. En cela, cette définition est conforme aux légendes universelles.

> En **celte** : « Anwn » prononciation : **A n o u n n** - néant primordial
> En **égyptien** : **N o u n** - néant primordial
> En **babylonien** : **A n o u n a k i** - l'abîme des origines

Si la finalité de toute chose ne peut-être d'emblée accessible à l'entendement, **« il-lui-Dieu »** se plut, semble-t-il, à laisser transparaître d'infimes empreintes de sa réalité globale et intangible.

Avec les deux premiers principes **Shou** et **Tefnout**, personnages relevant d'une symbolique corporelle, **Atoum** créa une expression intelligible spécifique. Dès lors elle fut perceptible à la déduction humaine.

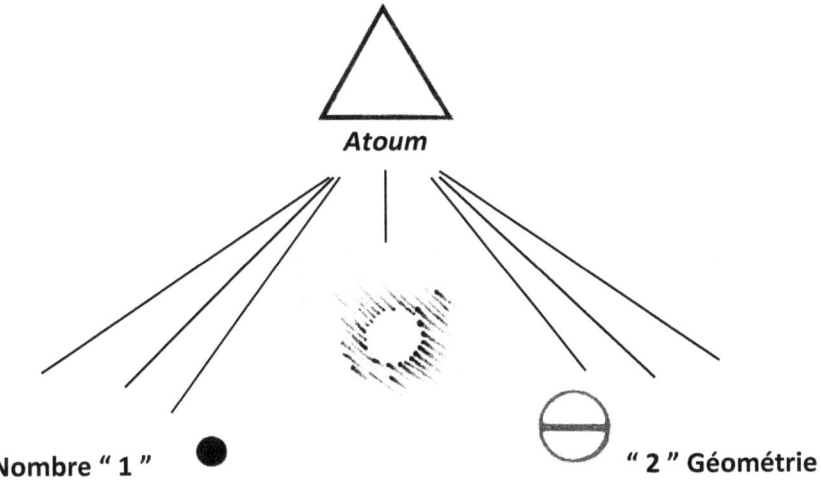

Les deux divinités, **Shou – Tefnout,** sont indissociables de l'union hypostatique incarnée par **Atoum**. Elles se situent sur les 10 plans traditionnels :

0 : **Nominativement.** Shou et Tefnout. *Entités issues du Père créateur.*

1 : **Originellement.** Ben Ben, le pyramidion. *L'émergence en l'espace.*

2 : **Secrètement.** Lumière et Ombre. *Philosophie traditionnelle.*

3 : **Concrètement.** Nombre et Géométrie. *Manifestations du créé.*

4 : **Symboliquement.** Point et Cercle. *« L'aitheron », soleil et or.*

5 : **Physiquement.** Énergie et Forme. *Alliance de la matière.*

6 : **Numériquement.** Impaire et Paire. *Équilibre des masses.*

7 : **Al-chimiquement.** Sec et humide. *Les voies de l'hermétisme.*

8 : **Sexuellement.** Homme et Femme. *Dualité et complémentarité.*

9 : **Spirituellement.** Dieux et Déesses. *Céleste harmonie.*

Dieu sur le point de créer se perçoit, au mieux de nos possibilités mentales, comme étant « **Celui-qui-était** », sans qu'il soit possible d'ajouter à cette définition. Si ce n'est qu'il nous faut comprendre que « **Lui Dieu** » est de toute éternité, ce qui apparaît indubitable. Dieu intervient à un moment jugé propice par lui. **C'est l'acte primordial,** diversement exprimé mais relevant d'un principe commun.

Cet acte se perpétue puisque « **Celui-qui-était** » devient par sa résolution même : « **Celui-Qui-Est** ». Il ne peut demeurer pour notre état conscient « **celui-qui-était** » et encore moins « **celui-qui-sera** », car cela voudrait dire, que nous avons depuis la création, basculé dans un autre temps, et que nous sommes privés de la présence de **Dieu**, ce qui ne saurait être.

La création se résume donc en **Celui-Qui-Est, temps comptable inscrit, immuable présent** en lequel nous, êtres humains, nous trouvons impliqués. Ce temps englobe le début et la fin d'un acte. Voyons là une évocation abstraite perçue par le seul inné intuitif, sous la transcription littérale :

" Il-est-dans-le-principe-lui-les-dieux "

On sous-entend alors l'aspect trinitaire : 0 - 1 - 2 = « 3 ». Notons au passage que, si la création gémellaire débute à « **2** » elle devient " **3** " par le nombre de signes et leur total, ce qui implique un élan vers une autre réalité, **l'Univers est en marche**.

Il y a 3 étoiles pour former l'angle droit constructeur du schéma pyramidal – Bellatrix – Rigel – Saïph – de la constellation d'Orion.

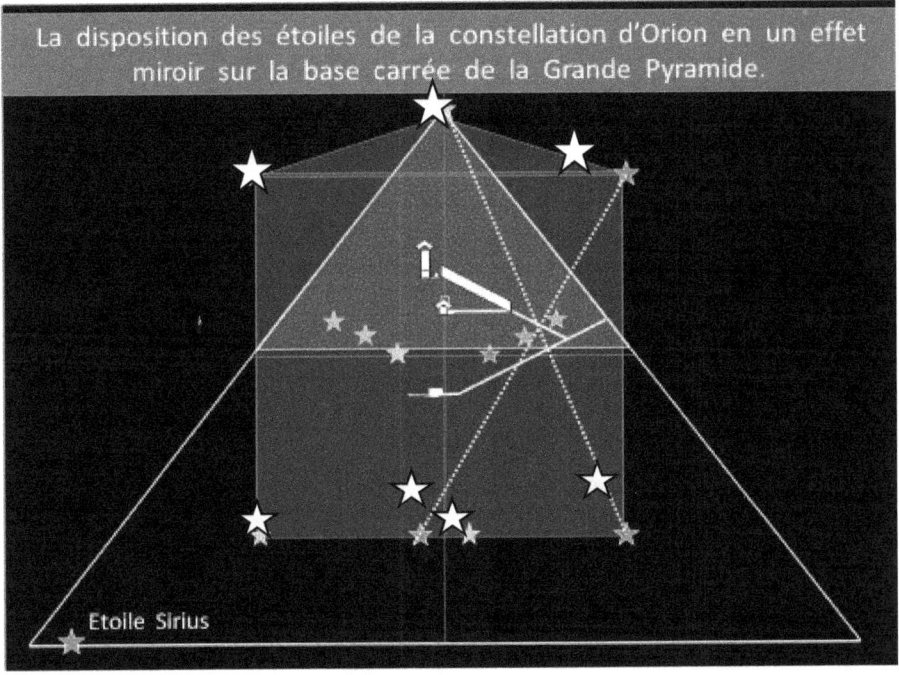

ORION et les étoiles-cadre réalisent la Grande Pyramide vue sous ses deux aspects **plan** (avec le carré, pyramide vue du ciel) et **coupe**, identique en cela aux illustrations égyptiennes. Les perspectives laissaient apparaître des objets en **plan**, piscines, canaux, voies d'accès, alors que d'autres étaient vus en **coupe**, arbres, travailleurs des champs, moissonneurs et autres personnages.

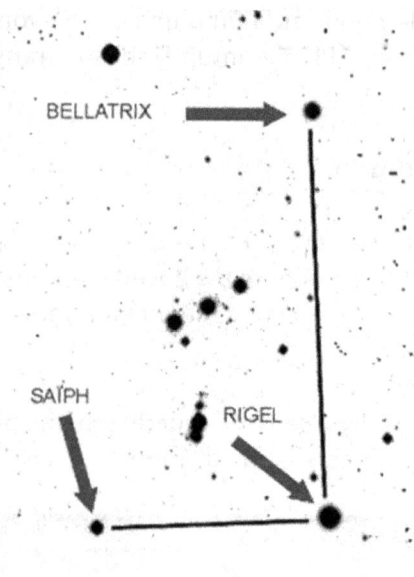

En observant la disposition des étoiles de la constellation d'Orion, une certaine logique nous incite à tracer deux lignes regroupant trois étoiles en angle droit. Les étoiles Bellatrix – Rigel représentent alors la base de la pyramide.

Les angles relevés sur la constellation sont ceux de la Grande Pyramide.

Une croix réunit les 4 étoiles-cadre de la constellation, celles-ci représentent rigoureusement les quatre angles de base et les deux angles du sommet. D'anciens textes, nomment cette constellation

« *La porte des dieux* ».

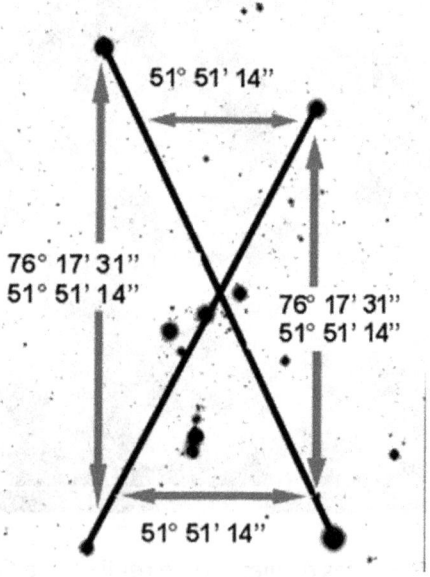

51°51'14" représente l'angle de base, donnant les apothèmes.

76°17'31" représente les deux angles du sommet pyramidion.

La Création

La symbolique est à l'appréciation ce que la pomme est au tableau,
c'est seulement en l'imaginaire que l'on peut la croquer !

Une approche audacieuse des textes va nous permettre de dépeindre cette création avant la création. Que constatons-nous... ?

Un vide. Pas n'importe quel vide, celui dont il est question est le **Noun** égyptien. Un néant habité par l'immatérialité, le froid, le silence et les ténèbres, ces alliés de l'anti-vie, dont les domaines s'étendent sans limites concevables. L'homme, nanti de la faculté de penser, ne peut éluder une telle interrogation, même si celle-ci s'avère la plus perturbante qui soit. Tout ce qui existe, tout ce qui se meut sur cette Terre et en l'Univers matière a **un commencement et une fin.** Notre existence, bien sûr, mais aussi celle de la Terre, du Soleil, de la Galaxie et de tout agglomérat stellaire proche ou lointain. En résumé, toute formation matérielle est soumise aux mêmes règles. Seules diffèrent des périodes de temps, inappréciables pour les observateurs que nous sommes.

Juchés sur l'ultime barreau de notre « marchepied », encore appelé système solaire, que constatons-nous ? Si ce n'est que l'Univers matière se trouve être réparti en de vastes ensembles galactiques, comme autant d'îlots égarés en d'insondables immensités. **Au-delà de la matière**, qu'est-il plausible de concevoir ? Il est de sagaces esprits, qui se plaisent à imaginer un terme quelconque à cette infinitude hallucinante et par définition illimitée. Une question se présente à l'esprit des plus sensés d'entre nous : bien... et après... après cette fin supposée... après ce transfini... **qu'y a-t-il ?**

En tant qu'êtres supposés réfléchissants, si, nous nous honorions du fait d'être athées, et que, malgré ce tragique handicap, nous tentions de demeurer « lucides », cette seule évidence d'**infini** par rapport au **fini** nous interpellerait vivement. Notre cerveau n'est pas programmé pour concevoir l'inconcevable, ce logiciel interne n'existe pas, l'ennui pour le mental, c'est que *l'infini*, lui... existe. Aussi ne pourrions-nous rejeter la » puérile hypothèse de **Dieu »**, sans édulcorer, par simple bon sens, la violence du rejet obsessionnel que cela nous suscite. Une tare inhibitrice des fonctions mentales mise à part, une logique élémentaire voudrait, que si l'on admet un possible « infini » en l'Univers, on puisse admettre sans plus d'ambages, un possible « fini » en Dieu. Par extension, si une entité humaine peut concevoir un possible fini en l'univers, alors c'est que cette entité est... Dieu (n'avons-nous pas le privilège d'en connaître quelques-uns). Croire en un « Principe Créateur » n'est pas plus déraisonnable que de se considérer athée, à moins qu'il ne s'agisse là, d'un parti pris. Lequel est le plus souvent trop enraciné pour que l'on puisse le mettre dehors sans égard pour son âge ! Ce type de position est fréquent chez les humano paranoïdes, qu'empêche de s'élever l'immodéré lest de leur quotient supérieur. Ce sont de semblables considérations qui avaient naguère motivé cette remarque de Voltaire :

« *J'ai souvent considéré les athées comme des sophistes impudents* ».

L'athéisme est le produit d'un égo illimité dans une intellection limitée, si ce n'était pas le cas, l'individu en question ferait une distinction entre les religions et la spiritualité. De surcroît, il établirait en ses lectures historiques et scientifiques des probabilités qui le conduiraient à un raisonnement que l'on prétend être avec le rire, le propre de l'homme. Les légendes anciennes nous invitent à admettre qu'il existe en l'Univers transfini un volume fini, produit délibéré, nous affirment les textes, de l'acte créateur. Un prime concept à l'intérieur duquel évoluerait la matière dont nous sommes faits. Au mieux, nous pouvons percevoir cette émergence comme une bulle, un atoll esseulé baignant en un univers impénétrable à la pensée discursive.

Au sein de cet espace créé, cohabitent deux mondes radicalement différents ; l'un, que nous qualifierons de **nouménal physique et temporel**, en lequel, de notre vivant, nous êtres humains, résidons, alors que l'autre est **éthéré, immatériel et intemporel**. Entre les deux, un sas, un espace privilégié, « *le Ciel des légendes* » où sembleraient évoluer dieux et entités célestes. Ces deux parties, Terre, Ciel, adhèrent à des structures distinctes, ce qui fait que sur un plan physique, il ne peut apriori y avoir de corrélations effectives. Si ce n'est parfois de fugaces conjonctions, prétendues autant fluctuantes qu'irrationnelles.

Les deux mondes ont pourtant une indéniable coexistence sur un plan métapsychique, ce qui fait qu'ils sont animés d'une volonté commune d'inter-communiquer. Si ce genre de disposition favorise l'intuition spirituelle, elle autorise parfois des prétentions occultes, et cela explique en partie les désordres psychologiques de certains sujets qui s'adonnent sans discernement à ce type « d'addiction ». Aussi, admettra-t-on qu'il est difficile pour « le connaissant », de formuler des préceptes relationnels au risque de faciliter de tels excès. Ceci étant, la quête énoncée de caractère ésotérique, peut s'effectuer sans aspiration véritable, la méditation viendra en temps opportun. Elle sera sollicitée par le fruit des recherches, précisément lorsque les déductions rationnelles seront accompagnées d'une logique intuitive, que tout être est en mesure d'accroître en lui-même. C'est la potentialité de l'âme qui alimente l'intuition de la conscience morale.

À ce stade, il serait bon que l'on se remémore l'image allégorique de l'œil récepteur. Nous avons vu que la lumière immanente qui le pénètre, « 102 », se focalise en un point précis, après quoi le flux s'inverse en une autre réalité. Il y a alors rétroversion de l'image reçue, « 201 », Lucifer, en latin « Lux fero », celui qui apporte la lumière, sous-entendu, celui qui a charge de la répartir en la matière. Nanti des facultés intelligentes qu'on lui prête, l'homme à son tour se doit d'effectuer le parcours inverse, 201 vers 102. Il ne lui faut pas se contenter de l'image reçue, mais aller vers elle !

D'où la nécessité d'une quête, d'une remontée aux sources, que le commun ne soupçonne pas, tant cette voie se trouve aujourd'hui scotomisée par les brumes « civilisatrices » de la médiatisation à outrance. Les opticiens nomment ce point que nous évoquons « *Foyer* », les hermétistes « *Supra connaissance* », les mystiques « *Révélations transcendantales* ». C'est le Neter des Neterou, **Atoum** le **Dieu de la création,** dans la mythologie héliopolitainne. Son nom s'orthographie également **Toum, Tum** ou **Tm**, il symbolise l'ensemble du créé. À l'inverse, « **Tm** » peut être la négation par excellence, l'inactivité, le néant, donc l'incréé, le non-être, inappréciable à l'esprit humain. C'est pour cela que le chiffre zéro lui va si bien, l'un n'aurait pu se manifester sans l'autre. De toute évidence, ils sont les deux aspects d'une même réalité ✡ :

1 − 1 = **0** Dieu n'est pas cognoscible en l'incréé.

1 ÷ 1 = **1** Dieu se dédouble en créant, mais **il** demeure 1.

L'équation est juste, nonobstant le côté amphibologique de ce tout en tout a besoin d'être étayé. Contrairement à ce qu'il est dit, Dieu n'est pas symbolisé par le « 1 » mais par le « zéro », celui-ci emblématise le vide et le plein, le néant et la création, le plus et le moins.

C'est incontestablement en l'Égypte des origines qu'il nous faut aller chercher la clé du problème. Nous pouvons en avoir un aperçu dans le positionnement des signes sacrés décrivant la création. Effectuons une sélection parmi les innombrables possibilités de mariages et d'interprétations que nous offrent les hiéroglyphes.

HIÉROGLYPHES	PHONE	HIÉROGLYPHES	PHONE	HIÉROGLYPHES	PHONE	DÉTERMINATIFS
	W T Out		W Ou		B	
	N		Cent		M	
	N W Nou		P		T	

(1) Germination aromatique. Promesse de vie.

(2) Eau, mais aussi Onde. Liquide. Base existentielle.

(3) Cruche. Contenant, en lequel se trouve la matière de l'Univers.

(4) Poussin sorti de « l'œuf du monde ».

(5) Spirale. L'un des aspects du divin, (nous avons vu pourquoi).

(6) Le cadre de la porte « P ». Première lettre du mot « Ciel = Pet ».

(7) Jambe. Illustration du mouvement. Aller de l'avant.

(8) Chouette. Entité ailée dont la vision persiste la nuit.

(9). L'arc-en-ciel « t » La promesse placée dans les nues.

(10) L'arche de Nout. Représentation du Ciel et du pain terrestre.

(11) Pyramidion. Il est placé au sommet des édifices sacrés.

(12) Le Phénix. Oiseau fabuleux apportant la lumière. Apte à renaître.

Soutirés çà et là parmi des milliers, nous nous apercevons que ces quelques caractères véhiculent une logique particulière, celle des anciens égyptiens. Prenons un exemple en rapport avec notre quête, la lettre N, nous l'avons vu, correspond à plusieurs idéogrammes.

Si nous plaçons un germe (aromatique) avec de l'eau dans un vase. Et que nous répétons 3 fois le signe, nous élevons le contexte sur un plan supérieur, celui de l'hypostase (la trinité divine). Le 1 en 3 symbolise « l'acte créateur » en sa prime manifestation.

Le Ciel (Pet) a pour signe figuratif.

Ce hiéroglyphe n'est autre que l'esquisse du corps de Nout.

Si nous ajoutons « l'évolution – germination » dans le vase, « **Nou** » (création), plus le « t » arche lumineuse de la promesse, nous obtenons le hiéroglyphe, déterminatif de la Déesse du Ciel. Il est évident que vus sous cet angle, le son ou la lettre ne se limitent pas à une simple évocation, mais nous définissent toute une situation archétypique propre à une interprétation plus subtile.

« L'au-delà » ou « l'eau de l'A » ou bien en épurant à l'extrême, « l'O de l'A », symbolisée par 〰〰〰 l'éther des Anciens, que le Ciel ▬▬ central va se plaire à répéter 3 fois pour faire 6 éléments.

3 au-dessus de lui, 3 au-dessous de lui :

Nous avons alors créé cet étrange amalgame = [symbole] = **Nouou**

Les eaux primordiales ou « *l'onde de la création* ».

Comprenons que la Déesse du Ciel s'apprête à enfanter l'Univers sensible, et que cet **univers** baigne dans **« les eaux spatiales »,** tel l'enfant dans les eaux amniotiques de sa mère.

Cessons notre école buissonnière et revenons à notre « *néant* ». C'est donc en ce vide indicible, qu'il se créa un état préexistant que l'on peut assimiler à **l'abîme de la genèse** : תהרם

Le signe de la vie ה, lorsqu'il est doublé ה ה, développe l'idée de « **L'ENTITÉ absolue** ». Cette autre racine ה ר sert de lien entre « le néant » et « Le Principe Créateur ». État d'un fait qui n'existe pas encore, nous précise l'herméneutique, mais qui se trouve néanmoins « *en puissance d'être* ».

ה ר. Une conception, une pensée, une grossesse, un gonflement.

ת ה. S'égarer, se perdre dans le vide.

הם. « *Un mouvement de progression, d'ascension s'élève du centre, remplit une étendue qu'elle n'occupait pas auparavant.* » Fabre d'Olivet

Le mot תהיה exprime une existence contingente et potentielle, renfermée dans une autre existence potentielle. Les mêmes racines arabes décrivent un état indéterminé, un désir, une tendance, un espace insondable ou éthéré. Bref ! **Quelque chose sur le point de devenir**. N'oublions pas qu'en égyptien ancien, *le Noun* est l'océan primordial préexistant. **Atoum, Dieu des dieux**, évoque la situation **pré-créative** par l'intermédiaire des « *Maîtres de Sapience* » compositeurs des écrits sacrés. Issu d'un texte mythologique, le passage qui suit est à première vue d'un prosaïsme bonhomme, il mériterait cependant que l'on s'y attarde. N'y a-t-il point en ces lignes le désir évident de créer, de savourer sa création ?

N'a-t-on pas l'impression que **Dieu en Atoum** jouit de ce qu'il crée, et que cette pensée le met hors de lui-même, en une pré-scission inconfortable. D'où l'évocation imagée de la genèse égyptienne :

> « *Les multitudes naquirent de moi, avant que le Ciel et la Terre n'apparaissent, avant que les serpents et les vers soient formés, certains d'entre eux furent créés par moi, tandis que j'étais encore dans les eaux originelles* (autre aspect de lui-même) *allongé et inerte, sans que j'ai un seul endroit où je puisse me tenir debout ou m'asseoir* ».

> " *Je pensais dans le fond de mon cœur* (le cœur est la conscience intuitive de l'égyptien) *et je décidais avec ma tête de créer chaque forme pendant que j'étais encore seul, avant de cracher* **Shou** *et* **Tefnut**, *avant qu'il existât un autre qui puisse engendrer avec moi, je décidais en moi-même, qu'il y aurait des myriades de formes et les formes de leurs enfants, et celles des enfants de leurs enfants. Je me caressais avec ma main et je recueillis ma semence dans ma main.*

Délire fantasmatique ? Tout à fait ! Mais seulement si notre quotient se situe un peu en dessous du premier degré de compréhension. Faisons abstraction du caractère aimablement grivois de cette narration pour voir, au-delà de cet onanisme littéral, la véritable signification. **Iw-saw** veut dire « faire venir la semence de ses reins ». Le texte rédigé par un adepte inspiré, nous restitue au mieux du contexte le désir ardent que peut ressentir « **Atoum** » à l'idée de donner vie à son acte. La racine du mot « reins », en hébreu « **matnaïn** », se traduit par le verbe « *donner* ». Ne dit-on pas que « Dieu sonde les reins et les cœurs » ? Rappelons-nous que les reins ont la forme graphique de l'arbre. C'est aussi, dans la vision d'Ézéchiel, l'émanation du feu vital (1-26-27).

Nous subodorons la notion fonctionnelle **« d'un ensemencement spatial »,** et non le plaisir fugace d'un démiurge en mal de gaillardise. Ne doutons pas que la semence préfigure ici la finalité, celle-là même, qui, par engendrements successifs, va permettre à la nature de pérenniser ses structures à travers le cycle des âges.

> *« Ma bouche cracha, j'expectorais* **Shou** *et* **Tefnut** *au loin, tandis que mon* **Père l'océan originel** *les soutenait ».*

« **Cracher** », en hébreu « **Yaroq** », a pour évocation similaire la couleur verte. C'est le rayon osirien de lumière qui engendre la nature. La suite, nous le voyons, s'ajoute au plaisir de concevoir. S'il s'agissait seulement de cracher la création, cela risquerait d'être interprété comme un acte plutôt « libre allure ». Inconvenance que l'on ne saurait prêter au créateur de toute chose.

> *« Pendant de nombreux siècles,* **mon œil** *les suivit et nous fûmes* **3 dieux** *au lieu d'un seul,* **moi l'unique** *».*

Cette dernière affirmation met en évidence le principe premier d'une triade, le principe va bientôt s'étendre à l'idéologie des structures :

> Atoum - Shou - Tefnut - Ancienne Égypte
>
> Oiw - Hu kadarn - Karidwen - Celtiques
>
> Aleph - Mem - Shin – Hébraïsme (lettres mères)

Brahma - Shiva - Vichnou - Indes
Baal - Astarté - Melkart - Chaldée
Ormuzd - Ahriman - Mithra - Perse
Oddin - Fréga -Thor - Scandinavie

Voici quelques-unes des représentativités trinitaires les plus connues. À l'image des trigrammes de Chine, ces derniers forment :

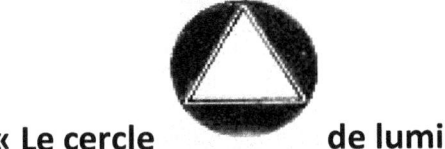

« Le cercle   de lumière »

La triade divine, incarnée par les 3 dieux, base de la création

ATOUM - SHOU - TEFNUT

Principe Créateur - Nombre - Géométrie

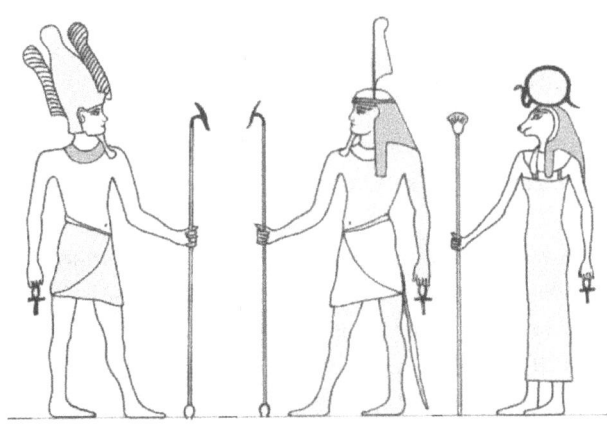

À partir de cet instant, **Atoum** va se placer entre ses deux sujets,

0 – 1 – 2 l'esprit de lumière va lier **le nombre** à **la géométrie**.

En Primosophie (fin d'ouvrage), le mot « DIEU » réalise « 102 ».

Atoum (0) se place alors entre le **premier** et le **second** principe, le monde est créé. C'est Atoum qui parle :

« Je vivais avec mes enfants
l'un était devant moi l'autre, derrière
je m'élevai au-dessus d'eux
mais leurs bras m'entouraient ».

Atoum, dieu des dieux, est assimilable au « o », lequel est réputé être une négation, ce qui est une aberration, puisqu'il est la représentativité du « *tout* ». Le zéro a le mérite d'exister sans exister, il compte sans compter, il est évoqué sans paraître, les financiers ne disent-ils pas 150 pour évoquer les six autres zéros en millions ? Le zéro est à l'image du temps, nous le vivons sans le décrire, nous l'apprécions sans le mentionner, nous le déplorons sans le nommer. Il est à la fois présent et absent, il soustrait, comme il additionne, il remplit, comme il efface. Il est à la base de la vie et au seuil de la mort.

Le zéro est la meilleure approche emblématique de DIEU.

On ne peut pas évoquer le « 0 » sans évoquer le cercle, et on ne peut pas évoquer le cercle, sans penser diamètre, circonférence, volume. Toute matière livrée à l'espace, ne tend-telle pas vers cette manifestation de forme où est impliqué le facteur temps ?

Cela nous amène une fois encore aux découvertes du plateau de Gizeh et plus particulièrement aux mesures de la Grande Pyramide.

Nous l'avons vu, l'une des découvertes les plus remarquables a trait aux trois astres assurant notre existence sur cette planète, **Soleil, Terre, Lune**. Précisément, la valeur attribuée au diamètre moyen Terre-Lune se trouve placée à hauteur d'assise, de la manière la plus juste qui soit. La ligne passe à travers le corps de l'homme allongé dans le coffre de la chambre du Roi. Nous remarquons que cette ligne horizontale est tributaire pour ses mesures, de la pente inclinée des apothèmes. En vertu du schéma de construction, base vue du ciel, et de la position des étoiles figurant sur le tracé, nous voyons sur l'une de nos applications l'étoile Saïph se positionner sur la poitrine même de l'homme grand initié, allongé dans le sarcophage. Celui-ci est en attente de recevoir l'ultime initiation, celle qui permet de retrouver le lien Terre – Ciel.

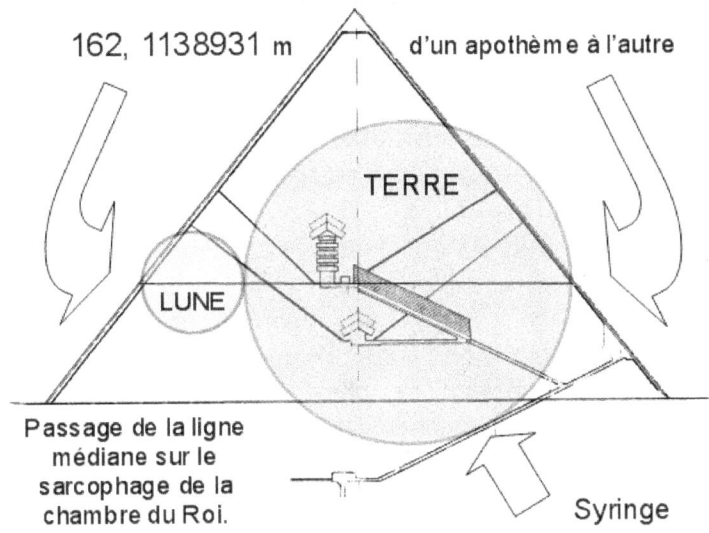

La Lune = 3476,44744 Km + la Terre = 12 734,94192 km Ø moyen =

16 211,38936 km. Position de l'étoile Saïph sur le corps du gisant initié.

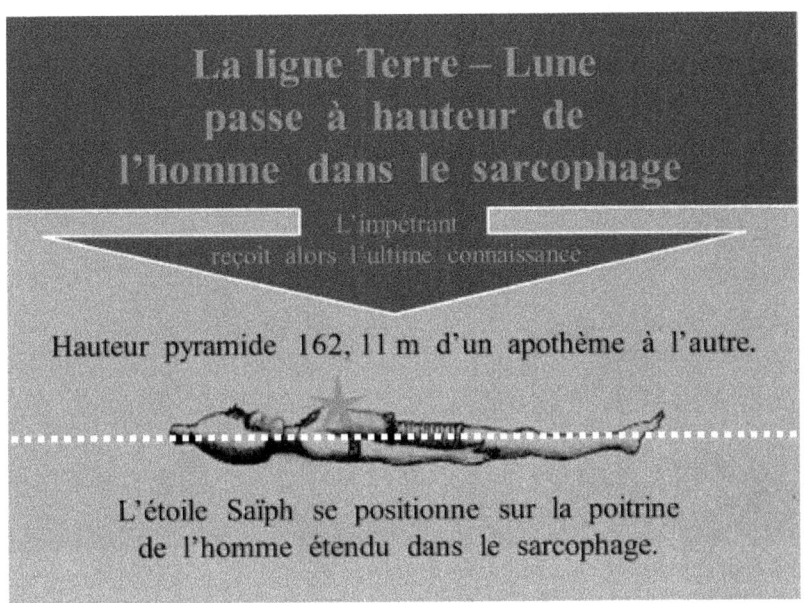

Pour le lecteur intéressé, ce à quoi nous faisons référence, se trouve abondement illustré sur notre site internet : www.grandepyramide.com

Il s'agit d'une radioscopie de la Grande Pyramide de Gizeh (vue d'en haut) sur la disposition des chambres. Placée à l'échelle, la constellation d'Orion nous procure une vision surnaturelle de la théorie. C'est là, que nous constatons que l'étoile Saïph choit sur la poitrine de l'homme étendu dans le sarcophage. Alors que le baudrier central s'incorpore dans la chambre de la Reine. Le diamètre du cercle regroupant les « 3 chambres » mesure : 31,41592653 m ou π x 10.

Si le hasard (*coup de dés* en arabe) est à l'origine de ce merveilleux agencement, alors il nous faut reconsidérer l'indifférence qu'une généralité lui porte. Peut-on admettre que dans le dessein de récréer son égo pensant, ce hasard se plaise à plonger ses victimes dans d'inextricables atermoiements. Dans ce cas, pourrions-nous estimer jusqu'où va son ingérence ? À moins, que *le hasard* soit la partie facétieuse du Principe Créateur, fessant là usage d'un saut briquet par souci de discrétion. On se perd en conjectures !

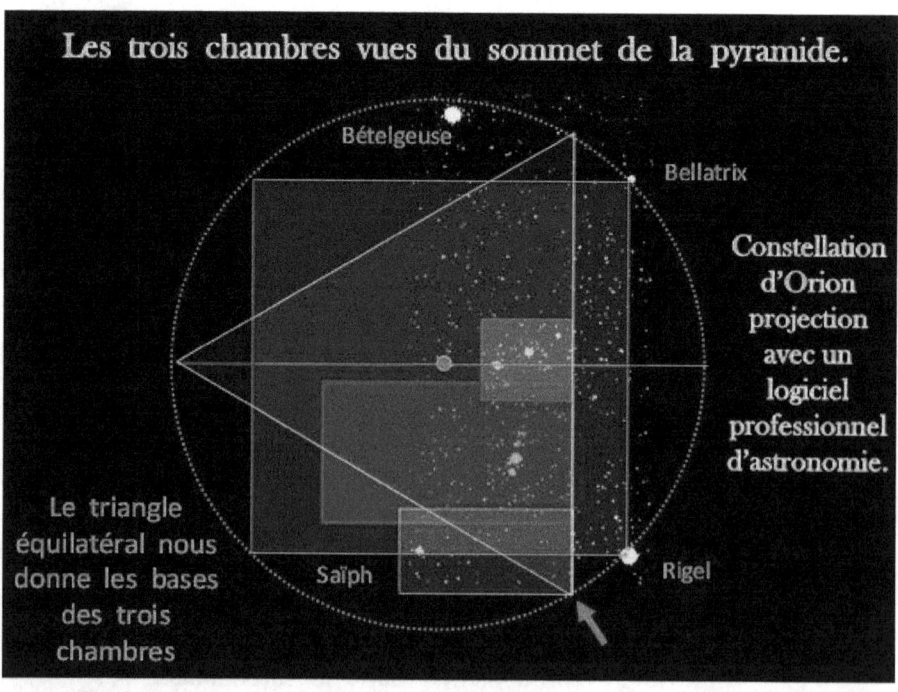

Le rayon point central, flèche, donne en mètre 31,416 soit le nombre pi ÷ 10.

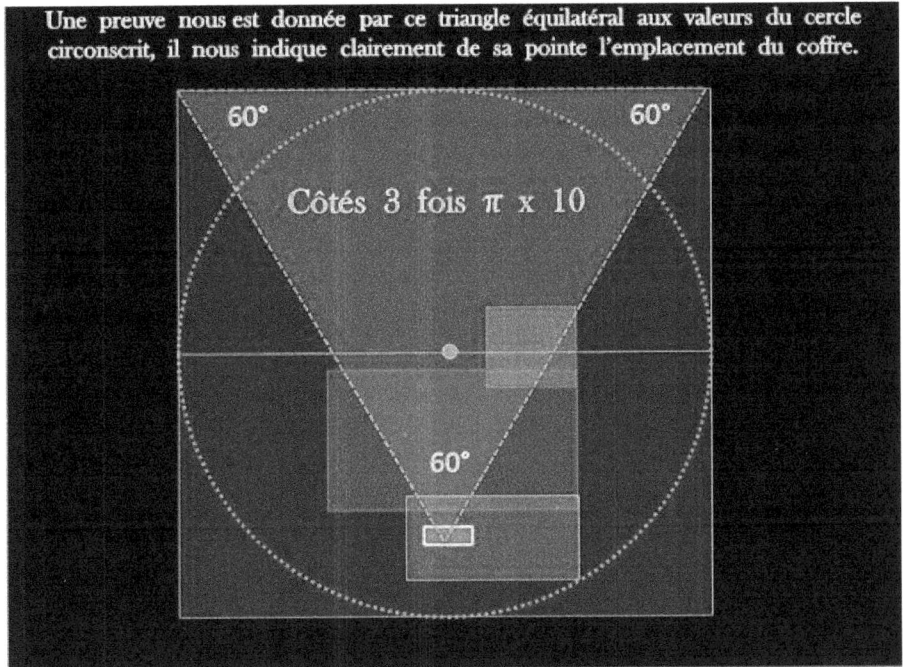

Genèse et Mythologie Égyptienne

Pour le Big-Bang… y étiez-vous ? Pour le Big, oui… Pour le Bang… !

Remémorons-nous les diverses phases de « **La création** » et essayons de les regrouper en 4 tableaux distincts.

Le premier tableau évoque le néant infini, c'est *le **Noun** égyptien*, le **Keugant** des celtes, l'**Aïn-Soph** des hébreux. La subtilité veut, que ce dernier mot trouve place après l'**Aïn** (le rien) et avant l'**Aïn-Soph-Aor** (l'infinie lumière), **Soph** étant la limite, le seuil où va avoir lieu :

« La création et son simplisme »

 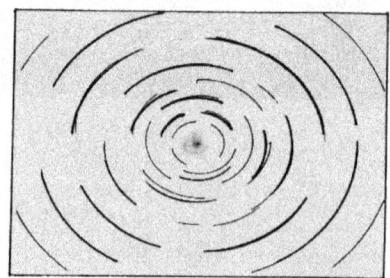

Le froid qui sévit en ce « **Néant** » se situe bien au-delà des 273,15° C scientifiquement admis dans les limites conjecturales de notre univers. Comprenons que le « néant » va produire le « vide » et ce vide qui n'en est pas un, « la matière » avec ses « aithèrons » chargés de potentialité (particule originelle scientifiquement indécelable, elle est assimilable à une vibration ou à une onde magnétique). Cette particule infinitésimale occuperait le vide apparent de la matière et serait le support de toutes choses.

La création n'est pas encore effective, mais elle est sur le point d'être. Ce « **Néant** » dont il est question est géré par « 6 » critères, auxquels va devoir répondre « **La Création** » par « 6 » autres critères.

Néant intégral

Parfaite immobilité   **Étendue sans limites**

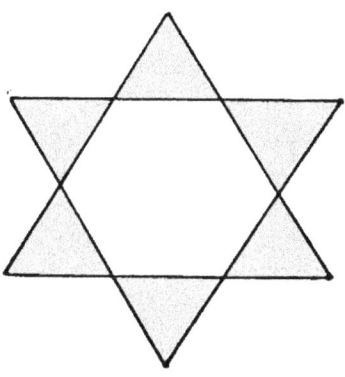

Silence total   **froid extrême**

Ténèbres absolues

⇑ **LE NOUN**   **LE NOU** ⇓

Matière primordiale.

Répartition du tissu aithérique.
(indécelable à l'échelle humaine).

Matière gazeuse.   Matière humide.

Mouvance des éléments.   Univers circonscrit.
(recherche de filiations).   (vide comparable à un océan).

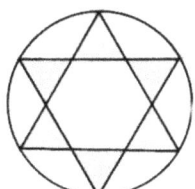

Matière ignée.   Matière dure.

Diversité dans la gamme   Alliance des densités.
des températures.   (vitesse particulaire)
                                                         (poids des particules).

Matière photonique.

Présence permanente du temps lumière.

La matière s'organise au sein des principes, c'est la concrétisation.

Contraction de **Shou** Expansion de **Tefnut**

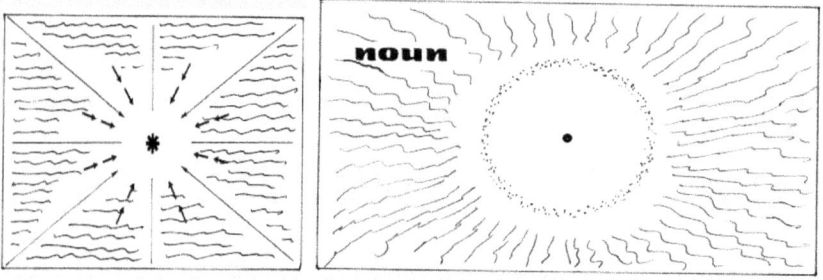

Alors que « **l'énergie nombre** » en potentialité d'être s'apprête à éclore dans « **Le Néant** », on subodore, semble-t-il, un état pré existentiel. Une tiédeur flottante, une ébauche matricielle prête à accueillir « quelque chose ». Cette sorte de pensée évaluative s'étale tel un abîme préfigurant un volume que l'on ne peut définir en l'absence du verbe, mais que l'on peut subodorer à l'aide de l'intuitif. Le navigateur égaré en des immensités océanes dépeindrait ce que nous tentons de décrire comme un souffle chargé de senteurs balsamiques. Il le pressentirait en ces langues de brumes qui généralement prédisposent le regard à l'apparition de la terre. Voyons la traduction « littérale » de Fabre d'Olivet d'après le Sepher Yetsirah.

> « *Et-la-Terre-existait. Puissance-contingente-d'être-dans-une-puissance-d'être : Et-l'obscurité* (force compressive durcissante) - *était-sur-la-face-de-l'abîme-et-le-souffle-de-lui-les-dieux-* (force expansive dilatante), *était générativement mouvante sur-la-face-des-eaux* passivité universelle ».

La Terre dont il est question ne doit pas nous étonner, elle est placée en tant qu'adjuvant mythique. Sa sphéricité pourvoyeuse de vie préexiste au sein de l'évocation elle exprime la situation de l'Univers sur le point d'être créé. ***Elle est** puissance contingente d'être* « **dans** » *la puissance d'être*. Il nous faut concevoir l'élément « Terre » comme étant le principe même d'un état matériel en formation (l'élément matière incarné par Geb troisième principe).

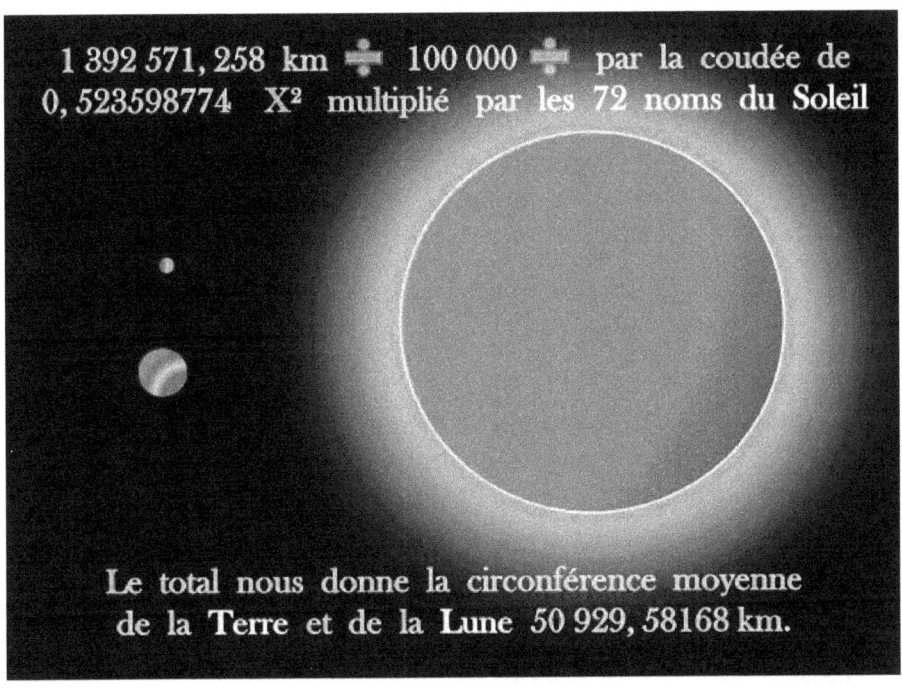

Si dans la création est inclus le hasard, c'est qu'il n'est déjà plus le hasard !

ACTE PREMIER DE LA CRÉATION

Le noyau n'est vraiment dur, que... pour celui qui l'ignore.

Puis... subitement, ces épaisses ténèbres sont **transpercées par une fulgurance** אֵר.

Ce rai de « lumière » marque le début de la création. Pour les Anciens Égyptiens, c'est l'avènement du dieu **Shou**, que nous appellerons **« Energie Numérique »,** avènement comparable au dieu celtique Hu-Kadarn.

Cet élémentarisme devient le support mythique de la cosmogonie universelle. Nous verrons plus loin que **Le Principe Premier** (le nombre), est aussitôt suivi par un **Principe Second** (la forme), sans laquelle celui-ci ne pourrait se définir.

La racine אֵר décrit un **mouvement propre, un concept élémentaire, une impulsion, une ligne droite...**

C'est en cette partie du texte qu'intervient, pour la première fois, **une notion de temps**, par une astuce propre au génie hiéroglyphique, dont les scribes des écrits hébraïques se sont largement inspirés.

Il est dit : *« Les symboles des Égyptiens sont semblables à ceux des Hébreux ».* Clément d'Alexandrie (Stromates-6).

> Le temps « futur » se charge instantanément en « passé » avec l'apport du signe convertible ה, ainsi le « **sera-faite-lumière** » devient le « **sera-fut-faite-lumière** », c'est le premier jour de la Bible, celui où le dieu **Shou** apparaît à l'horizon héliopolitain.

Le dieu Shou, « Energie, Principe Premier », ne peut être dissocié du **chiffre « 1 »,** base de la création. Mais en aucun cas, ce « 1 » ne peut être assimilé à « Atoum » comme il est généralement imaginé, dit et écrit par une multitude d'auteurs. **Dieu, Principe Créateur** en la personne d'**Atoum**, se définit numériquement par le signe **« 0 »** (l'incréé et le créé), le **« Sifr »** des chiffres (le cercle). *Ce cercle de lumière englobe tous les chiffres, lesquels composent tous les nombres.* Le zéro est qualitatif par le cercle, il est quantitatif par la puissance ajoutée. Le zéro établit le lien avec sa création, notamment dans 102. Ce nombre est le corps mystique de l'univers créé. Le nombre de l'esprit, qui lui est corollaire, ne peut pas être divulgué. Il est réservé à l'adeptat, non par grand mystère, mais par grand principe.

*« Mais, lorsqu'il apparut que les discours de Platon portaient sur la **mathématique**, c'est-à-dire sur les **nombres** et la **géométrie**, et sur l'astronomie et enfin, que le Bien, c'est l'**UN**. Alors, cela leur sembla, je pense, quelque chose de tout à fait étrange. Aussi, les uns méprisèrent le sujet, les autres le blâmèrent ».* Aristoxène IV avant J.C.

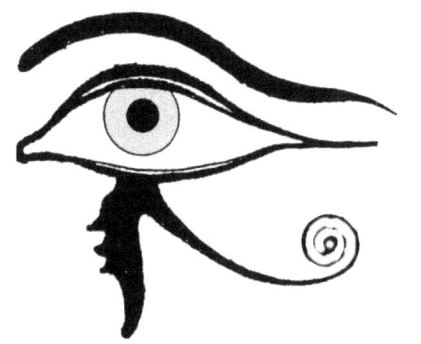

Le tout est égal à **« 0 »** lequel est égal à **Dieu**.

La pupille (1) Le Dieu Shou principe premier.

L'iris (0) Le disque de Râ, le **soleil d'Atoum**.

Sclérotique (2) Le cercle cerne l'œil, il le maintient en sa composition.

« Je suis **Shou**, l'image de **Râ**, assis à l'intérieur de l'œil de son père. » (Entendons : Atoum-Râ, l'expression lumière d'Atoum).

Cherchons à interpréter le texte au-delà de sa représentation graphique :

« Je suis le nombre **« 1 »**, source d'énergie, élément principal de l'espace divin, de l'univers créé ».

Nous avons vu ce qu'il fallait penser de l'œil en tant que symbole, il nous faut maintenant l'associer à l'œuf. **L'œil et l'œuf se complètent**

utilement. Si nous observons la coupe d'un œuf sur le plan longitudinal, son graphique a une analogie de structure avec l'œil témoin de la création. Superposons les deux perspectives, cela devient évident.

 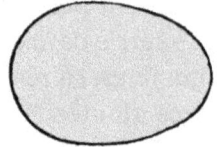 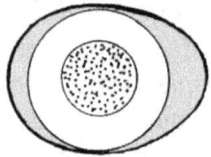

Œuf vu de face   **Œuf vu de profil Face,**   **profil et intérieur**

L'œuf philosophal, n'est pas l'apanage des seuls alchimistes. Sa symbolique pénètre toutes les disciplines hermétiques, on ne peut détacher l'œuf de la notion cosmogonique, de la création universelle. La presque totalité des peuples anciens s'y sont référés : Égyptiens, Celtes, Phéniciens, Grecs, mais aussi les peuples d'Extrême Orient, Indiens, Chinois, Tibétains, Japonais, la tradition chamanique, ainsi que les Amérindiens et les Africains. L'œuf est souvent lié à l'idée de serpent, il est connexe au cercle, à l'oiseau, à l'aile et à la plume. Sa partie blanche, glaireuse, symbolise le néant, sa partie jaune sphérique, l'univers créé. Ce « **créé** » devient l'image même « **du Ciel et de la Terre** ». Il faudrait de nombreuses pages pour ne faire qu'effleurer le sujet. Retenons, néanmoins, ce qu'en disent les « Lois de Manu » en Inde :

« Au commencement, il ne créa que les eaux, puis, en celles-ci, il émit sa semence, et ce, devint un œuf d'or... et dans cet œuf naquit, de soi-même, Brahmâ, l'Ancêtre de tous les mondes, et le Seigneur émit la troupe des dieux ».

Ou encore, dans le « Chândogya Upanishad » (3,19), il est question d'un univers incréé, d'un néant préexistant, à l'intérieur duquel se manifeste « **Le Principe Créateur** » sous la forme **d'un œuf**. Une année plus tard, l'œuf se scinde en deux moitiés égales, l'une étant d'argent, l'autre d'or. Elles correspondent réciproquement **au Ciel et à la Terre**. Il en va de même pour l'œuf cosmique, « le Shintô » ou pour celui de « Chausôr » chez les Cananéens. Pour les Bambaras du Mali, l'œuf vibre, tournoie en son intériorité, gonfle, se maintient dans le vide, puis éclate en laissant retomber en pluie les 22 éléments primordiaux qu'il détenait en son sein. Ils sont à la base de la création, (souvenons-nous du verbe), **nous ne pouvons les** dissocier des « 22 lettres » des alphabets : chaldéen, hébraïque, phénicien, sabéen, romain, copte.

En Égypte, l'un des mythes fait référence à 8 dieux primordiaux (l'Ogdoade), composés de 4 couples divins, symbolisés par des serpents et des grenouilles. Le serpent en vertu de son pouvoir à se géométriser et la grenouille en raison de ses métamorphoses ou phases d'évolution. Les 8 dieux avaient créé un œuf et l'avaient déposé sur une prépondérance émergée du **Noun**, de cet œuf est né le Soleil, (entendons ; la puissance énergétique préliminaire). Avant de nous moquer, sachons interpréter et la lumière jaillira de l'amphigouri.

Il est intéressant de rappeler que les 8 premiers chiffres de l'Ogdoade ont pour total 36, nombre que nous avons déjà évoqué. Ce 2 x 4 partage les potentialités paires et impaires des chiffres :

---

1 - 3 - 5 - 7 - impair =   **16**

36 = 9 (Ennéade)

2 - 4 - 6 - 8 – pair = **20**

Point et cercle - œil et œuf - onde et forme

Voilà que nous avançons lentement, mais résolument, sur le chemin de la prime connaissance ! L'homme, depuis toujours, entretient la naturelle nécessité de concrétiser l'abstrait, surtout lorsqu'il s'agit de fixer en sa mémoire les bases de l'évolution.

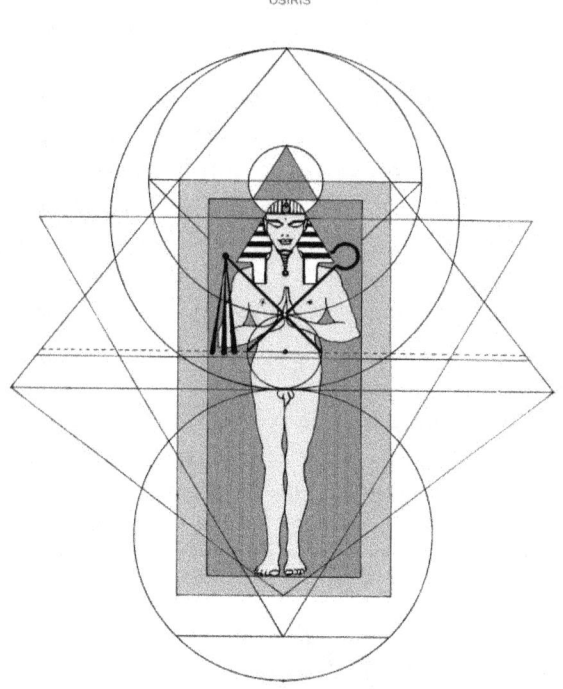

L'OSIRIS humain d'une hauteur de 1,80 m (moyenne masculine) est serti en un sarcophage symbolique aux normes de la Connaissance Primordiale. Figurent en ce schéma, le Soleil, la Terre, la Lune, la Grande Pyramide, le nombre d'OR et les données numériques de la gnose traditionnelle.

Quelles-sont les probabilités pour que cette stèle soit conforme à la structure de la Grande Pyramide, si ce n'est l'esprit de connaissance de la Tradition cachée.

L'implicite Grande Pyramide que forment avec leurs baguettes Pharaon et la Déesse Seschat – Chapelle Rouge de Karnak.

Ces illustrations nous prouvent que *la Grande Tradition* était véhiculée sous le manteau en Égypte Ancienne. Il était nécessaire d'avoir une démarche morale exemplaire pour accéder à la connaissance. Aujourd'hui, cela n'a plus d'importance, nous sommes impliqués dans un sauve-qui-peut général où sont grandes ouvertes les portes du salut… Mais ce n'est pas pour cela que l'on s'y précipite !

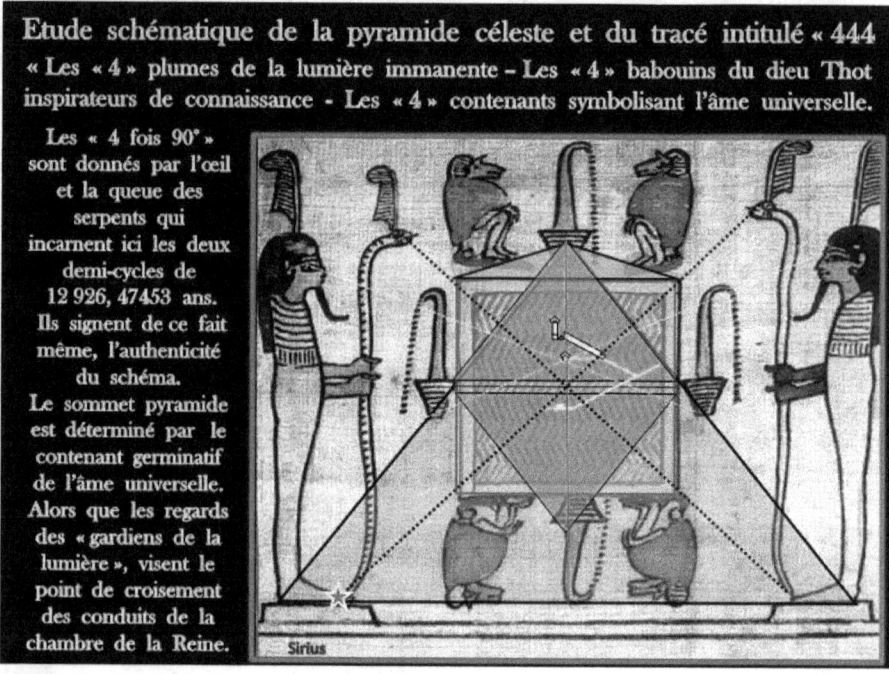

Etude schématique de la pyramide céleste et du tracé intitulé « 444 »
« Les « 4 » plumes de la lumière immanente - Les « 4 » babouins du dieu Thot inspirateurs de connaissance - Les « 4 » contenants symbolisant l'âme universelle.

Les « 4 fois 90° » sont donnés par l'œil et la queue des serpents qui incarnent ici les deux demi-cycles de 12 926, 47453 ans. Ils signent de ce fait même, l'authenticité du schéma.
Le sommet pyramide est déterminé par le contenant germinatif de l'âme universelle. Alors que les regards des « gardiens de la lumière », visent le point de croisement des conduits de la chambre de la Reine.

Les « 4 » plumes de Shou (*lumière des nombres*).

Les « 4 » babouins de Thot (*intelligence – connaissance*).

Les « 4 » hiéroglyphes de l'âme (*pureté des principes*).

Que l'Égypte Ancienne recèle de telles merveilles ignorées par la gent scientifique, relève de l'anormalité la plus singulière.

Acte Second de la Création

> « La statue était dans le marbre, je n'ai fait que la dégager ! »
> Michel-Ange.

Dieu apparemment, se montra satisfait d'avoir séparé la lumière des ténèbres et l'appela « **jour** » pour l'opposer à la nuit.

> « *Il sépara les eaux d'avec les eaux* ».
>
> « *Et-il-dit,* **lui-les-dieux**, *il-sera-fait-une-raréfaction.*
>
> (un desserrement des faces raréfiant) *au-centre-des-eaux.*
>
> *Et-il-sera-fait, un faisant-séparé* (un mouvement de séparation)
>
> *entre-les-eaux-envers-les-eaux* ». Traduction : Fabre d'Olive

Que nous faut-il entendre par-là, sinon que le Principe Créateur distingua une chose d'une autre semblable. N'oublions jamais que tous ces termes ont un sens voilé. La version littérale nous précise :

$\text{MMMM} = N \Rightarrow \text{C} = OU \restriction NOU = \text{MMMM} = \boxed{\text{Création}}$

Après avoir évoqué « l'énergie nombre » il devient question de son conditionnement, il lui faut un complément indispensable.

Celui-ci se présente sous l'aspect de la géométrie symbolique, son naturel support. Cette complémentarité est dotée de la même rigueur que le nombre, elle est l'inhérente harmonie, la préforme des formes.

La puissance créatrice originelle a concrétisé son acte par l'émission d'un **rai de lumière,** ce dernier a pénétré la béance des ténèbres et s'est aussitôt déterminé par **un point.** Or, que constatons-nous ?

Le feu subtil devient lumière, lorsque le point sollicité par la forme libère son énergie.

Les principes Shou - Tefnut.

Le masculin et le féminin, le nombre et la géométrie viennent d'apparaître, par l'effet de « **la volonté créatrice** ».

Issu du néant, voilà que « l'Univers perceptible » naît à la vie.

Le **Hû** masculin se joint au **Yah** féminin, **YHVH** devient 2 en 1 et 1 en 3.

« Le Nom Divin » illustre un commencement. Il a subi au cours des âges toutes les humiliations et n'a cessé d'être ballotté entre les outrances de la foi et le mépris des hommes. Le mot « **Dieu** » pris dans le sens littéral relève d'un mystère sublime. Notre modernité devrait s'interroger sur la pudeur innée que chacun paraît avoir à prononcer « le nom divin » et qui plus est à en discourir.

Atoum-Dieu explicite sa nature trinitaire dans le papyrus « Nesi Amsu ».

*J'ai tiré de moi-même **Shou** et **Tefnut**, je me suis produit comme **un seul Dieu** et pourtant... **je suis 3 dieux.** "*

Dès lors, Dieu s'assimile aux prémices de sa création, et cela change tout, car pour nous êtres humains, nous nous devons de respecter la création au même titre que Dieu, puisque c'est le produit de lui-même. Ce message, hélas, ne concerne que les consciences évoluées, sachant pertinemment que les consciences primaires, émergentes de l'animalité, ne suivront pas ces préceptes, obnubilées qu'elles sont par les autoroutes ensoleillées de l'hédonisme.

   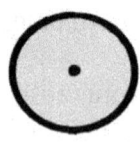   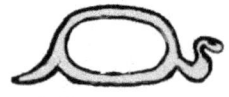

Plume (le point)   Symbole solaire   Le cercle du serpent

Attribut de **Shou** - Attribut d'**Atoum** - Attribut de **Tefnut**

SHOU -1-	TEFNUT -2-
* Image symbolique de la terre génératrice. Centre où réside le feu.	* Image symbolique des eaux fécondantes en lesquelles se diffuse la lumière.
* Il est le principe actif.	* Elle est le principe passif.
* Il est dit masculin, sec et léger comme l'air, prompt comme la flamme. Chaleur immanente, il est l'esprit.	* Elle est dite féminine, humide et expansive telle la brume. Enveloppante et possessive, elle est le corps.
* Il est rayon, ardeur et pulsion.	* Elle est cercle, contenant et rétention.
* Il incarne la puissance du feu.	* Elle incarne la douceur de la lumière.
* Il est le nombre caché.	* Elle est la géométrie révélée.
* Il impose la raison sous l'aspect d'une énergie potentielle ou affective.	* Elle suscite l'intuition sous l'aspect de la symbolique ou de l'imaginaire.
* Il préside aux forces par la manifestation.	* Elle préside aux formes par la séduction.
* Il n'est rien sans la déesse qui stimule et sustente ses nombres.	* Elle n'est rien sans le dieu qui atteste et favorise ses formes.

On a vu que le zéro « **O** » central est le signe lumineux de l'appel créateur, **le principe des principes**, identifié dans le mythe à **Atoum**. Le dieu se révèle à la cérébralité, à condition que ce soit le cœur de l'homme (conscience) qui l'invite à se manifester. En tant que zéro point central, « **le zéro** d'**Atoum** » domine par son omniprésence, aussi est-il implicite en toutes choses et concret en aucunes.

On peut ne pas ressentir Dieu, mais peut-on le taire ?

Peut-on alors raisonnablement le haïr, sans l'attester ?

- « 0 » Présent en un nombre, il ne peut être......**soustrait.**

- « 0 » Il ne peut être sans raison............ ......**multiplié.**

- « 0 » Son unité ne peut être........... .... **divisée.**

- « 0 » Il n'est plus zéro, lorsqu'il est............ **additionné.**

Dans les textes des sarcophages, **Atoum** est appelé « **celui qui est lui et elle** ». Le « 0 », par essence neutre, devient « hermaphrodite » en la prime création. Il se génère lui-même et ne possède pas de nombres pairs ou impairs, ou plutôt a-t-il la particularité de retenir les deux à la fois. **Atoum,** (« Tm » l'Etre complet, le Père des dieux) a pour signe distinctif, « **Le traîneau** », ce symbole illustre le mouvement qui caractérise « l'évolution », le traîneau témoigne de la pulsion primordiale engendrée par « **Le Principe Créateur** ». De par sa fonction même, le traîneau ne marque pas de différence entre « **inerte et mobile** », il n'a pas d'aspects changeants. À l'inverse de la roue dont chaque barreau marque le mouvement (critères du temporel), le traîneau, lui, reste immuable, comme lié à la nature des choses.

La roue a un temps propre, le traîneau lui...est le temps !

Ainsi, « La Parole Primordiale » , « hou » sort de la bouche du génie et glisse dans l'oreille de la création. Une curieuse coutume théurgique consistait à offrir au dieu **Atoum** un petit sarcophage à l'intérieur duquel on avait disposé une anguille momifiée. **L'anguille,** on le sait, intègre deux formes symboliques caractérisées, **le poisson** et **le serpent.** Ces deux animaux incarnent à leur tour deux éléments primordiaux indispensables à la vie : **l'eau,** en laquelle l'un nage, et **la terre,** sur laquelle l'autre rampe. Le serpent, par « **le cercle** » (circonférence) et le poisson par « **le trait** » (diamètre) représentent ces deux principes complémentaires. Dans les âges réputés crépusculaires, les gens du peuple croyaient en de telles actions propitiatoires. Elles stimulaient, pensaient-ils, l'influx cosmique et par le fait même magnifiaient la tâche des dieux.

L'alchimie invite notre raison à cheminer sur les sentiers de la supputation, avec pour bagage l'intuitif et le discursif, adjuvants roboratifs de l'esprit de connaissance. Au même titre qu'une interpellation provoque notre attention, les motifs devraient provoquer notre réflexion. Le dessin alchimique contient en lui des éléments qui incitent la pensée à vagabonder sur d'abstraites déductions qui n'apparaissent pas raisonnables, du fait, qu'elles n'ont rien de banal.

« Vaincre la matière et la crainte de l'inconnu, en se nourrissant de sa propre connaissance... »

Les trois têtes étoilées du baudrier sortent du Graal.

Les ailes de nuit pour aller dans les étoiles chercher le cycle, offert par le serpent.

Roi + Reine, pyramides réelle + virtuelle placées sur une colline.

Le départ en altitude d'Orion, sous le Lion.

C'est de son corps que le pélican nourrit ses petits.

L'arbre du temps solaire commence par 11... 785113

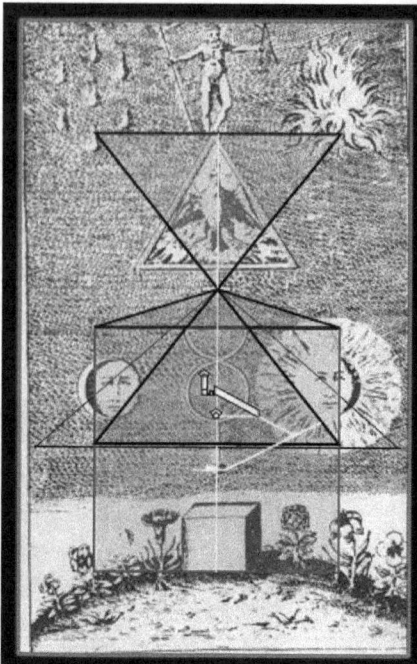

Il y a des chefs-d'œuvre que l'on ne peut pas qualifier, celui-ci en fait sans doute partie.

7 gouttes 7 étoiles. Le dieu chronos le temps. Le feu symbolise la pensée qu'il va falloir solliciter. Le phénix témoigne de l'apport divin. La Lune, le Soleil, la Terre avec son dôme fleuri emblématisé par le cube. Le signe central attribut de Mercure planète de l'esprit.

Rien donc, si ce n'est un fatras de signes absconds au caractère puéril ! Pourtant le miracle est là, tapi dans l'interrogation.

Prenons les deux petites croix pour repères et ajustons sur celles-ci le sommet et la base de la pyramide. Les fourches du signe nous donnent les pentes et la structure prend ses marquages. Les lignes prolongées du triangle phénix nous donnent les arêtes de la pyramide, alors que le carré-base prend socle sur le cube et le linteau sur la croix. Il manque la signature divine, elle prend forme avec la pyramide renversée sur le phénix en gage de sablier du temps.

LE « NOUN » ET LE « NOU »

> « Les nombres sacrés constituent le verbe éternel. »
> Édouard Churé

Voilà que nous sommes parvenus au deuxième jour de la Bible, en Égypte, évocation comparable à la naissance de **Tefnut**.

La racine ם י du mot ם ד י » jour » regroupe les notions suivantes : amas des eaux, rassemblement des ondes. Si le signe ו vient s'inscrire pour complément, et c'est le cas, ce n'est plus l'amas des eaux qu'il faut comprendre, mais **« l'amas de lumière »**, en d'autres termes **« la manifestation du jour »**. Avec l'apport de **« Tefnut »**, il n'est plus question d'un rayon pénétrant, mais bien d'une évolution métamorphique, d'une lumière diffusante et bienfaisante.

Le nombre (rai de feu central) épouse **La géométrie** (sphère contenant).

De leur fusion naîtra, **« La lumière »** (retour à Dieu).

Le couple ainsi créé peut aspirer aux générations issues de leur relation amoureuse. Un volume universel s'impose au sein du néant.

Le **Nou** émerge du **Noun**, le Gwenved du Keugant, **la lumière des ténèbres**. Rappelons-nous le premier mot de la Bible :

« Bereschit » בראשית

Nous trouvons déjà ce concept du rayon pénétrant le cercle.

De cette exhalaison, fécondant la sphère virtuelle du **« Nou »** se répand un élément subtil que nous nommerons « Aithéron ». C'est **« l'éther »** des Anciens, **« l'Akâsha »** des hindous, **« le sensorium Dei »** de Newton, **« l'Odyle »** de Reichenbach, **« l'Unus mundus »** de Jung, **« La source extra cosmique » de Costa de Beauregard, **« Le fluide universel – L'universion »** de Georges Lakhousky ou encore **« Le vide subtil »** des modernes.

En égyptien, le mot « rayon » se prononce « Sétout ». Certes, le divin « sait tout » mais il fait mieux encore : son hiéroglyphe est un disque d'où s'échappent 3 rayons signifiant « briller ». Le même hiéroglyphe a pour valeur le chiffre « **9** Pesedj ». C'est donc à partir de « **3** » jusqu'à « **9** » que va s'élaborer la création ; le « **10** » la concrétisera, nous verrons comment et pourquoi ?

Le « Sétout » nous conduirait-il au grand « Manitou » des indiens Algonquins, lesquels avaient des rudiments d'égyptien ? Pour les Lenapes (leurs voisins), « Le Grand Manitou », en divisant le monde en quartiers, a d'abord créé **4 grands-parents**. En Égypte, il s'agit de :

Shou - Tefnut - Geb - Nout.

Reprenons la Bible, voyons comment elle se calque sur le mythe égyptien :

« Ce qui était sec, Dieu l'appela Terre et l'amas des eaux, il l'appela mer ».

Il se trouve qu'en Égypte Ancienne, **Shou** était assimilé au **sec**, donc à la terre et **Tefnut** à l'**humide**, donc à l'eau ou l'onde céleste. Voyons comment on peut effectuer divers rapprochements entre la conceptualisation des caractères hébraïques, livrés au monde par ces Grands Prêtres égyptiens qu'étaient Moïse et Aaron, en leurs significations apparentes : en épousant l'harmonie universelle, **« le feu de la Terre »** devient biosphère. L'air indispensable à la vie étreint **« les eaux célestes »** la matière en formation fait naître **« la lumière des cieux »**.

C'est **LE PREMIER JOUR**... *« Dieu vit que tout cela était bon ».*

Influx masculin : L'air. La Terre. Le feu. Le souffle.

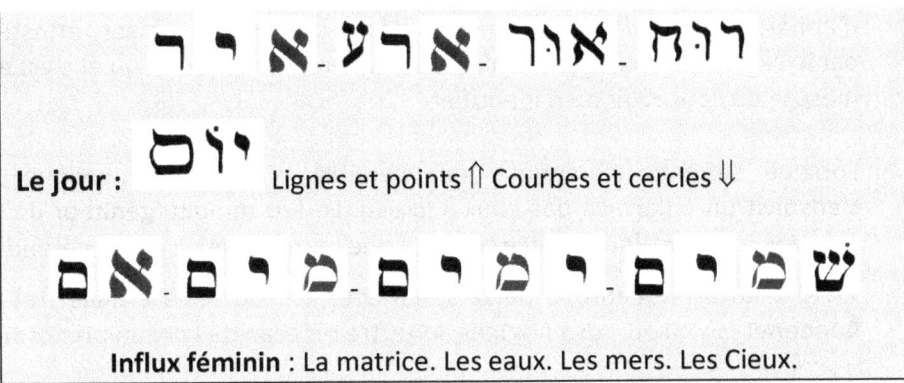

Sans qu'il y ait de notre part la moindre intention de blasphème, nous éprouvons le désir d'ajouter, « nous aussi pensons que cela est bon », et nous allons tenter de l'expliciter. **La Terre** est prise ici en tant que **vision allégorique de la création**. Pour nous, êtres incarnés, il n'y a que l'évocation à base concrète qui puisse raisonnablement fixer les idées. Ce fut l'objectif essentiel des Mages, ces vénérables maîtres de l'Antiquité. Encore ont-ils transmué leur symbolique à plaisir, dans le dessein de l'occulter à ceux qui n'auraient pas fait l'effort de connaissances. Observons comment les choses se présentent :

« **Le nombre énergie** » principe premier de la Création, ouvre le mythe avec la présence anthropomorphique du dieu **Shou**. L'énergie lumière dont il est détenteur, ne peut être révélée qu'en présence de son naturel complément **Tefnut**. En une comparaison triviale, il est l'électricité, elle est l'ampoule. L'union transcendante du **dieu** et de la **déesse** valide l'acte créateur. « Le nombre » ne saurait être sans « la géométrie » ou la forme sans l'énergie qui la compose. La déesse **Tefnut** représente la sphéricité archétypale, matrice virtuelle de l'Univers, que le dieu **Shou**, en son ardeur toute juvénile, féconde de son rai ardent. La fusion des deux principes parachève « l'œuvre », et elle enclenche le processus d'une métamorphose ayant pour résultante :

1 + 2 = 3 (trinité = Dieu)

C'est alors que les textes mythologiques vont se substituer au caractère abstrait du message, **le Ciel et la Terre**. Ces deux évocations seront portées à l'état de corporéité avec **Nout** et **Geb**, (enfants du premier couple divin). À l'aide de cette transmutation, « l'acte créateur » ne risquait plus d'apparaître inintelligible aux non-initiés. Il impliquait la raison, attestée par le cartésianisme, laquelle n'accepte à l'ordinaire, que ce qu'elle est en mesure de concevoir ou d'identifier.

Lorsque l'énergie numérique eut pénétré la forme symbolique, il s'ensuivit un « partage des eaux » (ondes). Le feu témoin, géniteur de la création, occupe alors la place centrale que matérialise un point inétendu, « ● » la forme l'enrobe de sa sphéricité ◯ toute maternelle. Tel le Benbenet (pyramidion) des origines, le tertre émerge de l'océan primordial ⊙. Le feu tend à se diffuser en une onde éclairante. Chaque particule est alors habitée par la lumière, cette brillance bleutée qui caractérise l'atmosphère, s'étend jusqu'aux confins ténébrescents des Cieux étoilés.

Les deux principes » ainsi suggérés, fixent à jamais leur complémentarité dans la mémoire des hommes. Il est donc juste qu'il soit écrit :

> *« Quand l'inconnu des inconnus voulut se manifester, il commença par produire **un point**, tant que ce **point lumineux** n'était pas sorti de son sein, l'infini était encore complètement ignoré et ne répandait aucune lumière ».* Le Zohar.
>
> « Au commencement Dieu créa **le Ciel** ◯ et **la Terre** ● »
>
> Vu de profil, le point est à la sphère ce que le diamètre est au cercle.

Pour simplifier et ne pas s'égarer dans les dédales d'un fabuleux mythologique, nous nommerons cette première fusion créatrice exprimée par **Shou -Tefnut = Aithéron.** C'est ce que pensent avoir découvert aujourd'hui les physiciens atomistes, avec le fameux « boson de Higgs », mais cela va bien au-delà de ce postulat ? Nous l'appelons « Aithéron » en hommage à « l'éther » des Anciens qui, de Pythagore à Leibniz en avaient non point pressenti la notion de principe, mais l'avaient bel et bien définie. Cela, malgré les variantes dues aux tentatives de concrétisation, que « la pure raison » plus que « la raison pure » a toujours qualifié avec une condescendance toute académique de... *peu crédible !*

Les grands hermétistes ne pouvaient pas s'opposer aux dogmes populaires, lesquels étaient le plus souvent à l'échelle de l'élévation de la pensée collective. Alors ils plaçaient dans l'art pictural des éléments de déduction qui préparaient le néophyte à se placer sur la voie de l'initiation. Il fallait pour cela compter, mesurer, comparer et quitter résolument les autoroutes du grégarisme le plus commun, pour aborder les sentiers parfois scabreux de la démarche personnelle.

Ne dirait-on pas que lorsque la raison pure s'arrête prudemment au bord du ravin, l'intuition la laisse sous le blanc de ses ailes et va observer au loin ce qu'elle pressent pour le lui conter.

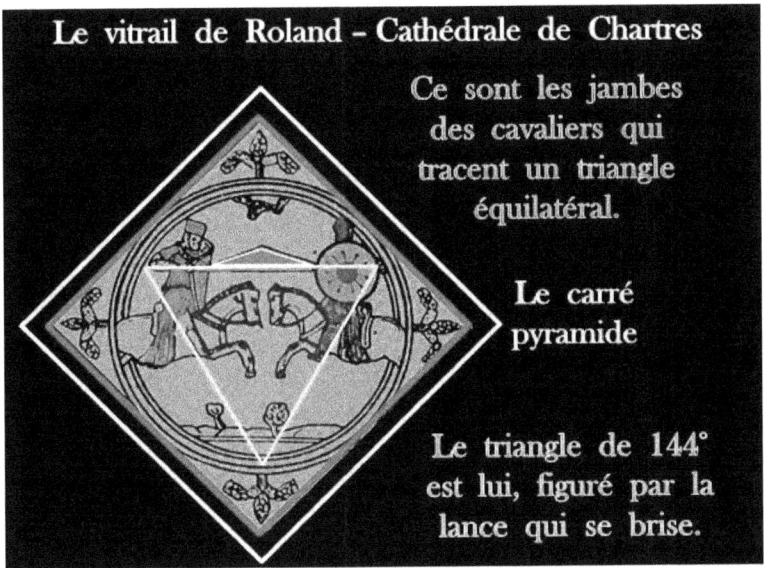

Rencontre de l'Orient et de l'Occident, lorsque s'impose la connaissance cachée, les deux traditions ne font qu'une. Les templiers ont rapporté du Proche-Orient une connaissance aux essences de celle qui était considérée par les initiés orientaux comme étant « *Primordiale* ». Nous en avons un aperçu significatif avec ce vitrail de la cathédrale de Chartres.

L'AITHÉRON

Si le Soleil n'éclaire que ce qu'il peut, la conscience n'éclaire que ce qu'elle veut !

L'Aithéron constitue désormais l'élément de base de l'onde matérielle. Cet « outil du divin » va servir à tisser les fibres méta-sensibles des structures concrètes, telle l'onde en **sa cruche**, nous verrons pourquoi. Le volume aithérique, « **le Nou** », va occuper la totalité de l'univers créé. Les éléments se regrouperont, la matière y baignera à la façon d'agglomérats d'ondes aux pouvoirs consistants indifféremment répartis, évoquant le poisson dans l'eau. Curieusement, en chaldéen, poisson, se disait Nun ou **Noon**, (l'univers incréé en potentialité d'être).

Tentons de faire appel à notre seule logique, le **« Nou »** dans le **« Noun »** se place dans tous les cas aux limites de l'acceptable, car nous sommes des êtres de matière et notre état mental n'est pas conditionné pour saisir l'immatérialité des choses. Lorsque nous définissons cette substance qu'est le **Nou**, comme :

Une énergie faite de réseaux d'ondes numériques d'aspect virtuel, potentiellement cernée par une forme géométrique circulaire présymbolique, n'ayant pour nous humains, aucune réalité tangible et même détectable. Nous avons alors tout dit… et rien !

La tentative montre l'impossibilité de dépeindre concrètement le phénomène, si ce n'est en des allusions mythiques, hiéroglyphiques et en esquisses anthropomorphique, ce qui revient à dire symboliques comme l'ont si bien compris les égyptiens.

C'est ainsi qu'en leur mythologie, **Shou** et **Tefnut** sont respectivement Père et Mère de toute évocation, de toute émanation physique et, par voie de conséquence, de toute conscience et de toute évolution. Le grand égyptologue et hermétiste Shwaller de Lubicz ne l'avait-il pas perçu comme tel lorsqu'il écrivait :

« *L'univers n'est que conscience et ne présente qu'une évolution de conscience, de l'origine à sa fin, qui est retour à sa cause* ».

(1) Shou	(2) Tefnut
La flamme légère L'énergie primordiale appelée « **Terre** » dans les textes.	L'humidité océane L'onde céleste aqueuse appelée « **Ciel** » dans les textes.

Le mot mâtrikâ (matrice) désigne en hindouisme « **La mère divine** » celle qui englobe la vie.

DOMAINE DE **SHOU** NOMBRE ET DE SON FILS **GEB** MATIÈRE	DOMAINE **TEFNUT** GÉOMÉTRIE ET DE SA FILLE **NOUT** CIEL

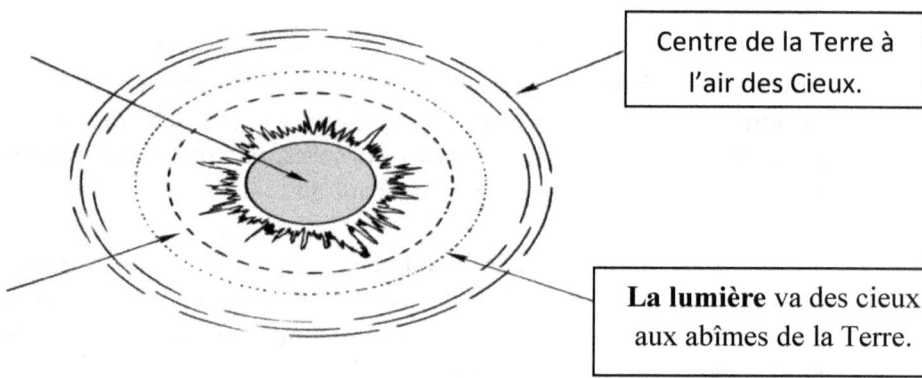

Centre de la Terre à l'air des Cieux.

La lumière va des cieux aux abîmes de la Terre.

Les voiles qui recouvrent « **l'Acte Créateur** » sont à l'origine des mythes, ils attestent de la volonté humaine de comprendre pour admirer.

« *En stimulant l'intelligence, on grandit la perception, en aiguisant la perception, on grandit la foi* ».

» Le premier principe de la Création » est donc incontestablement masculin, c'est « l'énergétisme primordial », il est sec, volatil et assimilable à l'air.

La plume coiffant en permanence le dieu, est là pour confirmer ses particularités. La plume, en ancien égyptien, s'écrit « sw » Shou, c'est aussi le poussin sorti de l'œuf, lorsque nous ajoutons un « t » , nous lisons « **vide** » ou « **lumière** », ce qui est on ne peut plus évocateur. Comme chacun sait, la plume est intimement liée à la légèreté, à la puissance ascensionnelle de l'oiseau.

En Chine, il y a de nombreux millénaires, les gens cultivés employaient des petits bâtonnets d'ivoire, ces « fiches de calcul » étaient appelées « **chou** ». Le nid est le refuge de l'oiseau, (Shou et plume), à l'intérieur duquel celui-ci recentre ses énergies vagabondes. C'est également le Ciel en lequel il évolue.

Tefnut, « **le principe second** » est féminin, humide, assimilable à l'onde, au cercle, à la sphère, à l'œuf, au serpent qui enveloppe la lumière (signifiant emblème placé sur **la tête de Tefnut**.) C'est également l'enveloppe matricielle, dont la tiédeur concocte la vitalité tout en déterminant la forme.

Si l'on décompose le mot « **Tefnut** », on s'aperçoit qu'il ne s'éloigne pas de l'idée de cercle ou demi-cercle, propre à la coupe réceptrice . La voyelle « e » étant conventionnelle, on a le « f » , sorte de reptile au corps souple que l'on sait pouvoir prendre la forme d'un cercle.

Vient alors s'ajouter le mot Nut ou Nout, que nous avons étudié par ailleurs et que nous pourrions traduire par « au-delà ». Il est symbolisé par la déesse du Ciel qui n'est autre que la fille de Tefnut.

> **Shou – Tefnut** sont deux aspects à la fois opposés et complémentaires. Ils dépeignent clairement « Un Principe Primordial », celui d'une énergie légère évoluant en un espace défini appelé « Nou » ou « **Création Originelle** ».

Le volume du « Nou » ne peut être que sphérique, ce qui sous-entend une influence polaire d'ordre magnétique. Le swastika injustement vilipendé, dont le nazisme a fait un si déplorable usage, nous renseigne utilement sur les polarités masculine et féminine. Si nous faisons en sorte de donner une impulsion giratoire à une sphère, suivant la position que nous occupons, nous pouvons constater qu'une impulsion unique engendre deux directions opposées :

    Jour - Dextrogyre, masculin.   **Nuit** - Lévogyre, féminin.

Pour un mouvement giratoire identique, nous avons :

Sphère vue du haut Pôle Nord. **Sphère vue du bas** Pôle Sud.

Mouvement gauche – droite. Mouvement droite – gauche.

En ce qui concerne **le swastika**, Thulé et Mû ont fait oublier Jaïna. On a cru voir là une logique de conquête, en ignorant qu'il est dangereux de manipuler les symboles, surtout lorsque l'on est mal instruit de leur finalité. Mais revenons à notre particule, **Shou -1 Tefnut - 2 = 3**.

Lao-Tseu affirme, dans le Tao Tö King :

> *« Le 3 engendre toutes choses, de toutes choses l'envers est obscur, toutes choses tendent vers la lumière et le flux des forces leur donne l'harmonie ».*

Si nous parvenions à isoler « l'aithéron », à le dissocier de son infinité, et que nous cherchions ensuite à évaluer son volume en le plaçant sur l'échelle de nos connaissances, que consterions-nous ? Probablement qu'il y a autant de différences entre celui-là et un atome, qu'il y a de différences entre un atome et la Terre, par exemple. Cette comparaison n'est émise qu'à titre indicatif pour que l'on puisse s'imaginer son absolue petitesse et présumer de sa multitude. Est-il besoin de le rappeler, « l'aithéron » échappe à tout critère de détection, le très ancien philosophe chinois « Tchouang-Tseu » n'avait-il pas jadis quelque prescience lorsqu'il énonçait :

« Maintenant que vous avez émergé de votre étroite sphère et que vous avez vu le grand océan, vous connaissez votre propre signification, je peux vous parler de grands principes, les dimensions sont sans limites, le temps n'a pas de fin ».

Nous nous imaginons sans peine que les quantités d'**aithérons** au millimicron cube sont, en tout état de cause, indénombrables. Ces norias de microparticules meublant notre corps, ainsi que l'immensité de l'univers créé, ne sont pas étrangères aux phénomènes dits paranormaux qui, de tout temps, ont passionné les chercheurs et intrigué les rationalistes. Le flux quintessencié des aithérons véhicule de constantes informations, capables de sensibiliser notre système réactif. **L'aithéron crée une frontière entre l'infinitude du néant et le considéré vide, mais aussi un lien structurel entre les primes particules de la matière organisée.**

Les particules élémentaires aujourd'hui recensées, se trouvent être par trop volumineuses, lourdes et chargées des lois qui les gouvernent pour réagir physiquement à l'influx inconsistant des aithérons. Toutefois, il est permis de penser que de temps à autre, dans « une atmosphère » réunissant des conditions appropriées, il peut y avoir perception des données émises. Le phénomène est alors capté à des échelles variables, allant de la simple impression de synchronicité à la claire déduction, ce qui est rarissime. On comprendra que cette métaphysique ne peut scientifiquement être analysée. Elle se situe au-delà des ondes matérielles parmi lesquelles nous évoluons. Nous pouvons être amenés à considérer que les phénomènes que nous appelons présentement « Ressenti intuitif » ou encore « Perception ultra-sensorielle », se manifestent en tant qu'agglomérats numérisés. Ils sont issus de la substance originelle, dont les formes subtiles influent peu ou prou, selon notre sensibilité, sur notre état organique. Il serait intéressant d'en disserter, mais nous nous sommes fixés pour objectif, d'évoquer les rapports existant entre les écrits traditionnels, d'une part, et ce que nous savons de la cosmogonie ésotérique d'autre part. En courte analyse, les notions par nous avancées peuvent se trouver en opposition avec la physique élémentaire, telle qu'elle est encore perçue de nos jours. Certaines révélations risquent d'apparaître funambulesques, si ce n'est chimériques puisqu'elles se situent bien au-delà des recherches actuelles en nanotechnologie. En fait, il ne s'agit que d'une appréciation subjective, car chaque époque a sa vérité, chaque âge, a sa certitude, au point culminant des époques et des âges, se tient **l'évidence**. Valéry ne s'y trompait pas lorsqu'il écrivait : « *L'utopie d'aujourd'hui est la réalité de demain* ». Des hommes comme Kepler et Newton ne pouvaient que pressentir un certain ordre des choses. Toutefois, il ne leur était pas permis d'approfondir ou d'expliciter leurs connaissances, pas plus qu'il n'était possible d'anticiper sur les mœurs du XVIIe siècle.

Au XIXe, les hommes espéraient encore en une société digne de leurs aspirations. L'ère des machines n'allait-elle pas soulager l'effort humain et laisser davantage de temps pour la réflexion ? Hélas, le contraire s'est produit. À cette époque, la planète n'était pas gonflée comme une outre prête à répandre ses eaux devenues putrides. La poussée démographique n'était pas inquiétante, la nature n'était pas saccagée. À cette époque, les valeurs morales n'étaient pas anéanties, la société de consommation n'avait pas encore phagocyté notre bon sens, le « fric » était encore appelé « monnaie » et les femmes suscitaient au naturel la passion des hommes. On ne s'enflammait pas avec le sexe écran, mais on savait comment jouir de la nature en bien des circonstances. Amour et haine trouvaient leur juste mesure, on pleurait de joie autant que de peine. Au lieu de subir chaque jour, **chaque jour se méritait.**

Aujourd'hui, le vieillard est dénigré, l'intellectuel dépassé, le philosophe relégué, le curé ne sait plus, le rabbin est isolé, l'imam engagé, le lama déraciné, le brahmane outragé, l'égyptien mort et la tradition oubliée. L'homme de cœur cherche vainement à travers les œuvres des « fricophages » le fil conducteur qui l'aidera à sortir de ce mortel labyrinthe. Il est urgent que ceux qui aspirent à une réalité autre, se démarquent de l'utopie matérialiste. Ses effets pervers sont dégradants pour l'intelligence, dont notre société n'a de cesse de se prévaloir. Aussi douloureuse qu'elle soit, cette constatation ne doit pas nous faire oublier notre sentier !

Pourquoi « **le nombre et la géométrie** » ? Que peut-il y avoir de tangible en cette prime création ainsi décrite ? Essayons de nous résumer :

La matière, en laquelle l'humanité a toujours fondé ses espoirs, n'existe pas dans l'univers considéré. Ce qui existe, c'est un phénomène d'onde à base numérique et géométrique, d'une merveilleuse élaboration, lequel nous procure par son intensité énergétique l'illusion d'une densité matérielle. Étant donné que l'ensemble des êtres et des choses que nous côtoyons se trouvent dotés de longueurs d'ondes communes, nous voyons, écoutons, sentons, goûtons, touchons ce que nous permet la longueur d'onde de l'univers sensible en lequel nous sommes incorporés.

Si nous étions infiniment microscopiques, passagers d'un rayon Gamma par exemple, nous traverserions un corps dense, telle une fusée, un amas stellaire. À l'inverse, si notre système solaire était un atome, nous pourrions faire partie intégrante d'un corps immense sans jamais être en mesure d'en appréhender la nature. La vérité se situe à mi-chemin, elle est à l'échelle de l'homme, ce dernier étant lui-même intermédiaire entre l'infiniment petit et l'infiniment grand. Maintenant, essayons de nous situer en notre univers :

À l'origine est le **Noun**, le néant que nous avons évoqué, vide, froid, silencieux et ténébreux. Le **Noun** n'est pas un lieu où Dieu serait absent, cela ne saurait être, il s'agit d'un vide préexistentiel à l'intérieur duquel se manifeste soudainement une volonté créatrice. L'énergie numérique émise, telle que nous l'avons décrite, ne ressemble aucunement à un formidable Big Bang. Elle est dite légère comme une plume. Toutefois, on comprendra qu'en ce vide absolu, l'effet de saisissement dut être instantané, et rien n'aurait pu enrayer la résorption sur elle-même de cette première impulsion créatrice, si le second aspect n'était venu diamétralement inverser cette tendance.

Contrairement à **Shou**, le second principe, **Tefnut** a un pouvoir « **d'expansion** ». Après s'être réciproquement annulées, les deux forces s'équilibrent en d'heureuses épousailles, c'est le **« Nou »**, **les noces des nombres et de la géométrie**. L'effet scientifiquement constaté, dit « d'expansion de l'Univers », est à envisager comme une alternance, comme un souffle, une respiration, ainsi qu'en témoignent les battements d'un cœur. L'univers n'a pas que treize ou quatorze milliards d'années, comme le laisse entendre la science actuelle, mais un nombre infini de milliards d'années. C'est seulement sa dernière pulsion qui correspond à ce laps de temps et que l'on nomme « Big Bang ». L'union primordiale, laisse filtrer pour la première fois une notion d'espace-temps. Le principe va se réguler sous forme d'énergie irradiante, son nom est **Geb**. C'est entre lui et **Nout**, son épouse, que commencera à apparaître la création proprement dite, telle que nous, êtres humains, pouvons en saisir l'aspect.

Ajoutons que **Shou - Tefnut**, les principes **1-2** de l'ancienne Égypte, étaient symbolisés par « **deux lions orientés de manière opposée** ».

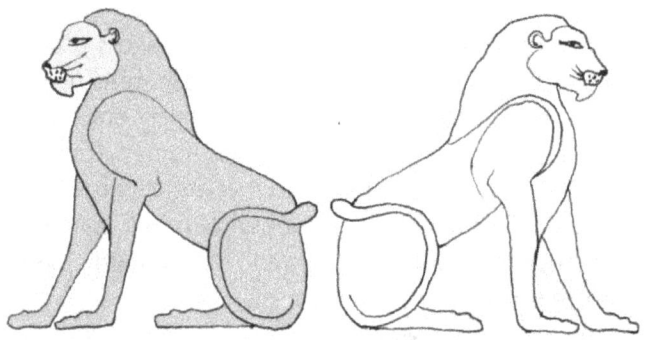

Citons à ce sujet le commentaire d'Isha Schwaller de Lubicz :

« L'un des lions Aker regarde vers la lumière et l'autre vers les ténèbres, de même les qualités essentielles de **Shou** et de **Tefnut** sont opposées. Cette opposition nécessite une annihilation réciproque en laquelle s'effectue un croisement de leurs propriétés respectives, de sorte que cette apparente destruction donne naissance à une nouvelle unité tenant des **Deux Premiers Principes Élémentaires**. Laquelle unité se séparera elle-même, en deux autres » ! (Her-Back disciple chant Flammarion, page 181)

Il résulte de cette union hiérogamique, entre **Shou** et **Tefnut**, un poudroiement universel de nature semblable au symbolique « **aithéron primordial** » que représentent les deux félins. On comprendra que des affinités se manifestent entre la pluralité des particules en mouvement, lesquelles répondent à des configurations spécifiques. Chaque particule primaire que nous citons est individualisée, telle la diversité des visages humains, ce qui ne l'empêche nullement d'être solidaire d'un ensemble constitué. Les flocons de neige nous offrent le même exemple, il n'y a pas deux flocons semblables, il n'y en a jamais eu, malgré le fait que leurs géométries offrent des caractéristiques communes. Ce stade nous fait pénétrer une ère nouvelle, il instaure la deuxième étape de la Création : « **La matière** »

« *Salut ô Tum (Atoum), toi qui te lèves au-dessus des abîmes cosmiques ! Grand, en vérité, est ton rayonnement ! Tu surgis devant moi sous forme d'un lion à double tête, laisse donc entendre ta parole de puissance* ». Livre des morts - chapitre III.

« *Je suis Atoum, le créateur des Grands ! Je suis celui qui a créé* **Shou**, *qui a mis au monde* **Tefnut**, *je suis celui qui a partagé son repos au temps du Noun* ».

L'alchimie occidentale qui a eu son heure de gloire au XVIIe siècle, pousse le néophyte à la réflexion, elle l'incite à chercher au-delà de l'apparence, au-delà de ce sentiment de confusion provoqué par l'étrange et la crainte de l'absurde.

Les terriers que nous voyons figurés sur cette image alchimique, (page suivante) sont les territoires de « oun », le lièvre osirien. Il faut les emprunter pour pénétrer la Grande Pyramide, *la constellation du lièvre* à laquelle le connaissant aspire pour entamer sa démarche est placée sous *la constellation d'Orion*. Nous savons que la disposition de ses étoiles est l'atout et la clé d'une immense connaissance inséparable du message secret des pyramides de Gizeh.

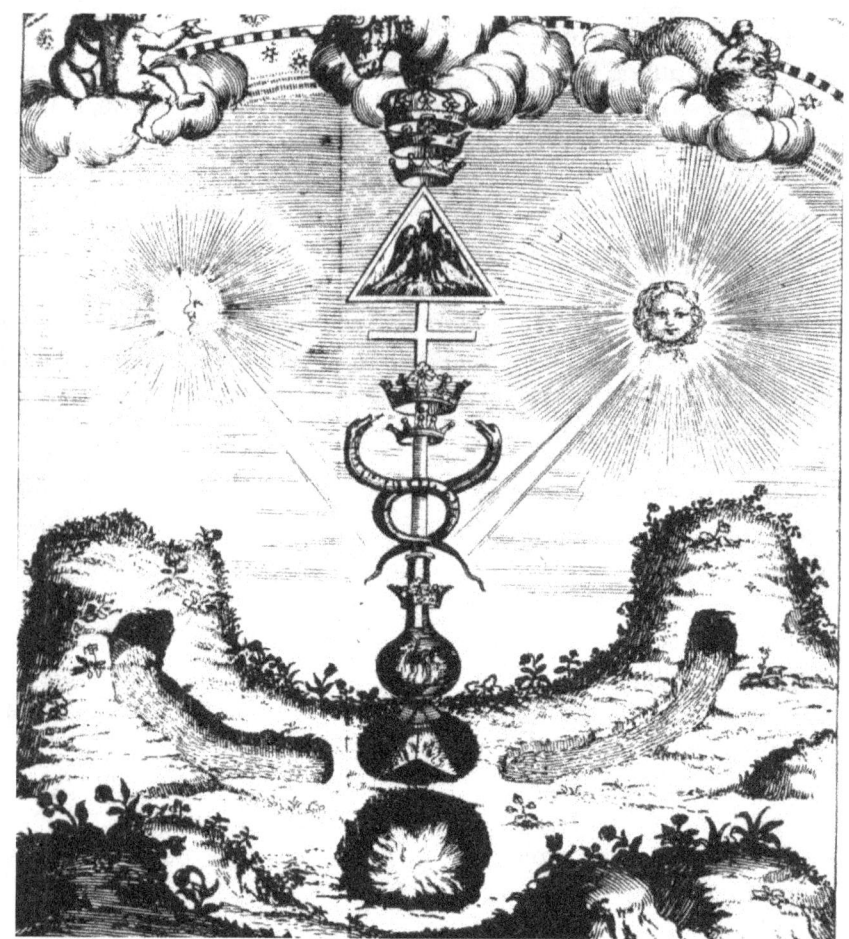

En cette imagerie alchimique moyenâgeuse, nous retrouvons les divers éléments de composition qui ont trait aux indices de connaissances. Le Soleil, la Lune, les trois couronnes, le triangle équilatéral, la croix, le Roi, la Reine et les deux serpents d'Hermès. L'athanor a pour fonction de changer le feu, en ardeur au travail et en finesse d'intelligence, facilitant ainsi l'apport intuitif.

Cette autre image est pour ainsi dire complémentaire sur le plan du cheminement intellectuel. Nous avons les « 7 planètes » autour d'une pyramide, elles représentent les étoiles de la constellation d'Orion. Le cercle en toile de fond représente la Terre, dans celui-ci le niveau de la mer emblématise la base d'un triangle équilatéral. « Mer » signifie en composition hiéroglyphique « pyramide ». Il y a là les « 4 éléments » et les « 9 marches de l'ennéade ». Nous avons deux personnages et un lièvre poussé dans son terrier. **Sous la constellation d'Orion se trouve la constellation du Lièvre.** Le personnage de droite est riche en habits et pauvre en connaissance, il ne voit pas et ne comprend pas ce que lui montre cet initié à la vêture plus humbles.

Troisième et Quatrième Principes

> Vérité et contre-vérité, sont les deux parois labyrinthiques,
> que suit le chercheur en quête d'absolu.

Nous avons vu que **Shou** et **Tefnut** forment avec **Atoum** « la triade divine ». C'est ainsi que suivant la Genèse égyptienne, **le père et la mère de la création, mettent au monde 2 enfants**, l'un de sexe masculin, **Geb**, l'autre de sexe féminin, **Nout**.

> *Est-il besoin de rappeler que* **Shou** *et* **Geb** (père et fils) *ainsi que* **Tefnut** *et* **Nout** (mère et fille) *ne représentent pas les éléments que l'on estime être à la base de la matière, ce qui serait absurde, mais,* **les principes régissant celle-là.**

Le dieu Geb incarne le noyau d'atome que l'on appelle plus communément nucléon. Il est, comme nous le savons, constitué pour l'essentiel de protons et de neutrons. Ou plus précisément des 6 particules élémentaires que regroupent les Quarks (tau – charm – top – down - strange – botton). À l'exemple de sa mère Tefnut, **la déesse Nout** symbolise la ronde turbulente des électrons, forme enveloppante et pétillante autour du noyau d'atome. Ou encore les Leptons eux aussi accompagnés de 6 particules (trois neutrinos différents – électron – muon – tau). Les valeurs spécifiques qui animent ces agrégats, forment autant de polarités et d'inter-réactions qu'il y a de « familles d'éléments ».

À l'intérieur de ces éléments se trouvent d'autres éléments, maintenus par d'autres énergies de moins en moins influentes, jusqu'à l'onde primordiale, « l'**aithéron** », principe de base, constitué de vibrations subtiles aux influx **numériques** (Shou) et **géométriques** (Tefnut). Il nous faut accepter que **les aithérons** rentrant dans la composition des particules élémentaires ne soient pas influencés par les mêmes réseaux d'attractions. Ce qui fait, qu'ils se regroupent en autant de complexes fractals de symétries primaires. L'indéfectibilité, plus que l'indestructibilité, de ces substances composites est proportionnelle à la complexité des ensembles. Rien ne saurait remettre en cause l'ordonnance établie des aithérons, si ce n'est la violence d'un facteur extérieur, lequel ne parviendra qu'à engendrer une dissociation superficielle, sans modification de la structure profonde. Les éléments ainsi défaits rechercheront aussitôt à se recomposer. La nature tend vers un équilibre qui résulte d'un état de perfection, issu de ce complexe mémoriel. Il n'en est pas de même des atomes qui souffriront de ce chaos et mettront pour certains énormément de temps à se recomposer.

Traçons un schéma vu en coupe de l'atome. La réalité quantique est différente et assurément plus complexe. Toutefois, pour comprendre, il nous faut savoir simplifier à l'aide de critères communs :

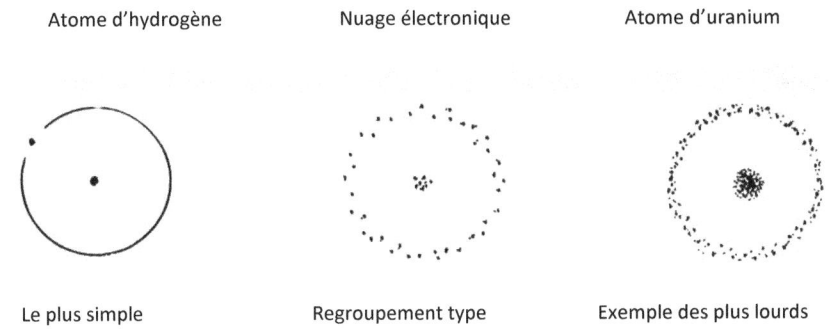

Atome d'hydrogène	Nuage électronique	Atome d'uranium
Le plus simple	Regroupement type	Exemple des plus lourds

Rappelons que **Geb** et **Nout** ne doivent pas être identifiés à la matière, mais au principe même. Ces assemblages engendrent des forces cohésives ou répulsives, génératrices de mouvements. Suivant l'influence subie par les mémoires des lois organiques, l'atome fait preuve d'une stabilité évidente ou relative. Nous voyons immédiatement la corrélation existant entre :

Le Principe Premier, il est intimement lié au Créateur :

⇒ **1 – 2 Shou -Tefnut** (Père – Mère).

Le Principe Second, il est lié au Ciel et à la Terre :

⇒ **3 – 4 Geb - Nout** (Fils – Fille).

La déesse **Nout** cerne le corps de **Geb**, son époux, à la façon dont le Ciel étoilé englobe la Terre. C'est ainsi qu'elle est généralement représentée

. La déesse personnifie **la voûte céleste**, l'attraction aimante, la promesse, l'arche, en latin « Arcus », le secret.

« *L'arche, la* תבה *Tébah en hébreu, est un mot d'une grande importance, car il réunit les deux lettres* ב *et* ת *qui forment le mot* בת *Bath, la « fille », vierge d'Israël, et qui enserrent, à l'exception du Aleph* א *, la totalité des lettres de l'alphabet, symboliquement toutes les énergies créées* ». Annick de Souzenelle. Le symbolisme du corps humain. Éditions Dangles.

Parmi cette abondante iconographie où nous voyons **Nout**, le corps arqué au-dessus de **Geb**, certaines évocations retiendront notre attention, ce sont celles où intervient **Shou**, le Père. Il représente le nombre énergie, base de la création, mais aussi, nous l'avons vu le vide, l'air ou l'ère, que l'on retrouve entre Ciel et Terre. En cette illustration, le dieu sépare les époux trop aimants (risque de fusion), mais à l'inverse, il attire les époux trop distants (risque de scission).

Shou apparaît en sa neutralité, comme l'élément stabilisateur de cette harmonie. Ce législateur semble soutenir la voûte céleste à une proche distance, celle qui convient à l'attirance la plus « tantrique » qui soit. Si l'on se montre attentif à la gestuelle, on remarque que les mains du dieu effleurent les zones érogènes du corps de **Nout**.

Ainsi, il inciterait la déesse à répondre à la sensualité de **Geb**, car celui-ci se trouve quelque fois en posture ithyphallique. Voyons là une allégorie du désir qui nous renseigne sur le caractère de ces forces attractives. Qu'y a-t-il en effet de plus représentatif, que l'attirance réciproque de deux corps, évaluée sur un plan physique ?

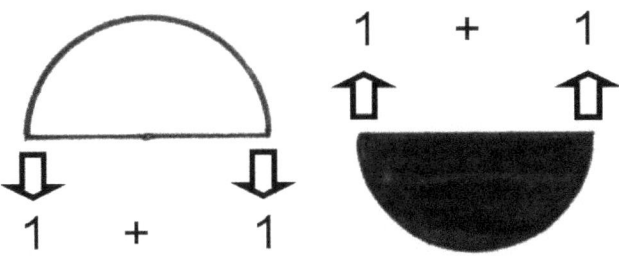

NOUT GEB

$1 + 1 = 2 = $ **4**

$\emptyset = $ **1,273239544** $ x^2 = $

1,621138936 x 10 000 = $\emptyset$

LUNE = CIEL + TERRE

C'est à partir de Nout et Geb que se définit le quatrième principe, il engendre par son diamètre la clé pyramidale de 1,273239544. Créant ainsi le lien entre le Ciel et la Terre. La Grande Pyramide, œuvre conceptuelle, répond à cette définition, elle n'est pas un tombeau, elle est un message universel adressé à l'intelligence humaine. Mais nous ne sommes pas prêts à le recevoir, les intérêts divers sont tels, qu'ils font barrage à la plus merveilleuse histoire du monde, nous en subirons hélas, les conséquences dans les décennies à venir.

Ce nombre résultant du « 4 » constitue la clé numérale qui permet d'ouvrir les mesures secrètes de la Grande Pyramide. De surcroît, il a de troublantes analogies avec : les modules des cycles satellitaires – les synchronismes de la Lune et du Soleil – les principes d'une certaine géométrie fractale – les rapports du cercle et du carré – les révélations et mouvements giratoires de la Terre. Cette thématique est en relation avec les nombres : 1, 2732 – 27, 32 – 0, 2732 – 273 …etc.

Le fractionnement chiffré de cette valeur de base représente une infinité de rapports à consonances universelles, les - 273° centigrades du froid absolu, les 27,32° de l'inclinaison de l'axe terrestre et bien d'autres, tels que les 273 jours de gestation de l'embryon humain !

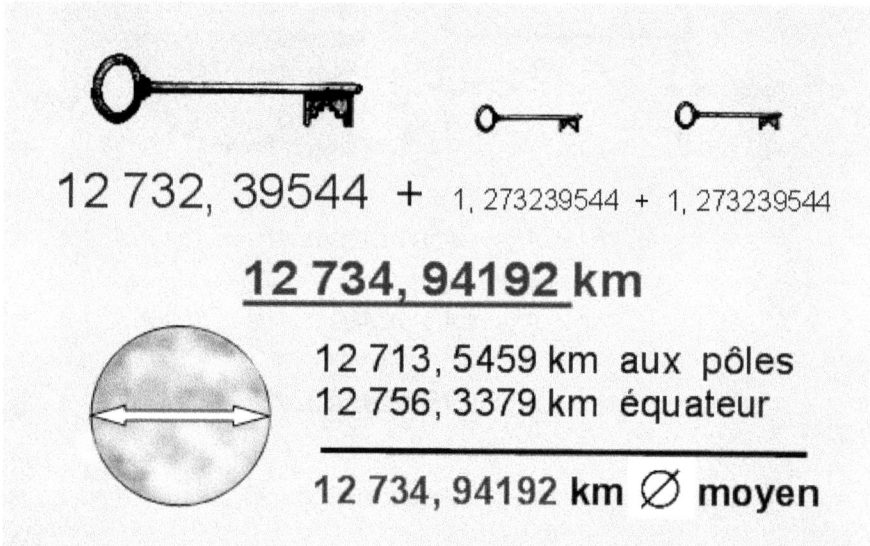

Comment peut-on considérer que l'affichage de ce tableau ne révèle rien d'intéressant sur le plan de la connaissance universelle ?

Le chiffre « 4 » est incontestablement à la base de « **La Connaissance Primordiale** » telle qu'elle fut dispensée en Égypte il y a plus de 12 000 ans. Des parcelles de ses arcanes sont parvenues jusqu'à nous par les offices secrètes du compagnonnage et du devoir de vérité.

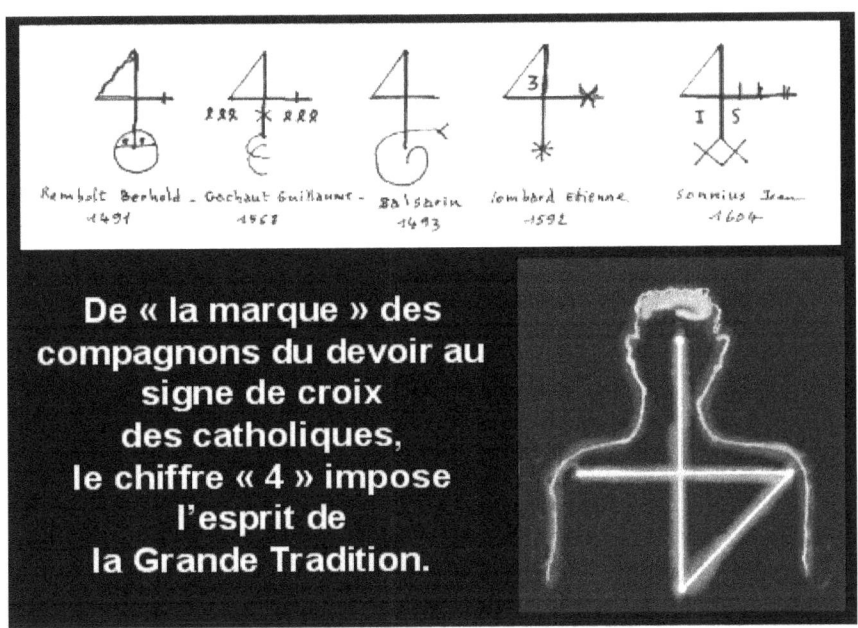

Le 3 et le 4 sont les chiffres mystérieux de **la Tradition Primordiale**

LA MÈRE CÉLESTE

« Le principe des choses est le nombre » Pythagore

En ce qui concerne le corps étoilé de la déesse du Ciel, il est dit dans le Sepher Yetsirah : (15/4e jour) :

« *Et-elles-seront* (les étoiles) *comme-des-lumières-sensibles-dans-l'expansion-éthérée-des-cieux-pour-faire-briller-sur-la-Terre, et-cela-fut-fait* ». Traduction Fabre d'Olivet.

Voilà qui corrobore cette vision des choses : le mot כּ ו ֹ כ ב, se traduit communément par « **étoile** », il est composé de la racine כ ב א, cette dernière se rapporte à l'idée de fécondation de l'Univers.

Autrement dit le mot כ ו ֹ כ ב ne signifie pas seulement « étoile », mais « **force virtuelle et fécondante de l'Univers manifesté** », ce qui accentue le double rôle tenu par **Nout** dans les Cieux et au sein de la matière en tant qu'électron cernant le nucléon. Cette allégorie s'étend à l'appellation même, car il y a une adroite substitution de lettre entre **Nout**, mère du Ciel, et **Mout**, mère terrestre. Quant au mot « **Seba** (en ancien égyptien) **étoile** », il signifie phonétiquement « **enseignement** » et « **porte** ». Pour le symboliste sensibilisé par les arcanes de la sémiotique, la porte de « l'enseignement » ouvre bien le chemin des étoiles. Il y a également un rapport avec *le zechechet* « Sistre – Porte de la déesse Hathor (effigie de la vache céleste étoilée).

Autre curiosité, le déterminatif du hiéroglyphe " étoile " (Seba), est composé en tant que tel, d'une étoile surplombant le symbole du Soleil. Ce qui prouve que les notions relatives au « **Soleil** » ⊙ et à « **l'étoile** » ✩ n'étaient pas différenciées sur un plan cosmo-physique par les Anciens Égyptiens. Si ce rapprochement identitaire n'est pas fortuit, il demeure inexplicable de la part de ces « primitifs » qu'étaient censés être les Nilotes de l'Antiquité.

Par ailleurs, **le scarabée**, symbole de **la transformation**, appelé « Khépri - Kheperer ou Khepra » est le plus souvent représenté en train de pousser le Soleil.

le scarabée Kheper « transformation » les 7 étoiles d'Orion

Or, on sait que le scarabée pousse à reculons, non pas un disque, mais « une boule », cette boule est en fait son germe enrobé de bouse. Si ce disque figuré est une boule, la boule est une sphère, si cette sphère est le Soleil et que celui-ci se trouve placé en tant qu'élément déterminatif de l'étoile, il va de soi que l'étoile elle-même est **une sphère**.

Cela satisfait à une logique qui a échappé à la plupart des spécialistes. Pour la majorité d'entre eux, les Anciens Égyptiens n'étaient pas censés savoir que les étoiles et le Soleil étaient des astres sphériques. Nous en déduisons qu'il n'y a pas d'ethnie primitive, mais qu'il y a des esprits ! Autre remarque intéressante sur le scarabée ; l'insecte possède sur sa carapace une sorte de tracé en quart de cercle. Si cette fraction est prolongée en circonférence elle englobe la boule qu'il est sensé pousser. Ce qui devrait inciter à la réflexion.

Cette non-reconnaissance de l'aptitude attachée à l'esprit de tradition nous navre à plus d'un titre. Il est vrai, que la moindre révélation était alors si habilement dissimulée à travers les textes que la réputée sagacité actuelle ne saurait suffire à soutirer des sables les pactoles engloutis. À l'opposé, **la faculté intuitive** s'avère être un précieux apport pour y parvenir. C'est peut-être ce qui incita, il y a 2000 ans, le dernier Hermès Trismégiste à formuler ses prédictions à Asclépios. Celles-ci avaient trait aux sombres dénouements que subirait dans les temps futurs, non point la seule Ta Meri, mais la planète entière.

Paroles prophétiques, s'il en fut, rapportées par Lactance :

» Un temps viendra où il semblera que les Égyptiens ont en vain gardé le culte des dieux avec un esprit pieux et une religion scrupuleuse et toute leur sainte vénération n'ayant servi à rien, sera déçue. La divinité remontera de la Terre au Ciel, l'Égypte sera par elle abandonnée, et la Terre, qui fut le siège des doctrines sacrées, sera vide et frustrée de la présence des dieux.

Car les étrangers remplissent cette région et la Terre. Non seulement on négligera les doctrines, mais, destin plus dur encore, c'est pour ainsi dire au nom des lois qu'on punira et qu'on prohibera religions, piétés et cultes divins. Alors cette Terre sainte, siège des sanctuaires et des temples, sera pleine de morts et de tombeaux. Pourquoi pleurer Asclépios ? Chose plus pénible, plus lamentable encore, l'Égypte même se laissera persuader, les pires maux l'intoxiqueront. Elle, la Terre Sainte, amante de la divinité, maîtresse de sainteté et de piété, donnera l'exemple des pires cruautés.

Les hommes inspireront une telle répugnance que l'univers cessera d'être admiré... Les ténèbres seront préférées à la lumière. On trouvera la mort plus utile que la vie. Personne ne lèvera plus les yeux vers le Ciel, l'homme religieux sera considéré comme un fou, l'irréligieux passera pour un sage, le furieux pour un énergique, le scélérat pour un homme de bien...

Oui, croyez-moi, il y aura péril capital pour celui qui se consacrera au culte de l'âme ! Un nouveau droit se constituera, une loi nouvelle, il ne sera plus question de rien de sain, de rien de religieux qui soit digne du Ciel et de ses célestes habitants, on ne croira plus à tout cela. Il y aura un douloureux divorce entre les dieux et les hommes. Seuls les anges nuisibles resteront, mêlés à l'humanité, ils induiront les malheureux à tous les méfaits de l'audace, aux guerres, aux rapines, aux fraudes, à tout ce qui est contraire à la vraie nature des âmes...

Ô Égypte ! Égypte ! De tes doctrines, **seules survivront des fables auxquelles ta postérité ne croira plus,** *et il ne subsistera que des mots, gravés sur des pierres, pour raconter ta piété... »*

Essayons en ce qui nous concerne de retrouver parmi les ruines quelques bribes du message universel. Dans ce dessein, reprenons notre bâton de pèlerin, suivons l'Oupouaout, l'ouvreur des chemins mystérieux, ceux précisément que les hommes négligent. Bien que fictionnels, les quatre premiers aspects de la cosmogonie sont près-figuratifs de ce que seront plus tard les quatre nucléotides formant la base de la vie.

Shou (Père) « **1** »   **Geb** (Fils) « **3** »

Feu léger, mais puissant comme le vent   Terre, il est héritier de toutes les énergies

Atoum créateur " **0** "

Tefnut (Mère) « **2** »   **Nout** (Fille) « **4** »

Lumière - fluide mais vaste comme la mer   Eau, elle est héritière de toutes les formes

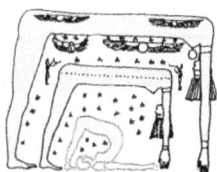

Représentation de l'atome

Il semblerait que les anciens Egyptiens l'avaient graphiquement prévu, si ce n'est démontré avec les couches d'électrons superposées.

À l'instar de l'œuf de Léda, qui donna naissance aux deux Dioscures porteur de coiffures hémisphériques, c'est ainsi que **Geb** et **Nout** doivent être symbolisés. Ces deux flabellums (grand éventail) que ventile le dieu de l'air représentent l'atome en sa symétrie structurelle.

(Nout) Fille de Tefnut : la déesse symbolise les eaux supérieures, dites « célestes ». En la matière primaire, elle représente l'électron.

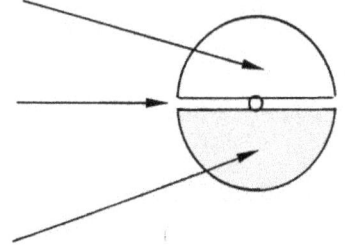

(Shou) Le dieu de l'air : l'énergie numérique est ainsi évoquée. Il joue un rôle essentiel dans la cohésion des éléments. Serait-il le boson de Higgs ?

(Geb) Fils de Shou : il symbolise la Terre en son principe semencier. En la matière primaire, il représente la force attractive du nucléon.

Voilà que se trouvent rassemblés les trois principaux aspects de « la matière base ». Tefnut ne semble pas apparaître, mais peut-on dire qu'elle est absente avec la géométrie sphérique de l'atome ?

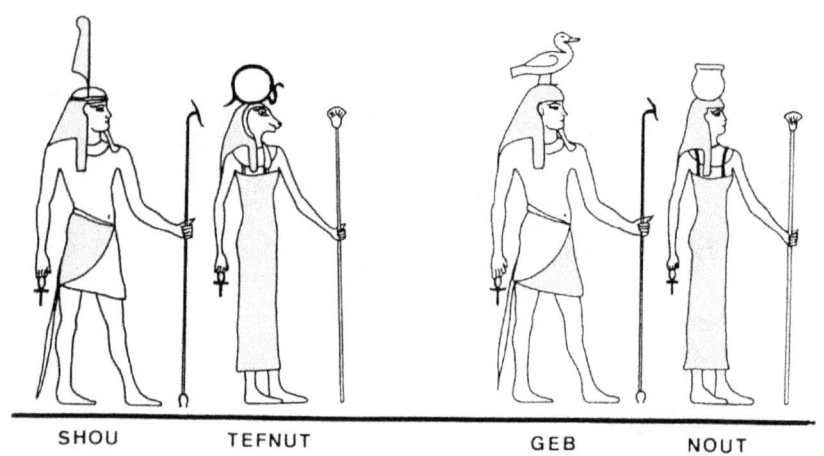

SHOU   TEFNUT   GEB   NOUT

« **Les 4 principes** » emblématisent la stabilité, c'est le socle où reposent les 4 angles de la pyramide de l'évolution. C'est la Terre épousée, l'Univers créé en ses structures immuables. Le mot « **Dieu** » comprend 3 ou 4 caractères en la plupart des langues. En hébreux :

Il fut   יהוה   « L'être des êtres »

> **Donc : « Il est »**
>
> **Il sera**

Les « 4 caractères » composant le nom divin de « YHVH » sont représentatifs du secret que véhicule ce chiffre. Ce « 4 » venant après le « 1 – 0 – 2 = 3 » est à la base des révélations transcendantales, mises à la portée de l'intelligence humaine. Ces révélations sont telles que lorsque l'esprit nous en est révélé, il n'est plus permis de douter.

Ce point central dans le cercle, avec le nom inscrit dans le triangle, nous conduit à l'œil universel déjà évoqué. Le mot en hébreu signifie « *globe de l'œil* ou *profondeur d'une source* ».

Point - Cercle - Œil - Source initiale - Soleil - Lumière.

> « *Tu es **Rê*** (sous-entendu le **Principe Créateur Atoum-Rê**).
>
> *Qui apparaît dans le Ciel,*
>
> *Qui illumine la Terre avec les perfections de ton œil étincelant,*
>
> *Qui est sorti du **Noun**,*
>
> *Qui est apparu au-dessus de l'eau primitive,*
>
> *Qui a créé chaque chose,*
>
> *Qui a formé **la grande ennéade des dieux**,*
>
> *Qui s'est engendré dans ses propres formes* ».
>
> Traduction : Alexandre Varille - Bibliothèque d'Études – 44 – Le Caire.

1, 2-3-4-5-6-7-8-9 ÷ 1,273239544 (la clé de la Grande Pyramide) = 0,969627354

X 2 = 1, 9392547708   √ 1,392571259 X 1 000 000 = **1 392 571, 252** (considéré en kilomètres), = le Ø du Soleil.

Rappelons ici que *la clé de 1, 273239544* nous donne la Lune et la Terre au mètre près, avec cette opération nous avons les diamètres du **Soleil**, de la **Terre** et de la **Lune**. De surcroît, cette clé permet d'avoir la hauteur de la Grande Pyramide lorsque nous avons sa demi-base et inversement.

Hélas, la situation professionnelle des orthodoxes en égyptologie les conditionnent dans l'acquit, elle les contraints à ne voir en ces démonstrations que poncif ou insignifiance. L'intérêt dominant lié au consensus occupe chez-eux la place de toutes respectables intellections. C'est malheureusement cet effet de dégradation que nous devons constater ici et ailleurs, dans ce monde ou l'amoralité grandissante est en passe d'être universalisée.

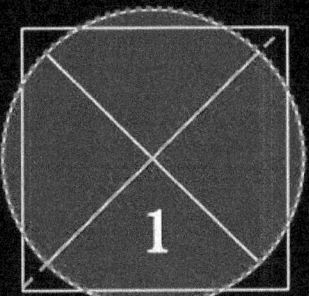

Traçons un carré ayant une diagonale de (1)
Son cercle de quadrature a une circonférence de

2, 506628275 m

Cette circonférence ÷ 360
X 2 (10,) =
0, 006962288565141

Ce résultat équivaut à 360 rayons de Soleil, regroupés dans la circonférence de quadrature d'un carré de diagonale (1)

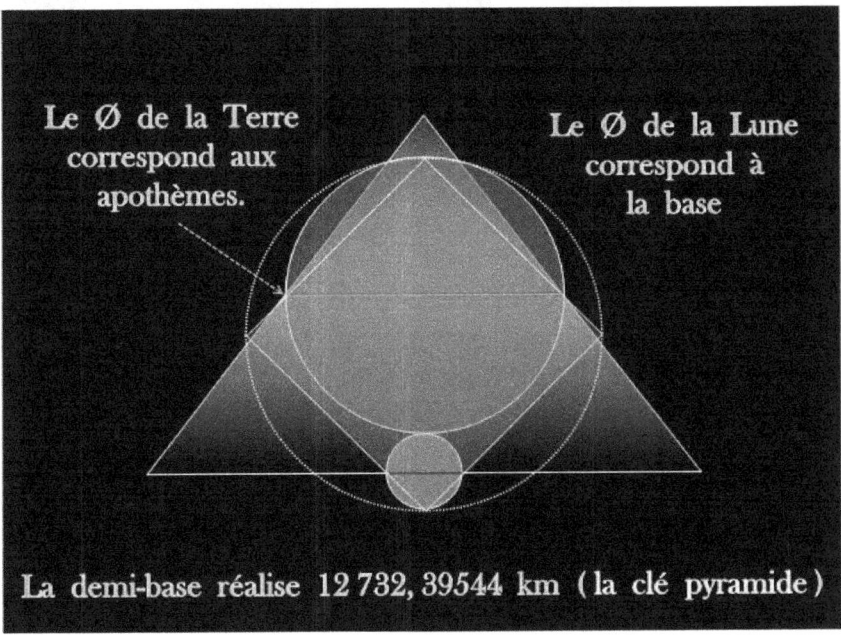

Le Ø de la Terre correspond aux apothèmes.

Le Ø de la Lune correspond à la base

La demi-base réalise 12 732, 39544 km (la clé pyramide)

Les « 8 » demi-faces de la Grande Pyramide nous donneraient-elles les Ø de la Lune – la Terre et le Soleil ?

A $4 \div \pi = 1{,}273239544$

B $X^2 = 1{,}621138939$

C $X \pi = 5{,}092958172$

D $\div 36 = 0{,}14147106$

E $\div 2 = 0{,}07073553$

F $\sqrt{} \; 0{,}26596152$

G $X \; 0{,}523598774$

H $= 0{,}1392571262$

B - Nous procure la Lune et la Terre
H - Nous procure le Soleil, en kilomètres x par 10 millions

Les Deux Mères

> En nos vies, faites uniquement de « **passé** et de **futur** »,
> la mort est l'unique instant où nous abordons le « **présent** »

Voici venu l'instant où **Geb** et **Nout**, frère et sœur, du fait de leur genèse commune, et époux du fait de leurs fonctions complémentaires, engendrent à leur tour progéniture. Mais avant d'aborder ce chapitre, attardons-nous un instant sur la future mère qu'est **Nout**, fille de Tefnut. Les hiéroglyphes sont en cela suffisamment explicites :

Passé Futur	Mou	Eau nouménale	Mout	mère Terrestre vie et mort
Éternel présent	Nou	Eau primordiale	Nout	mère Céleste mort et vie

Le **M** de « **Mout** » est symbolisé par la chouette, animal nyctalope dont les facultés consistent à percer les mystères de la nuit temporelle.

Le **N** de « **Nout** » est symbolisé par ∿∿∿∿ l'onde céleste, laquelle, par son reflet, restitue la lumière du jour éternelle.

> *J'ouvre la route à la lumière ! Je suis **Nout** qui chasse les ténèbres.* Chapitre LXXX. Livre des Morts.

Le temps intervenant à l'échelle terrestre implique entre « la naissance et la mort » une logique d'évolution nécessaire à l'acquisition en l'ailleurs d'un « présent non fictif ». Lors de notre passage sur Terre nous pénétrons une enclave du temps immuable.

En égyptien, « la mère » 🐦, **Mout** a pour homophone 🐦 « poids » et 🦉 « mort ».

Cela signifie que l'être humain, sa vie durant, est prisonnier de la pesanteur inhérente à la matière. Le dieu **Ptah** (l'état de conscience) nous est représenté ligoté par la condition existentielle, il ne peut que partiellement agir, car lui aussi est soumis aux lois de la Création. **Le présent** est totalement « absent » de nos vies terrestres, nous passons d'un **passé** à un **futur,** à l'inverse, ces deux thèmes sont « absents » de « **l'ailleurs** » que nous regagnons après notre mort.

Nous avons vu que le signe hébraïque מ = Mëm a pour signification tout ce qui se rapporte à « *la femme* » ou à « *la mère* ».

Corollairement et suivant le cas, le mot מת « Mouth » en hébreu signifie « mort ». Il faut toutefois préciser que le Thâo qui suit le Mëm (écriture droite gauche) était fréquemment considéré comme le symbole de l'intelligence cosmique messagère de la lumière incarnée par **Thot**. Rappelons que le dieu égyptien de l'écriture et du secret était chargé de veiller sur les lois. Nous avons là une pluralité d'éléments de connaissance qui, à eux seuls, motiveraient une recherche moins fragmentaire que celle à laquelle nous nous livrons. L'exemple nous en est donné par le « **Mout égyptien** », dont la première et la dernière lettre inversées constituent le nom de **Toum** ou **Tem**.

En hébreu תם **Tem** ou **Them** est signe de toute perfection, toute vertu et sainteté réunies, il va jusqu'à représenter l'âme universelle, ce qui l'identifie à **Atoum**, (Père des dieux). Alors que son inverse מת signifie le mouvement de passage, le trépas, la mort. Aussi, constatons-nous la conversion de réversibilité existant entre :

> **Mout** = « Mère matière » **mort**, pris en son évocation **temporelle**.
>
> **Toum** = « Père céleste » **vie**, pris en son évocation **intemporelle**.

Dans le même ordre de réflexion, « **le pays aimé** » des égyptiens, est aussi appelé « Kmt » ou « Kemet » , ce mot aurait inspiré, dit-on, le mot Alchimie « Al-Kmit », la Terre Noire, celle du limon du Nil, celle des « ultimes secrets ».

Nous retrouvons la chouette « M » (oiseau de nuit), lequel oiseau peut voir ce qui est caché à la multitude, et puis le « T », qui nous est devenu familier de **Nout,** (le demi-cercle, la voûte, l'arche, la féminité).

Le mot « femme » « Hemet », en confère à lui seul toute une démonstration. « **Hem** » + « **T »,** l'œuf qui caractérise la femme, ovulation, matrice. L'oiseau couvant sur la tête des Reines, appelé Hemet-nisout. Si nous inversons les syllabes du mot femme, « Hemet », et les rapprochons l'une de l'autre :

T + Hem = Tem = « **Atoum - le Créateur** » ou sa manifestation créatrice qu'illustre judicieusement l'œuf ouvert. **Hem** , le contenant, symbolise **la femme réceptrice**, alors que l'autre partie est plus représentative de **la déesse protectrice** « T ».

Nous retrouvons là l'ambivalence de l'aspect féminin, « déesse ou séductrice », l'onde ou son aspect. Le reflet denté apparaît ostensiblement au-dessus du signe « **Hm** » . Lequel, tour à tour, séduit, noie et confond en l'homme (l'homme étant bien évidemment pris en son sens générique).

Le mot inversé « **Met** » le hiéroglyphe est représenté par le
phallus égyptien procréateur. Décryptons les parallèles :

Mout   Nout

MERE ROYALE TERRESTRE. ELLE INCARNE LA MATIÈRE BIOLOGIQUE TÉRRESTRE DE LA RECEPTIVITÉ.	MÈRE ROYALE CÉLESTE. ELLE INCARNE L'ARCHE DE L'UNIVERSALITÉ.
« Mout » le terme est générateur de la corporéité	« Nout » est inspiratrice de la spiritualité
Elle a charge de gérer « le corps » dans l'âme	Elle a charge de révéler « l'âme » dans le corps
Elle est conduite par le feu passionnel, et assistée par l'eau amniotique ▽	Elle est conduite par l'eau lustrale et assistée par le feu symbolique △
L'entité est assujettie au désir charnel, elle contribue à l'évolution de l'être	L'évocation est assujettie à l'Amour divin, elle pourvoit à la mutabilité de l'être
C'est par la séduction et l'union des corps que s'effectue le rapprochement du spermatozoïde et de l'ovule, prélude à la naissance de l'homme mortel	C'est par la voie intuitive et la disposition mentale, qu'elle accorde la conscience à l'âme cosmique, prélude à la renaissance de l'homme éternel

Le transport mystique est pour quelques-uns ce que le désir érotique est pour d'autres. Dès lors, quoi de plus logique que les Anciens les aient tenus pour objets de référence et de comparaison. **La mère,** autour de laquelle s'équilibre « le foyer du devenir » a depuis toujours alimenté une abondante iconographie. Si, à notre époque, cet archétype tend à vaciller sur ses bases, c'est que la femme ne retrouve plus en nos sociétés ses repères ancestraux, dispersés qu'ils sont dans la centrifugeuse de nos allants novateurs. Toutefois, nous pouvons constater que la mémoire chromosomique, malgré le foisonnement des idéologies, n'a jamais laissé échapper du substrat collectif, cette association magique : **Marie – Vierge Mère**.

Le terme « *mariage* » que protégeaient les anciennes civilisations, est avant tout la représentativité de l'union *homme - femme*. Pour toutes autres « *alliances* » que l'on peut concevoir, il nous faut employer d'autres vocables. Si ce n'est pas le cas, l'acte est sur le plan symbolique un sacrilège et cela démontre la carence de nos fondamentaux. Nous justifions au nom d'un panurgisme électoral nos décrets les plus ineptes, lorsqu'ils ne sont pas les plus incultes.

Le nom de **« Marie *(mariage)* »**, en Primosophie **123,** trouve sa justification avec le mot **aimer 123**. En d'autres termes, l'état d'éveil prépare l'état de renaissance. Cette renaissance est conditionnée par **la construction du temple intérieur,** dont HIRAM est le mythique maître d'œuvre. « Hiram-Marie » forment les dix doigts du 0 au 9. Le palindrome HIRAM - MARIE, l'enfant de *la mère terrestre* guidé par « le père et maître », devra évoluer sur le chantier de la vie pour renaître après une volonté de parcours en la **« Mère Universelle ».** La voûte est l'enveloppe matricielle, et **les deux colonnes** du temple sont les jambes de « *la divine parturiente* » entre lesquelles le néophyte est appelé à passer pour recouvrer la lumière.

 **(N)** Le fluide émanant de l'au-delà.

 **(Hou)** Le verbe divin, la parole primordiale.

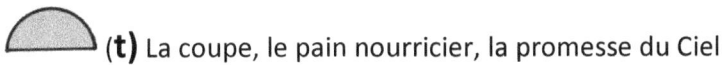 **(t)** La coupe, le pain nourricier, la promesse du Ciel.

L'arche dans le Ciel, la promesse faite aux hommes de bonne volonté. Y a-t-il une plus belle et plus noble évocation de la **« Vierge Céleste »** que certains continuent de vénérer, sous les vocables de **ma**, de **mer**, de **mère**, de **marie** ? Serait-ce la source initiale, l'aspect **« Clé de voûte »** de l'union **« Universelle »**, comprenons : « uni… vers… elle…la Nout du Ciel ».

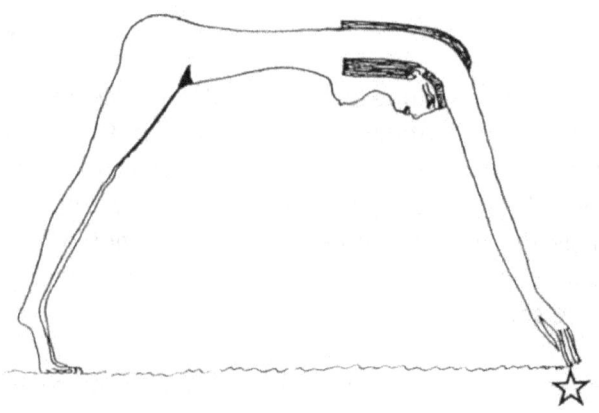

VIERGE, **« la virgo paritura »**, état de l'immaculé, de l'intouchable. La voûte céleste en témoigne par sa luminosité et le sentiment de pureté qui en émane. L'invisible membrane, l'hymen, constitue le lien ténu, le sas qui justifie le passage d'une réalité à l'autre. La vierge est détentrice de la rose, emblème de l'éternel secret. Mais de la racine à la fleur, le parcours est épineux, il oblige à la délicatesse, il implique le respect.

MERE, **« la materia-prima »**, principe des choses les plus avancées, premier principe : cette mère de l'au-delà est la mère de l'eau de-là O des mythes lointains, mais aussi la voix secrète de la voie, trop souvent opacifiée par la matière. Quelques-uns l'écoutent, peu l'entendent, elle est pourtant l'onde porteuse, sur laquelle l'adepte peut moduler sa conscience évolutive, à l'image de l'enfant que la mère s'emploie à éduquer.

MARIE-VIERGE-MERE, terme le plus souvent galvaudé, n'a en fait de « concept débilitant » que l'obscure ignorance de sa cause. Le ⌒ « **t** » de **Nout** (déesse du Ciel), symbolise la voûte étoilée, il coiffe l'eau lustrale, le fluide cosmique, l'O de beauté que le hiéroglyphe « **Nou** » avec son vase globulaire ⌣ materne en sa forme (matricielle). Les étoiles représentent « **les 5 enfants** » que la déesse s'apprête à mettre au monde, entendons, à déposer dans la réalité de l'onde en évolution que représente la matière. N'oublions pas que le père est **Geb,** (la Terre). Les enfants hériteront donc d'une double influence Ciel - Terre, ce qui présage de la nature des choses.

La déesse et ses « 5 » enfants. **La femme** et les eaux terrestres.

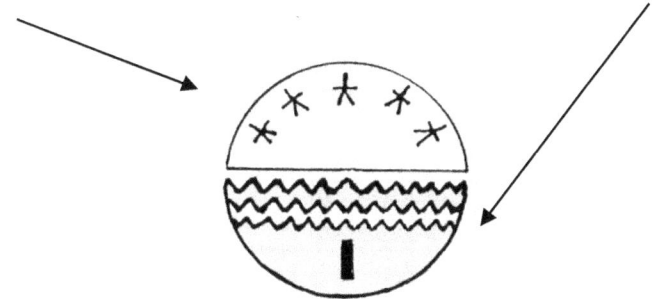

> Le dieu **Geb, i**l est toujours représenté cloué au sol, comme inhibé par la puissance de ⌣ Hem (hemet), « La femme charnelle », l'amante, mais aussi l'éternelle « hemet » = servante. Alors que l'Amour divin vers lequel tend son être subtil est **Nout**, ⌒ l'épouse, « Le principe spirituel ».

Le ⌣ Hem de Hemet, c'est la femme terrestre, enveloppe de liquide amniotique, coupe de vie et de mort. C'est aussi le cycle des naissances et des renaissances dont chacun et chacune doit chercher à s'affranchir en cultivant sa conscience élévatrice. Un rapprochement s'impose avec la conception qu'avaient du monde les Sumériens, (officiellement 2 300 ans avant Jésus-Christ). Cette civilisation, héritière d'un riche passé, symbolisait l'Univers sous la forme de deux demi-sphères juxtaposées. Symbolisait et non point « se représentait » comme on le pense généralement. C'est ainsi que dans un esprit de continuité, au VIIe siècle avant Jésus-Christ, les Assyriens décrivaient l'Univers :

La demi-sphère du haut est constituée par le Ciel « **An** ».

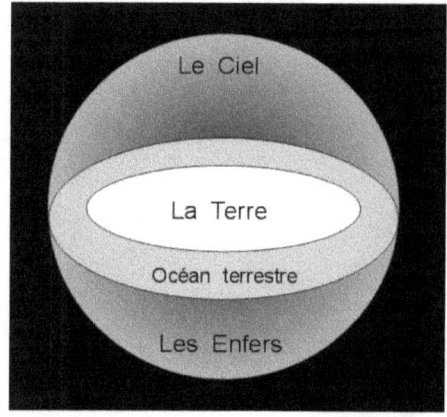

Nous retrouvons la courbe symbolique de **Nout**. Sur la plate-forme centrale figure l'océan terrestre, « **Abzu** », entourant la terre « **ki** ». Il va de soi que nous pouvons établir un parallèle avec **Geb**, la surface des eaux et la **mer mout** que supporte le hiéroglyphe ⌣ Hem. Quant à la demi-sphère inférieure, elle matérialise les enfers « **Kur** », l'enfer, n'est-il pas chaque jour sous nos pieds, quand il n'est pas en nos têtes. Cet œuf est cerné, si ce n'est couvé, par une « **Mer Primordiale** » en tout point comparable à celle que nous avons évoqué avec le **Noun,** univers incréé. On ne peut énumérer les déesses mères ainsi que la chthonienne pléiade des divinités qui gravitent en cette demi-sphère inférieure. Contentons-nous d'en souligner la symbolique et d'affirmer qu'elle n'était pas sans analogie avec celle que nous nous employons à dépeindre de l'Ancienne Égypte.

Ce qui prouve, s'il en était besoin, que « la Tradition est une, de ses origines à sa cause. »

> **Ces 3 mères divines** auraient-elles une relation avec les trois Marie au pied de la croix, mais aussi les trois Matronae (les 3 mères celtes) ?

Ou bien encore, les trois étoiles du baudrier d'Orion judicieusement disposées pour parfaire une situation symbolique parmi les plus représentatives qui soient au sein de la Grande Pyramide. Ce genre de transposition devait interpeler le connaissant et le pousser à établir des analogies, en lesquelles il se devait d'effectuer des rapports de similitudes pour parvenir à la lumière. L'esprit de **la Tradition Primordiale** a certes subit des altérations au cours de la traversé des millénaires, mais sa capacité à renaitre est semblable à la queue du lézard qui retrouve sa forme dans la continuité.

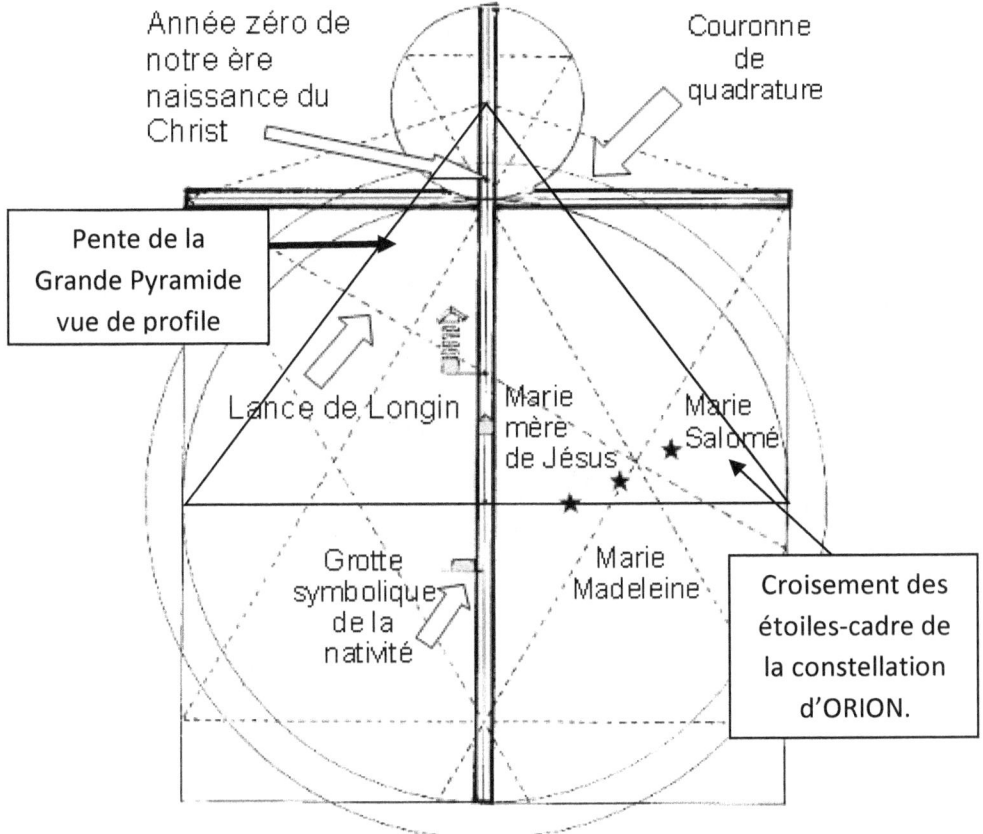

Le baudrier d'ORION avec ses « 3 » étoiles centrale.

Les « 3 étoiles centrales (baudrier) » composant la constellation d'ORION, tracent le dessin en coupe et le plan de la Grande Pyramide. De par leur situation, les étoiles alimentent le mythe d'une chrétienté fidèle à *la Tradition Primordiale*. Il suffit de réunir les points que forment les étoiles pour obtenir le tracé d'un schéma type, révélateur d'une connaissance perdue. *La gnose chrétienne* d'origines ébionite et nazaréenne, s'est inspirée de ce tracé pour sublimer la croix symbolique en ses deux aspects. Croix droite patibulaire, dite du martyr, et l'Oriane de Saint-André. La première sensibilise le peuple en le culpabilisant, la seconde l'éduque en le responsabilisant. Cette seconde croix s'est effacée au cours des âges devant la popularité et les exigences de la première. Nous, ici, la réhabilitons !

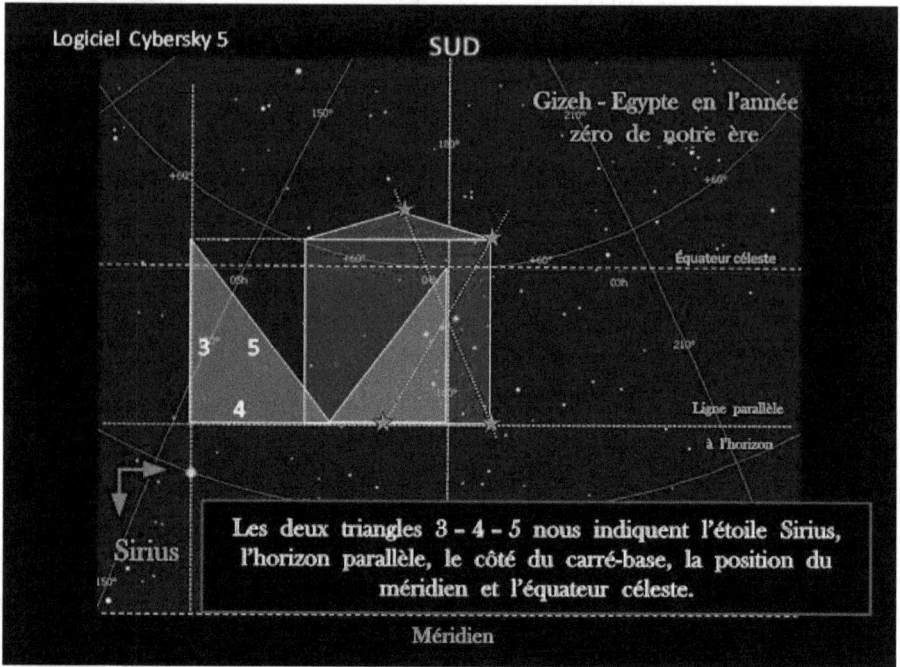

Quelles sont les probabilités pour qu'un tel événement astral se produise, précisément, en l'année zéro de notre ère ? La constellation d'Orion habituellement penchée sur l'horizon, se trouve en cet instant en position verticale dans le ciel. Par le fait même, elle engendre les principes d'une géométrie sacrée, soulignée par la position de l'étoile Sirius, représentée dans la mythologie par la déesse Isis.

Les « 5 » Enfants de Nout

> « Les nombres sacrés constituent le verbe éternel. »
> Édouard Chouré.

Voilà donc que l'événement tant annoncé apparaît. **Nout**, nous le savons, est en relation amoureuse avec **Geb**, elle met au monde **5 dieux et déesses**. Apprenons à les connaître dans l'ordre de leur venue au monde, suivant la conception héliopolitainne (la plus ancienne, donc la plus crédible sur le plan de la révélation.)

Osiris	Haroéris	Seth	Isis	Nephtys
Masculin	Masculin	Masculin	Féminin	Féminin

L'ennéade divine de la cosmologie est constituée. Les dieux s'alignent désormais tels les « **9 chiffres** » aptes à composer tous les nombres. Nous avons là « **les archétypes de la nature originelle** ».

0 - 1 - 2 - 3 - 4 - 5 - 6 - 7 - 8 - 9

Atoum – Shou – Tefnout – Geb – Nout - Osiris – Haroéris – Seth – Isis – Nephtys

Les dieux, dont la morphologie peut surprendre, ont une logique d'apparence tributaire d'une symbolique originelle que nous ne pouvons traiter ici.

Créateur	Grands-parents	Parents	Enfants
0	1 - 2	3 - 4	5 - 6 - 7 - 8 - 9
Vide absolu	Aithérons, composants de l'éther	Dynamique nucléaire	Molécules à densité informationnelle
Noun espace incréé	Nou océan primordial	Univers matière manifestée	Agencements moléculaires Macromolécules représentés par les 5 polyèdres réguliers.

Osiris est classé 5e élément de l'ennéade, il devient (par le fait même de sa position) le dieu qui noue et dénoue, divise et multiplie, meurt et renaît.

$$1 - 2 - 3 - 4 \Longleftarrow 5 \Longrightarrow 6 - 7 - 8 - 9$$

Il relie quatre principes féminins à quatre principes masculins, le chiffre central « **5** » équilibre les plateaux, c'est l'attribut divin, Hâdi, « *guide* » en arabe.

Nous pénétrons alors en ce sas étrange du Duat ou Douat, en ce domaine intermédiaire qui relie la conscience à l'âme. Ce lieu de passage d'un état à un autre se manifeste pour la plupart d'entre nous au terme de notre existence.

Au centre de ce long corridor numérique, se trouve le tribunal que préside **Osiris**, dieu du renouveau (renaissance), celui qui est attentif à la pesée, l'instrument de justice. La pesée s'effectue sur les plateaux de la balance de Maât, la justice divine (allégorie de l'âme universelle), une relation est à faire avec le « Din » de la cinquième séphirah hébraïque.

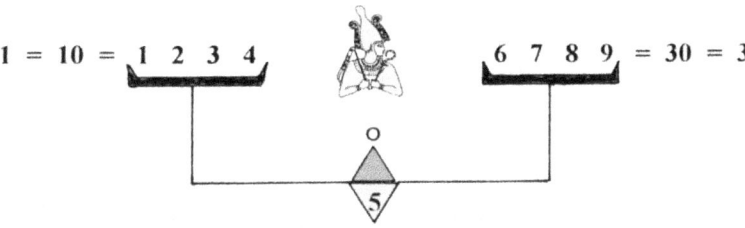

En égyptien, le mot DUA évoque le « **5** ». L'univers caché, le sas entre deux mondes sur lequel règne **Osiris,** se nomme « Le DUAT ou douât ».

C'est aussi l'union du premier « pair » **(2)** et du premier « impair » **(3)** total **(5)** nombre nuptial chez Pythagore.

« Je crois aussi que les pythagoriciens en assignant à quelques-uns de leurs dieux les nombres particuliers, à Apollon la monade, à Diane la dyade, à Minerve le septénaire et à Neptune le premier cube, ont voulu imiter ce qui se pratique ou ce qui est représenté dans les temples d'Égypte ».
Plutarque

Les dieux incarnent en leur aspect mythologique, la complexité moléculaire indispensable à la formation des proto-organismes et cellules diverses. Les polyèdres se situent donc à la base de la vie. 8 dieux sont répartis autour du cercle et de la croix traditionnelle aux 4 horizons, le pivot central étant **Osiris**. Le dieu est pressenti pour assumer une redoutable charge, celle qui consiste à veiller au renouvellement et à la pérennité des espèces, axée sur les diverses modalités du « **Principe Créateur** ». Afin que les temps s'accomplissent, **Osiris** est sacré Roi de l'ennéade, c'est le premier né, l'héritier présomptif. Il voyage de la lumière aux ténèbres, de l'orient à l'occident, de la mort à la vie, il est « **le siège de l'œil** ». Lecture en ligne des chiffres (à gauche) ci-dessous et de leur total en nombres :

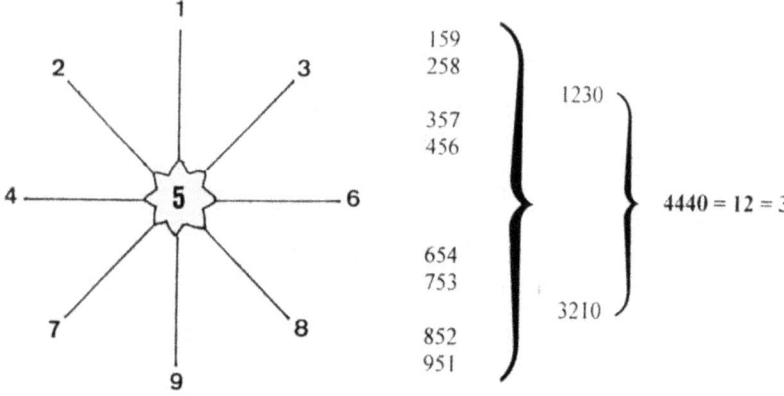

Reprenons la chronologie des naissances (Grands-parents et parents).

Shou - Tefnut - Geb - Nout

    1   +   2   +   3   +   4 =   **10**
(La Tétraktys de Pythagore.)

Maintenant, voyons ces nombres polyèdraux inhérents aux dieux : ils représentent le nombre de **faces**, d'**arêtes** et de **sommets** propres à chaque polyèdre régulier.

Haroéris	Seth	Osiris	Isis	Nephtys
Icosaèdre	Dodécaèdre	Tétraèdre	Hexaèdre	Octaèdre
62	**62**	**14**	**26**	**26**

La symétrie des nombres peut raisonnablement étonner, elle est cependant judicieuse et répond à ce que sont les polyèdres et la symbolique numérique.

Parents = 10 = **200**, (ou la hauteur du calice Graal) décrit dans notre ouvrage sur ORION.

Enfants = 190

Là encore, **Osiris Roi** s'impose naturellement, il est l'élément pivot et le nombre qui lui est attribué, tranche sur ceux de ses frères et sœurs.

> **Le Tétraèdre** est le plus simple et le plus harmonieux des polyèdres, ses 3 côtés sont égaux à eux-mêmes et ses 4 faces sont des triangles équilatéraux, symbole traditionnel de la lumière patriarcale.

Essayons d'aller plus loin, replaçons ces quintuplés dans l'ordre de leur apparition au sein du mythe :

Dieux	Naissance	Polyèdre	Total	Essence	Quintessence	Résultat
Osiris	5	14	19	10	1	1
Haroéris	6	62	68	14	5	26
Seth	7	62	69	15	6	
Isis	8	26	34	7	7	
Nephthys	9	26	35	8	8	

Nous constatons dans la colonne de droite (résultat) qu'**Osiris (1)**, reflet du « Principe Premier », voue un amour sincère à l'adresse de ses frères et sœurs, total **26**. Ce nombre est équivalent à la somme des caractères chiffrés composant le principe créateur des Hébreux. **26** est également le nombre de morceaux composant le corps d'**Osiris** que cite Diodore de Sicile. Toutefois, la majorité des textes s'accordent sur le nombre **14**, il y a eu confusion des genres de la part de cet auteur. Le nombre « 14 » est quant à lui l'émanation de **La Tradition Primordiale**.

Or, **Osiris** épousera **Isis** représentant le cube de valeur **26**. Le couple = 40. Le dieu aura également (nous verrons pourquoi) une liaison avec son autre sœur Nephtys, **26** également. Si nous procédons à la classification des 4 premiers dieux, nous obtenons :

Shou 1 + 1 = 2 Geb 3 + 3 = 6

Nout 4 + 4 = 8 **Tefnut 2 + 2 = 4**

> **Geb + Nout** 6 + 8 = 14 = 5 Ils mettent **5** enfants au monde, dont l'aîné affiche le nombre **14** et son royaume de justice est le **5**

Grands-parents et parents :

2 + 4 + 6 + 8 = 20 x 5 enfants = **100**

Enfants polyédriques :

19 + 68 + 69 + 34 + 35 = 225 x 4 parents = **900**

100 + 900 = 1000. En arithmosophie hébraïque, le Grand Aleph

Il symbolise le couronnement, l'ennéade de 1 à 9 ou le retour de " **1** " que certifie « **OOO** » d'ordre divin, la trilogie potentielle en l'incréé. Un tel « parfum de **surnaturel** » aurait-il une « fin par **El** de nature sûre » ? Dans le langage hermétique, les « **OOO** » assemblés représentent, par leur numération, l'implicite présence de « **l'Esprit divin** » en l'universalité. Cela pourrait se traduire de la sorte :

0 0 0	⇒	potentialité	⇒ présence implicite
1 0 2	⇒	tangibilité	⇒ présence explicite
1 0 0 0 2	⇒	permissivité	⇒ présence numérale

Au tout début de la renaissance, « *la Grande Tradition* » circulait sous les aspects d'une « gnose » que certains qualifiaient de chrétienne. Alors qu'il est indéniable que nous avions là de nombreux points communs avec l'alchimie égyptienne des origines. L'ère des sciences expérimentales actuelle aura chassée au loin ces derniers faiseurs de mystères qui avaient pour rôle d'aider l'homme à prendre conscience de lui-même. À la base de notre civilisation était *une Tradition Primordiale,* elle avait été essaimée sur toute la surface du globe parmi les diverses ethnies. Malheureusement, ce courant de connaissance supérieure fut soumis à la corrosion des âges, aux altérations idéologiques, aux apports allogènes, aux répressions et autres autodafés, il en résulte les diversités culturelles que nous connaissons aujourd'hui.

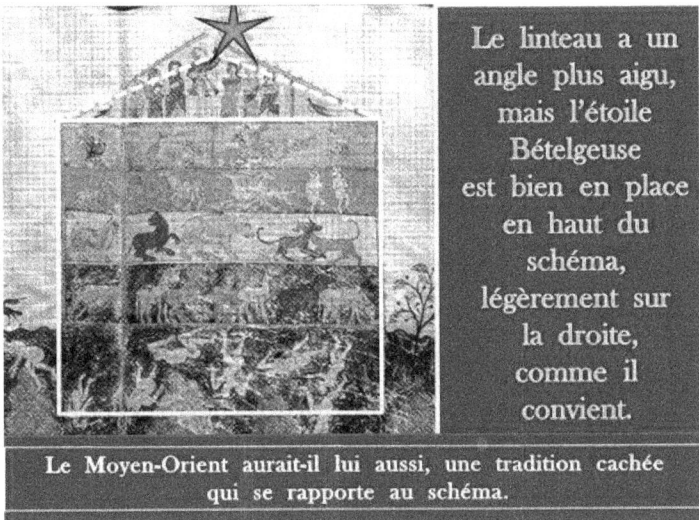

Les grands supports de l'esprit de tradition furent véhiculés d'âge en âge, de pays en pays, au grand jour, englobés dans le contexte religieux ou sous le manteau quand il y avait danger à les révéler.

Il est parfois difficile de les entrevoir dans un contexte donné, tant la crainte qu'inspirait la répression était dominante.

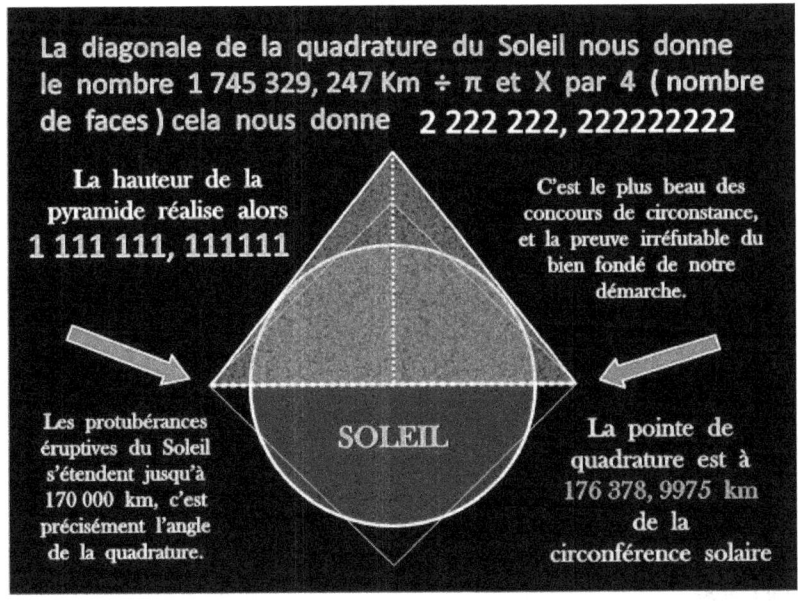

De simples images qui devraient nous donner à réfléchir.

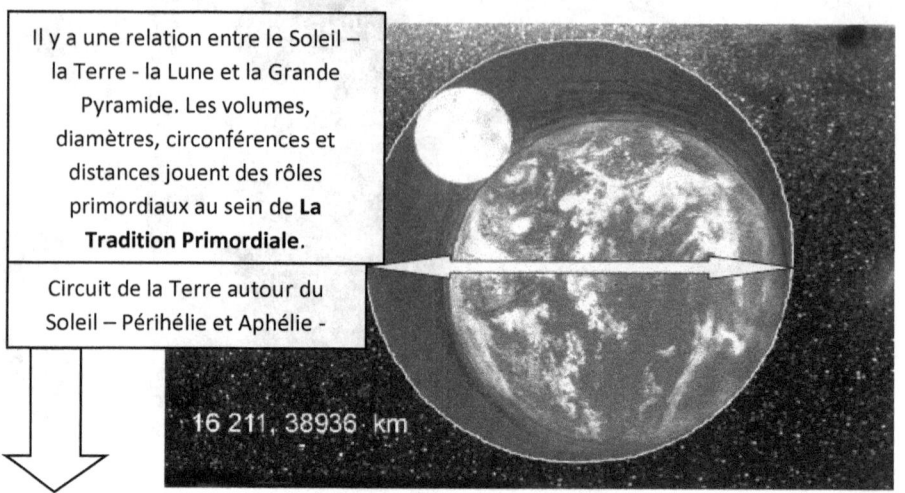

Il y a une relation entre le Soleil – la Terre - la Lune et la Grande Pyramide. Les volumes, diamètres, circonférences et distances jouent des rôles primordiaux au sein de **La Tradition Primordiale**.

Circuit de la Terre autour du Soleil – Périhélie et Aphélie -

16 211, 38936 km

Le Soleil, la Lune, la Terre sont les éléments de base d'une connaissance universelle, propre à projeter nos capacités mentales en des stades supérieures de réflexion, alors que le plus souvent nous feignons de l'ignorer !

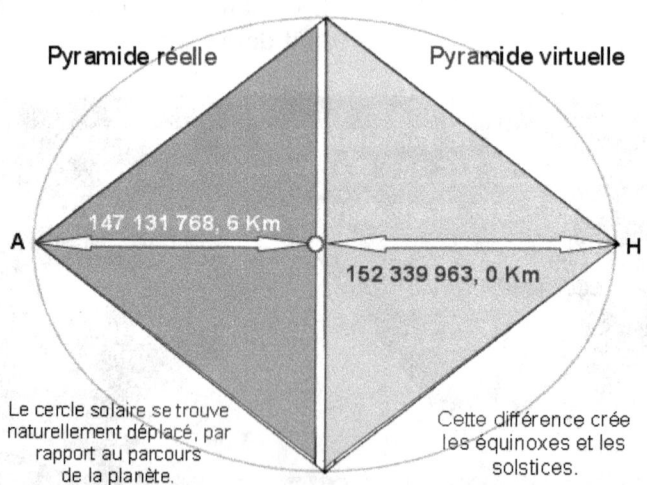

Pyramide réelle — Pyramide virtuelle

A — 147 131 768, 6 Km — H
152 339 963, 0 Km

Le cercle solaire se trouve naturellement déplacé, par rapport au parcours de la planète.

Cette différence crée les équinoxes et les solstices.

Le Soleil est au centre du schéma, la Terre suit le parcours de A à H et de H à A. La distance aux équinoxes est de 149 735 865 km.

La ceinture centrale est représentative d'une haute et merveilleuse symbolique que nous ne pouvons développer ici. Sachons toutefois que celle-ci est judicieusement incorporée au sein de la structure schématique de la Grande Pyramide et que c'est sa demi-largeur qui nous permet de différencier les 147,1317686 m des 152,339963 m de la ceinture centrale. Pour cela, il nous faut bien évidemment admettre la prise en compte de la structure pyramidale et de son reflet. Autrement dit, de l'aspect réel et de l'aspect virtuel du monument, ce qui peut heurter la logique cartésienne, non accoutumée à prendre en compte une partie surréelle implicite. Alors que cet aspect des choses était indissociable du raisonnement des anciens égyptiens, dont l'apparent et l'inapparent étaient les nécessaires parties d'un tout.

OSIRIS ROI

> Se mériter sois même,
> c'est le prix à payer par la conscience,
> cette monnaie précieuse s'acquiert ici-bas,
> bien qu'elle n'ait cours qu'en l'ailleurs.

Revenons à **Osiris Roi**. Voyons pourquoi il occupe une place privilégiée au sein du Panthéon égyptien.

En résumé : l'être bon, l'être parfait. **Le lièvre** peut passer de l'immobilité absolue, signe distinctif de **la mort**, à une vélocité surprenante, signe distinctif de **la vie**.

W N N - N F R ⟹ Osiris ⟸ Ounophris Ounen-Nefer

Le lièvre voyage indifféremment de la lumière des champs à l'obscurité de son terrier, apparition, disparition, mort apparente et renaissance. Il préside aux cycles de la nature, **c'est un animal luni-solaire.** Les légendes lui prêtent une réalité transcendantale, il est le fils rédempteur et martyr. À l'image de la Lune, il s'efface sous l'intense lumière, mais brille en la nuit sépulcrale. Plutarque n'évoque-t-il pas les festivités qui précèdent l'entrée d'**Osiris** en la Lune ? Le lièvre constitue un symbole alchimique important, il tend à réunir les deux phases de l'œuvre.

Quatre lièvres font tourner la roue du « swastika », sa symbolique est universelle.

Le « **E** » qui suit le hiéroglyphe du lièvre est une voyelle ajoutée par convention des linguistes afin de simplifier la phonétique, nous n'en tiendrons pas compte.

〰️ « **N** », ce double flux est à la fois onde cosmique et tellurique, il renforce la notion du message. Des eaux de surface aux profonds abysses, l'onde véhicule son information.

† « **Nefer** », signe figuratif du cœur trachée. Il nourrit et épure le sang (âme du corps). C'est le bon, le beau, le rameau sort de la terre, il devient arbre et s'élance vers le Ciel.

Chaque battement de la vie est un temps de connaissance.

« Ma mère est la déesse du Ciel, Nout. C'est elle qui a modelé ma forme. Je suis l'immobile, le grand nœud d'un destin qui repose dans l'hier ».
Chapitre XLII. Livre des Morts.

Tentons maintenant avec l'aide des nombres de décrypter le message.

Le dieu **Osiris** est doué d'une nature double, temporelle et intemporelle. Il est à l'écoute du monde comme « le lièvre » en sa veille solitaire. Il est avant tout celui qui, par la voie du cœur, a choisi la corporéité pour aider au devenir des éléments et des êtres. Le dieu est tapi en l'obscur (mystère de la gestation), il prédispose à l'élaboration, c'est lui le pivot de l'Univers. Le mot Univers signifie **tourné vers le « 1 »**, uni vers le « 1 ». A l'instar de son aïeul, le dieu **Shou**, il est le point épousant la circonférence.

En sa qualité de justicier, **Osiris** équilibre la balance dont les plateaux de **1 à 9** soutiennent le monde en marche. Les chiffres réunis, cela fait (19), soit 5 + 14. C'est aussi le cycle d'Apollon évoqué par Diodore, variant de 18,61 à 19,03 années. Il faut se rappeler que la Lune est physiquement, numériquement et virtuellement liée à la Terre. Il est de notoriété qu'elle influe sur les germinations et les floraisons, celles-là mêmes qu'est censé favoriser **Osiris**. Un culte particulier ayant trait à cette fonction lui était dévolu en Ancienne Égypte. Notons par ailleurs que **la Lune** met 19 années pour accomplir ses 235 lunaisons qui l'amènent sous une même phase pour une date donnée. Or si **Osiris**, de sexe masculin, premier-né des cinq enfants, arbore le nombre 19 avec 14 + 5, **Nephtys**, de sexe féminin, dernière-née de l'ennéade, s'identifie au nombre 35 avec 26 + 9.

Le 0 d'**Atoum** unit **Osiris-Nephtys sous la Lune**, comme il unit **Osiris-Isis sous le Soleil**. Voyons, cela ressemble à 19,035. Si nous divisons 235 lunaisons par 19,035 années, nous obtenons un bien curieux nombre, **12, 34567*90**. Il représente la Lune, reflet du Soleil en la nuit terrestre. En l'occurrence, l'épouse officielle « **Isis** » huitième enfant absente en la nuit de sa sœur, mais, ô combien présente en la lumière du jour.

La déesse « Isis » se place ici en marge de la lignée. Son nom est « Le Trône » et sa forme **le cube** : 6 faces + celles recto verso du dossier de ce même trône, soit « 8 » Ligne testamentaire de son père **Geb** sur lequel siège Pharaon, mais aussi et surtout, **Osiris** son époux luni-solaire. La déesse a ravi le nom demeuré caché de **« Ré, Roi des dieux »** (le Soleil) à telle fin qu'une partie de cette lumière éclaire le cœur des hommes, comme le fait sa sœur nuitamment. Les couples divins **Osiris-Isis** et **Osiris-Nephtys** sont voués au cycle naturel et à ses manifestations que président les astres, **Soleil** et **Lune**. La Lune prend le relais du jour, elle devient le fanal de la nuit Osirienne, elle influe sur les marées et d'une manière générale sur l'évolution de toute matière vivante. Son cycle de 28 jours est le double de 14, nombre Osirien. Il est écrit que le dieu a régné 28 ans. 28 était le second nombre parfait adulé par les mathématiciens grecs.

La hauteur de la Grande Pyramide sur son socle est de 280 coudées de 0, 5236 m et son pyramidion est un symbole luni-solaire. Partant de la « conception base », il y a 280 jours symboliques de gestation chez l'homme, avant de parvenir à la lumière.

Un passage éloquent d'un ancien texte ayant trait à la royauté d'Osiris nous précise :

« *Je suis 1 qui devient 2* (**Shou-Tefnut**), *je suis 2 qui devient 4,* (**Geb-Nout**), *je suis 4 qui devient 8,* (4 parents + 4 enfants) *mais je suis 1 qui protège cela (Osiris)* ». Texte de Thot - Musée du Caire n° 1160.

GEB = La Terre - NOUT = Le Ciel

Sur un plan alchimique, les deux principes masculin-féminin sont identifiés au Soleil et à la Lune, mais plus généralement à la Terre et au Ciel. Ils sont indissociables des aspects numérique et géométrique. C'est par la réflexion au second degré que le néophyte va pressentir la haute connaissance qui se dissimule en ces images. À l'époque de la parution de ce dessin alchimique (seconde illustration) les conduits de la chambre de la reine n'était pas découverts et pourtant, ils figurent ici ?

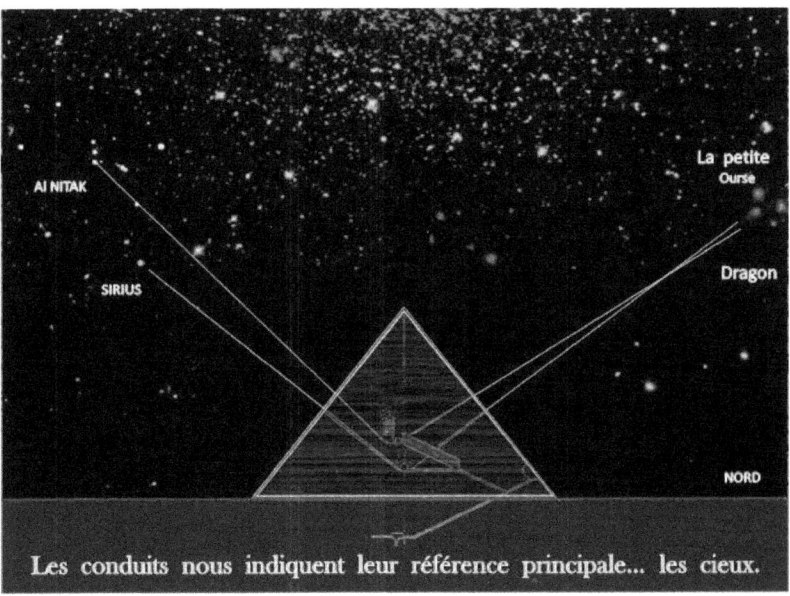

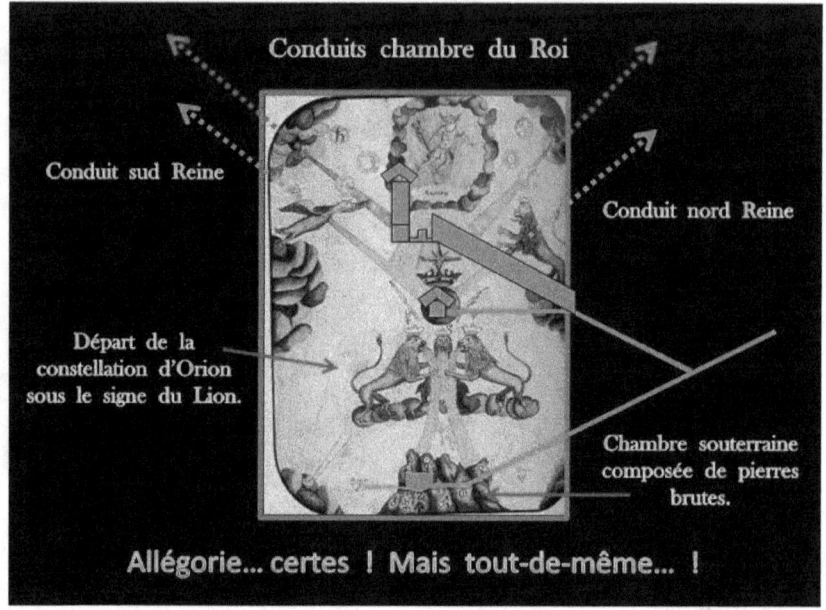

> Allégorie…certes ! Mais tout de même… !

Harmonie des Nombres et des Formes

> N'éblouis point tes yeux à regarder le Soleil
> et à envier sa splendeur, observe plutôt ce qu'il éclaire.
> Si non, tu risques de perdre la vue
> et tu ne pourras plus comprendre ce qu'il te montre.

Persévérons en notre quête et numérisons cette céleste progéniture :

Ordre de venue au monde des enfants : 5 - 6 - 7 - 8 - 9 =   35

Puissance structurelle numérique :   4 - 62 - 62 - 26 - 26 =   190

Principes numériques surajoutés :   <u>19 - 68 - 69 - 34 – 35 =   **225**</u>

Total :   **450**

$225 \div 5 = 45$ ou $1+2+3+4+5+6+7+8+9 =$ **45** (nombre de l'âme).

Shou	Tefnut	Geb	Nout	Osiris	Haroéris	Seth	Isis	Nephtys
4				5				

Nous constatons que ce nombre « **45** » a une grande importance en Primosophie, il représente notamment « *l'âme universelle* », Maât de l'Ancienne Égypte. Cela est d'autant plus étrange que les calculs étayant ce résultat n'ont a priori rien de commun avec les données précitées. On peut classer les (**5**) polyèdres réguliers de la manière suivante :

 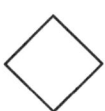

Triangle   Carré   Pentagone

3   4   5

Dieu révélé, nous l'avons vu, se symbolise par le triangle △ (3) en (1) compris dans le cercle ◯ (1) en (2).

Pour simplifier : 1-0-2 = **102**. Le zéro étant consubstantiel du 1+2 = **3**.

En Égypte Ancienne, **102 dieux** auraient été recensés autour d'**Atoum**, Père du Panthéon. Le total des **polyèdres triangulaires réguliers**, il y en a « 3 », faces + arêtes + sommets sont égaux au « Principe Créateur », quoi de plus logique. **Total…102**

▲ Tétraèdre	▲ Icosaèdre	▲ Octaèdre
14	62	26
Osiris	Haroéris	Nephtys
l'âme	l'esprit	le corps

Les triangles : (sont représentés par le) **(3)** △

Le carré : .... **(4)** ▪

Le pentagone : .... **(5)** ⬟

Or cette numérotation nous impose une réflexion sur le fameux **triangle antique 3,4,5** décrit comme étant, **le triangle isiaque :**

Les côtés de ce triangle ont un suivi arithmétique. Si les Anciens l'avaient dédié à **Isis**, ce peut-être parce que celui-ci se positionne harmonieusement sur **le carré de Terre** (planète) que la déesse affectionne comme un « **trône** ». Mais aussi et surtout, parce qu'elle y tient un rôle particulier en tant que « rayon » dans le cercle central qui définit le triangle 3 – 4 – 5. Isis ne retrouve que 13 morceaux sur 14 du corps de son époux Osiris, bien évidemment, puisqu'elle est ici elle-même « *morceau* » et mesure du rayon.

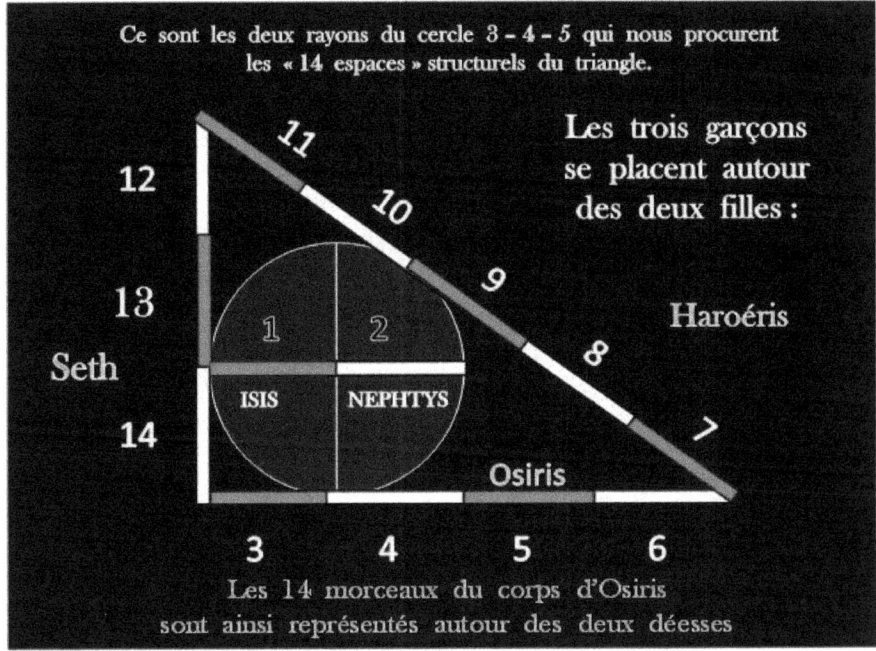

En son théorème, Pythagore louera le carré, mais aussi le triangle à telle enseigne que le mot « théorème » deviendra le mot de passe des prosélytes du philosophe :

« L'aire du carré construit sur l'hypoténuse d'un triangle rectangle est équivalente à la somme des aires des carrés construits sur les deux autres côtés ».

« Théorème » en grec, la première syllabe signifie Théo « Dieu », alors que « *rem* » l'envers de « *pyramide* », signifie en égyptien « *pleurer* », n'y aurait-il pas là… un « clin d'œil » du hasard ?

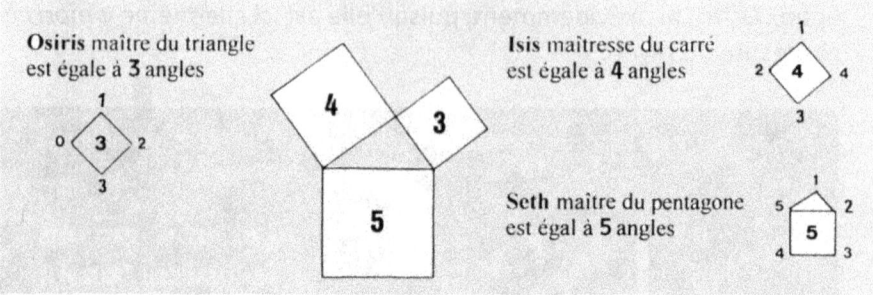

Les surfaces des carrés « **3** » et « **4** » sont égales au carré « **5** ». Dans la symbolique mythologique, il faut l'union **Osiris-Isis** pour contrebalancer l'influence Sethienne. Le **3 Osiris** (l'époux) est héritier de la création, chiffre de lumière incarné par les grands-parents **Shou et Tefnut**.

Le **4 d'Isis** (l'épouse) est héritière de la matière symbolisée par le chiffre (4) lequel est incarné par les parents **Geb - Nout**.

Le **5** de **Seth** est héritier du feu propre à la recevabilité post-adamique. Le pentagone symbolise la complexité moléculaire, ce qui explique la solitude du dieu et son acharnement à triompher de la création. Il lui faut asseoir son pouvoir en la phase la plus élaborée de la matière, qui va de la macromolécule à la cellule. **Seth**, « le feu pentadécagonique » de caractère pré-humain, aurait-il quelques raisons d'être jaloux de l'importance accordée au couple divin **Osiris-Isis** ? Nous remarquons immédiatement que parmi les enfants (polyèdres réguliers), les unités composant les nombres masculins sont l'inverse des féminins. Exemple : 62 - 26, **Osiris** 14 mis à part, royauté oblige, me direz-vous. Dans « le Gorgias », Socrate souligne la toute-puissance de la relation géométrique qui lie les dieux, les hommes et les lois du cosmos. Il est temps pour nous, d'établir un tableau récapitulatif qui nous aidera à mieux comprendre les concordances symboliques existantes, entre la nature des choses et **les 5 enfants divins** :

élément Terre	élément Eau	élément Aither	élément Air	élément Feu
Isis	Nephtys	Osiris	Haroéris	Seth
féminin	féminin	sexualité neutralisée par la mort	masculin	masculin
carré	triangle	triangle	triangle	pentagone
cube	octaèdre	tétraèdre	icosaèdre	dodécaèdre

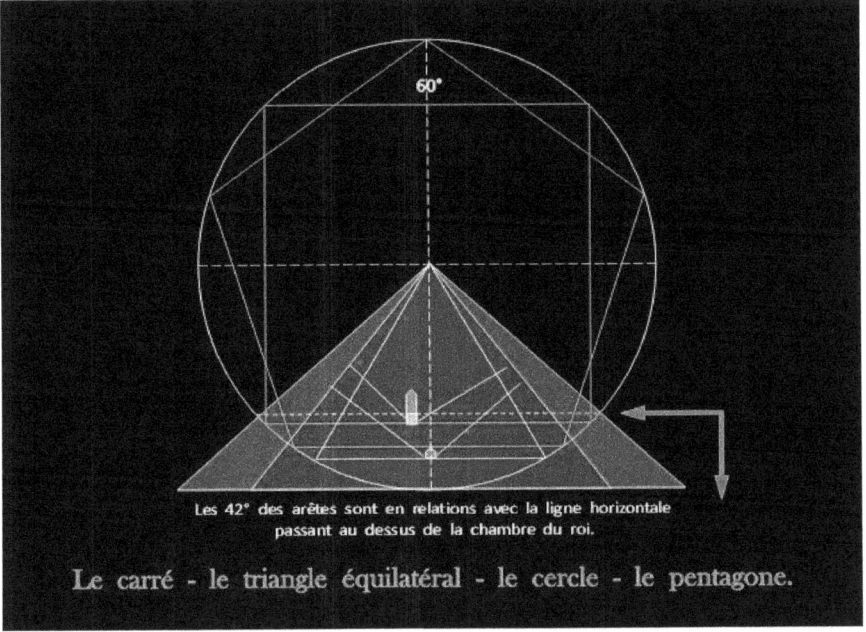

Le carré - le triangle équilatéral - le cercle - le pentagone.

Les sélections mythologiques apposées aux caractères des dieux, se répercutent en d'infinis modules de nature semblable pour étayer les concepts les plus audacieux. La géométrie prend vie et intelligence, elle agrège, apparie, confirme, harmonise les volumes et les formes au gré des interprétations. C'est le merveilleux côté de l'adaptation de connaissance, lequel applique l'harmonie des formes et des nombres dans toutes ses options de synchronicité.

LA LUTTE DES ÉLÉMENTS PRIMORDIAUX

> Celui qui ne touche pas, ne se brûle pas,
> mais celui qui ne se brûle pas, ne s'éclaire pas.

Vu sous un angle différent, il y a lutte pour la définition de *l'état de conscience* propre au genre humain. Celui-là, va-t-il être dépendant du seul « **savoir** » avec *l'intellection mémoire* ou va-t-il bénéficier de l'apport de « connaissance » *avec l'intuition-raison* ? Face à une telle animosité, **Osiris-Isis** renforcent leur alliance géométrique, par une alliance numérique. La diagonale qui les unit affirme leur conjointe opposition à **Seth**. Gageons que la lutte sera chaude, et essayons d'évaluer la teneur de ces diagonales avec le théorème de Pythagore :

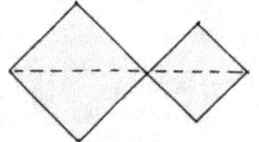 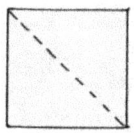 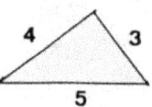

Osiris, Triangle = (3)   La diagonale de son carré est : 4,24264068.

Isis, Carré. = (4)   La diagonale de son carré est : 5,65685424.

Seth, Pentagone = (5) La diagonale de son carré est : 7,07106781

OSIRIS   4,24264068 $X^2 = 18$

(Le couple divin)

ISIS   5,65685424 $X^2 = 32$ **100**

(Le dieu seul)

SETH   7,07106781 $X^2 =$ 50

Les chances sont à égalité, le « **bien (69)**, le **mal (69)** » s'équilibrent (Primosophie). En cela, les entités affichent une volonté du pouvoir créateur 50 + 50 = **100** = **1 Shou**, première émanation du Père **l'hénade = l'unité**. Les circonstances veulent que les **5** polyèdres réguliers comportent **50 faces et 50 sommets**. Nous allons voir que le dieu **Seth** en sa soif de pouvoir ne l'entend pas de cette oreille. Dès lors, il va s'efforcer de dissocier ces épousailles, pivot du devenir. C'est le début des luttes fratricides, entre :

- **L'état de conscience.** Il est double en sa réalité spirituelle et temporelle. Il est représenté par le couple **Osiris-Isis**.

- **L'état de cérébralité.** Il est unique en sa jubilation matérielle, car l'égocentrisme de **Seth** est sans partage. Les dés sont jetés, chacune des deux parties va essayer d'asseoir sa prépondérance sur **« le trône existentiel du devenir »**. Hélas, si la cérébralité n'est pas pilotée par la conscience, elle deviendra vite l'instrument du mal.

$$\Rightarrow \quad \text{Primosophique - } \textbf{bien ou mal.}$$

$$\textbf{3-4-5} = 345 \div 5 = \textbf{69} \quad \Rightarrow \quad \text{Emblématique - le yin et le yang.}$$

$$\Rightarrow \quad \text{Numérique - l'esprit de dualité.}$$

Le symbole est égal à (**2**). Le mot hébraïque ת ש Seth signifie le fondement des choses, il désigne le chiffre (**2**).

Entendons que *le bien* n'a de signification que dans la mesure où il a pour réciprocité *le mal*. L'un et l'autre sont des notions subjectives, intimement liées aux **critères d'évolution**. À l'échelle terrestre, nous nous devons de les prendre en considération sans la moindre valeur d'absolu. À l'image du **Yin** et du **Yang**, la partie haute peut se noircir en descendant et la partie basse s'éclaircir en montant. Ainsi par leur volonté propre, les critères peuvent s'inverser. Il en va ainsi des hommes et des civilisations qu'ils mettent en place. L'état de conscience ne peut pas se passer de l'état de cérébralité et inversement. Si l'un des deux cesse d'être efficace, il y a dissociation corporelle ou spirituelle, la dernière évocation étant infiniment plus grave. Nous ne pouvons entrer en ce débat, cependant, nous voyons au fil des mots combien l'entité Sethienne a des points communs avec « Lucifer - 201 », celui-là même qui en créant l'épreuve apporte à l'homme *la lumière*.

Le caractère hébraïque ֿ⃗ Resch (nombre arithmétique 200 ou encore l'ennéade au complet) est synonyme de feu. Il représente également, (ce qui n'est pas forcément un paradoxe) la tête de l'homme lorsqu'il est associé à l'accent guttural « aïn râ » ou « ayïn ra ». Il implique une notion de mouvement circulaire illustrant le mal.

Si le même ֿ⃗ Resch est accouplé à א l'Aleph, il est toujours « Râ » א ֿ⃗ , mais à l'instar du dieu solaire égyptien ⊙, il apporte la clarté, c'est « **le rayon** » qui détermine le cercle, il est rai de lumière, droit et puissant. Quoi de plus logique puisque l'Aleph ou « **l'A** » dans « **l'O** » est égal à **l'O de l'A** de l'OMEGA à l'ALPHA (l'Ouroboro, ou la fin vers le commencement) et qu'il n'est autre que le symbole divin △. Quant à **Râ** (dieu solaire), n'est-il pas Roi de l'assemblée des dieux ?

Revenons à **Seth** qui lui est le 7e élément grâce à sa naissance. Nous avons pu constater que si nous additionnons ce chiffre à son nombre dodécaédrique, nous obtenons 7 + 62 = **69**. Ce nombre multiplié par 5 réaffirme la triangulation évolutive de 345 = 12 = **3** quintessence du « triangle isiaque ».

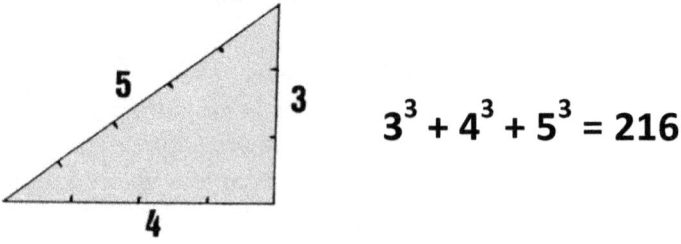

$$3^3 + 4^3 + 5^3 = 216$$

216 x 12 = 2 592. C'est avec l'apport des 12 signes zodiacaux de 2160 ans chacun que se boucle le cycle de la précession des équinoxes, soit **25 920 ans.** Notion de temps jalonnée par **« le bien » (3-4)** et **« le mal » (5)** ou pour le « 5 », le pentagone inversé, force motrice de la rationalité temporelle.

Voyons ce que Plutarque disait du triangle **3.4.5** :

« Les Égyptiens se représentaient la nature du tout universel comme le plus beau des triangles. Ce triangle comporte la partie verticale comme ayant 3 longueurs, une partie de base de 4 longueurs et une hypoténuse de 5 longueurs... On pourrait comparer la ligne verticale à l'élément masculin, la ligne de base au féminin et l'hypoténuse à ce qui est né d'eux et se représenter comme origine, Osiris-Isis comme conception et Horus comme « naissance » (c'est ce que nous analyserons plus loin.). *Le nombre 3 est supérieur aux autres et parfait, le 4 est le carré élevé sur le côté de la dualité paire, quant au nombre 5, il appartient d'un côté au père, de l'autre à la mère, étant composé de la triade et de la dualité ».*

Le duel des dieux **Osiris-Seth** (dont le chiffre 5 est dénominateur) se poursuivra jusqu'au règne humain. **(5)** « Diw » en égyptien, « Penté » en grec, « Pancha » en sanscrit. Il n'est peut-être pas incongru de faire un rapprochement direct avec le dieu « **Pan** », le tout de la vie, » **le tout en tout** », lui aussi dieu pastoral attaché à la nature. N'est-il pas le fils d'**Hermès,** qu'aussitôt après sa naissance celui-là a enveloppé dans **une peau de lièvre** ? Rappelons-nous la composition du nom d'**Osiris**. La mort du grand « **Pan** » a pour signification l'évaporation de « **l'énergie vitale »** que véhiculent les cycles cosmiques.

Le dieu **Seth**, lui, est de configuration pentagonale, le dodécaèdre ne subjugue-t-il pas l'observateur par la beauté de ses lignes et la dynamique de ses apports numériques ? Qui de ces dieux, à l'exemple « des mains gauche et droite », va être prépondérant et se rendre maître de l'évolution physique ? Qui va tenir le sceptre de « la main, 5 doigts, 14 phalanges », la lumière subtile du **tétraèdre** ou le feu fascinant du **dodécaèdre** ? La prescience intuitive de l'état de conscience ou la seule froide déduction de la cérébralité humaine ? Les prétentions séthiennes forment la base événementielle des divergences qui vont opposer les deux frères. **Seth** triompherait semble-t-il **d'Osiris**, si celui-ci n'avait pas épousé **Isis**. Le couple ainsi formé réalise à son encontre une engeance redoutable.

Vus sous un angle concret et pendant une période de temps extrêmement longue, les éléments turbulents de la matière vont entrer en compétition. Ils vont s'exercer à gérer le complexe moléculaire qui tend péniblement vers un état supérieur. « 3 énergies » vont alors s'affronter dans le but d'imposer leur inspiration conceptuelle, entendons un système numéral stabilisateur **de l'onde matière.**

Sont en liste trois principaux protagonistes dont **Râ**, Roi des dieux. Il a essentiellement un rôle d'observateur, si ce n'est d'arbitre, en tous les cas, il est appelé à juger de la situation. Quant à **Osiris et Seth**, ils se placent ouvertement en position de rivaux. Ne revendiquent-ils point l'un et l'autre, la maîtrise de l'ennéade ?

Voyons, sur le plan des valeurs intrinsèques, ce que chacun d'eux représente :

Râ, la sphère, le disque ou le cercle de lumière manifesté, son nom terrestre est « Râ de l'horizon », sa nature est irradiante. Il est beauté de l'esprit, du corps et de l'âme. Il règne sur toute chose en monarque respecté, sa présence harmonise la confrérie des dieux. Il est l'émanation d'**Atoum** (Principe Créateur et Dieu des dieux), mais il n'est pas Atoum.

Osiris, le 3 tétraédrique, son nom est « Siège de l'œil ». Sa présence est appelée à devenir immatérielle et ne pourra se percevoir qu'intuitivement en chaque chose. Il est la conscience et l'intelligence de la nature. Inlassable voyageur des régions inférieures et supérieures, il tisse les liens qui relient le Ciel et la Terre. Il est le royal suppléant des nombres et des formes. Il émane de l'onde et règne sur la création par influence et ressenti. Il incarne la sagesse immuable, celle qui s'oppose aux forces intempestives. Au terme de la lutte, son sacrifice lui ôtera son apparence charnelle, seul son amour demeurera omniprésent en la matière organisée.

Plus tard, son fils **Horus**, deviendra, par devoir filial, son substitut en l'ennéade, il devra pour cela reprendre la lutte avec **Seth**.

Plutarque nous précise que dans la fête des Pamylies :

« On promène une figure d'Osiris dont le phallus est triple, car ce dieu est le principe de la génération, et tout principe, par sa faculté productive, multiplie tout ce qui sort de lui, or nous avons coutume d'exprimer la pluralité par le nombre 3 ».

Seth, le 5 dodécaédrique, son nom est « Feu du désert » mais aussi « foudre et tornade », son flux cosmique est efficient, il est la force fluidique des corps. Ses manifestations terrestres sont telluriques, électromagnétiques, thermiques. Il souhaite maintenir sous sa houlette, les atomes de la matière qu'il prétend vouloir regrouper et gérer à sa seule convenance, non par influx de réelle harmonie, mais par volonté dominatrice. Il se sait fort et craint par l'ensemble des dieux. Coléreux, pugnace et rancunier, sa soif de pouvoir est insatiable et ses velléités coercitives sont sans limites. Seth est cependant un mal nécessaire pour épurer, stimuler, éprouver et renouveler l'ordre des choses. Il oblige au combat pour la vie et contribue plus que tout autre à l'évolution, si ce n'est à la sublimation de la matière par l'éveil qu'il suscite. En arabe, le chiffre « 7 » a pour attribut divin le terme « Zakï » signifiant « *purificateur* ». Voilà donc que cette matière moléculaire tend progressivement vers une forme plus élaborée, fragile et palpitante comme la vie. Les éléments conceptuels qui s'y engagent vont alors tester leur influence auprès de l'ensemble synarchique que forme le tribunal des dieux. Ceux-ci ayant été placés là dès l'origine des temps par **Atoum, le Père Créateur.**

Il résulte de ces rivalités de préséance un bellicisme exalté, à caractère subversif, capable à tout instant de bloquer le processus évolutif. Peu à peu cependant, il apparaît une orientation du devenir cellulaire qui tend à échapper au pouvoir hégémonique de **Seth**. Avec l'avènement d'**Horus**, l'état de conscience sera à jamais rendu indissociable, non du seul et restrictif état de réflexion, mais aussi du subconscient. Nanti alors de ce pouvoir de libération, l'être humain se doit de s'affranchir de la tutelle des dieux et d'influer lui-même sur son propre destin. Mais pour l'instant laissons parler les légendes :

Râ (360) Roi des dieux est détenteur du disque rayonnant. Il symbolise Atoum le divin Créateur de toutes choses.

**Osiris (3) Roi de l'ennéade** est détenteur de l'œil placé au centre du triangle. Les polygones réguliers symbolisant ses frères et sœurs et lui-même se trouvent gouvernés par les nombres 4-6-8-12 et 30, ce qui fait (60), précisément le degré des angles du triangle équilatéral qui le caractérise.

Seth (5) Prince du désert, de la foudre et de la sécheresse est détenteur du fascinant dodécaèdre, ainsi que de l'inquiétant pentagone (pointe en bas).

Les enfants du Ciel et de la Terre, 3 dieux et 2 déesses, seront tour à tour directement impliqués dans le psychodrame. Ce scénario mythique a pour but de nous faire appréhender les difficultés qu'a eu et qu'a encore « l'existence créative » pour s'affranchir partiellement des tutelles de la matière brute. Nous entendons par « existence créative », l'union subtile des nombres et des formes qui, en des kyrielles d'apparences, révèlent les critères inventifs de **l'âme universelle**.

Transposé sur un plan philosophique, l'état de conscience individuel en s'opposant à la simple déduction mentale, se situe au cœur de semblables engagements. Il en résulte que, suivant la façon dont nous abordons et assumons les versatilités de l'existence, cette conscience s'embellira ou s'anéantira dans les épreuves qui nous sont données de vivre. C'est ainsi qu'**Horus**, implicite mandataire de la conscience humaine, nous montre la voie de l'évolution personnelle dans le combat qu'il livre contre la rationalité Sethienne. Par son courage et son opiniâtreté, le dieu devrait pouvoir neutraliser le feu originel des inclinations, aussi sûrement qu'en sa plénitude, la lumière de l'astre du jour amoindrit l'intensité de la flamme.

Résumons-nous, **Osiris**, premier-né des **5 enfants**, est jalousé par son frère **Seth**. Celui-ci, justifie ses prétentions en s'affirmant le plus fort, voir le plus rusé. Nous savons que le dieu **Seth** est détenteur du pentagone et que le chiffre **5** est pivot central de la création paire impaire. Voyons ce que représente l'ennéade si nous évinçons **Osiris**, en anticipant sur sa mort prochaine :

Impaire   1   3   7   9

                                        40 (Le **5** est ôté des impairs)

Paire   2   4   6   8

40 ÷ 5 = **Isis,** huitième naissance, mais peut-on s'en étonner puisque 14 et 26 font 40 (le Roi gouverne ses sujets). En les attributs divins arabes, les chiffres 5 et 8 ont pour signification « **guide et vérité** ».

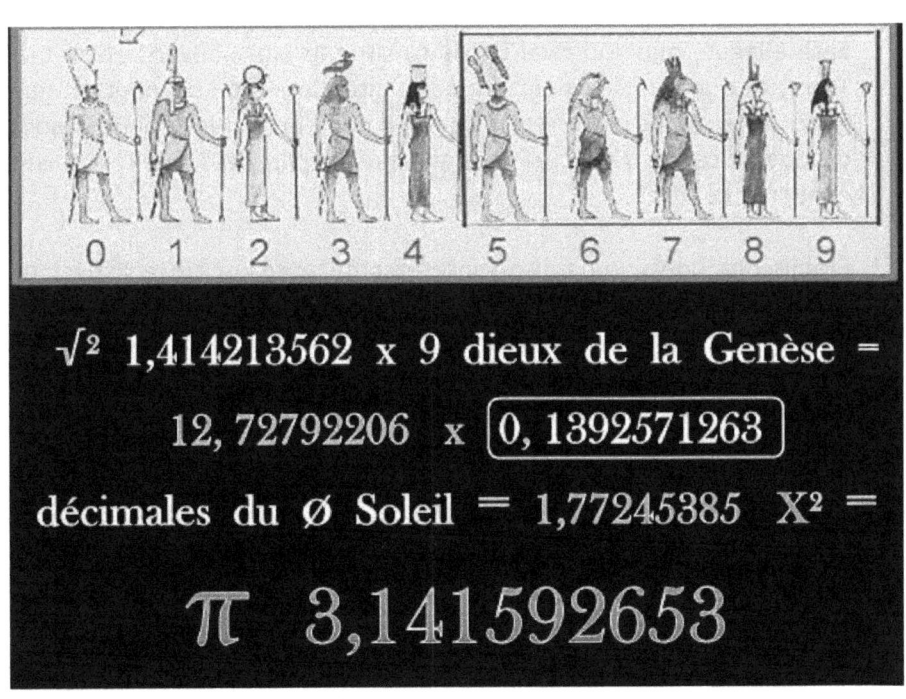

Georges Vermard

LA VEILLÉE D'ARMES NUMÉRIQUES

> « Tout est nombre,
> le nombre est dans tout,
> le nombre est dans l'individu,
> l'ivresse est dans le nombre ».
> **Baudelaire**

La déesse « **Isis** » sera pour **Seth** la pierre d'achoppement, avec laquelle il faudra compter. Le (**5**), chiffre pré-hominal, est représenté par **les doigts de la main**. Cette main prend ou donne, soulage ou torture, guide ou égare, détruit ou construit, bénit ou condamne. Elle ne se limite pas à être l'instrument de la pensée, elle est aussi et surtout l'exécutant de la conscience.

Seth allègue, que son rival **Osiris** se situe le plus souvent entre Ciel et Terre, et que ce n'est point en cette situation que l'on peut prétendre gérer un royaume. Son frère disparu, il demeurerait le seul (**5**) à pouvoir occuper le centre de la création sans que nul parmi les dieux ne puisse lui contester ce titre.

Établissons une comparaison intéressante avec un autre aspect de la tradition. **Les « 9 » dieux mythiques** de l'Égypte sont ici représentés par les « **9** » provinces de la Chine Antique, à la case (**5**) figure « **le royaume du milieu** », plus connu sous l'appellation « carré de l'empereur. » Retranscrit en la situation mythologique égyptienne, « 3 chiffres » apparaissent en gloire :

- Le « **9** » par le nombre de cases, il s'agit de « **l'Ennéade** » le royaume convoité par **Seth**, celui-ci pense l'obtenir grâce à son mariage avec le neuvième enfant, **Nephtys**.

- Le « **8** » **Isis,** par le fait qu'elle est placée en tête, et que l'on compte « **8 axes** » = (3) verticaux - (3) horizontaux - (2) diagonaux.

- Enfin le « **5** » **Osiris**, par sa position centrale dite « **impériale** ».

Selon la symbolique asiatique, la Reine **Isis** (le trône) chiffre « **8** », épouse le Roi **Osiris** (la couronne) chiffre « **5** », œil pivot de la création.

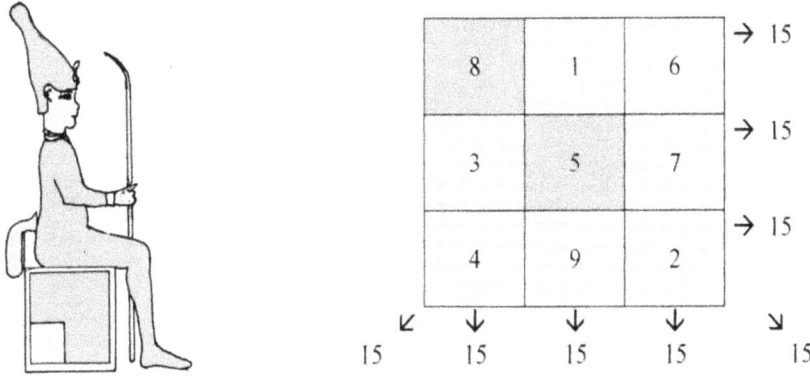

« 8 carrés rayonnants » entourent le centre du « **carré magique** » avec l'absorption du « **5** », ils ont pour total **120** x **3** = **360**.

Si nous considérons l'aspect phonétique de la langue des templiers porteurs de la connaissance orientale, le « **sang vin** » de toutes les religions à mystères ne nous apparaît pas innocent. **Isis**, de par son nombre « **26** » et son chiffre de naissance « **8** », est égale à 34 ou encore **3** et **4**, ce sont **les deux trônes, Geb-Nout, terrestres et célestes.**

La tiare d'Isis, (nous verrons plus loin ce qu'il faut en penser) est la représentation du « **trône** » où siège le Roi.

La forme la plus ancienne qui soit du mot « **rassembler** » s'écrivait en sumérien « ■ ■ » NIGI, ce qui signifiait également « Total ».

La Tradition Primordiale est « une », mais elle fut diffusée aux quatre vents de la Terre. C'est ainsi que chaque ethnie conserva dans les âges des bribes différentes d'une connaissance perdue.

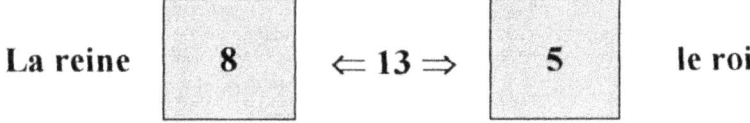

Les « 13 » morceaux du corps osirien retrouvés par la déesse Isis. Les éléments restants composent à leur tour deux trônes, l'un **terrestre**, l'autre **céleste**. Soit en **leur quintessence** les « 14 » morceaux mythiques du corps osirien, découpés par le dieu Seth.

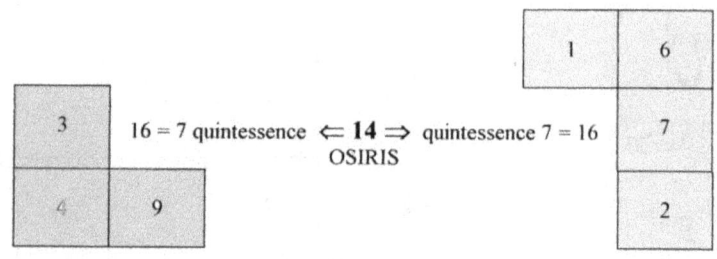

« **Le trône terrestre** »
Les 3 carrés de **Geb**
3ième naissance ennéade

« **Le trône céleste** »
Les 4 carrés de **Nout**
4ième naissance ennéade

Maintenant supposons **Osiris** mort, selon son double état, et interrogeons de nouveau les nombres en leur quintessence :

Shou – 1 -		Tefnut-2-		Geb-3-		Nout-4-	
1	+	2	+	3	+	4	= 10
Haroéris 62		Seth 62		Isis 26		Nephtys 26	
8	+	8	+	8	+	8	= 32

Ce nombre « **42** » n'est pas un nombre banal, c'est précisément celui **des assesseurs d'Osiris**. C'est aussi celui de la totalité des *nomes*, provinces ou districts de l'Égypte Ancienne. Il faut savoir que chacun des « nomes » était censé détenir **un élément du corps du dieu**.

Osiris ayant été découpé en **14 morceaux** :

14 ÷ 42 (Morceaux ou Assesseurs) = **0,333333333**

« **Le rai de lumière par excellence** »

0,333333333 X^2 = 0,111111111 X^2 = 0, 0 1 2 3 4 5 6 7 * 9

« **0,111111111** » Sur les plans symbolique et mathématique, ce nombre révèle l'infinie lumière du « **1** » dans l'accomplissement du « **3** ». **Osiris** peut-être écarté partiellement de l'ennéade par **Seth**, il ne peut l'être du Panthéon Traditionnel. La hiérarchie divine reconnaît en **OSIRIS** le dépositaire des essences du créé. Les « **nomes** » de l'ancienne Égypte représentaient, par leurs dispositions, les structures numériques de l'ordre établi. Les « **degrés** » qui caractérisent les **(3)** dieux antagonistes sont révélateurs de cette finalité. L'angle Séthien ôté du produit du couple royal a pour résultat : **Osiris Triangle** 60° + **Isis-carré** 90° = 150° moins (42) = **Seth-pentagone** 108° d'angle. Afin de clarifier la situation des « **5 enfants dieux** » visualisons le tableau ci-dessous :

Dieux	Sexe	Nature	Polyèdre	Faces	Arêtes
Osiris	M	Triangle	Tétraèdre	4	**6**
Isis	F	Carré	Hexaèdre	**6**	12 ⇒
Nephthys	F	Triangle	Octaèdre	8	12 ⇒
Haroéris	M	Triangle	Icosaèdre	20	30 ⇒
Seth	M	Pentagone	Dodécaèdre	12	30 ⇒
Sommets	Quintessence	Référence	Naissance	Cumul	**Degrés**
⇒ 4	5	14	5	19	**60°**
⇒ 8	8	26	8	34	**90°**
⇒ 6	8	26	9	35	**60°**
⇒ 12	8	62	6	68	**60°**
⇒ 20	8	62	7	69	**108°**

Nous observons que par **sa quintessence** même, **Osiris** se démarque de cette prime ordonnance numérale, il n'y a guère que **ses sœurs** qui puissent s'harmoniser de manière partielle avec sa logique arithmétique. **Isis** par ses **faces,** (pureté de son amour), **Nephthys**, par ses **sommets** (entendons ; par la puissance de ses facultés occultes). « *Que celui qui a de l'intelligence calcule...* **666** », les deux sœurs savent qu'elles ne peuvent agir que sur les arêtes.

Le mot « arêtes » nous fait penser à squelette, et squelette à **structure**. Ce sont les arêtes rassemblées qui perpétueront la forme au-delà de la consistance apparente. En sumérien, « côte » signifie « **faire vivre** », qui donc... Ève peut-être ? C'est à partir de l'une de ses arêtes que la Grande Pyramide a été construite.

Les deux magiciennes vont alors tenter de ramener **Osiris** à la vie. Afin que leur action soit plus efficace, il leur apparaît indispensable d'unir leurs dons. Elles adoptent alors une stratégie commune et décident de placer en duo l'un des trois aspects de leur constante numérique. Cette symbiose structurelle a pour but de favoriser la régénérescence du dieu. En d'autres termes, l'amour « **luni-solaire** » qu'elles portent l'une et l'autre à **Osiris** devrait permettre de rassembler les morceaux épars du corps, afin de reconstituer une entité numérique identique au dieu lui-même.

Cela nous permet de constater qu'un tel drame, loin d'être anodin, nous révèle un aspect de la réalité Osirienne : le dieu peut se défaire structurellement puis se recomposer autre, tout en demeurant lui-même. Ce pourquoi il est dit « Souverain de la nature **»,** laquelle, nous le constatons, est sans cesse modifiée par les morts et les naissances. Hormis cette évidence, elle est, cette nature, toujours identique en son principe. Cela s'entend en premier lieu pour les molécules, dont **Osiris** se révèle être l'élaborateur de la prime structure. Ses épousailles avec la belle **Isis** en témoignent.

« *Ne suis-je donc pas **Isis** plus belle et plus noble que tous ces dieux inférieurs* ».

Les 4 faces du tétraèdre tendent amoureusement vers **le cube**. Ainsi désolidarisées de leur contexte géométrique, les faces du tétraèdre se recomposent pour venir coiffer l'hexaèdre. Sur un plan symbolique et philosophique, le tétraèdre devient **pyramide**, prédisposant par le fait même « la matière Terre » sur laquelle il est positionné, à une aspiration spirituelle.

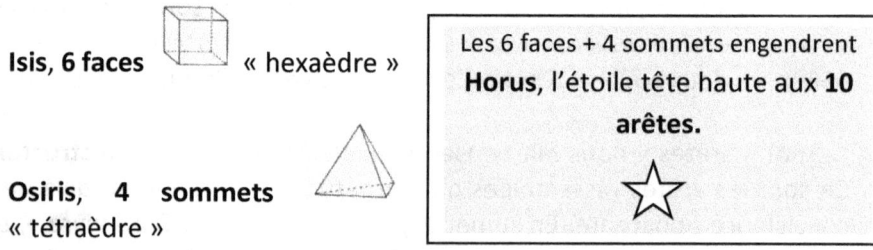

Isis, 6 faces   « hexaèdre »

Les 6 faces + 4 sommets engendrent **Horus**, l'étoile tête haute aux **10 arêtes.**

Osiris, 4 sommets « tétraèdre »

Isis (le cube) mise en croix   déploie son amour pour **Osiris** avec ses **14 arêtes extérieures et ses 5 intérieures = 19** (le chemin de croix des catholiques a 14 stations).

> Les « 4 faces » du volume n'adoptent plus la forme d'un tétraèdre fermé, mais celle d'une pyramide ouverte à la base pour venir s'emboîter sur le cube, tel un couvercle.

Afin de se montrer digne de cet amour, le dieu honore **Isis** avec ses **12** arêtes △ △ △. Les 12 arêtes représentent le cube fermé, voyons là

« **le trône** » en lequel va siéger son « **œil** » pharaonique.

L'échange est effectif, **l'union est consommée**, le « **10** horien » peut naître à l'intérieur de la **matrice terre** refermée, autrement dit le cube (**6**) est fécondé par le feu pyramide (**4**) dont le diamètre est la clé des rapports numériques, soit 1,273239544.

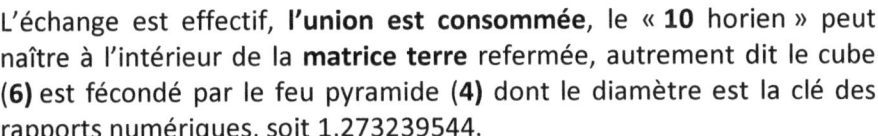

> La Terre carrée des anciens va avoir un jeune Roi, **le dieu HORUS** l'étoile « **5** » pointes (sommet haut) sera missionnée pour boucler le cercle « ennéade » avec le « **10** » qu'elle contient en elle.

« *Celui qui connaît la vertu d'un nombre (10) et la nature d'un premier nombre sphérique, le (5) aura le secret de cinquante portes d'intelligences, du grand Jubilé, de la millième génération et du règne de tous les siècles* ».
Pic de la Mirandole.

D'un point de vue purement symbolique, cet ensemble géométrique représentant la pyramide sur le cube n'est autre que « **la pierre cubique à pointe** » des francs-maçons.

Cette pierre renferme le secret , secret que tend parfois à dissocier

la hache séparatrice de la méconnaissance.

L'union **Osiris-Isis** ainsi réalisée, ce sont 16 arêtes + 10 non révélées, celles d'**Horus** en gestation. Ce qui revient à 26, nombre de sa mère **Isis**, puisque son père **Osiris** a quitté le monde des apparences. Il en résulte un héritage « traditionnel » celui du fils aux **10 éléments**. Nous retrouvons cette géométrie évocatrice en l'aspect particulier de certaines croix antiques.

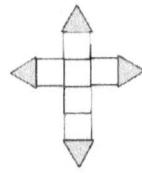

« Croix » que bordent les flammes, symbolisées par les triangles. Une comparaison s'impose entre « l'intelligence et le feu ». Souvenons-nous du ר « Resh » hébraïque, ce feu qui sublime, éclaire, réchauffe, dont l'inverse épouvante, brûle, calcine, suivant l'usage qui en est fait. N'est-ce point-là le reflet même de la versatilité religieuse à travers les siècles, et plus généralement de l'état d'esprit humain ?

Sous un autre axe, celui de notre fil conducteur, cette union **Osiris-Isis** prélude au regroupement moléculaire organique. Nous avons pu constater que les caractéristiques géométriques et numériques s'accommodaient fort bien de cette différence, masculin-féminin, pair impair. L'union est presque parfaite, elle le serait si les mêmes tendances ne se manifestaient pas chez **Nephtys**, la sœur d'**Isis**, à l'égard d'**Osiris**.

Nous allons observer qu'en sa rouerie perverse, **Seth** va tirer parti de cette attirance, elle ira même jusqu'à lui servir de viatique. Le couple **Osiris-Isis** est solidement uni, il génère l'harmonie terrestre.

14 + 26 = **40**, joint à la jubilation trinitaire et immanente d'**Atoum** « 000 » = **40 000**, le ∅ moyen de la Terre.

Le Dieu des dieux n'affirme-t-il pas en s'adressant à **Isis** :

« *Jeune femme, ce ne peut-être que par l'effet de la volonté divine que tu as conçu et que tu accoucheras* » !

Isis aurait alors acquiescé par ces mots : » *Oh dieux ! Obéissez à cet ordre !* **Atoum, Seigneur du palais des formes originelles, a parlé** » !

Or **40 000 km** est la circonférence moyenne de la Terre, 40 008 km exactement, le 8 d'**Isis**, huitième enfant. Rappelons, en ce qui concerne le

מ « mëm » hébraïque, que ce caractère personnifie la femme, la terre ou ce qui s'y rapporte. Lorsque ce caractère comprend deux points accouplés en son sommet, il adopte la valeur ésotérique de **40 000**. Revenons à notre mythologie :

Seth, hélas, ne le conçoit pas de cette manière. Rapidement en son esprit prend forme un plan crapuleux. Si d'aventure, malgré leur peu de points communs, il épouse sa sœur **Nephtys**, 26 + 62 = 88 = 16 = " **7** ", il sait que le résultat de leur commune quintessence lui donnera sur elle un pouvoir ascendant. D'ailleurs, « les arêtes », structure numérale de **Nephtys**, ne sont pas incompatibles avec « les faces » révélées de sa personne (voir tableau).

Leur union étant devenue officielle, **Seth** n'a qu'une préoccupation, obliger **Nephtys** à se compromettre avec **Osiris**. Si son stratagème réussit, le dieu aura là, un excellent prétexte pour se venger de l'affront subi. La loi en effet condamne sévèrement l'adultère. Son frère sera frappé de l'opprobre général et destitué de son trône. Le poste sera alors vacant, et lui, **Seth**, injustement écarté, fera valoir la légitimité de ses droits.

L'homme, la femme, et leurs complémentarités physiques, servent souvent de vecteur allégorique à une quête de caractère initiatique. Les animaux, les végétaux sont également les supports d'une symbolique élaborée, ayant pour mobile de provoquer l'imaginaire des êtres intuitifs.

La réflexion est indispensable pour acquérir la connaissance, celle-là permet une ouverture spécifique sur le monde, La connaissance procure à celui qui la possède un engouement intérieur, une joie indicible, une espérance à vivre que rien ne peut égaler. Les valeurs mathématiques sont des preuves de l'absolue perfection de la nature des choses, et nous en devenons les visiteurs émerveillés.

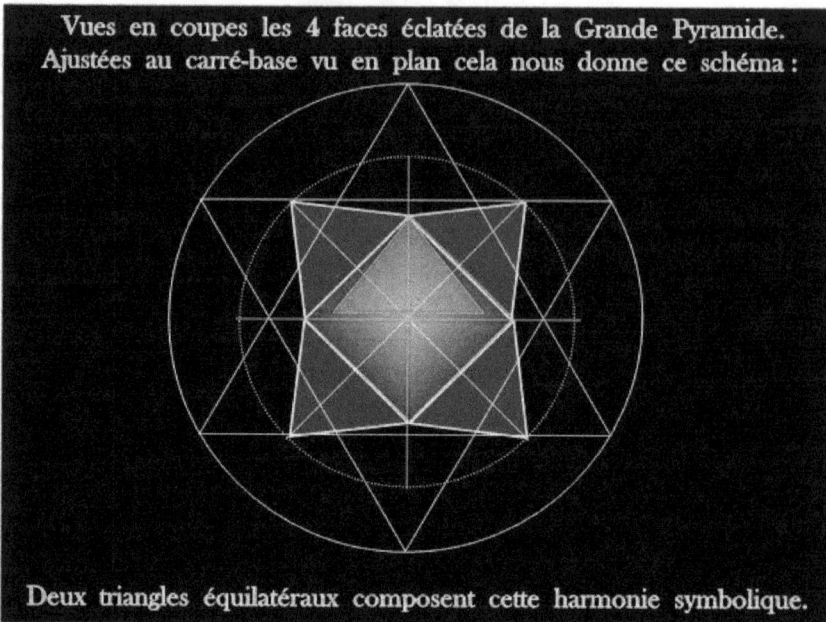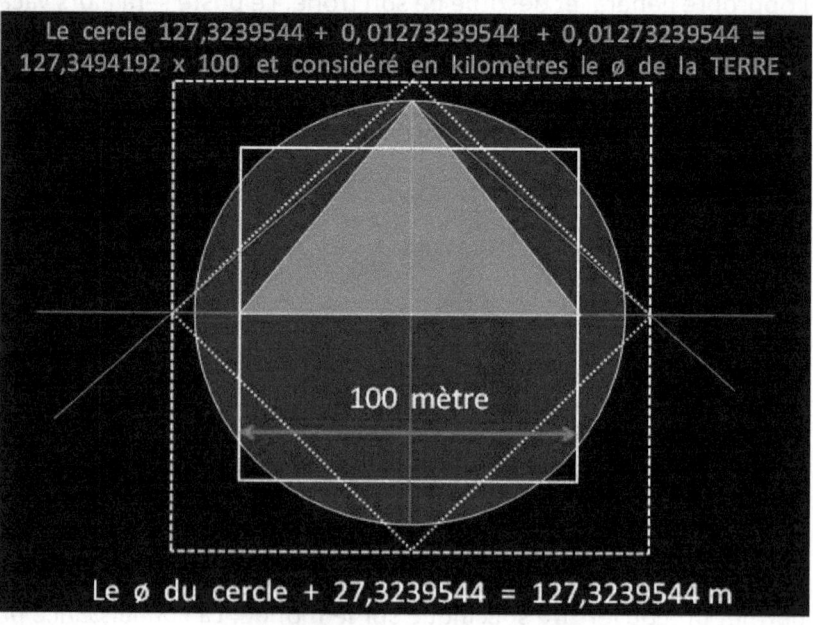

La Duplicité Humaine

> Quand « **le bien** » ne parvient plus à soulever sa charge,
> c'est « **le mal** » qui l'aide !

Pour une meilleure compréhension de l'harmonie ou de la dysharmonie de ces couples mythiques, traçons un petit tableau.

Shou 1	Impair	
Mariage harmonieux.		**Aithérique**
Tefnut 2	Pair	
Geb 3	Impair	
Mariage harmonieux.		**Particulaire**
Nout 4	Pair	
Osiris 5	Impair	
Mariage harmonieux.		**Moléculaire**
Isis 8	Pair	
Seth 7	Impair	
Couple en dysharmonie		**Cellulaire**
Nephtys 9	Impair	
Horus 10 Pair - Cellule neuronique en harmonie avec la conscience.		

Ce tableau laisse présager des difficultés et des mutations que ne manquera pas de connaître la future **cellule neuronique** (incarnée par Horus) lorsqu'elle aura à imposer sa réalité. Fréquemment fragilisée par les conditions ambiantes, elle sera soumise à des agressions imprévues et à de brusques déséquilibres auxquels elle devra courageusement faire face.

Le Sage Haroéris, le frère célibataire sixième né, a une indéniable affinité numérique (62) avec le feu Séthien (62) également. Il n'ignore point que celui-là est l'élément stimulateur de la vie, mais **Haroéris** a pour emblème familial le triangle. À ce titre, peut-il dénigrer **Osiris** et sa sœur **Nephtys** ? Ne forment-ils pas une filiale infiniment respectable, 14 + 26 + 62 = **102** (le nombre divin) ? Le dieu prend donc le parti de rester neutre. Bien que secret, son rôle n'en demeure pas moins important.

Revenons à la légende : **Seth** est obstiné, il agira selon son plan. **Nephtys** n'est-elle pas une femme désirable, n'égale-t-elle pas par ses charmes sa sœur **Isis** ? Il suffirait que lui, **Seth**, contraigne celle-là à emprunter les vêtements au parfum terrestre de la déesse et le tour serait joué.

Dûment mûri, le dessein est mis à exécution. **Nephtys**, par soumission à cet époux absolutiste, mais aussi de par le secret désir que celui-ci avait fait naître en elle, ne se montra pas hostile ou simplement réticente au projet. Le soir venu, alors qu'elle savait sa sœur absente, elle pénétra subrepticement à l'intérieur de la demeure d'**Osiris** et s'étendit sur la couche de son frère. Les deux sœurs se ressemblaient comme deux gouttes d'eau et le dieu, accoutumé au parfum d'**Isis**, ne décela pas immédiatement la substitution. C'est ainsi qu'**Osiris** et **Nephtys** s'accouplèrent. De leur étreinte naîtra plus tard **Anubis**, dieu chacal, dont le rôle eschatologique est des plus intéressants.

Seth, appelé par **Atoum** même « le grand magicien », applique alors sa vengeance. Il entraîne **Osiris** dans un traquenard dont chaque étape a un caractère hautement initiatique, que nous tenterons d'expliciter.

Ainsi donc **Osiris est assassiné par son frère**. Plus tard, lorsqu'Isis découvrira le corps et que Seth en sera informé, il découpera le cadavre en **14 morceaux**. Nous verrons plus loin la portée ésotérique de cet acte. Pour l'heure, voyons **là un démantèlement symbolique de la forme tétraédrique.** Sur un plan mythique, l'acte adultérin qui fut consommé avec **Nephtys**, neuvième enfant et **Osiris**, cinquième enfant = **14**, trouvera un accomplissement en ce cruel châtiment. Les quartiers de chair seront alors répartis sur la surface de la Terre, domaine sensible à l'épouse d'**Osiris**, **Isis** huitième enfant et **Osiris** cinquième enfant = **13**.

Géométriquement, le cube est séparé de son dôme pyramidal, mais il devient détenteur des fractions rédemptrices, leur conférant ainsi et à jamais, une réalité ésotérique.

Poursuivons le cours de l'histoire, Nephtys s'étant rendu compte de sa faute, est accablée de remords. Prise de compassion, elle décide d'aider sa sœur à réunir les restes épars de son époux. L'apport des connaissances occultes de **Nephtys** constitue une aide précieuse pour **Isis**. Dès lors, les deux sœurs vont mettre à profit leurs qualités de magiciennes. Ainsi, parviennent-elles à rassembler **13** aspects du corps sur **14**.

$$\text{Osiris : } 14 \div \pi = 4{,}456338407 \div \text{Seth (7)} = \mathbf{0{,}63661977}$$

Ce résultat n'est pas fortuit, ce nombre 0, 636619772 multiplié par deux, soit 1, 273239544 (⌀ de 4), constitue la clé secrète qui permet de connaître toutes les cotations arithmétiques de la Grande Pyramide d'Égypte. Mais pour l'instant, contentons-nous de multiplier ce résultat, non point par les « **14** » mais par les « **13** » morceaux du corps d'**Osiris**, rassemblés par les deux sœurs lors de leur quête.

Cela nous donne : $0{,}636619772 \times \mathbf{13} = 8{,}276057036 \times \pi = \mathbf{26}$ (nombre d'**Isis** et de **Nephtys**). Voilà que les « **3** » dieux sont au rendez-vous numérique :

1 + 4 = 5ème enfant ⇒ **Osiris**

0 7 = 7ème enfant ⇒ **Seth** ──── « **3** »

2 + 6 = 8ème enfant ⇒ **Isis**

Le nombre vertical **476**, divisé par le nombre vertical **102** nous donne pour résultat 4,666666666 multiplié par les trois composants = **14**

« **Osiris** », disséqué par la perfidie Sethienne, est reconstitué par la divine triade. Dès lors, le dieu va devoir vivre un état distinctif transcendant, situé entre Ciel et Terre. Vu sur un plan strictement géométrique, « le morceau » manquant est une face de l'icosaèdre, autrement dit un triangle, l'un des 4 existant à l'origine (reste 3). Le triangle de 120 de côté est dans la bouche en « O » du poisson, lequel se tient dans l'onde /\/\/\/\/\ céleste.

Ce « **14ème morceau** », la légende nous le présente sous la forme du « *linga éternel* », c'est le phallus procréateur dont la semence est à même de féconder la matrice Terre. Les deux sœurs apprennent qu'un poisson du Nil, « *un Nil rem* », a avalé « **la lumière manifestée** ».

C'est peut-être ce qui fera dire plus tard à Saint Augustin, en parlant de **Jésus** :

« *C'est un poisson qui vit au milieu des eaux* ».

Nous laisserons aux lecteurs le soin d'établir la relation qui s'impose. Rappelons qu'il en va de même de **Vishnu**, prenant la forme d'un poisson pour sauver l'humanité du déluge, celui-ci était dépositaire des « védas », autrement dit, « l'esprit de *la tradition primordiale* ». De l'**Oannès** sumérien au dauphin d'**Apollon**, de nombreuses divinités de par le monde eurent des liens relationnels avec l'eau. Nous réalisons que **le poisson**, après avoir absorbé l'essence séminale d'**Osiris**, est devenu le symbole messianique que nous connaissons. Les « **Osireion** » (temples énigmatiques de l'ancienne Égypte dédiés au dieu Osiris) étaient pourvus de bassins à circulation d'eau, en lesquels était officié le culte du dieu.

« Le renouveau printanier » prend l'accent d'un « **point vernal** ».

Voilà que nous sommes à la fin de l'ère des « Poissons », conjointe à l'ère du « Verseau ». La « Vierge » placée à 180° a été fécondée. « Le poisson » s'apprête à regorger l'O de l'onde. En résumé, nous pénétrons une ère nouvelle. (notre ouvrage sur la Grande Pyramide et la constellation d'Orion, devrait le prouver surabondamment.)

Le poisson joue un rôle particulier dans le bestiaire de la haute symbolique, en Égypte Ancienne, il incarne « le nombre » que l'on pêche à l'aide d'une barque. L'idée a été généreusement reprise par les ébionites ou premiers Chrétiens.

La base pyramidale, nous le savons, est carrée vue du ciel. En ce graphique, nous avons l'œil, le poisson et le nombre d'OR. L'animal est également une promesse, un changement, une orientation.

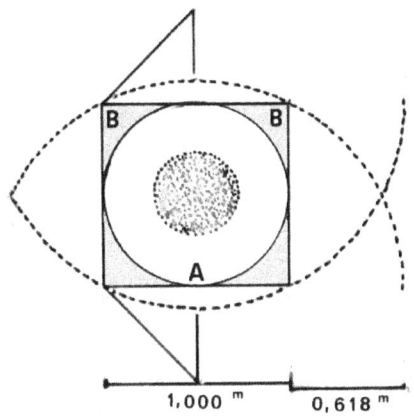

C'est sa fin qui engendrera l'ère du Verseau, souhaitée autant qu'appréhendée. Les nombres et la géométrie, voilà la base de toutes choses, ces deux critères ne souffrent aucune interprétation. Nous pouvons être séduits par des histoires que nous espérons réalistes, mais elles sont autant de mirages qui se dissipent à l'approche de la précision qui précède la vérité. Les preuves que nous donnent les nombres et la géométrie vont dans le sens inverse, elles jalonnent notre parcours de convictions. Celles-ci nous permettent d'évoluer et d'espérer, en abandonnant la morosité d'une existence dominée par l'incertitude. L'Univers est une vaste harmonie, mais nous n'avons généralement pas assez de recul pour apprécier sa beauté.

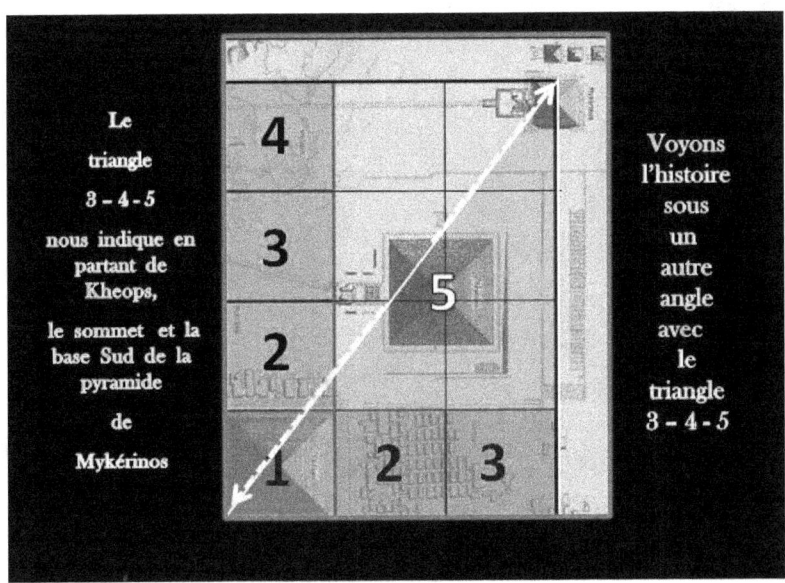

Ce chef-d'œuvre regroupe les 1 – 2 – 3 – et les 1-2-3-4 = 12 il y a là une merveilleuse harmonie, mais avant tout un message !

> *Isis a rassemblé 14 morceaux de ce corps triangulaire, moins le sien, égal 13 morceaux. Le lecteur aura observé sur une illustration précédente, que la Déesse devient le rayon du cercle circonscrit dans le triangle 3 – 4 – 5*

Nous remarquons que ces mythes, ces fables, ces histoires à dormir debout marmonneraient certains, sont riches de dénouements et de promesses. C'est la preuve que les nombres et la géométrie sont à la base de toutes conceptions, de toutes épreuves, de toutes finalités. Ces postulats ont incontestablement des critères de potentialité qui leurs permettent de nouer et dénouer toutes situations matérielles dont nous sommes en partie les éléments engagés. C'est en observant ces phénomènes que nous pénétrerons le monde secret des grands arcanes, nous constaterons alors que sur ce divin arpège, la plupart des harmoniques sont des grandes constantes de l'Univers.

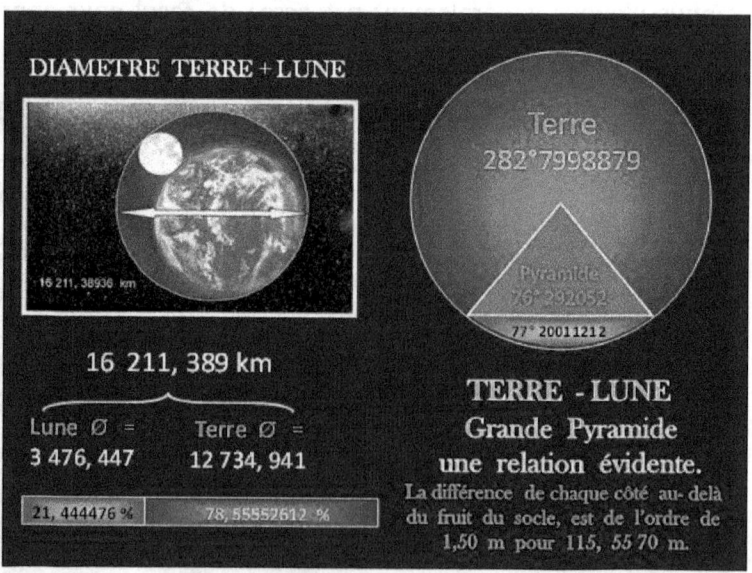

La structure, vue en coupe de la Grande Pyramide, s'insère dans l'emplacement en pourcentage de la Lune par rapport au cercle de la Terre. La différence de 76° à 77° est infime.

La Légende du Roi Arthur

Je serais assez partisan de l'élitisme, si de sapience était cette élite.

Nous retrouvons là, l'esprit des légendes arthuriennes émanant de la mythologie celtique **« La quête du Graal »**. Parmi les héros de ces légendes, évoluent trois personnages énigmatiques, ces « entités principes » sont pour noms :

Merlin -	Le magicien	**L'enchanteur.**
Viviane -	La fée	**La dame du lac.**
Morgane -	La devineresse	**La dame au corbeau.**

Nous tenons pour effectives, les relations culturelles à connotations spirituelles, entre **le monde druidique** d'alors et **la haute prêtrise égyptienne**. Mais pour l'essentiel, ces légendes ont été réactualisées au temps des croisades, sous l'impulsion des spiritualistes et lettrés arabes, ayant sympathisé avec les croisés les moins obtus. Nous ne nous étonnerons pas de trouver les coïncidences suivantes, car ceux-ci n'ignoraient pas que le mot « mer » en s'écrivant différemment signifiait à la fois « aimer et pyramide. »

Nous nous sommes amusés à établir des correspondances avec le mythe et la sémantique. Elles peuvent apparaître singulières à la suite d'un jugement sommaire, mais le sont-elles vraiment ?

Divinité :	**Merlin**	**Viviane**	Morgane
Première syllabe	Mer. (universel)	Vi. (indo-européen)	Mor.(indo-européen)
Traduction	**Aimer** (Égypte)	**Vie.** (France)	**Mort.** (France)
En 3-4-5 lettres	LIN (3)	VIANE (5).	GANE (4)
Symbolique	Translucide.	Blanc.	Noir.
Évocation	Le temps.	L'onde.	L'aile.
Allégorie	L'évolution.	L'élévation.	La révélation.

Identification	L'esprit.	L'âme.	Le corps.
Extrapolation	L'homme de Christ Al	La dame de « l'O ».	La dame au beau corps.
Représentation	L'intelligence.	Le monde divin.	La matière.

Par analogie, nous reconnaissons sans peine la trilogie :

> ***Osiris - Isis - Nephtys.***

Nous remarquerons au niveau des correspondances, que parmi les personnages cités, se trouvent :

Les 3 mots les plus importants au monde :

> ***Aimer - Vie - Mort.***

Quant au « **poisson du Nil** » détenteur du secret, autrement dit le : « **Nil-Rem** » son effet miroir est naturellement : « **Merlin** ».

Le corps matière est assimilable à « **l'œuvre au noir** » des alchimistes, l'époque des « **corps beaux** ». Les révélations suivront la putréfaction, l'esprit en évolution s'éprendra de l'âme, ce sera l'élévation du **Graal** (entendons, l'élévation de l'intelligence sensible.) Précisons que le Graal a deux aspects, le second qui est en fait le premier, est de nature céleste, d'où son inégalable préciosité. Le breuvage, qu'il est censé contenir, désaltère avec la métaphore de la soif spirituelle.

Quant à la nature même de ce contenu, il est plus proche du « **cent** que du **sang** » question de compte-gouttes ! Si le lecteur préfère les vérités balbutiées aux sottises bien dites, l'énumération ci-dessous à défaut de le ravir devrait l'aider à monter en **sel**. S'il **souffre** de talures, ne croyez point que notre « **mer** en a **cure** ». Elle sait bien qu'il ne peut y avoir de « kabbale sans cavale », c'est-à-dire le contenant, car nous ne pouvons révéler le contenu, celui-là est réservé à l'adeptat. Cette boisson a le merveilleux pouvoir de faire apparaître le di-vin. On comprendra que tout être humain n'est pas apte à porter le calice aux lèvres sans morale réformée et démarche initiatique profonde. **L'acte de foi, doit nécessairement précéder la révélation.**

Si nous nous intéressons au fait de puiser dans les vieilles souches aryennes, du côté de l'Inde et du sanskrit, nous relevons d'étonnantes similitudes avec les reliquats des noms précités : **Lin – Viane – Gane.**

1) Mer... **lin** / Ling, Linga.

Il s'agit là du signe « complément masculin » de la vulve féminine, c'est « **la pierre debout** », l'énergie centralisée.

2) Vi... **viane** / Vian, Vyant.

Le mot indique la valeur « **haute** » dans le sens le plus noble du terme puisqu'il signifie également « **ciel** ».

3) Mor... **gane** / Gana, Ghana.

Le terme sanskrit indique « **le cube, élévation numérique** ».

Par extension à la symbolique « **cube – terre – matière** ».

1) Le déterminatif du mot pyramide « **mr** » ou colonne en égyptien s'assimilerait au phallus procréateur « **la pierre levée de l'Inde** » l'amour (mr) verbe aimer, le secret du devenir réside en lui.

2) « **La vie** » avec le zéro d'Atoum et le Ciel de Nout, celui-ci est composé de connaissances et d'espérance.

3) « **La mort** » avec le cube traditionnel synonyme de **terre - matière** mais aussi de promesses, d'endurance et de passage (douat).

« *Du français, de l'égyptien ancien, du sanskrit, pourquoi pas du zoulou pendant qu'on y est...* » ! Votre suggestion est bonne, en fait, il s'agit là du « **neter** des **neterou** ». On dit de lui qu'il a la propriété de parler toutes les langues, d'avoir influencé tous les textes sacrés, mieux, d'avoir suggéré aux hommes les mots de leur langage. Lorsque les temps arrivent : la révélation, l'inspiration et la tradition ne font qu'une, puisque mêmes le mot Dieu en égyptien « Tem » se fonde en « l'humanité » avec le mot « Temou. »

Mais revenons à notre légende arthurienne :

Le **Graal**, ce « Saint Vaisel » des légendes, que nous avons l'occasion de décrire, est implicitement présent en la Grande Pyramide, il se traduit en sanskrit par « **illumination** » au sens noble. Son indéniable harmonie arithmétique et géométrique, répond à la lumineuse esquisse de l'harmonie divine. Le Graal que nous décrivons est si prodigieux, qu'il est longtemps resté inconnu sous sa forme originelle. Car l'être humain à l'écoute de l'appel intérieur, se devait de se soumettre à la discipline d'une quête individuelle. Aujourd'hui encore, il se doit d'élever son état de conscience à travers les méandres du discernement. *La foi est un instrument de musique, elle joue sur les cordes de l'intuitif pour séduire l'oreille du divin.*

Au cours de son existence, l'homme a deux devoirs :

Le premier de ses devoirs est de se mériter lui-même, entendons, d'élever sa conscience à travers ce qu'il lui est donné de connaître. Le second devoir de l'homme, c'est de tenter de parfaire la société en laquelle il vit, et si possible, d'en être une des références.

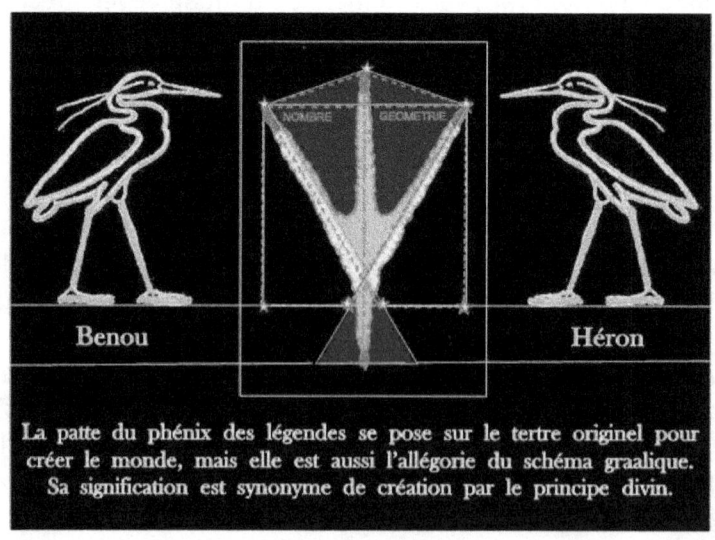

La patte du phénix des légendes se pose sur le tertre originel pour créer le monde, mais elle est aussi l'allégorie du schéma graalique. Sa signification est synonyme de création par le principe divin.

Avec la patte du héron cendré nous voyons apparaître dans le carré pyramide (première assise vue du ciel) l'esquisse du calice Graal des légendes médiévales. Cette dite « légende » n'aurait pu perdurer dans les âges si elle n'avait un fondement véritable et inviolable au sein de la Grande Pyramide. Cela montre combien le choix des dessins hiéroglyphiques qu'ont jadis imaginés les égyptiens, était judicieux et empreint des parangons de la connaissance. À moins, que ce ne soit là, le signe d'un art conceptuel venu d'ailleurs, dont ils seraient, eux les anciens égyptiens, les nobles héritiers.

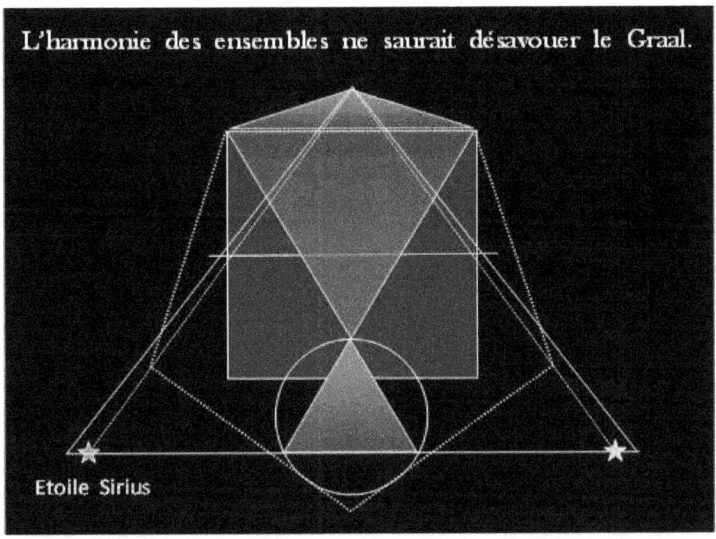

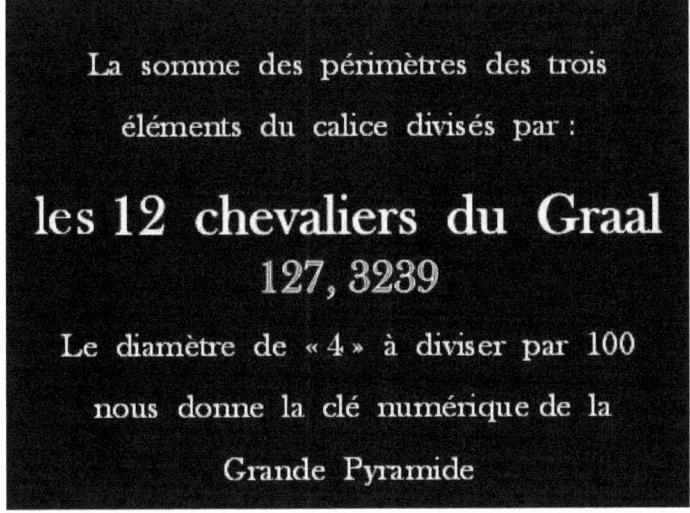

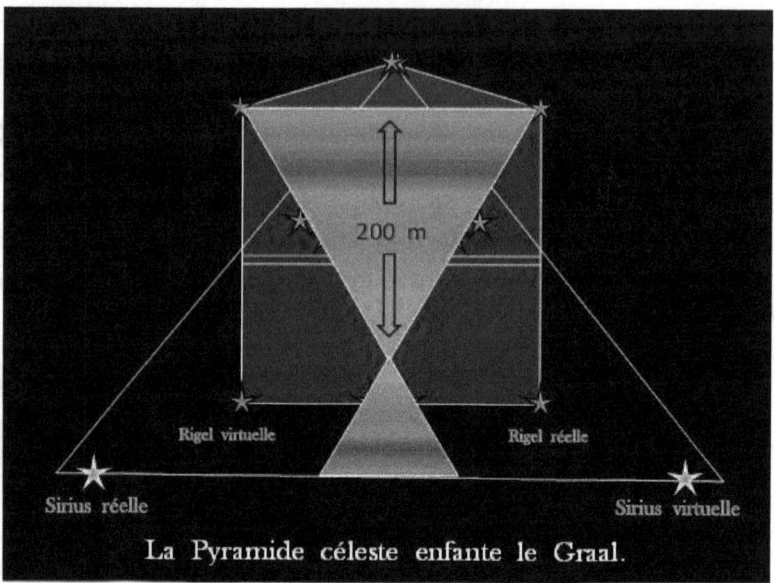

La Pyramide céleste enfante le Graal.

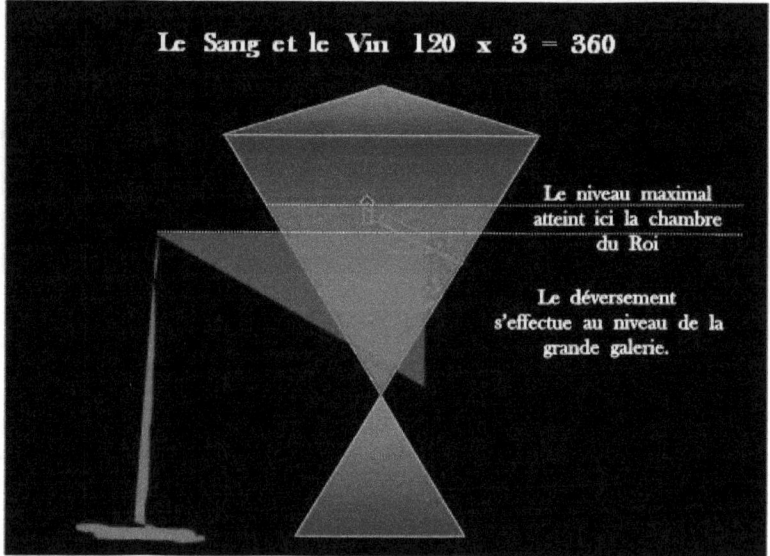

Le Graal demeure le symbole essentiel d'une quête relative à la connaissance oubliée. Il n'a de réalité objective qu'en ses mesures et fondements déductibles au sein de la Grande Pyramide d'Égypte.

Naissance d'Horus

> La lumière est réputée invisible,
> tant qu'elle ne trouve pas d'obstacle sur sa trajectoire.
> C'est grâce à l'obstacle que la pensée se désolidarise
> de l'obscur pour révéler sa nature.

Cette récréation métaphorique arthurienne mis à part, reprenons la lecture de nos légendes égyptiennes, le mythe n'étant point achevé. **Isis** est veuve **d'Osiris** et elle est enceinte d'**Horus :**

« La semence du dieu est dans mon ventre. Je forme le corps d'un dieu comme **un œuf** *».* Précise-t-elle !

Plusieurs versions des textes laissent supposer, que les pratiques amoureuses de la belle **Isis** ont su ranimer la virilité du dieu défunt. Cela juste avant que **Seth** le retrouve et s'acharne sur son cadavre. **Osiris** aura donc un fils post-mortem, **Horus** (dieu à tête de faucon.) On le nommera « Celui de l'Orient rayonnant ». Ne se trouve-t-il pas à l'est de l'ennéade, le nombre « **10** » lui est attribué, *Yassin* en arabe, *le chef*, celui qu'il faudra suivre désormais. **Isis** élèvera son enfant en cachette, en le dissimulant dans les marécages du delta du Nil. **Bouto** ou **Outo**, la déesse serpent protectrice du lieu, s'emploiera à nourrir et protéger le jeune dieu. Il est évident qu'il y a là une intervention symbolique d'**Atoum.**

Le serpent et cercle, c'est l'ouroboros et le delta, triangle .

Les textes précisent que la déesse **Isis**, mit secrètement au monde son fils dans un faisceau de papyrus. Or, la coupe des tiges de papyrus a la particularité *de ne pas être cylindrique, mais triangulaire.*

Horus boucle un cycle et accède à une représentativité, il est le Z, le verrou égyptien de l'ennéade, mais aussi celui de l'alphabet.

Le « **1 de Shou** se lie au **0 d'Atoum** » pour parfaire le **10 Horien**. Il est étrange de constater, que les Grecs, qui ignoraient le zéro, se servaient du triangle △ pour signifier le « **10** ». Petite prescience ou grande connaissance ?

$$1 + 2 + 3 + 4 + 5 + 6 + 7 + 8 + 9 + 10 = 5 + 5 \text{ ou } 2 \times 5 = 10.$$

L'étoile ☆ 5 sommets, 5 branches, retient prisonnière en son milieu la forme pentagonale des 5 angles. On ne s'étonnera pas outre mesure, que le premier des nombres, le « **10** » peut s'écrire en employant le hiéroglyphe du faucon égyptien. L'effigie d'Horus s'identifie ainsi au nombre « **10** ». Rappelons que le faucon, comme l'aigle, sont des animaux qui n'éprouvent nulle gêne à regarder le Soleil de face ⊙, la lumière les éclaire, mais… ne les éblouit pas.

Le jeune dieu gagne en âge et en force, il entreprend de lancer un défi à **Seth,** son oncle, avec l'intention avouée de reconquérir le trône que celui-ci a usurpé. En fait, il est contraint, comme toute cellule qu'il est (ou tout homme par extension) de combattre pour son élévation, pour son droit à la vie. La ligature réalisée par **Horus** « 5+5 » est le produit de la dixième place, c'est aussi nous l'avons vu, le verrou de l'ennéade **10**. **Horus** adopte le blason royal, aux armoiries numériques de son Père 55 + 14 = « **69** ». Ainsi revêtu, il peut entrer en lutte contre **Seth**. Nous savons par ailleurs que « le Dieu du Feu » grâce à son nombre 62 et sa position de septième enfant, arbore lui aussi, le nombre **69**. Le véritable combat « *du bien et du mal* » puisqu'en **Primosophie** (Nombres premiers, fin d'ouvrage) l'un comme l'autre font **69**.

BIEN = B2+I19+E7+N41 = **69**.
MAL = M37+A1+L 31 = **69**.

Cette constatation nous rappelle la barque de 138 coudées de Seth, la fusion du **bien et du mal**.

Pour les anciens égyptiens, la barque représentait le support allégorique du nombre.

69 Divisé par 2 = 34, 5 **le triangle 3.4.5** va devoir changer son hypoténuse. **Horus** prendra la place de **Seth**. Désormais, il y aura : **le Père, la Mère, le Fils.**

Plutarque pourra proférer : *« Voilà le plus beau des triangles ».*

Le double 5 représente les mains de l'homme adamique aux 28 phalanges. Osiris ayant été assassiné en sa vingt-huitième année de règne, « le 2 fois 5 » est ici considéré comme le pentagone étoilé ou l'étoile flamboyante. Nous l'avons dit, cette étoile détient en son sein :

> « Le pentagone inversé » ✩ Horus le maîtrise par la volonté acquise. En langage clair, le mal n'est point hors de nous, il est en nous, mais il doit nécessairement être maintenu prisonnier.

Nous avons vu qu'en égyptien « **porte** et **étoile** » ont un rapport étroit, la porte donne sur l'étoile, ce qui est manifeste dans « Faust » de Wolfgang Von Goethe. Selon le fait qu'il oriente sa vie, l'être peut aller vers le feu, en tournant le dos à la lumière ou vers la lumière en se défiant du pouvoir du feu. Les combats que vont se livrer les dieux ne symbolisent nullement ceux de la lumière contre les ténèbres. Ces notions antithétiques illustrées par **le Noun** et **le Nou** ne peuvent être conduites que par **Atoum** (Dieu). Voyons plutôt en ses affrontements deux aspects opposés, appartenant à une même réalité comme peuvent l'être l'orient et l'occident, la vie et la mort, l'ascension et le déclin. Si nous attribuons aux futurs combattants les puissances cumulées des dieux de la Genèse (ennéade), sans évincer **Osiris** puisque désormais, il continue la lutte sur le plan le plus éthéré de la quantique, que nous écrivons « aithérique », en souvenir de « l'aithéron. » Nous avons alors 1 + 2 + 3 + 4 + 14 + 62 + 62 + 26 + 26 + 10 = **210.**

Ce nombre est comparable aux 210 assises de la Grande Pyramide ou aux 210° de l'arc diurne relevé au solstice d'été, il y a pour le moins 4 000 ans. Une phase de la mythologie veut que lorsque le jour décline, **Seth**, le dieu-pilote de « la barque solaire » prenne le relais d'**Horus** pour défier la nuit. **Seth** pénètre « *la douât* » ces ténébreux abîmes vont d'Occident en Orient. Lui **Seth**, en tant que vigie de proue, a pour mission de surveiller assidûment le serpent **Apopis**, maître des ténèbres. Le serpent peut à tout moment sortir de « l'onde » risquant ainsi d'engloutir « le temps » et de changer l'ordre des choses. Ce serpent, est-il assimilable au « sa ta » égyptien, le Satan de la bible. Voyons ce que signifient ces apparentes sottises :

Le pentagone ou le dodécaèdre, emblème de **Seth**, forme un angle rapporté de 108°. Si nous multiplions ce 108° par **les 20 sommets** qu'affiche le dodécaèdre, nous obtenons 2160. Or, il faut 2160 ans, nous l'avons vu, pour que le Soleil en son mouvement apparent franchisse un des signes du zodiaque. Si nous multiplions ce nombre par **les 12 faces du dodécaèdre,** (les 12 chevaliers du Graal ou les 12 Apôtres) nous obtenons 25920 ans, soit le nombre d'années qu'il faut à la Terre pour boucler le cycle précessionnel.

Mais, me direz-vous, et les arêtes ? Eh bien, si nous divisons 2160 par **les 30 arêtes** du dodécaèdre, nous obtenons 72 ans ou **1° de circonférence par rapport aux 360° du cercle.** C'est bien le temps que met la Terre pour y parvenir. Cette période correspond au « *décalage du point vernal* ».

> 108 x 20 sommets = 2160 années x par les 12 faces ou signes du zodiaque = 25 920 années. 2160 années ÷ 30 arêtes = 72 années x par les 360° = 25 920 année.

Platon, qui avait séjourné en Égypte, était imprégné du bien-fondé de ces légendes à mystères. Lorsque, dans *Les lois* il flatte à maintes reprises les vertus du nombre 5040, produit des 7 premiers nombres, il n'ignore rien des légendes osiriennes. **5040** divisé par les **14 morceaux** de la légende, engendre **14 cercles de 360°**. Le plus beau des « **mandala** ». À l'inverse, si nous multiplions cette lumière du jour dont nous avons parlé, soit (l'ennéade + Horus) 210° par 24 heures de périodicité journalière, nous retrouvons bien le nombre cher au grand philosophe, soit **5040**.

Ce nombre (14) est un nombre bien mystérieux. Il est, nous l'avons vu, le nombre d'**Osiris**, alors que (8) et (4) sont les chiffres réservés à son épouse **Isis**. Le (8) se rapportant au huitième enfant et le (4) aux angles du carré, dont elle est maîtresse. Mais là, ne se limite pas les constatations. La déesse **Isis** est identifiée à l'étoile **Sirius**, or par rapport à la Terre, l'éloignement de cette étoile est de **8,4 années-lumière**.

14 x π = 43.98229714 ÷ 8,4 (années lumières) = **5.235987754 m.**

Ce sont là, les décimales exactes de la coudée ésotérique égyptienne. Cette coudée de 0,5236 m à construit les temples de l'ancienne Égypte, rappelons que multipliée par « 6 » elle nous restitue le nombre **π 3,141592653**. C'est aussi, dans l'ordre et en années lumières, les décimales affichées par les « 7 étoiles traditionnelles de la constellation d'Orion. ». Celles-ci ont été jadis prises pour référence par les Anciens, lorsqu'ils ont érigé la Grande Pyramide.

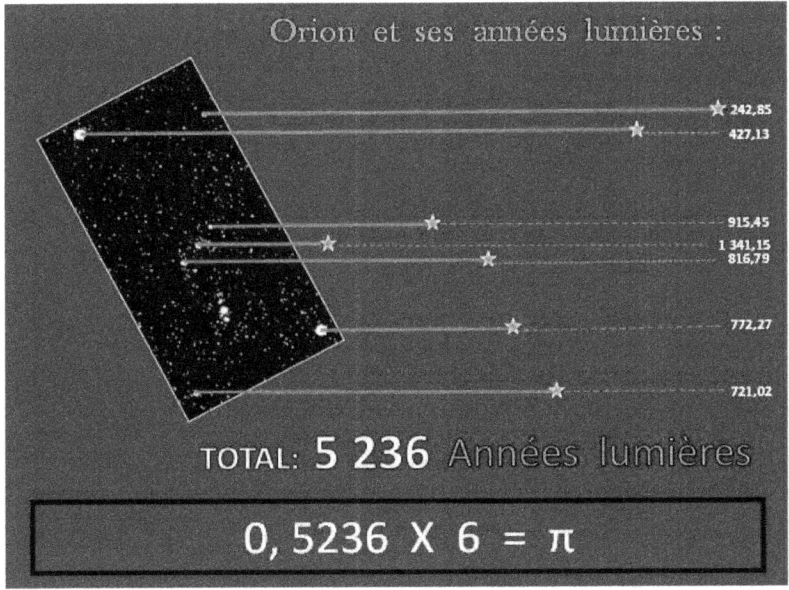

Années Lumières pour les « 7 » Etoiles d'Orion

Nasa — Wikipédia — Astrosurf

	Horizon444 (Nasa cf JP. Baquet)	Wikipédia*	Astrosurf.com
Bételgeuse	427.13	427	427 (108 à 160pc) Δ possible de 40%
Bellatrix	242.85	243	243
Rigel	772.27	773	773 à 900
Saïph	721.02	721	720
Al Nitak	816.79	817	-
Al Nilam	1 341.15	1 342	-
Mintaka	915.45	916	-
	5 236.66	5 239	

5 236, 66   5 239, …   ?.........

HORUS ET LA MAIN ROYALE

> Plus que notre sourire, le jeu instinctif de nos mains,
> renseigne sur ce que nous sommes.

Nous avons évoqué en mythologique, l'importance sous-entendue des mains et de leurs doigts, elles méritent que l'on s'y attarde et que l'ennéade (de 0 à 9) y soit explicitée selon l'esprit de tradition.

La main gauche est féminine.	La main droite est masculine.
Elle est conduite par **Horus le Jeune**, enfant de lumière.	Elle est conduite par **Horus l'Ancien**, vieillard de lumière.
La main gauche, caresse, cajole, prend, protège et **ouvre**.	La main droite, travaille, corrige, donne, condamne et **ferme**.

La lecture s'effectue de droite à gauche dans le sens de la course du soleil.

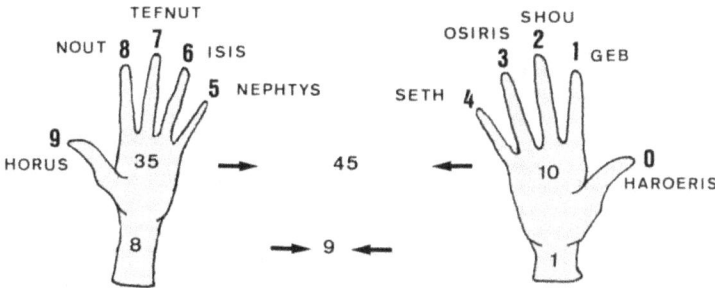

Le nombre relevé sur la main gauche « **35** » est le reflet de celui de **Nephtys**, dernière-née de l'ennéade (représentant la création.) Alors que le « **10** » de la main droite (verrou de cette même ennéade,) est le reflet du nombre d'**Horus**, premier-né de l'aboutissement biologique. Voyons l'aspect numérique de leur quintessence :

Le « 8 » main gauche, lié au « 1 » main droite. = $\sqrt{2}\,81$ = « 9 »

Total, main droite 10 + (quintessence main gauche) 8 = « 18 »

Les croisements :

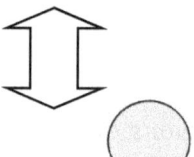

Total, main gauche 35 + (quintessence main droite) 1 = « 36 »

Le  verrou se ferme, il boucle le cycle de « la création ».

C'est le « **S** du serpent » (S.T) femme  et (S) homme 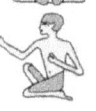 en

égyptien, à moins que pour la femme, cela ne soit qui sait **?**

« La main » rentre dans la composition de trois mots importants :

cercle   unir   adoration.

Union Hiérogamique des doigts de la main :

90	rejoint	Horus	Haroéris	90	La vue	Les 2 yeux
81	rejoint	Nout	Geb	81	Le touché	Les 2 mains
72	rejoint	Tefnut	Shou	72	Le goût	La langue, le palais
63	rejoint	Isis	Osiris	63	L'ouïe	Les 2 oreilles
54	rejoint	Nephtys	Seth	54	L'odorat	Les 2 narines
Les deux mains en prières				360	*forment le cercle de lumière.*	

Les mains en prière ; elles ne sont pas seulement un banal phénomène de symétrie anatomique. Avec le nombre **360**, elles rendent hommage au cercle divin. Voyons maintenant ce que le couplage indique en examinant les nombres intrinsèques de chaque dieu :

On aura compris que, le couple **Horus le Jeune** et **Haroéris**

Horus l'Ancien  synthétise le même personnage. Les deux dieux symbolisent « le mystère du temps de vie » mais aussi, de l'évolution par le biais des réincarnations, l'enfant sera vieillard et le vieillard enfant. Le vieillard enseigne et prophétise sur le devenir, l'enfant s'instruit et protège le devin vieillard. « *Lorsqu'un vieillard meurt, c'est une bibliothèque qui brûle* » (proverbe africain).

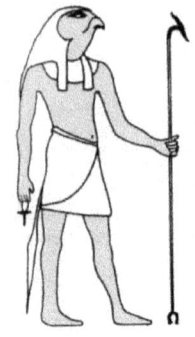

Pouce droit, **Haroéris** :

Le faucon, il est dit « **l'Ancien** » ou « **le fils de la lumière** » ou encore « **L'Horus des 2 yeux** ». Il a la blancheur de la sclérotique. Il représente la mémoire séculaire résiduelle. Sur le chemin de l'évolution, **l'instinct précède l'intuition**.

C'est « **l'Hor-our** » égyptien.

Pouce gauche, **Horus** :

Le faucon, il est dit « **l'Enfant** » ou « **celui de l'Orient rayonnant** » Harpocrate, le thérapeute, le magicien ou encore « **Celui qui est loin** ». Son bec de rapace s'est saisi de la queue du serpent « S » il boucle le « O » du cercle ennéade (l'Ouroboros.) Avec la mémoire vive, il symbolise **l'intelligence perfectible**.

C'est « **l'Hor-Khered** » égyptien.

L'œil au quelle les deux faucons se réfèrent est symbolisé par le yang masculin du « **9** » et la prunelle perçante du « **O** ». Le « **90** » allie la mémoire primaire fondement de « l'instinct », à l'intelligence sensible de « l'intuition » fondement de la conscience.

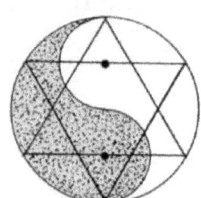

Le « **9** » blanc s'insère dans le « o », il laisse en l'obscur son égal, l'œil souligne le triangle.

Le couple des index : Geb et Nout.
Ils sont avec « 81 » la juste racine ($\sqrt{2}$) du 9 ennéade pourvoyeur de l'univers matière. Le couple est à l'origine de la vie. L'index représente la main et la main représente l'homme.

Le couple des médius : Shou et Tefnut. Ils sont prépondérants dans les mains, mais aussi dans les âges et l'espace. Ils dominent par la qualité du nombre et la richesse du symbole. Ils sont les **72** noms de Râ, les 72 ans du degré d'arc, le moyeu autour duquel tourne la vie.

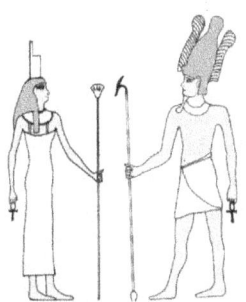

Le couple des annulaires : Osiris et Isis.
Ils sont « les doigts de l'alliance » 63
Le hiéroglyphe du dieu s'inscrit comme un duo, celui du « trône » à **6** faces  « Isis » associé à l'œil-triangle aux **3** côtés.

Le couple des auriculaires : Seth et Nephtys.
Le duo magique « mon petit doigt me l'a dit ! » L'occulte 54 et l'inverse du nombre primosophique de l'âme 45, mais l'âme ne s'élèverait pas sans eux.

Les auriculaires sont l'équilibre de la main, ils oscillent entre la fragrance et l'odeur, ils sont la justification du peu, le choix du goût, le mystère du rien. Avec la représentation des doigts joints « **l'ennéade des dieux** » témoigne du symbole numérique le plus important qui soit, le nombre

« **360** » c'est le disque solaire. Sur le plan divin, il est l'emblème avéré de la lumière immanente.

Les grecs, n'ont-ils point eu quelques presciences, lorsqu'ils décidèrent de changer les noms égyptiens d'**Ousir** et **Iset**. Ils entrelacèrent simplement le mot « **o...r** » aux lettres d'**Isis**, pour composer **Osiris**. Le mot « **Or** » minéral premier ou en hébreu « la tunique de peau », souvenons-nous de la peau du lièvre osirien et de son parcours labyrinthique. Le mot « **Or** » peut aussi signifier « **la lumière du devenir** » ce qui bien sûr, va comme un gant (de peau) à Osiris.

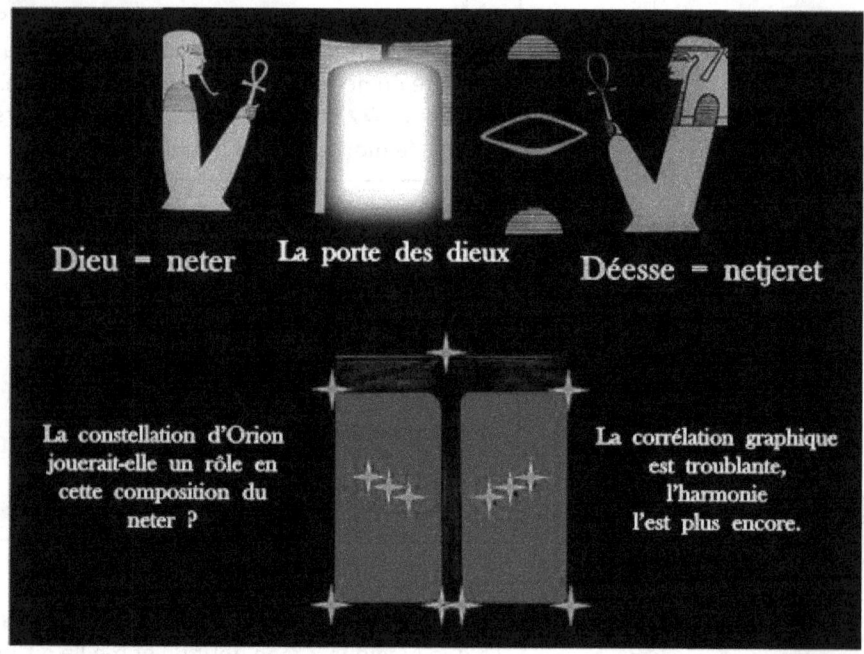

Le mot « **neter** » s'intègre étrangement bien à la schématique de réflexion, qui n'est autre que le carré base de la Grande Pyramide tracé par la constellation d'Orion.

L'Union des « 9 » Portes Plus « 1 »

« *Les portes se dressent pour toi, solides comme le Dieu Immortel.*	
Elles ne s'ouvrent point pour les Occidentaux.	**Ouest**
Elles ne s'ouvrent point pour les Orientaux.	**Est**
Elles ne s'ouvrent point pour les Septentrionaux.	**Nord**
Elles ne s'ouvrent point pour les Méridionaux.	**Sud**
Elles ne s'ouvrent point pour ceux qui sont au milieu de la Terre.	**Nadir**
Mais, elles s'ouvrent pour **Horus**.	**Zénith**
C'est lui qui les a faites, c'est lui qui les dresse,	
c'est lui qui les défend contre tout le mal que **Seth** *leur a fait* ».	**(Mythologie égyptienne.)**

Les dieux s'unissent et se désunissent comme autant de modules aux agencements subtils. Tout se teste, se croise, s'attire, se repousse à la façon des doigts des deux mains. Parfois, les mains arrêtent leur ballet ludique, elles se joignent, les doigts s'unissent, les nombres s'ordonnent, elles s'apprêtent à prier, à louer Dieu en sa création.

Soyons persuadés qu'il n'y a rien en cette matière dont nous sommes faits qui ne se mérite sans difficulté, réflexion et volonté. Rien qui ne soit opposition et complémentarité : droite et gauche, pair et impair, féminin et masculin, jour et nuit, profane et sacré, joie et souffrance, épreuve et délivrance. Il y a un symbolisme en l'harmonie et une symbolique en la forme. Mais il n'y a qu'une réalité en « **10** » lorsque le chiffre « **1** » absorbe le chiffre « 9 » et que cette conjonction se lie au « **o** » (divin) pour former le premier nombre. Qui comprend cela pénètre l'essence du créé ! « Ennéade » signifie en égyptien « **la rayonnante** » appellation évocatrice de la lumière dispensée.

Horus est détenteur du disque, les 10 doigts en prière sont équivalant à l'aurore. À l'instar du **Seth luciférien** pour la nuit, **Horus** draine la lumière **d'Orient** en **Occident**. La combativité du dieu, précède le disque comme hier la force précédait la raison sur les sentiers de l'évolution. Il y a toujours un pilote pour conduire « **la barque des nombres** » pour stimuler les réactions, pour provoquer la vérité, c'est le rôle de la prime conscience en lutte, face à l'Apopis **sa-ta**-nique, le serpent glacé de l'obscur. Un cercle, ce n'est pas seulement un parcours de 12 heures, c'est un périple de la vie à la mort, mais aussi de la mort à la vie. Il est intéressant de comparer cette arche soutienne à l'hémisphère boréal. En se positionnant sur le pôle, les « **36°** » couverts par l'ennéade, s'étalent de la constellation du Taureau à celle d'Orion. Par ailleurs, les angles de **36°** à **45°** constituent la plage idéale d'élévation pour qu'une étoile soit considérée « héliaque » telle **Sothis-Sirius,** à certaines périodes de l'année. Ce fut notamment le cas, au siècle de « **la restauration** » des pyramides de Gizeh sous la IVe dynastie. Époque à laquelle notre « raison contemporaine » par le biais d'un consensus Universel, s'accorde à considérer cette période de temps comme étant une **édification des édifices**. Alors que ceux-là sont de beaucoup plus anciens, en voilà l'une des preuves :

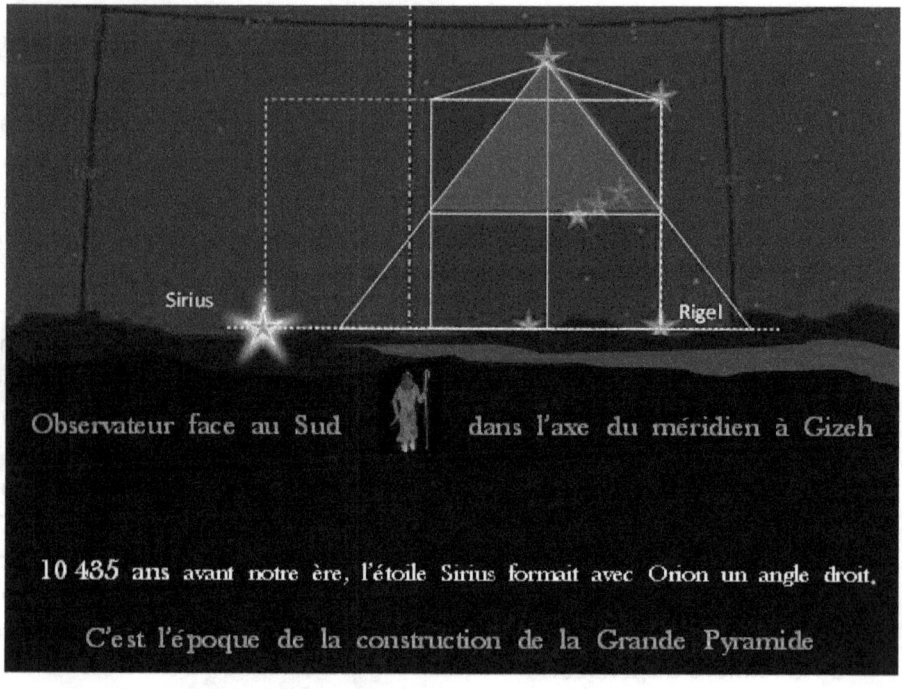

Dualité et Géométrie

> Le devoir, mène à la responsabilité, le droit, à la soumission.
> C'est pourtant du droit, dont se réfère obstinément l'homme.

Les degrés affichés sont révélateurs ; le « **O** » d'**Atoum** est assimilable à la création « **360°** », il arbitre cette rivalité mythologique. Si nous laissons parler les nombres, nous obtenons : 360° - 102° = 258° et nous constatons l'omniprésence du « **Principe Créateur** ». Toutefois, l'Esprit semble demeurer en dehors du volume de sa création. Dès lors, ce dernier nombre devient l'aspect type de la dualité à laquelle se livre le devoir **d'évolution** pour transcender le « magma originel ». L'évolution se doit de parvenir à placer la raison-conscience, en un état latent au-dessus de la pensée instinctive, elle n'y parviendra qu'avec l'apport du fils, **Horus** dixième du nom.

Si nous additionnons les références du couple **Osiris-Isis** face à l'adversité séthienne, nous obtenons pour les angles du triangle : **60°** (caractéristique d'**Osiris**) et pour le carré : **90°** (caractéristique d'**Isis**), soit 60° + 90° = **150°**. Ôtons 150° de 258°, nous découvrons « **Seth - 108°** » l'angle du pentagone (tête en bas) :

Atoum 102° + Osiris 60° + Isis 90° + Seth 108° = 360°

En allant un petit peu plus loin, nous constatons :

Osiris ▲ triangle   60° x **3** (faces) = **180°**

Isis ■ carré   90° x **4** (faces) = **360°**

◗ + ◯ = **180° + 360°**

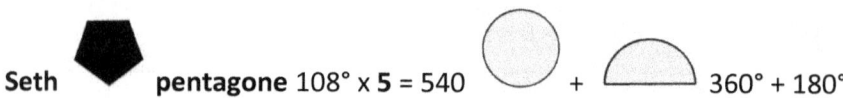

Seth pentagone 108° x **5** = 540   +   360° + 180°

Sur un plan arithmétique, il y a dualité, complémentarité, réciprocité. Sur un plan géométrique, il y a harmonie : le lecteur réfléchi pressentira la voie philosophique qui résulte naturellement de ces constatations. 540 + 540 = 1 080 ÷ **3** = **360°**

Maintenant que nous avons visualisé les rapports de forces existant entre **le couple divin** et le dieu **Seth**, voyons comment « **Horus** » va triompher de son redoutable adversaire. Dès ses premiers combats, le fils d'**Osiris** et d'**Isis** s'emploie à juguler l'agressivité du « génie de la matière » sans pour cela annihiler son tempérament. Les toniques capacités du dieu **Seth**, son ergo-dynamisme, sont de notables atouts, aptes à entretenir un système réactif au demeurant salutaires. Sans lui, suivrait immanquablement une apathie de nature à engendrer une stagnation ou une régression de l'impulsion créatrice.

Nous avons vu les divers symboles attachés à chacun des dieux de l'ennéade, nous n'avons pas manqué de remarquer qu'**Horus** se situe en marge, encore en fait-il intégralement partie. N'incarne-t-il pas le lien avec le « **1 – Shou** », (première référence de la création) et le « Père Céleste - **O** » **Atoum**, (Principe Créateur). Le « **10** premier nombre » issu de ses deux essences, était jadis vénéré par les Anciens.

« *Dix séphiroth hors du néant, « dix » pas neuf, « dix » pas onze, comprends ceci en sagesse et en sagesse, comprends. Cherche et soupèse à travers leur signification, de façon à faire retourner le créateur sur son trône* ». Sépher Yétsirah.

« **10** » c'est 2 x 5, cette lapalissade a sa raison d'être. Le symbole d'**Horus** n'est autre que le pentagone étoilé ☆ (l'étoile flamboyante des francs-maçons). L'autre « **5** » forme pentagonale, est inséré en lui comme prisonnier du cœur de l'étoile.

 Voici le symbole séthien dépouillé de son cadre, il gît tête en bas, comme il sied aux renégats vaincus, quoique toujours prêts à s'activer et à reprendre quelques luttes fratricides, axées sur le triomphe du matérialisme aveugle, par rapport à une démarche de tempérance évolutive.

Au cours des affrontements sanglants et rocambolesques auxquels vont se livrer les deux adversaires, **Seth** est émasculé, entendons, privé de son organe multiplicateur. Alors qu'**Horus** perd un œil. Ô, combien plus puissant sera celui qui lui reste, par rapport à la vision binoculaire commune.

« **L'œil unique** » fixe l'attention, on lui prête des facultés surnaturelles, on détaille le secret de ses formes, on s'interroge sur sa couleur, sur son pouvoir. Fermé, l'œil réintègre une vie intérieure à lui propre. Qu'il vienne à s'ouvrir, il interpelle, il capte l'âme, il voyage en elle. Ainsi, l'opalescence horienne phagocyte son adversaire, telle une huître neutralisant un corps pour lentement le façonner en une perle. Interrogeons de nouveau les nombres. Nous savons que l'ennéade se définit par :

1+2+3+4+5+6+7+8+9 = 45 + 10, la boucle horienne, soit 55, ce qui, additionné fait « 10 », **Atoum** peut regagner « l'incréé », le monde est en place. Le « **1** » a inclut le « **O** » en ses charges et devoirs de création.

Le cercle est fermé, le temps est en marche, il égrène ses secondes. L'intelligence humaine se doit de développer « la notion de conscience » laquelle à son tour intégrera, avec l'aide de l'âme, « la notion de Dieu ». Dans Faust, Goethe nous dit ceci :

*« Si **9** est **1**… **10** n'est aucun, voilà tout le mystère… ! »*

Le mystère en question réside en cette formule : Lorsque le (**0**) adventice s'intervertit pour former le (**10**), il implique le (**9**) en exaltant « le chiffre » pour créer « le nombre ». Le zéro de Goethe n'est plus « aucun » il est… **« le grand tout »** !

Quant au rapport entre Horus et l'étoile , celle-là est constituée de (5 pointes) de **36°** = **180°**. Ce rayonnement rappelle le 3 x 60° triangle osirien, soit 180°. La promesse de est dans l'arche.

Tel père, tel fils et quelle unité ! Puisque **Isis**, héritière de la forme, les entoure de sa géométrie ☐ 4 x 90° = 360° ÷ 8 = 45, symbole numérique de l'ennéade. Revenons aux yeux du couple Horus -Haroéris : l'œil gauche représente, **la Lune**, l'œil droit, **le Soleil**,

Par rapport à la Terre, la distance du Soleil a un diamètre apparent variable de 1/60. Alors que pour la Lune, celui-ci est de 1/18.

Les noces alchimiques des deux luminaires s'effectuent au moment précis où l'orbite de la Lune coupe le plan de l'écliptique terrestre. Diamètre apparent de la Lune de 29,3° à 33,5°, diamètre moyen **31,4°**. Diamètre apparent du Soleil, moyennes **31,5°**. Le diamètre apparent des deux astres est alors comparable, hélas, l'accoutumance nous dissimule le merveilleux.

« Dans leurs hymnes sacrés, en l'honneur d'Osiris, ils (les Anciens Égyptiens) *invoquent celui qui se cache dans les bras du Soleil, et le dernier jour du mois, Épiphi,* (le troisième mois de l'été) *où la Lune et le Soleil sont en conjonction. Ils célèbrent la naissance des **yeux d'Horus**, parce qu'ils regardent non seulement la Lune, mais encore le Soleil, comme l'œil est la lumière de ce dieu ».* Plutarque (traité d'Isis et d'Osiris)

> 10 935, 04203 km est la circonférences maximale de la Lune,
> x 12 734, 94191 km, Ø moyen de la Terre, le résultat est à diviser par 100 pour obtenir, en kilomètres, le Ø du Soleil :
> 1 392 571, 263 km
> Nous conviendrons que ce résultat alchimique
> **Terre - Lune - Soleil**
> à de quoi donner à réfléchir aux plus sceptiques d'entre-nous.

La face cachée de la Lune nous offre en effet des sommets de plus de 4 000 m, ce qui correspond à cette valeur mentionnée, les gouffres qu'elle recèle sont encore plus importants. Si les alchimistes focalisaient leur enseignement sur ces trois astres, que sont la Terre, la Lune et le Soleil, c'est que ceux-ci sont à la base des révélations d'ordre spirituel. Découvrir leurs secrets, c'est pénétrer le monde caché de la connaissance numérique, dévoilée aux origines par la Tradition Primordiale.

La Loi de Bode et le Mythe

> Le diplômé célèbre la garantie du savoir,
> l'autodidacte, le plaisir de connaître.

En évoquant « La Table d'émeraude » méditons un instant sur la loi prônée par Hermès Trismégiste, loi galvaudée, certes, mais profondément véridique et combien remarquable :

N'a-t-on pas lu et relu ces quelques lignes ? « *Ce qui est en bas est comme ce qui est en haut, et ce qui est en haut est comme ce qui est en bas : par ces choses, se font les miracles d'une seule chose* ».

Imprégnée de cette vérité, une loi astronomique peu connue devrait retenir notre attention. Elle a trait aux valeurs attribuées aux demi grands axes des orbites planétaires. Elle fut émise par Titus il y a deux siècles, puis reprise par Bode. Cette loi, comme tant d'autres, fut discutée, mais jamais ouvertement critiquée. Au cours de ces dernières années, elle a fait l'objet d'études sérieuses et ne manqua pas d'être soumise à l'appréciation des ordinateurs (ces mirifiques consciences du devenir humain.)

Des astronomes de l'université canadienne de la Colombie-Britannique démontrèrent de la manière la plus rationnelle qui soit, que l'univers planétaire tend à l'équilibre précité par « la loi de Bode ». Mieux encore, que cet univers se trouvera en absolue conformité avec cette loi, en une période de temps avoisinant les 1 milliard d'années, (cela, sans doute, pour que personne ne leur fasse le reproche de s'être trompé !).

Si pour Dieu « mille ans sont comme 1 jour », craignons tout de même de perdre patience à l'échelle humaine. Toutefois, si nous nous en tenons au premier examen, considérons que cette loi est scientifiquement admise. Il est un fait qu'elle décoiffe quelque peu le monde scientifique, aussi l'a-t-on étiquetée, à l'instar des choses qui dérangent, dans le placard des curiosités. Voyons en quoi cette loi peut se révéler digne d'intérêt et d'abord qu'elle est-elle ? Avant toute chose, un tableau est nécessaire, il nous faut inscrire les planètes du système solaire par ordre croissant de distance. Prenons la Terre « 1 » comme critère de référence, elle se situe en troisième position d'éloignement par rapport au Soleil : (additionnons les chiffres des deux premières lignes pour avoir les distances, la quatrième ligne correspond aux valeurs réelles.)

1	2	3	4	5	6	7	8	9	10
Mercure	Vénus	Terre	Mars	Astéroïdes	Jupiter	Saturne	Uranus	Neptune	Pluton
4	4	4	4	4	4	4	4	4	4
0	3	6	12	24	48	96	192	384	768
0,4	0,7	1,0	1,60	2,80	5,20	10	19,60	38,80	77,20
0,387	0,723	1,0	1,52	1,5 à 5,3	5,20	9,54	19,20	30,20	34,50

La dernière **ligne** représente les valeurs astronomiques évaluées et universellement admises.

Soleil	Mercure	Vénus	Terre	Mars	Astéroïdes	Jupiter	Saturne	Uranus	Neptune	Pluton
☉	☿	♀	♁	♂	✦	♃	♄	♅	♆	♇
Atoum Ré	Shou	Tefnut	Geb	Nout	Osiris	Haroeris	Seth	Isis	Nephtys	Horus
0	1	2	3	4	5	6	7	8	9	10

En poursuivant ce remarquable enchaînement, nous constatons un décalage relativement important pour **Pluton**, illustré par **Horus le Jeune**. Cela ne s'avère pas gênant dans la mesure où nous savons que le dixième dieu ne prendra sa place que bien plus tard dans **la création** que symbolise « l'ennéade ». N'incarne-t-il pas l'intelligence humaine, élément tardif, mais déterminant, de l'évolution.

Tentons une implication expérimentale des « 9 dieux de l'ennéade » par rapport à ce que l'on sait des « 9 planètes traditionnelles ».

- 0 - Atoum – Râ – le Soleil (le zéro ne figure pas sur le schéma du haut).

Symbole irradiant, Râ matérialise « *la lumière divine* » à laquelle toute vie est subordonnée. L'homme dépend de la nature, la nature de Râ et Râ d'**Atoum**. Le Soleil est le point de référence par rapport à l'éloignement des planètes.

-1- Shou – Mercure :

Planète discrète, légère, proche de « la lumière de Râ » c'est un rai de feu. Hermès-Mercure, n'est-il pas « *le messager divin* » porteur des nombres génésiques ?

- 2 - Tefnut - Vénus :

Elle est dite « **planète de l'harmonie** » elle est emblématique de *la beauté*, elle brille plus qu'une étoile, elle est le reflet de la lumière dont Mercure est le coursier ailé.

- 3 - Geb – Terre :

Aux époques les plus reculées de l'Égypte, le dieu Geb était déjà considéré comme « *l'Élément divin rattaché à la Terre* ».

- 4 - Nout – Mars :

La crainte atavique du tonnerre (le feu du Ciel sur la tête) et le ton rougeâtre, couleur sang de la planète, on conduit les hommes à l'assimiler aux conflits. Mars était en effet « le dieu de la guerre » chez les Romains, « Arès » chez les Grecs. Il en était de même pour d'autres peuples.

Sur un plan plus hermétique, la planète représente un *Ciel de conquête*. Il y a lutte entre les forces du haut restées dans la lumière de Râ et celles du bas, cycle terrestre qui ne cesse d'aller du clair à l'obscur. Mars veille, sa torche allumée prouve jusqu'à l'aube sa vaillance, son blason ♂ indique clairement sa fidélité au levant. Sur le plan de l'éloignement, Vénus et Mars forment les pieds et les mains de **l'arche de Nout** au-dessus de la Terre. Ces deux planètes recèlent beaucoup d'énigmes sur lesquelles la science même s'interroge. Un parfait hexagone entour le pôle de Vénus, sans que l'on sache comment et pourquoi. Des artéfacts et des traces flagrantes de civilisations datant de plusieurs millions d'années impactent le sol de Mars. Autant de point d'interrogations qui affermissent les mystères que nous dépeignons.

- 5 - Osiris – Astéroïdes :

La valeur « 2,8 » indique la position dans l'espace d'une ceinture d'astéroïdes (planète du système solaire supposée désagrégée). Le nombre correspond aux *28 années du règne osirien*, après quoi, le corps du dieu fut fractionné par Seth, son frère rival. Les 14 morceaux seraient emblématiques de cette fragmentation. « Cérès » (palindrome phonétique de 5 lettres) le plus gros fragment recensé de la ceinture d'astéroïdes, est considéré comme une petite planète tellurique. La similitude avec « le dieu qui meurt et demeure, qui est et qui n'est pas » reste pour le moins troublante.

- 6 - Haroéris – Jupiter :

Cette grosse boule représente, à n'en point douter, *la communauté planétaire.* Elle est puissante, en apparence neutre, réputée non tellurique et à ces titres aimée des dieux, n'incarnait-elle pas « le Père » chez les romains. Un rapprochement s'impose entre le patriarche « **Horus l'Ancien** », Jupiter, la plus importante planète du système solaire, et « **Horus le Jeune** », Pluton, planète la plus excentrique et sans doute la plus récente.

- 7 - Seth – Saturne :

La planète est dite « *du chagrin* ». Elle représente les obstacles, l'égoïsme, les affrontements de toute nature. Nous savons que sa couronne est un leurre, puisqu'elle est constituée de poussières de minéraux satellisés ainsi que de blocs de glace et de roches. Si cela fait sa beauté, ça ne fait pas sa royauté ! C'est malgré tout la deuxième planète la plus importante, ce qui justifie en partie, ses prétentions devant le tribunal de Râ. Tacite (dans ses Annales) rapporte que dans le rite propre aux Saturnales (fête romaine), il était question d'un **« Roi Saturne »,** roi fantoche que l'on tournait volontiers en dérision. N'est-ce là une surprenante analogie ?

- 8- Isis – Uranus :

Elle est dite « *planète de l'amour et du désintéressement* » On connaît les affinités qui lient les deux sœurs, **Isis et Nephtys**, le plus souvent, représentées aux côtés d'**Osiris**. Or, la situation planétaire des deux déesses souligne de curieuse manière leurs rôles et appartenance au monde divin par le nombre 360 (le cercle), mais aussi par le « **1** ». Ce nombre s'y insère en tant qu'élément primordial de la création, dont **Osiris** (fils premier du Ciel et de la Terre) est le légitime héritier.

Si nous tentons de lier (tel que nous l'impose le comportement des deux sœurs) les diamètres des deux planètes, nous obtenons : « **Uranus** » = 50 800 km, « **Neptune** » = 49 560 km (dernier relevé de **Voyageur II - NASA**), total **100 360 km.** C'est bien là le rôle qui est attribué aux deux déesses, car la division pour moitié soit 50180, offrent deux coupes de **180°**, la **blanche et la noire**, la promesse (Ciel) et le salut par la remise en cause des valeurs acquises. Toutes deux se trouvent derrière le trône du dieu « 5 » pour entériner son jugement. Afin de mieux nous représenter la position **d'Osiris défunt**, entrebâillons la porte de son ministère : ∅ des deux planètes **100 360** divisé par » le 9 ennéade » = **1 1 1 5 1, 1111**. **Osiris** a quitté le monde des apparences, il n'occupe plus la cinquième place, mais la quatrième, conjointement avec sa mère **Nout**. Cette place lui était assignée de toute éternité, entre Terre et Ciel, entre Vie et Mort. 4 et 5 ou 45 en ligature, le nombre de l'âme en Primosophie. Témoins indiscrets, refermons la porte entrebâillée, respectons les secrets des magiciennes.

- 9 - Nephtys – Neptune :

Elle est dite planète d'inspiration et de sensibilité, son comportement moral oscille entre sa tiare, « le château », symbole du confort matériel, et le « temple, symbole de la connaissance spirituelle, deux appellations qui s'appliquent à sa nature fantasque. Son domaine est occulte, elle manifeste ses dons le plus souvent en symbiose avec sa sœur **Isis** dont elle partage les joies et les peines. Elle incarne l'appel de la conscience, la réflexion intérieure, la perfectibilité.

- 10 - Horus – Pluton :

Le dieu est appelé « *celui qui est loin* », c'est en effet la plus éloignée des planètes du système solaire. » **Pluton** » invite à la lutte rédemptrice pour l'obtention de la vie, **la vraie**... ! **Pluton** remet tout en cause. L'évolution de l'être passe nécessairement par les difficultés, qu'il se doit de vaincre. Ces handicaps surmontés ouvrent la voie à « l'intelligence sensible ». Ayant accouché, **Isis**, mère d'**Horus**, s'adresse à la communauté des dieux :

« *La force qui était dans ma chair m'a abandonnée, toute la vigueur que mon corps renfermait atteindra l'horizon lointain, la vigueur qui possède un tel pouvoir transportera la lumière du Soleil* ».

Ce texte se passe de commentaires, mais pas nécessairement de réflexions.

***

Il ne fait de doute que l'intelligence arrive tardivement dans le processus de la création, si tardivement que l'on peut encore douter de sa généralité. L'oiseau, il est vrai, dans ses désirs d'altitude inspire l'espérance. Mais puisqu'il est question de la naissance d'**Horus** et de sa planète, il nous revient en mémoire l'image d'un « vieux grimoire », témoin jaunit des siècles d'obscurantisme ayant précédé celui des lumières. Peut-être véhicule-t-il un brin de connaissance que rien ne nous permet de mépriser. La curiosité est le défaut des oisifs et la qualité des chercheurs, voyons, amusons-nous un peu. Un passage sibyllin retient, plus que tout autre, notre attention :

> Le Grimoire du Pentagramme.
>
> « L'étoile, tu planteras, afin d'extraire de la Terre les racines en elle incluses. À la dernière, lumière se fera. Agit par (5) trous (6) nombres. Tu sauteras autant de points que de nombres, après quoi le (6) tu reprendras, pour que du carré « l'or des 4 » apparaisse. Le reliquat en chiffres tu diviseras et par le (4) tu multiplieras. L'étoile de feu, enfin, activera l'esprit en la montagne de pierre.
>
> Que la gloire de Dieu illumine ta quête ».

Si nous entretenons l'espoir d'aboutir à un déchiffrement, il nous faut procéder par ordre : avant tout, interpréter le caractère probablement crypté du texte et découvrir les formules de substitution. À priori, il ne peut s'agir que d'une « **étoile à 5 branches** » (celle d'**Horus**). Les 4 chiffres précédant le « 5 » ne sauraient convenir pour former une étoile convenable. Il est également question de 5 trous ; ces trous, seraient-ils creusés par les 5 branches ☆ afin d'éradiquer les racines ? Voyons ! Ce côté « tire-carotte » est vraiment peu crédible. Cherchons plutôt ce qui serait à même de conforter une analyse logique. Sans doute s'avérerait-il plus raisonnable de faire figurer **la Terre** (notre planète) à la place de la terre agraire, et de substituer les éventuelles racines du potager par... **des racines carrées** ($\sqrt{2}$). Dans le même élan, ne faudrait-il pas envisager d'extraire la racine de la racine, jusqu'à concurrence des « 5 » branches passées ? Pour fumeux qu'apparaisse le raisonnement... les racines sont-elles à « piocher » ! Commençons par dessiner une « **étoile** » avec l'intention d'accrocher **une racine à chaque branche**. Nous avons décidé de prendre une base, alors optons pour la circonférence moyenne de la Terre, nous savons qu'elle est de : **40 008 km**. Après avoir bouclé le tour de l'étoile avec nos « $\sqrt{\ }^2$ » cumulées, nous rejoignons comme prévu la première branche en obtenant un nombre : 1,392570172. Il faut un esprit particulièrement alerte pour visualiser en celui-là la moindre lumière. Toutefois, si nous sommes attentifs au texte, celui-ci précise :

« *Agit par **5** trous* (nous l'avons fait), ***6** nombres* ». Si nous comptons les nombres placés en examen, nous en dénombrons effectivement 6, « *autant de points tu sauteras que de nombres.* »

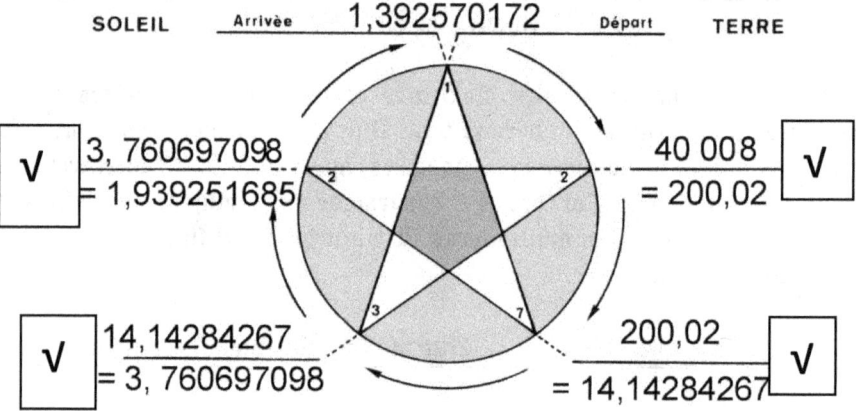

Le passage paraît clair, essayons de déplacer la virgule ou de multiplié par un million pour obtenir : **1 392 570,172** km, serait-ce... mais oui, la lumière la plus ostensible qui soit, celle du Soleil en son diamètre ! Poursuivons :

« *Après quoi le **6** tu reprendras, pour que du « carré » **l'or des 4** apparaisse* ».

Hum... ! Les 6 nombres additionnés nous donnent 40 229,25535, placés au carré, cela fait : **1 618** 392 975. « *L'or des 4 ...* » les 4 premiers chiffres sont bien ceux du « **nombre d'or** 1,618 ». Allons plus loin : « *Le reliquat en chiffres tu diviseras...* » Comment diviser, si ce n'est à l'aide des chiffres... ? À moins que le texte fasse allusion à l'ennéade, aux » 9 » premiers chiffres ?

Essayons : le reliquat du nombre d'OR est de 392 975
÷ **1, 2 3 4 5 6 7 8 9** = 318 317

« *... et par le 4 tu multiplieras...* » 318 309 x 4 = **1 273 239**
« *L'étoile de feu, enfin, activera l'esprit en la montagne de pierre* ».

Chacun des « 5 » premiers chiffres **12 732** pourrait se trouver inscrit sur une des branches de l'étoile. Il s'agit là, du **« nombre d'Horus ».** Ce nombre permet de découvrir avec une rigueur absolue, le mode de **construction numérique de la Grande Pyramide,** appelée dans les textes anciens : « *la montagne de pierre* ». Les esprits « tatillon », s'il en est, ne manqueront pas de nous faire remarquer *un écart officiel* du rayon du Soleil de 20 km sur 696 280 kms. Soit 20 km sur une distance équivalente à un aller-retour Terre-Lune. Faut-il encore considérer que nous pouvons nous insérer en une plausible marge d'erreur par rapport aux données actuelles ? Si toutefois cela ne se peut et que, pour des raisons scientifiques hautement élaborées, nous nous sommes réellement fourvoyés de 20 kilomètres, alors… alors… Dieu merci, demeure pour notre confort personnel : **la coïncidence.** Ce merveilleux vocable abondement utilisé par les scientistes, ne subroge-t-il pas toutes nos interrogations ?

Des études récentes effectuées par des spécialistes, démontrent que le diamètre solaire fluctue légèrement au cours des âges. Des travaux plus poussés nous incite à penser que le diamètre que nous considérons 1 392 571,262 km est celui d'une extension moyenne de cette variabilité. De surcroit, cette valeur s'harmonise avec les critères numériques les plus significatifs de la quête ésotérique.

L'Envol du Faucon

> Œuf de pierre sur les eaux primordiales,
> je suis l'Alcyon des légendes oubliées.
> Mon esprit est de feu, mon corps de cristal,
> j'endors, lorsque je ne puis éveiller.

Horus ☆ marque ainsi la fin d'un cycle et le début d'un autre. Il dessine la cellule qui est appelée à véhiculer la vie, alors que sur le plan humain, il symbolise l'intelligence en la corporalité.

« Oh dieux… regardez Horus… » S'écrie **Isis,** émerveillée par les appréciables démonstrations de son fils.

Horus parlant alors pour la première fois s'adresse à l'assemblée des dieux :

« Je suis Horus, le grand faucon, sur les murailles du palais de celui dont le nom est caché ».

Le « **1** » serait-il perché sur le « **O** » de la muraille, l'enceinte cerne une structure, un cerveau, un ensemble organisé. Voyons-la un espace circulaire, qu'il soit circum-solaire ou qu'il représente la biologie cellulaire, ce peut être aussi une constellation. Dans les textes, il est plusieurs fois fait allusion à **Horus** conjointement à **« une muraille »**. Cette mention sous-entend une défense contre les agressions extérieures, elle peut souligner une autonomie propre, une individualité au sein d'un organisme plus général, une cellule, un apport essentiel qui viendrait clôturer ou parachever l'œuvre entreprise. *« Moi, que l'on appelle manteau rouge »* s'exclame **Horus**, manteau rouge, muraille (transposé sur un plan biologique,) le vocable s'apparente à l'enveloppe d'un corps. Héritier donc, de nombreux atouts légués par son père et nanti d'un apport personnel, **Horus** s'apprête à entamer une lutte farouche contre son oncle, **Seth**.

Les péripéties auxquelles se livrent alors les deux adversaires sont antithétiques, souvent grotesques, parfois triviales, jamais gratuites. Elles soulignent les égarements des principes de base à la recherche d'un équilibre interne. Cette situation est suivie de près par la communauté des dieux. **Isis,** mère d'**Horus,** met toutes ses facultés et son énergie au service de son fils afin qu'il triomphe des circonstances qui lui sont hostiles. Ces alternances impétueuses accentuent le particularisme des éléments en présence. De ces échauffourées résulte la mise en valeur d'une symbolique numérale appropriée aux phases du devenir. L'assemblée des dieux prend enfin parti pour **Horus**. **Seth** récuse ce jugement, mais il n'a d'autre choix que de rentrer dans l'ombre, promettant de récidiver férocement, si on influe en ses domaines et prérogatives. « **Ptah** » le dieu garant de l'harmonie universelle, « *le façonneur* » celui qui préside à l'évolution de la vie, Ptah interroge l'aréopage du panthéon divin :

« Qu'allons-nous faire de Seth… ? »

Râ déclare alors afin d'être compris de tous : « ***Seth*** *est fils de* ***Nout*** », sous-entendu, ses ascendants appartiennent à la Trilogie Divine Originelle. « *Qu'il me soit attaché, afin de vivre avec moi, comme un fils, il fera tourner sa voix dans le Ciel, et les hommes auront toujours peur de lui* ». En attachant **Seth** à sa personne, **Râ**, on le voit, reporte sur le dieu ses mauvais instincts. Il offre au vaincu les vastes domaines désertifiés du globe, il l'incite à faire gronder la foudre, jaillir le feu des montagnes et provoquer le bouillonnement des mers. Le nombre « 7 » ז ב ש signifie en hébreu la plénitude des temps, mais aussi pourrait-on dire, leur consommation, laquelle appelle à la boucle, au retour du cycle. En bouleversant de manière intempestive l'ordre naturel établi, **Seth** ne peut manquer d'effrayer les humains, aussi, oblige-t-il ceux-ci à veiller au respect des dieux.

Le chaos étant amoindri, afin qu'ait lieu l'émergence à la vie, les éléments trouvent enfin la place qui leur est assignée de toute éternité par **le Principe Créateur**. « Les 3 forces bio-cosmophysiques » de l'Univers acceptent un compromis et chacune d'elles se repositionne en tant que soutien logistique des deux autres.

Râ : il présidera désormais au développement du **corps physique**, il sera le concept irradiant visible et invisible, l'élément essentiel et fécondant, l'énergie motrice de la nature. Nous avons vu qu'**Osiris**, le dieu disparu, est son agent d'intercession et le vecteur principal de cette vitalité nature.

Seth : il trônera en maître sur la pragmatique **raison mémoire** du cortex gauche. Il sera l'énergie magnétique et tellurique, feu interne du désir, fonction vitale de la combativité. Il n'aura de sentiments que pour lui-même, sa duplicité le phagocytera dans la matérialité.

Horus : il accompagnera **la conscience individuelle**, cette intelligence sensible émanant de l'âme. Il sera « le concept intuitif », il transcendera l'intervention osirienne (facteur principal d'élévation). À travers les phases de l'évolution existentielle, il recueillera l'engagement spirituel que ses ailes véhiculeront jusqu'aux plus hauts sommets.

Le verdict étant rendu, l'animosité des dieux se tempère, ils savent que bientôt, à l'effigie de Pygmalion, il leur faudra compter avec un être hybride nanti de capacités cérébrales, aux facultés doubles, horiennes et sethiennes. Cette entité égotiste s'amourachera d'elle-même, elle possèdera l'étrange possibilité d'être à sa guise animal ou dieu, colombe ou faucon... L'homme.

Depuis, sous le regard impartial de « **Râ** » le dilemme de l'intelligence-conscience et du pragmatisme intellectuel, se perpétue en des dénouements infinis à travers les affres de la nature humaine.

Évolution	Évolution	Évolution	Évolution
Aithéro-cosmique et Pré-particulaire	Particulaire et Pré-moléculaire	Moléculaire et Pré-biologique	Physiologique et Pré-conscience
Shou-Tefnut	Geb-Nout	**Osiris-Haroeris Seth-Isis-Nephthys**	Horus
1 2	3 4	5 – 6 – 7 – 8 – 9	10

(1) Création « aithérique » (Shou) :

Prolifération des « aithérons » en tant que principe de base, suivant une progression à caractère néguentropique. Leurs ondes ∿∿∿∿ numériques tissent le réseau de la création. À l'image de la molécule d'eau, laquelle par sa multiplicité devient océan, « les aithérons » occupent le volume du « créé », ils sont représentés par le « **Nou** » égyptien. Ces particules sont modulées par un pouvoir psychique de caractère spirituel, elles forment des quanta d'énergie numérique et se manifestent parfois sous la forme d'ondes présumées magnétiques.

(2) Microparticules énergétiques (Tefnut) :

Les **aithérons** engendrés par Shou et Tefnut s'apprêtent à être les composants de la matière particulaire que nous connaissons. La sélection s'effectue par affinité numérique et géométrique, mais aussi par l'apport des sens giratoires (spins), des températures, des vitesses et densités, joints à la sinuosité des volumes et des formes. Progressivement, les configurations nouvelles se singularisent. En cet océan « aithérique » la mouvance des « flots » se comporte comme des ondes porteuses de messages. Ces flots sont chiffrés, ordonnés et animés par des pulsions sélectives. De multiples interactions modulent à leur tour des agglomérats plus complexes, formant « *les îlots plus consistants de la pré-matière* ».

(3) Particules atomiques (Geb) :

Structure comportant un noyau et son escorte électronique. Les éléments répertoriés vont de l'hydrogène à l'uranium. Toute particule est tributaire des *« agencements aithériques »* préalables. Bien que peu localisable, l'énergie in fine, issue de l'union des nombres et de la géométrie, devient théoriquement contrôlable.

L'atome d'hydrogène (le plus simple) représente la moitié des particules composant l'univers. Le pourcentage restant est constitué d'atomes d'hélium. Seulement 1% des particules recensées légitiment la table de Mendeleïev telle que nous la connaissons. Rappelons au passage que cette table comprend une centaine d'éléments naturels.

(4) Molécule simple (Nout) :

Les particules tendent à se regrouper, sur un plan allégorique le Ciel épouse la Terre. *Début de la formation des ensembles*, cette réalisation s'effectue par affinité des principes de base.

(5) Macromolécule (Osiris) :

Assemblage intermoléculaire. L'inapparent gagne en volume « *la matière devient visible au sein de l'invisible* ». Les formations accentuent leur complexité.

(6) Proto-organisme (Haroéris) :

A.D.N, code génétique. Le vieillard Haroéris (archétype mémoire) s'apprête à renaître en une nature supérieure, celle d'Horus (intelligence-conscience) par dédoublement de sa personne (A.R.N.)

(7) Virus (Seth) :

Structure géométrique autonome à tendance hégémonique : c'est le début de la lutte pour la codification de la vie. Le virus parasite la cellule vivante et lui confie sa propre descendance. Rappelons que **Seth** (le virus) émasculé par **Horus**, ne peut se reproduire lui-même.

(8) Unicellulaire (Isis) :

Constitution de l'identité individuelle. Manifestation de la cérébralité embryonnaire. Affirmation de l'âme collective chez les insectes et les végétaux. Les fleurs, avec leur diversité et leurs couleurs, constituent la plus belle de ces manifestations.

(9) Pluricellulaire (Nephtys) :

Des végétaux aux animaux supérieurs, de l'instinct à l'intelligence sensible, il sourd un état de conscience, *l'âme devient alors sélective*, elle s'attache résolument à une forme de particularisme. La conscience cherche son chemin entre le confort des couches inférieures dominées et la fascination exaltante d'un supérieur à atteindre.

(10) Cellule humaine (Horus) :

Prépondérance du phénomène cérébral. Développement de l'intuitif et affirmation de la conscience individuelle. Émergences des capacités intelligentes, prépondérance de l'homme sur la nature des choses.

Le Principe Créateur semble avoir désiré qu'en fonction de son évolution consciente, l'être humain ne bénéficie plus innocemment d'une « *faculté d'être* » vécue d'instinct par l'animal et perçue de manière symbiotique par la plante, mais bien d'une « *raison d'être.* »

> L'intelligence discursive en harmonie avec l'état de conscience devront permettre à l'homme de discerner, d'évaluer, puis d'adhérer à la réalité spirituelle, sans que jamais celle-là ne lui soit imposée par devoir ou par crainte. Seul *l'amour de la création*, permettra à l'être pensant, de dimensionner sa nature humaine et de diluer l'ineptie évolutionniste dans la logique intuitive d'un Principe Créateur.

La quête de la connaissance passe par cet impératif. L'être doué d'intelligence doit nécessairement **se mériter lui-même** *à travers le cycle des réincarnations. Un choix différent nous ferait stagner tel un satellite en apesanteur, puis perdre de l'altitude pour enfin nous consumer dans le néant d'où nous avons graduellement émergé.*

Dieu ne vient pas à nous, si nous ne faisons l'effort d'aller vers lui. S'il en était autrement, la persévérance, le courage, l'abnégation, l'affectivité, toutes ces vertus humaines n'auraient aucun sens.

Ne confondons pas l'heureux hasard qui parfois nous échoit, avec une angélique assistance, qui émanerait d'une aimable considération du **Principe Créateur**. Seule une pensée naïve animée par un ego immodéré, peut estimer recevable ce genre de gratification. En vérité, l'aboutissement de la démarche n'est dû qu'à *l'élévation graduelle de notre état de conscience*, ce qui implique durant notre temps existentiel une première vertu, l'humilité. S'il en allait diversement, *cet état de conscience que nous cherchons à élever* se trouverait tributaire des ukases du Principe Créateur. Ils s'exerceraient selon le moment et non *en vertu des principes et lois élaborés aux origines*. Ce qui rendrait illusoires toutes interprétations subjectives du phénomène humain et, par voie de conséquence, annihilerait toutes options intrinsèques.

Cela aurait deux conséquences majeures ; la première engendrerait un certain fatalisme existentiel proche de l'irresponsabilité. La seconde ferait que l'amour même que nous sommes censés porter au Principe Créateur s'en trouverait affecté. Il en résulterait un caractère de soumission craintive, lequel irait à l'opposé de ce concept universel de justice évolutive, dû, pour se parfaire, à la pluralité des existences.

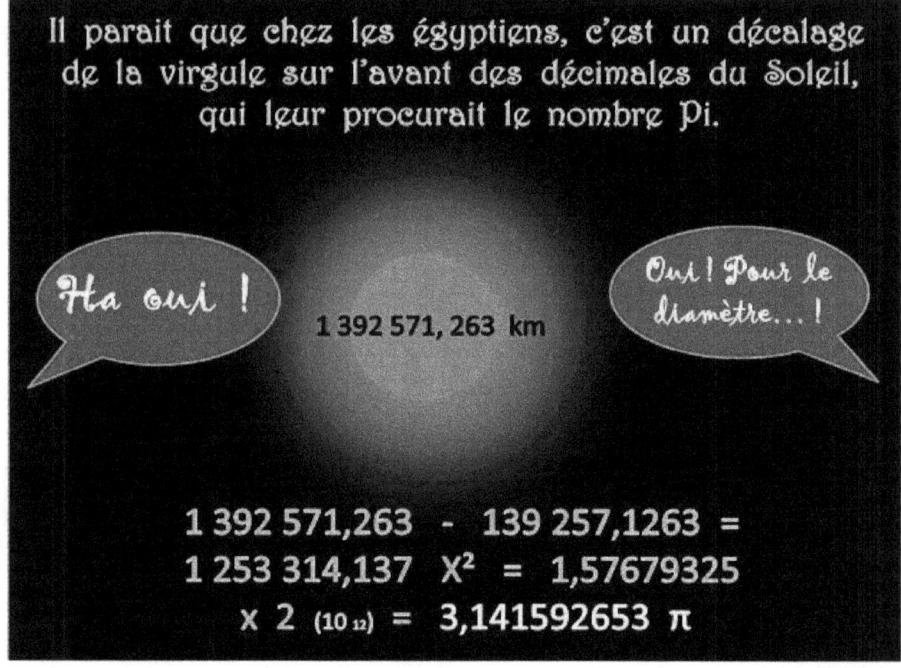

« *J'ai toujours considéré les athées comme des sophistes impudents* », énonçait Voltaire en son temps.

Oui, ces athées sont de narcissiques créatures qui traversent la vie avec l'assurance feinte de ceux qui ne connaissent pas le doute. Pourtant, « *le doute* » se tient à chaque carrefour de nos vies avec des itinéraires de cheminements orientés vers la vérité. Cette vérité se dissimule en de simples rapports, que la science ne consulte que rarement, par crainte de changer d'orbite évolutive. Il est en effet plus aisé de se fondre dans cette impassibilité intellectuelle qu'offre sa situation professionnelle, plutôt que d'affronter l'impertinente verticalité, de ceux qui, au-delà de leur confort personnel, cherchent à percer les mystères de l'existence.

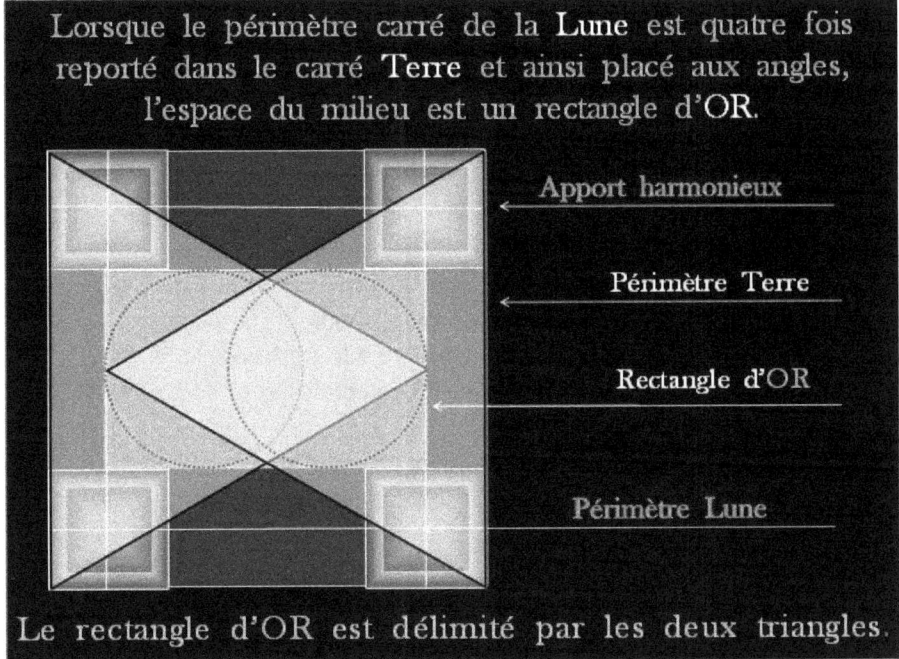

L'harmonie est-elle une des manifestations de la coïncidence ou l'expression d'une synchronicité Universelle que l'on se refuse d'agréer ?

Georges Vermard

LE MYTHE LE NOMBRE ET LA FORME

*Si les mots peuvent être, sans être,
les nombres* **sont** *ou ne* **sont pas** *!*

Parmi les aventures épiques que vécurent les dieux, il en est certaines où les nombres s'affichent de manière ostensible. C'est le cas pour la barque de **138 coudées** (69 x 2 le bien et le mal) que **Seth** avait taillée dans la roche avec l'intention de défier **Horus** en combat singulier. La barque s'identifie au nombre, le nombre à la roche, la roche à la tradition. La barque 138 + 62 (nombre concernant le dieu) = 200 l'ennéade au complet ou *la hauteur du Graal*.

Un autre passage du mythe, souligne l'extrême colère de **Seth**, lorsque l'assemblée des dieux lui signifie solennellement son refus de lui accorder ce qu'il revendique.

« *Je prendrai ma lance qui mesure* **4500 coudées** *et chaque jour, je transpercerai l'un d'entre vous avec mon arme...* » (45, se référer à la Primosophie en fin d'ouvrage.)

Diable... 4500 coudées, voyons « **45** » représente l'âme de la création :

$1 + 2 + 3 + 4 + 5 + 6 + 7 + 8 + 9 = $ **45**

Hier encore, **Seth** s'ingéniait à revendiquer la paternité de l'ennéade, le dieu aurait pu se contenter d'une lance de 45 coudées, ce qui n'aurait pas paru déshonorant, mais il précise : « **4500 coudées** ».

Or, d'un point de vue ésotérique, les 2 zéros nous indiquent qu'il faut additionner les composants du nombre.

Le cumul nous donne : 4 + 5 + 0 + 0 = 4 unités. Nous n'avons plus qu'à ajouter ce total à la valeur citée, soit **4500,4**. Précisons que ces **2 zéros** sont animés d'une logique d'équilibre propre à l'ennéade.

0 + 1 + 2 + 3 + 4 + 5 + 6 + 7 + 8 + 9 + 10
0   **1**   **0**

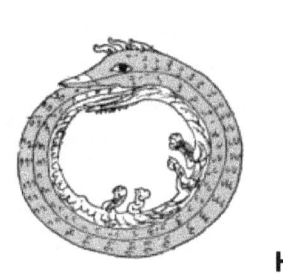

Atoum   **Horus**

Horus ferme la boucle, il rejoint le « O » d'**Atoum**, la dixième séphiroth (Malkouth) signifie : « *Royaume* » ce qui s'inscrit 10, 0 ou pour simplifier : **100** (si ce n'est le « sang du Graal » que la lance révèle dans le triangle.) Par ailleurs, **Seth** a soin d'appuyer ses dires en précisant : « **chaque jour ».** Pour un dieu de première grandeur tel que lui, il ne peut s'agir que de « **jours sidéraux** », **soit 23 heures, 56 minutes, 4 secondes,** communément admis.

Maintenant que les subtilités du texte sont dévoilées, voyons ce qu'il en résulte. **Seth** vitupère : « *Avec ma lance de 4500 coudées* ».

Or, nous avons vu qu'il faut entendre : **4500,4.** Comme ce sont forcément des coudées royales égyptiennes multipliées par 0,5236, cela fait 2356,4 mètres. Oublions mètres et coudées, puis divisons cette valeur par 100. En acceptant que le chiffre « 4 » représente les secondes, nous obtenons :

> **23h,56'4''. Soit le jour sidéral le plus juste qui soit.**

La lance de **Seth** se veut **une lance de lumière,** car seule une arme de lumière (le temps) peut atteindre les dieux. **Le Grand Magicien** le sait, aussi attribue-t-il à cette lance un pouvoir magique. Malgré sa défaite, il ne tient nullement à devenir un dieu de second ordre. C'est alors qu'il signe sa tirade par un « *sceau d'or* » en l'occurrence un nombre... quel nombre ?

« **Le Nombre d'Or** » précisément : **1,618.**

En effet, si nous divisons ce nombre **2356,4** (l'arme numérique de Seth) par le « 9 » ennéade, car rien n'aurait été plus cher au dieu que d'en être élu roi, nous obtenons **261,82** soit φ puisque la racine $\sqrt{}^2$ divisée par 10 n'est autre que le nombre d'or **1,6180** (exact à 0,00006 près). Le rayon de 4500 serait-il pour la lance, ce que l'O est pour l'**onde**. Souvenons-nous, Lancelot ou lance l'O n'a guère fait mieux avec le Graal, n'a-t-il pas bu la coupe, alors que Jésus, lui, l'a repoussée. Le contenu de la coupe n'était pas à consommer... mais à méditer ?

« Le Nombre d'Or » nous amène à cheminer vers « **la quadrature du cercle** ». Nous avons la preuve manifeste que les hiérarques égyptiens n'ignoraient rien de ces réalités mathématiques. Mais ils ne paraissaient pas se préoccuper de l'infinité éperdue de ce nombre « transcendant » qui de nos jours, rend la quadrature impossible. Pour nos Anciens omniscients, le raisonnement répondait à une dimension humaine. Cette simple logique ne semble pas avoir interpelé les « scientistes-mathématiciens » du XIXe siècle, lorsqu'il devenait possible de donner à son égo une renommée ; « *la quadrature du cercle devenait ipso facto impossible* » ! Même si au-delà d'une douzaine de chiffres après la virgule, l'équation apparaissait clairement démentielle à l'échelle humaine.

En ce qui concerne l'évaluation du nombre PI les calculs actuels soumis à la puissance d'ordinateurs performants ont dépassés les 10 milliards d'unités, sans pour cela trouver *une terminaison au nombre PI*. Nous présumons que cette suite, prétendue « **infini** », a un **fini**. Peut-être se situe-t-il au terme de la matière observable, à moins que ce ne soit aux limites d'un changement d'espace-temps. Apparemment, notre modernité n'a pas encore atteint ce stade d'évaluation et les ordinateurs poursuivent leur inlassable course vers ce qu'il nous apparait être, une aberrance.

Prise à l'aune de nos facultés mentales, **la nature** se résume par l'harmonie des nombres et des formes, cette logique absolue semble nous être devenue impénétrable. Si cette nature avait dû codifier et rationaliser ses options en vertu des conceptions darwiniennes, elle n'aurait jamais pris son essor. La lumière numérique, la beauté quantique et l'amour du créé, sont à l'origine de toute évolutions, les anciennes civilisations, semble t'ils, en avaient approché la synthèse.

Sur un plan mathématique, la quadrature a toujours constitué un secret professionnel pour *les œuvriers des cathédrales*, alors que sur un plan géométrique, l'application date de la plus haute Antiquité. Si nous devions aller au plus simple, les références égyptiennes seraient celles-ci, prenons pour exemple les tiares d'Isis et de Nephtys :

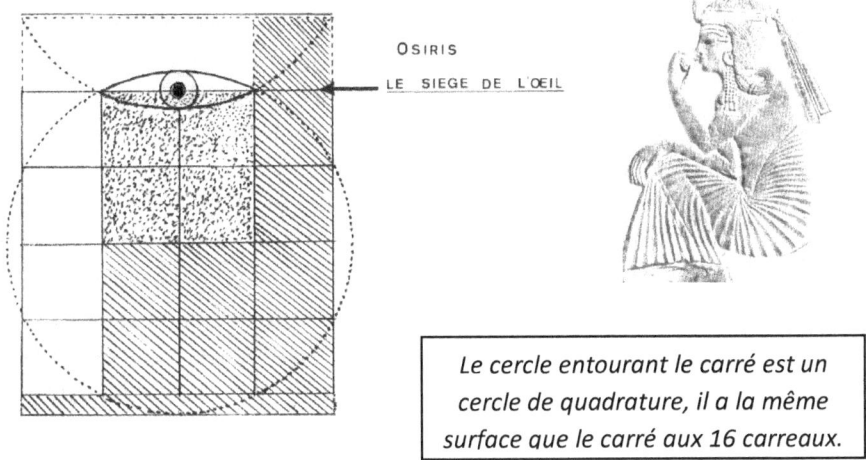

Le cercle entourant le carré est un cercle de quadrature, il a la même surface que le carré aux 16 carreaux.

Les deux tiares sont ici imbriquées, ce sont celles qu'arborent sur leur tête Isis et Nephtys les deux déesses enfants de Nout et Geb. Nous remarquons que c'est la découpe des carreaux qui nous permet distinguer les deux tiares l'une de l'autre en ce contexte.

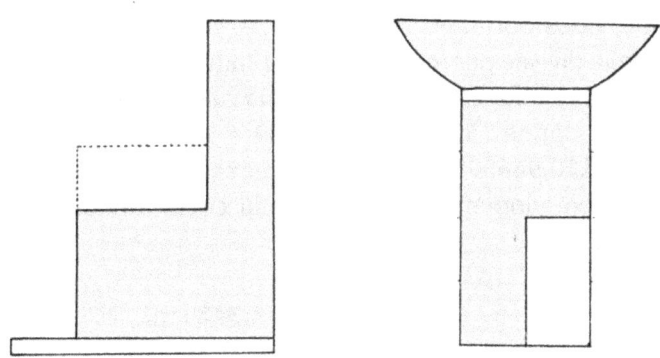

La partie hachurée schématise représente « **le trône d'Osiris** », c'est « la tiare d'**Isis** », (assemblage des cubes 3 – 4 – 5). Quant au « **château de Nephtys** » c'est « le carré central » il se double vers le haut et se dédouble vers le bas. Ces dénominations « trône et château » ce sont celles que leur ont donnés les égyptologues. La géométrie forme une coupe. On aura compris que la quadrature du cercle peut s'obtenir en regroupant « **4 carrés de même dimension** », en doublant ensuite leur surface vers le bas, puis en déployant verticalement chaque moitié de ce rectangle. Le résultat obtenu est un grand carré de « **16 cases** ». Nous découvrons que cette géométrie (vue de profil) dessine **un trône** stylisé, apparemment vacant. En fait, ce trône est implicitement occupé par **Osiris**, dont l'un des noms mythiques est « **Siège de l'œil** ». Nous remarquons également que le carré formé par le trône et son accoudoir nous procure un parfait rectangle d'OR.

***

Les données concernant notre planète se révèlent avec la valeur au sol des demies-bases de **la Grande Pyramide**. Pour découvrir la circonférence de la Terre aux pôles, il suffit d'ajouter (après les mètres), la valeur symbolique de **l'ennéade traditionnelle** que nous avons étudiée. Cela se résume par l'opération suivante : longueur totale de la demi-base, résultant du creusement des faces, (sans le fruit du socle).

115,5570209 m + **0, 0.1.2.3.4.5.6.7.8.9 m** = 115,5693665 mètres.

Pour plus de commodité dans les opérations, nous réduirons ce résultat à 0,1155693665, après l'avoir multiplié par les 8 demi-bases de **la Grande Pyramide**, nous obtenons : 0,924554928. Ce total affiché, équivaut à la valeur réelle divisée par mille de la demi-minute sexagésimale. Il nous faut donc multiplier celui-ci par 2 pour avoir la valeur au millième de la minute, ce qui nous donne : 1,849109856 x 60 = 110,9465913. Pour terminer, multiplions 110,9465913 par les **360° du cercle** = 39940,773. Ce résultat représente en kilomètres (au mètre près) la circonférence de la Terre aux pôles :

Diamètre 12 713,542 km.

Il nous reste à découvrir la valeur de notre géoïde à l'équateur. C'est simple, reprenons « l'ennéade » de base : 0,1.2.3.4.5.6.7.8.9 multipliée par « π » = 0,387850941. Ajoutons ce résultat à notre demi base, soit :

115,5693665 + 0,387850941 = 115,957217. Dès lors, effectuons une opération semblable à la précédente :

0,115957217 x 8 x 2 x 60 x 360 = 40074,814 km ou la circonférence de « la Terre à l'équateur » diamètre : **12756,209** km.

Valeur moyenne des deux données : **12734,875** km, soit une différence de 66 mètres avec les évaluations satellitaires les plus rigoureuses. Ce fourvoiement (sic) serait assimilable à la longueur d'un massif floral, celui, peut-être, que le jardinier Kheops cultivait en secret pour parfaire son œuvre. Il lui avait donné le beau nom, « *d'horizon* » probablement assimilable à la lumière naissante symbolisé par la base du triangle équilatéral, circonscrit dans le cercle du Soleil que cernent les apothèmes de la Grande Pyramide. Hauteur de la pyramide 147,1317686 m, dimension du cercle solaire 129,2571262 m.

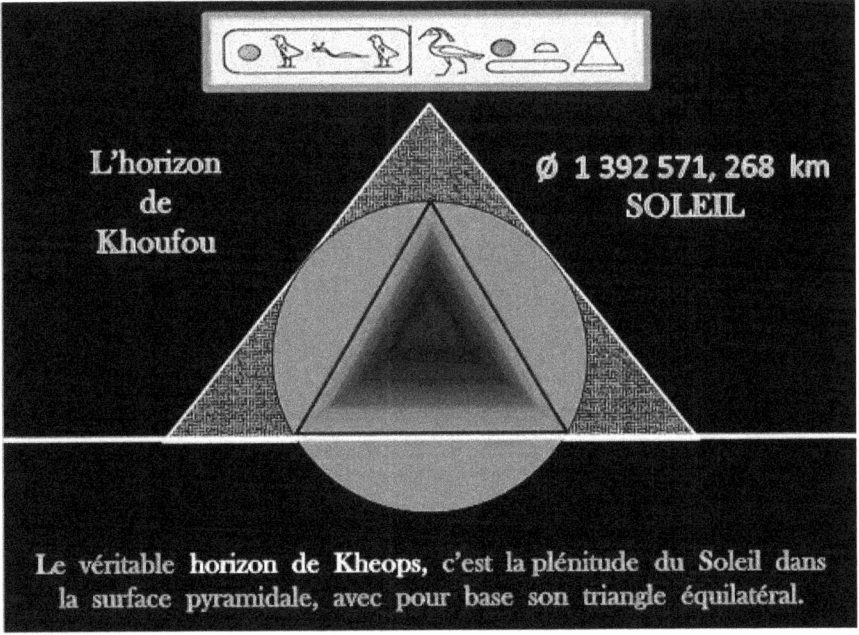

La pesée des âmes réalisée par Thot et Anubis place le tracé de la Grande Pyramide, et notamment le pyramidion au centre du fléau. Les deux angles de 51°51' reposent à droite sur le cœur de Maât et à gauche sur le cœur du défunt. Alors que Thot indique de son index l'emplacement de la chambre du Roi et Anubis la justice du « 3. »

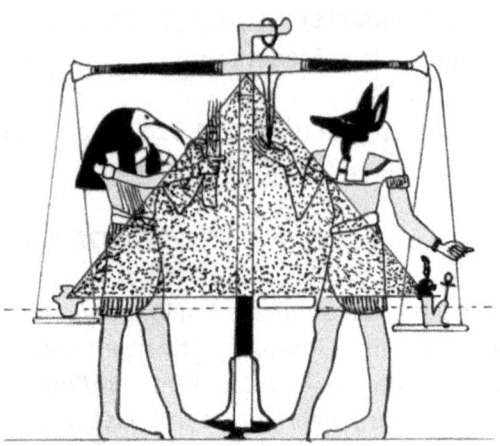

L'Ankh ou la Croix Ansée

> Si l'homme veut de l'OR qu'il creuse,
> sinon, qu'il se contente de pailles.
> **Héraclite**

Tout - Tau - Tm - Tem - Toum - Atoum.

*« Je suis **Tem** qui créa le Ciel, qui façonna les êtres sortis de la Terre, qui fit paraître la graine semée… maître de tout ce qui existe, qui enfanta les dieux, **l'unique qui s'est créé lui-même**, maître de la vie qui donne fraîcheur à l'ennéade divine ».* Papyrus nu, chapitre LXXIX.

Il peut être utile d'essayer d'appréhender la symbolique génésiaque de base, à laquelle toutes les traditions du monde antique adhéraient.

« La triade divine » :

Le triangle équilatéral compris dans le cercle symbolise **le Principe Créateur**, assisté de ses 2 émanations que sont le nombre et la géométrie.

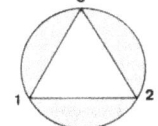

Au cours des âges, les dieux auront changé de nom, de sceptre, de vêture ou d'apparence, en fonction des religions des peuples et des cultures, mais jamais ils n'ont changé en leurs principes originels.

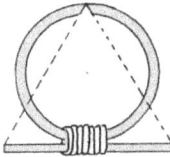

Le triangle équilatéral est consubstantiel du 3 en 1.

« La boucle Horienne unificatrice ».

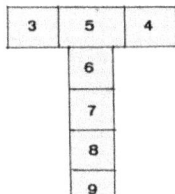

La ligature Ciel-Terre était symbolisée en Égypte Ancienne par les deux terres « Nord-Sud », par extension, les 2 génies du Nil, les 2 couronnes, les 2 pyramides (réelle et virtuelle). Le soleil affleure l'horizon, son disque est lié par 7 boucles, elles représentent :

Les 7 dieux constructeurs issus de « la triade divine ».

Ils structurent le « tau ». Ce sont les Rishis, les 7 anges de « La Présence », les collaborateurs de Dieu. « Les 7 étoiles de la constellation d'Orion » (la porte du Ciel.)

Le « T » grec est la clé sur laquelle se positionne le verrou lettres **S** ou **Z** . Celui-là même autour duquel :

l'homme (Z) et la femme (ZT) évoluent, autour de l'arbre de la connaissance biblique , l'**Ankh** (la croix ansée égyptienne)

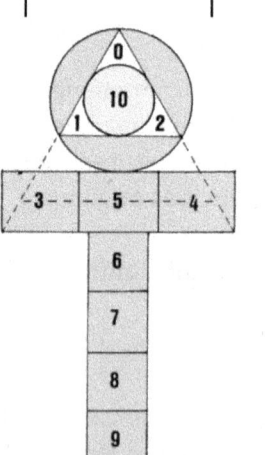

Horus (10)
Shou – Tefnut (1) (2)

Geb - Osiris – Nout

(3)   (5)   (4)

Haroéris (6)
Seth (7)
Isis (8)
Nephtys (9)

7 éléments sont disposés à l'intérieur du **Soleil-Horizon**

La ligature trinitaire

Terre - Ciel

7 éléments rectangulaires forment le **Tau grec.**

La croix ansée appelée « **Ankh** », évoque inconsciemment en nous « l'arbre, symbole de vie ». Le mot « *vie* » étant pris en tant que réalité à double face (l'ankh miroir). Hélas, la plupart des êtres ne perçoivent que le premier aspect. Le second est comparable au reflet de l'arbre sur les eaux calmes de l'étang, image virtuelle, mais aussi précaire réalité. À la moindre brise, la vision se brouille et s'abîme dans les profondeurs de l'onde. *La vie dont il est question en l'**Ankh**,* est celle à laquelle l'être incarné se doit d'aspirer, tout en se nourrissant aux racines de la matérialité.

L'âge aidant, le tronc de l'expérience s'épaissit, l'élévation alors s'effectue de **l'eau-terre** vers **l'air-lumière**. Sans lyrisme débridé, cette ascension est comparable à la naissance de l'oiseau s'extirpant de sa coquille matricielle. Il lui faut attendre que le duvet devienne plume pour aborder l'azur, son élément naturel.

Voyons ce que l'**Ankh** nous apprend sur cette double réalité.

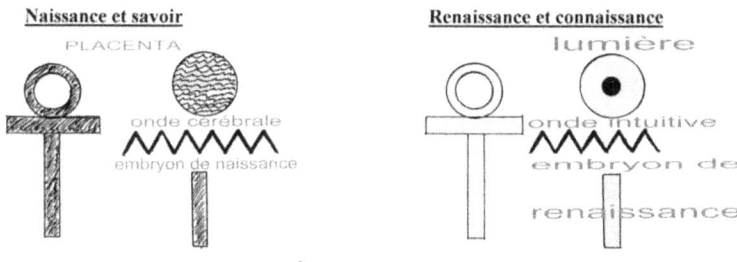

Le mot « **Ankh** » en égyptien, s'écrit , le poussin passera de l'œuf à la lumière. Le mot « **vivant** » en égyptien, s'écrit , l'oiseau passera de la lumière à l'onde des Cieux. La subtilité égyptienne ne s'en tient pas là, le symbole signifie également, « **miroir** » ou « image virtuelle existentielle ». Cette notion « *du double* » est une invite à la réflexion. Ne commet-on pas l'erreur commune de prendre pour « soi », l'image virtuelle que nous renvoie le miroir ? La vie apparente qui s'anime soudain sur la surface argentée est un univers fallacieux, un leurre, qui n'a de réalité que l'attention qu'on lui prête.

Le miroir nous renseigne sur l'apparence, non sur le fond, si nous vivons d'apparence, nous pouvons nous en contenter, mais si nous désirons accéder aux réalités, il nous faut détourner le miroir.

Cela signifie que nous devons prendre pour référence, non l'image illusoire que nous renvoie la matière, mais celle que nous procure **l'état de conscience,** lorsqu'il est imprégné de *la lumière intérieure*. Ainsi nous acheminerons-nous sereinement vers une fin d'existence, qui n'est en fait qu'une étape, sur le chemin de l'indicible vérité.

Pénétrons-nous de ce principe, *« l'argent » se ternit avec l'âge, alors que « l'or »… alchimique est lui inaltérable.*

« La croix de vie » s'insère avec une absolue perfection autour de **« l'œuf cosmique »**. Les éléments géométriques sont ici constitués par les 5 enfants de Nout et Geb. Ils forment l'enveloppe coquille et le blanc glaireux (protection et nourriture). Quant au jaune, il est dans le carré de Terre. **Isis** est enceinte d'**Horus** (l'intelligence humaine). Dans l'œuf inerte de la matière se dissimulent les ailes de l'élévation. Les égyptiens avaient placé avant la lettre la pensée de **Goethe**. Celui-ci conseillait : « *Nous devrions dessiner davantage et moins écrire* ».

Instruits de ce principe, étudions le paysage géométrique que nous proposent **les 5 enfants de Nout,** dans l'ordre des cinq polyèdres réguliers : △ △ △ ◇ ⬠ (3) à base triangulaire, (1) à base carrée (1) à base pentagonale.

3 + 3 + 3 + 4 + 5 = 18, ⌒ le symbole Noutien « *le Ciel* ».

C'est aussi « *le dôme de l'œuf* » prémisse de l'élévation. Nous découvrons que les côtés du carré isiaque conditionnent les côtés des **3 triangles**, représentés par le tétraèdre, l'icosaèdre et l'octaèdre.

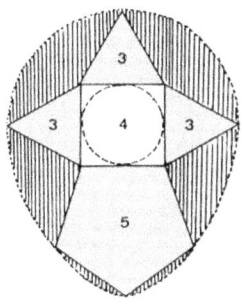 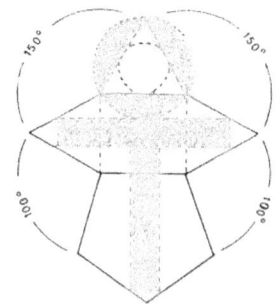

Ces formes sont rattachées à Osiris, Haroéris et Nephtys. Nous remarquons également que le côté haut du pentagone inversé (illustré par le dodécaèdre de Seth) est lui-même dimensionné par *les côtés du carré isiaque*. Ce qui revient à dire que, les 5 enfants de Nout et Geb forment l'œuf philosophique, *premier parmi les formes du « créé »*.

Cette enveloppe de forme ovoïde contient la vie, mais aussi (à droite) une étrange grenouille à la morphologie humaine. Allégorie des métamorphoses préfigurant la complexité des structures moléculaires. Les 10/18 arêtes internes sont l'image même de l'arche. Sur un autre plan, les atomes sont sur le point de former un corps chimique. Au stade suivant le symbole va s'épurer. Avec **la croix ansée**, la vie aura acquis ses droits, mais aussi ses nombres, garants de son harmonie. Le constituant fondamental de la cellule, **le cytoplasme**, en est la plus évidente représentation. « *Horus le rouge, celui qui est loin* » (du début de la création), est enfin parvenu « *aux murailles du palais* ». « La muraille » est assimilable au périmètre.

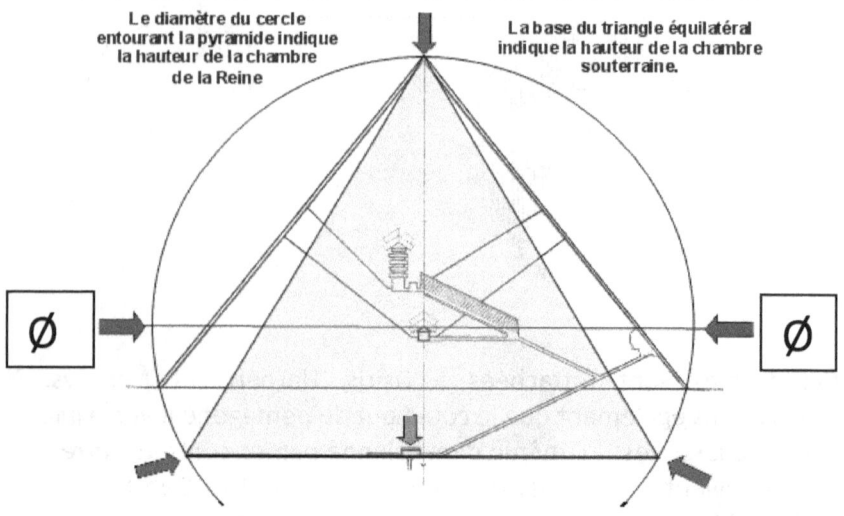

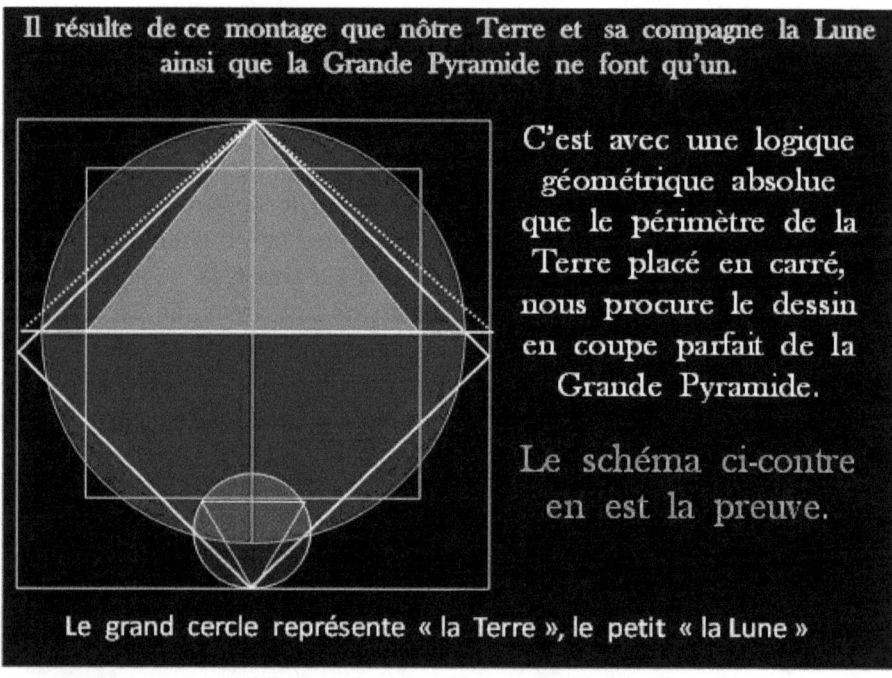

N'est-il pas remarquable que pour un simple tombeau, on ait déployé autant de génie et que la chambre sépulcrale de Khéops puisse être dupliquée plus de 8000 fois dans le volume pyramidal !

L'arbre Emblème de Vie

> C'est à la saison de l'inattention,
> Sous l'arbre de l'insouciance,
> Que l'on reçoit les fruits du hasard.

En apparence proche de l'**Ankh**, « **l'arbre** » nous rappelle les cinq perspectives de **la croix**. En autant de dimensions, *racine, tronc, sève, feuillage, fruit*. L'arbre évoque de manière concomitante, l'évolution de l'être, en ses phases corporelles, sexuelles, décisionnelles, intellectuelles et spirituelles.

Les racines que l'on qualifiera de **séthiennes**, sont profondément ancrées en terre, l'arbre leur doit sa stabilité, c'est en ses multiples fibres que celui-ci puise son alimentation. Les racines s'étendent telle une coupe réceptrice. Plus que leur appétence, leur ténacité à occuper les sols est proverbiale. Les racines n'effectuent pas une propagation apathique, elles s'engagent, luttent, souffrent. Elles génèrent un processus réactif, condition nécessaire à la tonification de leur structure et à l'émergence de l'arbre vers la lumière.

Le tronc est composé d'anneaux concentriques témoins de son âge, ses fibres ont pour fonction de soutenir l'édifice. Le tronc a inspiré aux hommes la colonne. En s'élevant d'âge en âge, le tronc exhausse la voûte porteuse du fruit. Le pouvoir ascendant du tronc est symbolisé par le faucon **Haroéris**, déployant ses ailes. L'esprit en aspiration tend vers le Ciel, vers la voûte, vers la lumière. Le tronc est détenteur de la force de conviction qui conduit à la sérénité.

La sève nourricière que transporte le tronc est **osirienne** ; elle est issue des combats que livrent les racines pour leur expansion, dont une part leur est dûment ôtée. Les sels minéraux de l'univers séthien sont alors sublimés et élevés de la Terre au Ciel, du minéral vers le végétal. C'est alors que s'effectue une photosynthèse de la matière organique. Ensommeillée l'hiver, celle-là renaît chaque printemps tels les lents battements d'un cœur qui viendraient à réactiver la circulation sanguine. À l'image d'**Osiris**, la sève est invisible, mais elle est vitale.

Les branches s'étendent, elles sont imprégnées de l'horizontalité féminine illustrée par **Nephtys** la magicienne. Les bras maternent, ils supportent le berceau de feuillage dont les cellules végétales s'imprègnent du rayonnement de **Râ**. Les branches sont la parure, la beauté, le vent les animent parfois d'une vie secrète qui les met en relation avec les éléments alentour.

Le fruit est l'élément de la finalité, il est beau, désirable, il est incarné par **Isis**. Mais le fruit est fragile et sa chute souvent le confine à un oublieux destin. La boue alors le recouvre sans plus de considération pour ce qu'il a été. C'est pourtant en cet état devenu putride que surgit en lui cette faculté privilégiée à renaître.

Le noyau du fruit porte l'arbre qui portera le fruit. Mystérieuse alchimie appropriée au comportement évolutif de l'homme. N'incombe-t-il pas à ce dernier de s'accomplir en ces divers états ? **Son rôle est d'être encore, après avoir été.** En sa symbolique finale, l'arbre se décompose de haut en bas, de la manière suivante :

Horus rejoint alors **Atoum**, il boucle l'ennéade avec le « 10 », puissance achevée des cycles. Il est l'œuf, l'œil, *le fruit du fruit*, la goutte, l'anneau, la cité cellule entourée de sa couronne murale, le circuit des planètes autour du Soleil. Le cycle légèrement ovalisé représente la notion de temps. Nous remarquerons que ce cercle nanti d'un appendice mentonnier est placé comme une tête au-dessus du **T** « tau », il agrège l'ensemble des évocations précédentes.

N'est-ce point de l'**œuf** qu'est sortie l'essence des 5 éléments tibétains ? Chez les Dogons, le même œuf a forme humaine, ce qui ne saurait nous étonner, tant il se rapproche de l'**Ankh**.

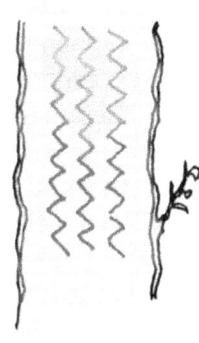

Osiris : La sève :

Osiris se situe à la croisée des options verticales et horizontales. Dieu défunt, *Osiris a quitté le monde des apparences,* on ne le conçoit plus en tant qu'élément physique structurel. Sa présence est à la fois effective et intemporelle. Telle l'âme, essence vitale, la sève voyage sous l'écorce, on ne la voit pas, mais elle est le sang de l'arbre. *La sève unit par sa montée vigoureuse la Terre au Ciel.* Elle symbolise les luttes et les souffrances de la vie pour la vie. Véritable extraction de l'arbre, la sève alimente celui-ci par ses lentes pulsions saisonnières. Axe et pivot du phénomène existentiel, carrefour du temporel et du spirituel, **Osiris** veille à la pérennité du cycle, il est la promesse du renouveau, il est la « substance » que l'on ne peut voir, mais que l'on sait présente en toute chose. Placé entre deux mondes, le dieu n'en renie pas un pour l'autre, il les unit dans le principe.

Isis : le signe de l'aube initiale, la vierge désirable, car éternellement détentrice de l'hyménal secret de la terre, dont le fruit est amande. Avec sa sœur, Nephtys, elles sont « *les mères-porteuses de l'arche* », promesse du Ciel.

Les fruits d'Isis sont avides de lumière, ils éveillent la curiosité passante, comme les voiles sous le vent dessinent les corps. Leurs formes sont diverses et les mystères de leurs parfums plus savoureux que leur chair. Vierge, épouse, mère, sœur, amante, elle demeure, **Isis**, *ce qui se voit le plus, ce qui se sait le moins.*

Nephtys : voûte et branches, la coupe de l'occulte, le clair-obscur, la magie du couchant qui incite à la méditation. Elle est l'espace tranquille baigné d'or et de solitude. En harmonie avec sa sœur et à l'exemple de leur mère **Nout**, la déesse symbolise la voûte, mais aussi le passage. Nephtys est détentrice de la coupe de la nuit, qu'elle porte en tiare sur le sommet de sa tête, coupe où se reflète la Lune en son château dominant. **L'octaèdre** qu'elle incarne est semblable à une pyramide reflétée, noyée par les eaux limoneuses. Ces eaux évoquent les mystères des profondeurs, aspect racinal de la voûte inversée que symbolise **Seth** son époux.

Haroéris :
Le tronc :

Haroéris, le tronc : avec le faucon, il y a là un irrésistible élan vers le divin, vers l'arche où se trouve en gestation dans le fruit le phénomène horien. Le tronc est pétri d'expériences qu'attestent les cercles concentriques du temps. Sa verticalité, telle une force tranquille, *guide l'onde osirienne transformatrice.* Le tronc est le canal transmetteur de la sève, celui qui élève la matière débanalisée vers l'indicible lumière. Le tronc ayant cessé de vivre, il devient colonne ou élément de charpente. La sève osirienne imprègne ses fibres, il est l'élément du *charpentier* dont le mot signifiait, dans l'antiquité, « *magicien* ».

Seth :
Les racines :

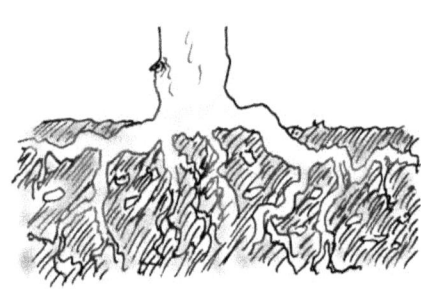

Seth est identifié aux racines tutrices de l'arbre. Cependant nous avons là une nuance appréciable ; **la croix ansée** est symbole de vie supérieure. Éradiquées par **Horus**, les racines séthiennes n'adhèrent plus que partiellement au sol, regroupant leur forme pour les soumettre à la verticalité du tronc. Hier encore tentaculaires, elles ne créeront plus les boutures adventives de la dégénérescence. L'arbre naîtra d'un germe conscient placé au centre du fruit. Depuis qu'**Horus** l'a émasculé en combat singulier, *Seth est en partie privé de ses pouvoirs infernaux, dont il faisait si grand usage.* Privé de ses réseaux serpentiformes qui retenaient la terre prisonnière.

Le tribunal divin a rendu son verdict. **Seth** devra désormais se conformer aux desiderata de ladite communauté. Il deviendra le bras séculier des dieux, prince de la foudre, mais aussi des **typhons** (appellation dont le gratifieront les grecs), des tornades et autres ouragans dévastateurs, voire purificateurs.

Seth demeure attaché à la vie comme un mal nécessaire dont ne peut se passer l'évolution.

« Le **bien** » au sens biblique du terme, n'assume son état que s'il est apte à mirer en lui « **le mal** » (notion des plus relatives), dont les critères se modifient à chaque barreau de l'échelle évolutive. Lorsque nous disons « *mirer* » nous pensons à « **l'Ankh miroir** ». L'ambivalence « *bien et mal* » caractérise le personnage de Seth. Troublante concordance, en hébreu, **Seth** possède également un double aspect, en tant que **principe masculin**, il s'identifie au « *fondement* ». Nous avons là l'image de la racine plutôt bénéfique. Mais en tant que **principe féminin**, il signifie « *tumulte, ruine, empêchement par violence, obstacle et opposition.* » On retrouve les alternances - construction – destruction - changement - évolution. Il s'agit là du symbole du serpent, dont le corps est à la fois diamètre et circonférence, **emblème de la médecine de vie et crocs fatals de la mort.** Son avantage vital n'est-il pas de provoquer l'interrogation ?

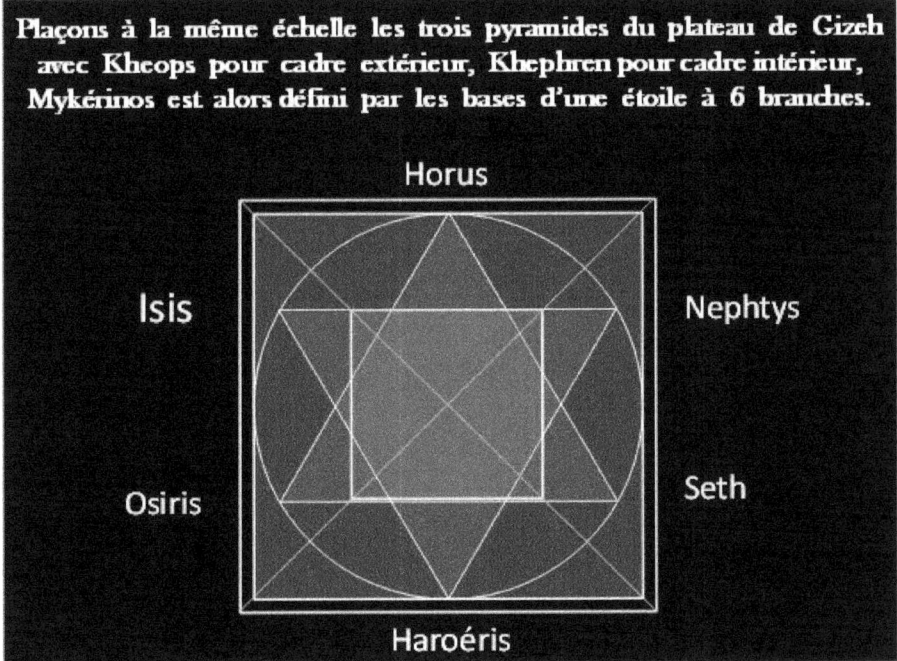

Plaçons à la même échelle les trois pyramides du plateau de Gizeh avec Khéops pour cadre extérieur, Khephren pour cadre intérieur, Mykérinos est alors défini par les bases d'une étoile à 6 branches.

La réflexion est parfois dérangeante, surtout lorsquelle a l'outrecuidance de remettre en question **l'Histoire** commune d'un monde désorienté ou… (privé d'Orient) c'est-à-dire de lumière.

Dans un rectangle d'OR où la Terre se trouve deux fois représentées, un triangle équilatéral à l'indice du côté hauteur, nous donne sur sa pointe horizontale le Ø de la Lune.

LUNE

TERRE TERRE

La Croix de Vie

> En amour, on reçoit lorsque l'on donne.
> On donne seulement lorsque l'on aime,
> C'est ce qui fait… que l'on reçoit si peu !

L'hymne à **Osiris** est représentatif de cette situation symbolique de « **l'Ankh arborescent** », il est tiré de « la légende d'Osiris à l'époque thébaine ». Citons-le, tant il évoque l'arbre que nous avons étudié :

« C'est pour lui (Osiris) que l'océan primordial tire son eau, c'est pour lui que le vent du Nord va vers le Sud, c'est pour son nez que le Ciel met l'air du monde pour que son cœur conscient connaisse la plénitude ; les plantes croissent grâce à son cœur conscience. La terre rayonnante donne naissance pour lui à la nourriture ». Loret II, stèle du Louvre, C 886 XVIII dynastie.

Il se dégage de ce texte, une notion d'évolution de la matière passant par l'état de conscience pour enrichir l'esprit et s'élancer vers les régions supérieures de l'âme. *Chacune de nos réincarnations produit le fruit d'une élévation.* Dès cet instant, l'essor de la raison corporelle va s'effectuer sur un autre plan. **L'Ankh,** en son schéma originel sera conservé, mais **Atoum, Shou, Tefnut, Geb et Nout,** n'apparaîtront plus en tant que principes opérationnels. La vie imposera sa raison d'être. Désormais, un rôle sera attribué à la conscience embryonnaire, celui d'enrichir « *l'âme individuelle* ». C'est le cumul des existences réalisées dans la probité, le courage et l'abnégation qui permettra de dimensionner notre authentique individualité, attendant secrètement dans l'ailleurs les fruits de sa croissance.

(10) **Horus** : Fruit de l'arbre (finalité), le germe issu de la matière s'est fait « lumière ».

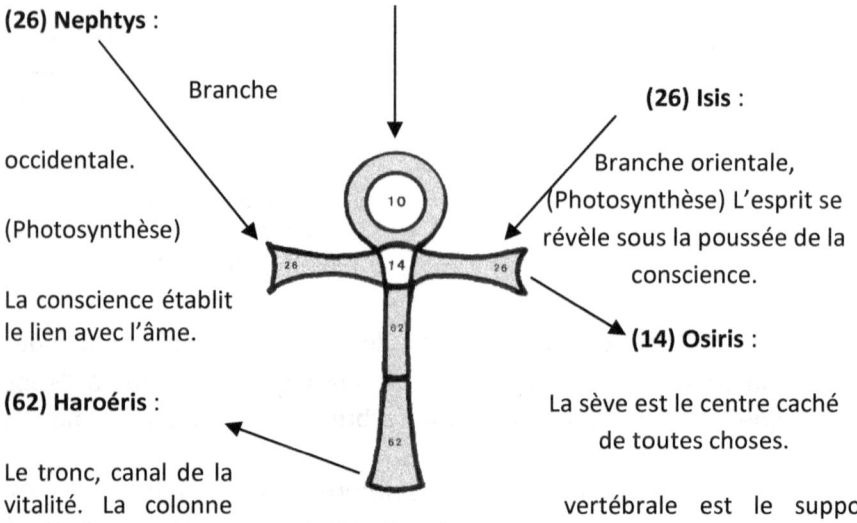

(26) Nephtys :

Branche occidentale.

(Photosynthèse)

La conscience établit le lien avec l'âme.

(62) Haroéris :

Le tronc, canal de la vitalité. La colonne

(26) Isis :

Branche orientale, (Photosynthèse) L'esprit se révèle sous la poussée de la conscience.

(14) Osiris :

La sève est le centre caché de toutes choses.

vertébrale est le support osseux de la vie. Lorsque l'arbre meurt, sa structure perdure. **(62) Seth :** Partiellement ancrées en terre, les racines représentent l'être accroché aux réalités terrestres. **Les racines nourrissent un arbre comme on amasse un pactole, mais la densité de la matière lui dissimule la finalité.**

Il n'y a plus maintenant que 6 éléments sur 10. **Osiris** n'est plus visible, mais son rôle est essentiel, il demeure à jamais le pivot de **l'ennéade**.

$$10 + 14 + 26 + 26 + 62 + 62 = \mathbf{200}$$

La hauteur du Graal, les deux 100 (sang et 100) que révèle la pointe des lances.

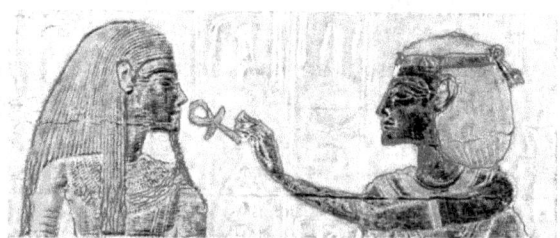

L'œil des Dieux

> Il n'y a pas d'ombre sans lumière, mais y aurait-il des lumières sans ombre ?
> En ce cas, qu'éclaireraient-elles…si ce n'est la conscience !

Derchin (Papyrus Salt, page 11), nous donne une approche ô combien pressentie du rôle des dieux :

« *Les dieux sont des émergences multiples, des points de concentration de l'énergie universelle. Imaginons l'univers comme un océan d'énergie illimitée : chaque parcelle vivante baigne dans cet océan, mais dans sa solitude, elle ne peut pas prendre une réelle consistance. Chaque dieu rassemblant en lui des énergies diverses peut sortir de l'universel et le rendre tangible, autant dire que les dieux et les déesses sont autant de voies offertes à l'homme pour accéder à l'unité. Le temple, quant à lui, rassemble les innombrables énergies divines et les rend cohérentes. Aussi, les prêtres sont-ils chargés de maintenir l'harmonie divine, de transformer l'esprit en matière sacralisée et de spiritualiser la matière* ».

Si nous n'avons rien à ajouter à ce pertinent point de vue, nous avons beaucoup à méditer sur l'aspect des mythes à travers les religions. Les mythes sont les principaux véhicules de l'inconscient. Freud avançait « *qu'il n'y a pas de hasard en l'inconscient* ». Il aurait pu ajouter « *…d'une manière générale* », car le hasard est *une loi géonumérique* que nos scientifiques subodorent, mais qu'ils n'ont pas eu la curiosité d'aborder. Parmi les nombreux textes, il est un passage qui devrait particulièrement retenir notre attention.

Celui-ci est extrait d'un épisode décrivant les luttes fratricides que se livrent les dieux antagonistes. Seth extirpe de sa cavité « **l'œil d'Horus** » pour le fragmenter en « 6 morceaux ». En Égypte Antique « L'œil » était représentatif des « *Principes liés à la Tradition* », cet œil symbolisait **la vision universelle**. Il y a « 6 dieux » avant **Seth** ses parents et ses frères et sœurs. Son intention est donc de dissocier cette confraternité, afin de pouvoir seul s'identifier à « l'unique ».

L'œil est assimilable à ⬭ » l'œuf », au " verbe créateur ◇ = R
= la bouche. N'y a-t-il pas une évidente analogie entre le mot :

(IRT) 👁 signifiant **œil,** et (IR) 👁 faire, créer ?

La vision semble précéder l'acte d'un court instant. Rappelons-nous la symbolique du cercle et du point central ⊙. L'œil, c'est aussi le Principe 1-2 - **Shou -Tefnut** en leur aspect primordial.

Nous ne saurions oublier le caractère homographique qui existe entre le poisson et les larmes issues de l'œil. Rem 🐟🦉◇ = poisson.

Rem ou remi ◇🦉👁 = pleurer. D'autant que le graphique profilé du poisson se calque étrangement sur l'esquisse de l'œil humain.

Revenons à la légende du dieu « Thot », il est dit « messager de lumière » au service de l'ennéade. C'est lui qui veille sur les lois, il réussit à regrouper les « 6 morceaux de l'œil d'Horus », qu'il compile par la puissance fractionnaire de (**2**).

Rappelons-nous les ☥ « 6 éléments de la croix ansée ». Ils sont occupés par les 5 enfants de **Geb et Nout** parmi lesquels vient s'adjoindre **Horus** _(enfant d'Isis et d'Osiris). **1 + 2 + 3 + 4 + 5 = 15 = 6.** Ce sixième élément de l'**Ankh** _(le cœur 14) nous l'avons décrit comme étant l'**Osiris caché**, l'œil dans la tombe, celui qui préside à l'essence des choses et sans lequel le monde ne serait qu'une structure aveugle. Sa représentativité devient effective avec la présence sur Terre de son fils Horus. **L'œil horien** possède, par la voie du « sang », la caractéristique de la double appartenance. Un œil est ouvert sur **la vie**, un autre est clos sur **la mort**. « L'œil conscience » défie la matière, comme le faucon la lumière du soleil. Voyons ses caractéristiques numériques, en rapport avec les dieux primordiaux assujettis à l'évolution matière :

1) **Nephtys** cornée gauche = 1/2

2) **Osiris** iris = 1/4

3) **Haroéris** sourcils = 1/8

4) **Isis**, cornée droite = 1/16

5) **Horus**, caractéristique colorée du faucon = 1/32

6) **Seth**, effet du même type vertical = **1/64**

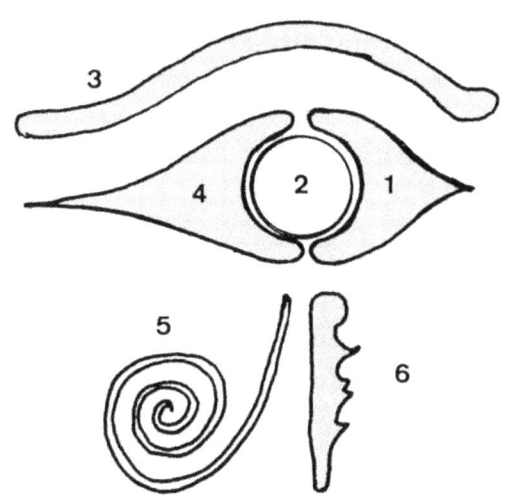

Ces fractions dites du « Héquat » étaient connues de la Haute Antiquité. Elles servaient à établir les différentes mesures de capacité. C'était là, nous en conviendrons, la meilleure façon de perpétuer le message ésotérique qu'elles recelaient. Ce qui est advenu en faisant école, puisque les jeux d'échecs (tant appréciés de nos contemporains), comportent depuis toujours **64 cases** : 64 = 6 + 4 = 10 = 1.

« 64 » est le seul carré dont la somme des chiffres est égale à « 1 » alors que le produit des chiffres est égal à moins 1 (modulo un carré). Ce résultat équivaut à 4 x 4 x 4 = **64.** Entre autres correspondances intéressantes avec la progression de 2 – 4 – 8 – 16 – 32 - 64, tous de caractère divin, ce nombre, regroupe la totalité des hexagrammes du livre dit : « *Les Changements* » de la Chine ancienne.

Le « Yi-King » témoigne du cercle et des effets combinatoires des nombres génésiques en leur accomplissement. En vertu de cela, si nous additionnons « **64** » au nombre polyédrique d'**Isis mère**, nous obtenons 64 + 26 = 90° (l'angle du cube). Mis à plat, le cube déployé, nous révèle la croix « christique  », à double signification issue de « la Terre mère. » Sur un plan traditionnel, nous observons deux évocations en une, elles emblématisent « **la Vie** et **la mort** ». Cette opposition est identique aux hiéroglyphes :

« **Mout** »... 1 ⇒  La vie donnée par « **la mère** ».

« **Mout** »... 2 ⇒ La vie prise par « **la mort** ».

Ambivalence absurde... Non, pas vraiment !

La mort n'a de réalité objective que si on l'oppose à la vie, et la vie s'étale de la naissance à la mort. Ayant atteint sa période pubertaire, **la Terre** a été fécondée par **l'espace-temps**. Elle a donné naissance à **la Mère**, (mer) qui elle-même, a donné naissance à la Vie. La Mère est donc détentrice de « 2 clés », la première ouvre la porte du « **temporel** » (Mout – 1 -), la seconde celle du « **spirituel** » (Mout – 2 -), univers de Nout (la déesse du Ciel).

Ainsi, du profane au sacré, de *Janus aux clés de Saint-Pierre*, « **la tradition** » est immuable. Les religions sont des vecteurs de translations adaptées aux époques et aux mœurs, mais aucune de ces religions ne pourrait perdurer, si leurs bases ne reposaient sur les structures cachées de « **la Tradition Primordiale Universelle** ». Le réel danger se manifestera lorsque l'une de ces religions sera en décalage dogmatique avec les réalités de son temps et c'est déjà le cas.

Prenons la hauteur pyramide et trouvons lui une circonférence :
147, 1317686 x π = 462, 2280833
Plaçons cette valeur au carré : X^2 = 213 654, 801
÷ 10 000 = 21, 3654801 - Cette valeur est en autosimilarité mathématique avec les Ø des pôles et l'équateur de la Terre.

21, 3654801 + 12 734, 94192 = 12 756, 3074 Km moins deux fois la valeur, cela nous donne les pôles.
12 756, 3074 moins 42, 7309602 = 12 713, 5764 Km.

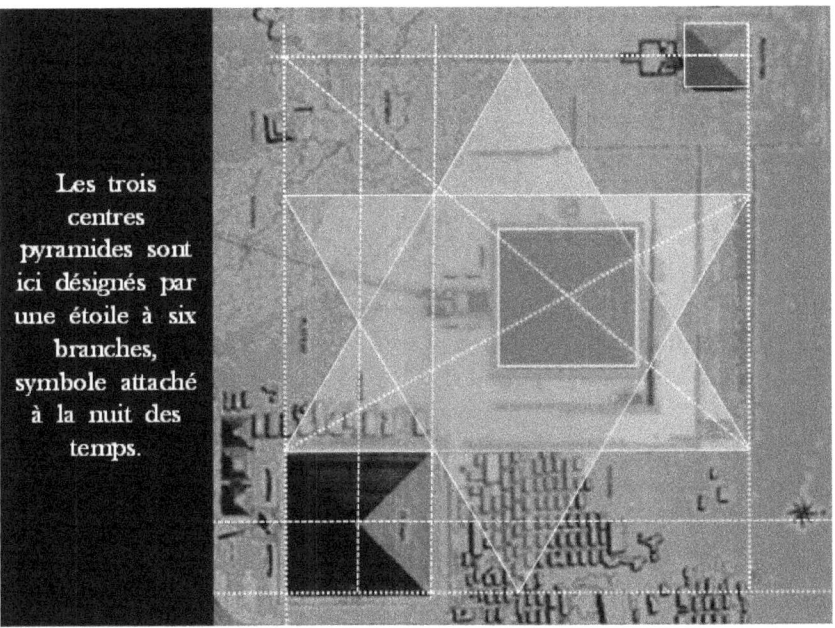

Les trois centres pyramides sont ici désignés par une étoile à six branches, symbole attaché à la nuit des temps.

Le Mystère de l'Oudjat

Lui, résonnait sur la mort… jusqu'à la vie !
Alors que nous résonnons sur la vie, jusqu'à la mort !

Horus, dieu incarné, est détenteur de l'œil aux pouvoirs exceptionnels. Ne peut-il pas regarder le Soleil en face sans éblouissement des yeux. Le corps d'**Horus** (entité semi-céleste) est muni d'ailes, afin que le moment venu, il puisse procéder à une ascension. Ses parents « **Osiris** et **Isis** » personnifient tous deux la Terre - nature en ce qu'elle a de sublime et de secret. N'en est-il pas, lui, **Horus**, physiquement issu au même titre que les hommes, dont il incarne avec **Seth** les tendances extrêmes ? **Isis**, mère du dieu, est la grâce faite femme. **Osiris** représente l'énergie cachée de la nature, tous trois forment une triade spirituelle :

Beauté : La déesse incarne la perfection, physique et morale.

Force : L'harmonie est intemporelle, la mort ne peut l'amoindrir.

Sagesse : Elle se situe au centre de la double spirale, force et beauté.

Horus est porteur de lumière, le cycle solaire qu'il arbore en sa tiare est l'emblème du divin manifesté. À cette enseigne, il est dit *« Fils du Soleil Roi »*. Ce titre a été largement usité dans les âges et colporté par les cultes de Zoroastre, de Tammuz, d'Akhenaton, de Mithra, d'Apollon et beaucoup d'autres, lesquels ont jalonné « l'évolution » de leurs références hermétiques.

Voyons ce que nous apporte **« l'œil horien »** en son aspect le plus classique et considérons ses **6 parties** désolidarisées par le dieu **Seth** au cours du combat qui l'opposa à **Horus**.

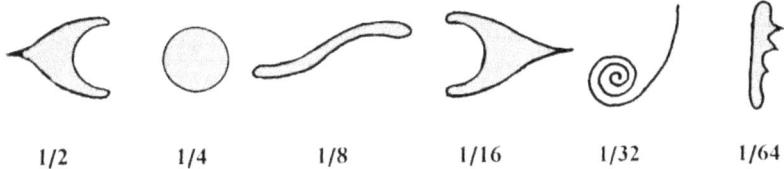

| 1/2 | 1/4 | 1/8 | 1/16 | 1/32 | 1/64 |

Ainsi divisé, l'**Oujda** se répartit en **6 fractions**. La somme de ces fractions ne nous donne pas pour valeur **64/64** mais **63/64**, l'œil ne saurait être parfaitement reconstitué puisqu'il lui manque **1/64**^{e} de sa particularité, soit « **1** ». Ce chiffre paraît être l'élément essentiel, « **l'unité** » symbolisé, le signe indispensable à l'œil pour qu'il ne s'enferme pas en les ténébrescences du « mal » où **Seth** a tenté de le placer.

En primosophie (voir en fin d'ouvrage la théorie des nombres premiers compris entre zéro et cent), le mot « **œil** » a pour valeur **100**. L'esprit de la Grande Tradition qu'appréhende l'intuitif et plus rarement la raison discursive, participe au résultat final. Nous avons ainsi disposé dans le sens vertical et horizontal les nombres suivants :

6 3 nous avons 63 - 36 - 34 - 66

66 + 34 = 100

6 4 nous avons 64 – 46 - 43 - 66

Si nous considérons **l'unité de l'œil** par elle-même, nous comptons **1** (unité) + **6** (éléments) = **7** ou la totalité des valeurs en examen.

6 + 3 + 6 + 4 = 4 unités numériques.

Ayant obtenu ces deux chiffres, divisons **7** par **4,** nous obtenons **1,75**. Cette clé va nous permettre d'ouvrir les deux serrures des nombres « **63** » et « **64** » du **Héqat** ». En Égypte Ancienne un rapprochement était à faire avec une valeur attribuée au poids. Le « **shât** » était une mesure usuelle très répandue, elle valait **7,5** grammes d'**or** (par analogie 75), nous avons **1,75**.

63 64

----- **36** ------ **36**,57142857 + **36** = **72** le reliquat **57142857** x par le **14** d'Osiris nous donne le **8** d'Isis.
1,75 1,75

36 (rappelons-le,) est *la manifestation de la lumière théogonique.*

Le nombre **360** était vénéré par les prêtres égyptiens, il demeurait toutefois secret et profondément enfoui sous le boisseau. S'il figurait de manière ostensible chez les Mésopotamiens, les Hindous ou les Amérindiens, il était plus implicite chez les Chinois, les Celtes et les Étrusques où il était réservé à l'adeptat. Nous le pressentons dans la disposition en cercle des pierres debout (cromlechs). Ces monuments mégalithiques de la Haute Antiquité, tels que Stonehenge, Chaco Canyon ou Médecine Wheel ont un point commun, **le cercle** forme universelle de l'harmonie. Comme chacun sait, le cercle, se divise en **360°**. « **1** » représente une fraction du cycle de la précession équinoxiale, soit « **72 ans** », la totalité du cycle est donc bouclé en :

360° x 72 ans (le produit des totaux précédents) = 25 920 ans (cycle long).

Les estimations officielles évaluent la durée de ce cycle, lequel était de 26 000 ans au début de notre ère, à 25 776 ans ou encore 25 785 ans, suivant les divers rapports scientifiques. Il en résulte un effet rétrograde chaque année de 50''26. Nos propres estimations, que nous devons à la science de nos *Sages Ancêtres*, nous précisent un cycle moyen de **25 852, 85 années**. Ce qui nous amène à la constatation suivante :

Le diamètre du Soleil a des décimales égales à 0,1392571262, **multiplié par le cycle précessionnel** (que pour toutes autres raisons nous contemplons pour être une merveilleuse réalité), soit 25 852, 85 = **3600,** 193595. Si nous faisons abstraction des décimales après la virgule, cumul probable des diverses manipulations, le résultat est **3600**, nombre congruent par excellence, en mètres il représente « *l'aura* » pourtour de **la Grande Pyramide**. C'est ainsi que 3600 valide *le cycle* que nous prenons pour référence avec bien d'autres rapports.

Toutefois, nous garderons la simplification de 25 920 ans pour certaines commodités de calcul. En résumé, le lent déplacement du « *point vernal* » s'effectue en cette période de temps où l'axe du pôle rejoint exactement le point fictif qui lui a servi de départ, 25 920 ans plus tôt. Il nous paraît intéressant de souligner que la juste moitié de ce grand nombre, 25 920 ans divisés par 2 est égale à 12 960. Avec « 3 zéros » supplémentaires, **12 960,000**, ce nombre s'identifie au « Shâr-gal Shu-nu-tag » des Sumériens, unité supérieure au « Grand Shar ». Ces périodes de temps étaient en vigueur il y a quelque 5000 ans et plus, ce qui peut laisser perplexe. D'autant que ces surprenants sumériens avaient calculé qu'il y avait 1 296 000 secondes d'arc en un cercle et bien d'autres choses. Si nous allons chercher dans la tradition islamique, il est dit que « Dieu » enseigna un demi de 64, soit 32 lettres de l'alphabet à Adam. Cette révélation renvoie aux 22 caractères hébraïques indissociables des 10 séphiroth, total 32. Or, si nous divisons 32 par nôtre 25 920, nous obtenons **0,0012345678**. Serait-ce un clin d'œil de la part du trait « O O O » dont les portes se composent des 7 étoiles + 1, de la constellation d'Orion, lesquelles servirent de base théorique à l'élaboration de la Grande Pyramide ? Nous sommes à même de le prouver de façon mathématique. Reprenons notre valeur terminale de l'**Oujda**, soit **64** et divisons-la par π, nous obtenons 20,37183272. Divisons de nouveau cette valeur par notre traditionnel **4**, cela nous donne 5,09295818, nombre que nous allons devoir multiplier par 10 000 et considérer en kilomètres pour obtenir **50 929,5818 km**. La circonférence exacte de **la Terre et de la Lune,** réunies par l'authentique « sema-taoui » égyptien relevant de **la Tradition Primordiale**.

L'Égypte prédynastique fut tellement dominante sur le plan des réalités existentielles, symboliques et mystiques, que toutes nos tentatives de discernement actuelles pour appréhender cet état d'esprit, ne dépassent pas le stade des suppositions. Nous ne pouvons qu'errer en des expectatives vaporeuses qui résultent de la déperdition graduelle de nos connaissances, aujourd'hui diluées en un savoir qui n'a de concrétisation que dans les rapports avec l'économie de marché. Notre civilisation actuelle n'existe qu'à travers son aspect financier, ses technologies et ses diplômes. Options que la haute prêtrise d'alors récusait avec une mésestime réfléchie et lucide. Considérant que l'homme, s'il n'était pas en mesure de réprimer ses maladresses dues à un état de *conscience immature*, ne pouvait que favoriser à échéance une altération des principes vitaux. Les expériences effectuées dans les domaines des cyclotrons sur les trous noirs, avec les nanotechnologies pour la nourriture synthétique et la mise en application de la biophysique en matière de robotique, sont suffisamment éloquentes. Et surtout, les tentatives de déstabilisation des couches ionosphériques avec l'emploi des hautes-fréquences représentent un danger permanent pour l'équilibre météorologique et la persistance des espèces. Si nous joignons à cette situation les engrais chimiques entrainant la pollution des sols et les montagnes de déchets dont le nucléaire n'est pas la portion la plus anodine. La question se pose aujourd'hui en toutes lettres :

Qu'est-ce que l'évolution ?

Nous, êtres humains contemporains, attentons inconsidérément aux processus régulant l'équilibre planétaire. Nos connaissances lacunaires que nous considérons savantes, sont en fait hasardeuses lorsqu'elles ne sont pas criminelles, elles conditionnent la reconduction des critères de pérennité. Nous devrions savoir qu'il n'y a pas de printemps sans racine.

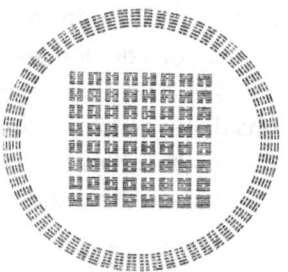

Le monde n'est pas né avec nous, faisons en sorte qu'il ne meure pas avec nous. **Les 64 hexagrammes du Yi King** ne donnent-ils pas de la Terre une image à la fois harmonieuse et abstraite. Faut-il voir là, l'ancestral entendement, sur lequel il serait souhaitable de méditer ?

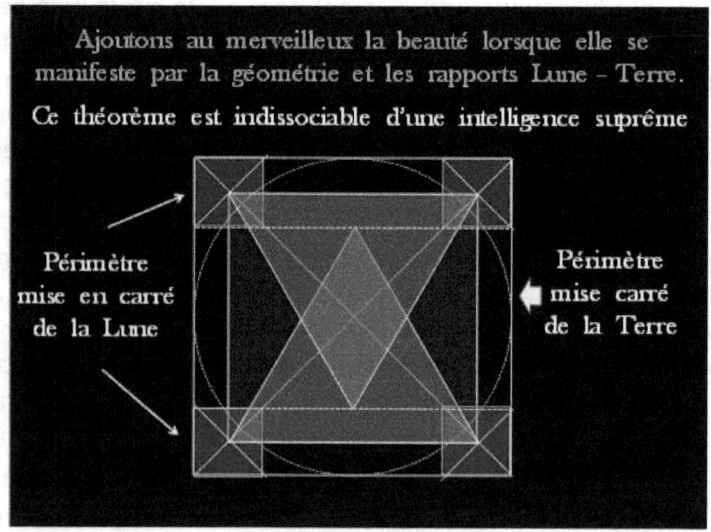

Ajoutons au merveilleux la beauté lorsqu'elle se manifeste par la géométrie et les rapports Lune - Terre. Ce théorème est indissociable d'une intelligence suprême

Périmètre mise en carré de la Lune

Périmètre mise carré de la Terre

Qui pourrait prétendre que ces quatre Lunes placées aux angles sur *cette représentation carrée de la Terre* sont le fruit du hasard, et le cercle intérieur, ne nous donnent-il pas *le périmètre du petit carré* ? Cette vision des choses échappe à notre entendement contemporain, alors qu'elle était à la base de la spiritualité égyptienne.

La Tradition Religieuse

> En engageant l'intuition, on sensibilise le discernement.
> En aiguisant le discernement, on perçoit la raison !
> En approfondissant la raison on côtoie la conscience qui côtoie l'intuition.

Une seule réalité conditionne toutes les autres, nous la nommons :

102 - Principe Créateur -

Cette réalité est tripartite en la création. Deux aspects seulement sur trois sont abordables à notre intelligence sensible :

Le premier se défini par la démarche de « *connaissance* », laquelle amène progressivement à la pénétrabilité des arcanes agrégés en la matière. L'exploration de ces arcanes permet de côtoyer les manifestations de « *l'Intelligence Universelle* ». La démarche relève de l'ésotérisme.

Le second se défini par l'approche sapientielle. Au stade ultime de la tentative, la conscience en symbiose avec l'état mental, est à même de saisir la notion d'une « *infinie perfection* ». Elle émane de « cette subtile réalité » que le profane ne peut saisir. Seuls, les grands mystiques la perçoivent sans la décrire. La démarche relève du mysticisme.

Quant au troisième aspect, il est à jamais inaccessible à nos capacités humaines de discernement. C'est le domaine du « Noun », du pouvoir créateur en l'incréé, état absolu et indicible, impénétrable à la cérébralité. L'homme peut subodorer ou non son existence, mais il ne peut donner une vision concrète de ce qu'il ressent.

À travers cette lorgnette que nous tend obligeamment le premier aspect, voyons les rapports que l'on peut établir entre l'esprit des religions et ce que représentent pour le commun ces légendes traditionnelles qui le font généralement sourire. Certaines similitudes sont révélatrices et nous ne pouvons nier que les gnoses ont des antécédents collectifs. Établissons un tableau comparatif entre la « *Grande Tradition, mésopotamienne, égyptienne, et l'esprit de l'un des principaux courant religieux du monde occidental* » :

La déesse Isis est fécondée sans que l'on puisse évoquer une copulation effective.	**La vierge Marie** conçoit, de façon similaire, à la suite d'une énigmatique parthénogenèse.
Osiris (le géniteur d'**Horus**), régna 28 ans sur l'Égypte, son royaume. Il se situe entre l'homme mortel et les dieux éternels. Osiris possède un double aspect, temporel et spirituel.	**La vierge Marie** met au monde un enfant de lignée royale davidique. Jésus le nouveau-né, est (selon les textes), une émanation du principe divin. Il est Roi à titre messianique, mais sont domaine, dit-il, est entre Terre et Ciel.
Par l'intermédiaire de **Rê**, symbole de la lumière, **Atoum** exprime ses sentiments à **Isis** : *ma volonté est de voir naître Horus.*	Dans la Tradition chrétienne, **l'Archange Gabriel** « Le divin messager » exprime à la jeune vierge *la volonté divine de voir naître **Jésus**.*
Mithra naît au sein d'une cavité rocheuse, il est Roi, mais il abandonne la souveraineté à Varuna pour vivre une sérénité spirituelle.	Jésus (le Khristos), lui aussi vient humblement au monde dans une grotte. Il est Roi, mais dit-il, son royaume est en l'ailleurs.
Horus clame : « Moi, que l'on appelle manteau rouge... » Les fresques mithriaques nous montrent qu'une fois répandu, « le sang » attire le serpent dont la mue est symbole du temps de renaissance (le cycle).	N'affuble-t-on pas Jésus d'un manteau rouge pour se gausser de sa royauté toute horienne. Le sang du Graal, avec Joseph d'Arimathie et « le sang du 100 » manifeste sa symbolique par « la Questre » des templiers.
Le 25 décembre, jour précis où sont nés, de nombreux siècles avant le **Christ**, **Tammuz** dieu Assuro-Babylonien et **Mithra** (divinité d'origine perse), antérieur de 14 siècles au Christianisme. Mithra, le plus ancien d'entre eux, était vénéré sous l'appellation de « **Sol Invictus** » (Soleil invaincu).	
*« Salut à toi, qui as porté la vie du monde entier ! Salut ô ma Mère, mon **arche sainte** »* ! Évangile de Barthélemy, deuxième fragment.	Ces paroles de Jésus (mis à mort) qu'il adresse à sa mère lors de sa résurrection, seraient-elles incongrues dans la bouche d'Osiris (lui aussi mis à mort) à l'intention de Nout (sa mère dénommée) « **l'arche céleste** » ?

Depuis les temps les plus reculés, on fêtait à Busiris, en Égypte, la résurrection **d'Osiris à la Pâque.**	C'est à la Pâque qu'aujourd'hui encore, on fête la résurrection du **Christ initiateur.**
Horus, comme **Jésus**, se réfère à des lois dictées par *la tradition universelle*. Tous deux prétendent appartenir à une filiation céleste : « *Ce que vous pourrez dire contre moi ne me causera jamais de préjudices, car je suis **Horus** et mon domaine s'étend bien plus loin que les dieux et les hommes* ».	**Jésus** d'entériner en s'adressant au tribunal Sanhédrin : « *Désormais, vous verrez le fils de l'homme assis à la droite de la Puissance et venir sur les nuées du Ciel* ».
Face à une véhémente opposition, **Horus** et **Jésus** ont une sotériologie identique. **Horus** a été engendré par des parents appelés respectivement « L'Etre parfait et le Trône ». Le père d'Horus préside à la pesée des âmes (jugement dernier). Horus « Laissez-le s'avancer jusqu'à moi, laissez-le voir mes plaies ! » (Papyrus Égyptien T32 de Leiden). Les 14 morceaux du corps osirien, auraient-ils une relation quelconque… ?	**Jésus** se réclame d'un **Père céleste** auprès duquel il trône, pour juger les vivants et les morts. « Le doute » de Thomas, face aux plaies de **Jésus** ressuscité. Avec les 14 stations du chemin de croix de la chrétienté ?
À l'âge requis, Horus et Jésus entreprennent une lutte ouverte contre les forces du mal. Au cours des péripéties qu'ils endurent dans l'accomplissement de leur mission, Horus est blessé à l'œil (cercle), il laisse son sang s'écouler en « La Terre Mère ».	Jésus le zélote, blâme la hiérarchie pharisienne et flagelle les marchands du temple. Jésus crucifié, son sang s'écoule sur la terre. Le Cercle et le 100, la Terre et la forme, l'âme et la conscience vibrent à l'unisson
Horus, pour la première fois, échappe à Isis (la Terre Mère), il s'envole au plus haut des remparts.	**Jésus** s'élève au Ciel et **Mithra** ne meurt pas, il gagne les régions célestes pour conduire le char du Soleil.
Perché sur les murailles extérieures (le faucon est libre), **Horus** clame devant le tribunal des dieux (cela afin d'affirmer sa royauté) : « *Moi, que l'on appelle manteau rouge…* » (contenu du Graal)	Privé de liberté (puisqu'il est confiné à l'intérieur des murailles), **Jésus** lors de son procès, est revêtu d'un « manteau pourpre ». On raille et parodie sa royauté temporelle. La soldatesque joue son manteau aux dés. Le rouge, le sang, les murailles.

> À l'issue de l'ultime bataille, les deux idéologies s'imbriquent, elles adoptent l'une et l'autre l'aspect d'une riche symbolique, que nous sommes rarement à même de décrypter.
>
> L'époque change, la tradition demeure.

Horus, le Vengeur zélé, ouvrira « la porte de la mort » à l'aide de	**Jésus**, le Zélote vengeur, ouvrira « la porte de la vie » à l'aide de
« La croix de vie » 	**« La croix de mort »** +

Les deux destins se croisent pour éclairer le chemin des hommes. Hélas, la grande masse humaine persiste à errer dans la nuit, d'où cette allusion métaphorique dans le Nouveau Testament :

> « *Si vous étiez des aveugles, vous seriez sans péchés, mais vous dites* **nous voyons**... *votre péché demeure* ». Jean 9, 40

> « Voir », n'est-ce pas ici « *comprendre* » ? Ce qui signifie en claire, que nous pensons connaître ce que représente l'existence terrestre, puisque nous la vivons. Alors, que de toute évidence, notre civilisation technologique est soumise aux frénésies de la rentabilité, engendrant une situation sociétale immergée dans le matérialisme !

L'enseignement hermétique traditionnel est aujourd'hui objet de mépris. Ce qui fait, qu'il est non seulement menacé d'aveulissement, comme ce fut parfois le cas au cours de l'histoire des hommes, mais, ce qui est infiniment plus grave, de dilution dans le temps.

Aujourd'hui, ce qui persiste de la « **Tradition de Connaissance** » se trouve soit accaparé par un obscur élitisme, soit utilisé à des fins pernicieuses aux desseins dévoyant. Dans l'un ou l'autre cas, les traces restantes de « *La Grande Tradition* » sont appelées à s'effacer de la mémoire des hommes. En nos temps actuels, les Grands Initiés se réduisent en nombre de manière inversement proportionnelle à la croissance démographique. Bientôt, il n'en restera aucun.

« L'authentique Voie de la Connaissance » garde-fou des humanités montantes, est en péril. La trilogie matérialiste **pouvoir, possessions de biens et déviations des sens,** obsède dangereusement la pensée capitaliste. Au centre de cette déchéance, une engeance médiatisée à la solde du pouvoir, ressasse les cyniques arguments du pragmatisme à l'adresse de ceux qui aspirent à un changement d'orientation.

Hier encore, il n'était pas facile de pousser le train de la science, chargé qu'il était du poids des âges. Aujourd'hui, on le nomme économie de marché, et voilà qu'il roule trop vite sur les rails de l'immoralité. Les enfants applaudissent, parce que ce sont des enfants, mais qui parmi les adultes aura le bon sens et aussi le courage, de tenter de freiner cette tragique entreprise du « agir à cours termes » ? Le danger est désormais flagrant, minimiser cette réalité ne peut qu'émaner d'individus aux intérêts personnels. Le péril, réside en d'indéniables arguments, la corruption a une étendue planétaire, elle est à l'échelle des pléthores de nuisances qu'engendre une population en surnombre. Avec un tel débordement démographique, il nous est impossible d'envisager un futur viable. Si nous voulons perdurer, il est impératif que nous statuions en urgence pour une éthique sociétale commune, d'organisation sapientielle non politisée.

À l'échelle individuelle il est juste de prétendre que « *l'homme est perfectible* », toutefois, sur un plan plus général et dans l'état actuel des choses, il y a là une gageure qui relève de l'utopie. Le courage des humanistes sincères nous émeut et inspire notre respect. Mais leur méprise est de considérer que tout être humain est capable de faire passer la raison sociale commune avant son intérêt personnel. Raisonnement qui laisserait supposer que chaque individu détient un « *capital conscience* » élaboré et non point aléatoire. Où prendrait-il d'ailleurs cette stabilité en ce monde corrompu, désillusionné, voué à une rentabilité à outrance qu'aucune morale ne réfrène ?

Aussi, est-il chimérique de prétendre niveler ainsi les mentalités, ce serait d'ailleurs une atteinte aux lois naturelles des métamorphoses. N'essayons pas d'aplanir les marches, elles existent ! Employons-nous plutôt à élever l'escalier, de telle manière, que ceux qui soutiennent secrètement le monde aient un regain d'espoir. Il y a des hauteurs où il fait bon respirer, des hauteurs, où les flots populaires se croisent en chantant, alors que dans les caves, on se voit mal, on s'évite, on se suspecte. En ces lieux, la petite vieille inoffensive et voûtée, à la lampe de poche tremblotante, revêt l'ombre assassine de la crainte. C'est de cette crainte injustifiée que naît la haine. Essayons tout-de-même de conserver le cap.

« La semence osirienne » sauvegardée par « **le poisson** » devrait interpeller notre bon sens individuel. Le signe zodiacal a fécondé « **la Vierge** » placée à 180° (l'arche de Nout). La déesse s'apprête à « **verser – eau** », autrement dit à accoucher de la révélation **du Verseau**.

Si la femme, dit-on, a « moralement perdu le monde », c'est qu'elle est à même de le sauver ! Transposée sur un plan moins métaphorique, cette période opportune doit être favorable à la renaissance du Phénix, nous la nommons « **Ère messianique** ». Elle s'imposait à l'époque christique pour tenter d'aplanir les divergences, ne fallait-il pas démocratiser les religions ? Elle s'impose de nouveau aujourd'hui, comme la seule inspiration face au délabrement général. La fuite des valeurs morales est un fléau inéluctable que la seule prise de conscience, qu'elle soit civique ou démocratique, n'est point en mesure d'enrayer. En ce début de troisième millénaire, il ne saurait y avoir d'autres alternatives pour l'humanité, que **la résurgence spirituelle** issue de la science théologale traditionnelle, basée sur des vérités immuables, concrètes et scientifiquement vérifiables. Sinon, **à brève échéance**, nous serons submergés par nos miasmes, qu'aucune puissance au monde ne pourra changer en espérance de vie. À « *la religion opium du peuple* », notre société oppose un peuple surmédiatisé dans un nihilisme des connaissances spirituelles. Nous quittons un passé hégémonique profitable à certains, pour tomber dans une immoralité préjudiciable à tous. Entre le fascisme et le communisme, ces deux utopies apparemment opposées, mais dans l'application non contradictoires. Il-y-a la place, non pour un capitalisme oligarchique militaro-industriel, autre leurre émétique, mais pour une « **synarchie sapientielle** ». Pour une communauté humaine planétaire, mature et responsable où cohabiteraient une multitude « d'états régionaux » non hégémoniques, aux étendus géographique et démographique restreinte.

Ce ne serait certes pas la panacée, elle n'est pas terrestre, mais ce serait la logique du moindre mal. Hélas, l'homme est ainsi fait qu'il optera la plupart du temps pour un choix différent. Quand bien même l'obligerait-on à se maintenir en un juste raisonnement qu'il n'aurait de cesse de tendre vers ses extrêmes. Sa conscience n'influence pas suffisamment sa nature pour qu'il incline vers une solution profitable à tous. Trois formidables blocs séthiens semblent paralyser l'ascension de cette conscience :

(1) L'insouciance manifeste concernant les générations futures.

Exemple : *« Après moi, le déluge ! »*

(2) Les tentations existentielles, que l'on nomme à tort, épicuriennes.
Exemple : *« C'est toujours ça de pris... ! »*

(3) Gain immodéré associé au pouvoir que l'on exerce sur l'autre.

Exemple : *« La fin justifie les moyens ! »*

Ces conceptions se révèlent trop avérées en leur humaine application pour que l'homme puisse les réprimer à l'aide de sa seule logique, surtout lorsque celle-ci est privée des apports d'une conscience intuitive. Les temps nouveaux présenteront à cet homme deux bâtons, l'un qu'il devra avaler de son plein gré, entendons, une idéologie adaptée aux temps futurs. Cette tentative de redressement sera principalement axée sur les révélations graduelles des arcanes, en accord avec les recherches scientifiques. Ce qui devrait conduire à une éthique existentielle et à une libre acceptation des droits moraux et civiques, compte-tenu que ceux-ci seraient gérés par des êtres à la sagesse enviable ! Ou... si ce n'est le cas, le bâton du gendarme, à moins que ce ne soit celui du voyou, lequel parfois se présente comme étant le même ! Cette ultime thérapie parviendra-t-elle à redresser l'échine des valeurs spirituelles, atrophiées par notre manque de discernement ? Nous en doutons, car « le profit » est une prothèse insensible, qu'aucun sang noble jamais n'irriguera.

Gagnerions-nous à édulcorer les lois ?

Non point ! Nous accentuerions au contraire la dépravation. S'il nous venait à l'idée de multiplier ces lois, nous ne ferions qu'accroître l'irresponsabilité et nous provoquerions l'ankylose de ceux qui réagissent encore. Quant au choix qui consisterait à les raffermir, elles deviendraient alors l'instrument de l'asservissement général. Employons-nous à *grandir l'homme* plus que les lois qui le gouvernent, sinon, les lois demeureront, certes, mais il n'y aura plus d'hommes, ni pour les appliquer ni pour les subir. Le remembrement théogonique, « **la parole perdue »,** c'est ce que « **le poisson** » est censé détenir et qu'il régurgitera le temps venu.

La Grande Tradition a ses cycles, tel le serpent **Apopis**, elle change parfois d'univers préhensible et se fond en les eaux pour ressurgir prématurément aux grands tournants de l'Histoire. Mais pour autant n'espérons pas un « super scoop » que les médias révéleraient sous l'aspect de faits miraculeux. *Le temporel en lequel évolue la matière est tributaire d'un code immuable approprié à sa nature, nul en ce monde ne peut le transgresser.* La plupart du temps la foi est intuitive, parfois cependant, elle laisse place à une perception hyperbolique. L'esprit est alors subjugué, des facteurs fortuits ont tendance à le soumettre, le contraindre à un comportement crédule, totalement démuni d'objectivité. L'authentique démarche spirituelle (qu'il ne nous faudrait pas assimiler sans discernement à la démarche religieuse,) se situe à l'opposé de cette vision commune.

L'homme doit nécessairement se mériter lui-même, c'est l'insigne faveur que lui octroie le divin. Le terme « amour » qu'il est bon de glorifier est la définition même de la liberté, lorsqu'il est contraint ou soumis à des forces occultes, intellectuelles ou matérielles, il change de vocable pour devenir « soumission ». Ce qui ne saurait convenir à l'intelligence évolutive que Dieu a souhaité pour ses créatures. Il ne faut pas que l'amour soit gratuit, si l'on ne veut pas qu'il s'altère en aigreur ou en haine. *L'amour, l'authentique amour, a pour bases l'observation, la réflexion, la déduction, d'où l'admiration qui mène à la révélation.* « L'amour » l'authentique, ne doit pas être assimilé à la passion amoureuse, il n'a de sensuel que sa sentimentalité.

Se mériter soi-même c'est le prix à payer par *la conscience,* denrée rare, précieuse qui a cours dans « l'ailleurs » et s'acquiert « ici-bas ».

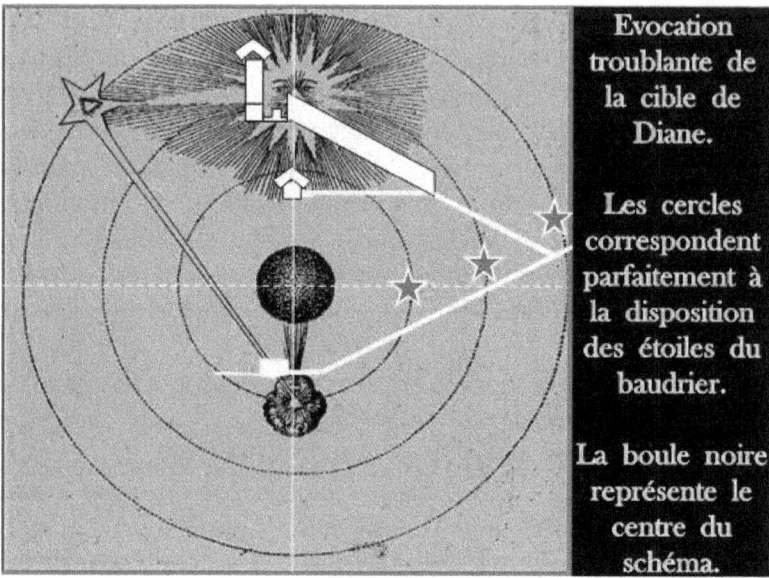

Évocation troublante de la cible de Diane.

Les cercles correspondent parfaitement à la disposition des étoiles du baudrier.

La boule noire représente le centre du schéma.

Nous constatons que l'harmonie n'est pas absente de la configuration stellaire que l'on prête au baudrier d'Orion. Les 3 étoiles du baudrier sont ici agencées à leur place respective au sein de la structure pyramidale. La relation alchimique « *Ciel Terre* » du XVIIe siècle existe réellement. Mais ne faut-il pas aller au-delà de l'apparence pour découvrir « une vérité simple » dont la nature entretient un parfum d'universalité ?

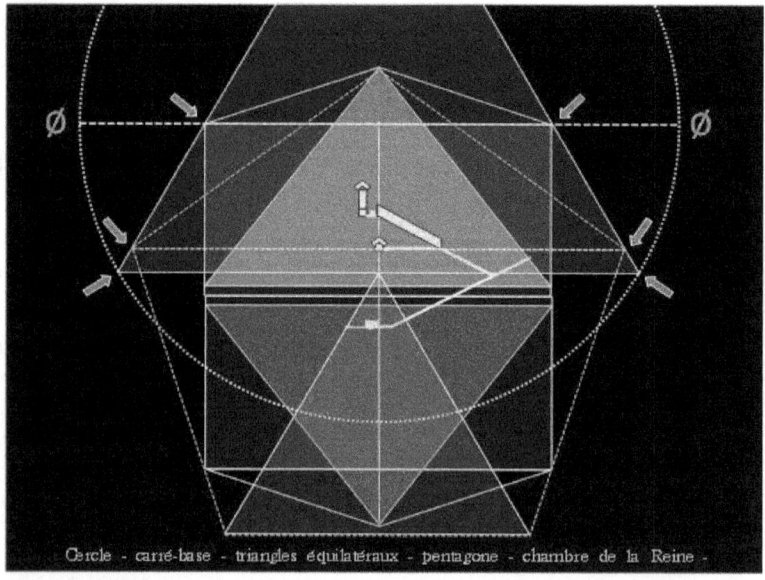

Cercle - carré-base - triangles équilatéraux - pentagone - chambre de la Reine -

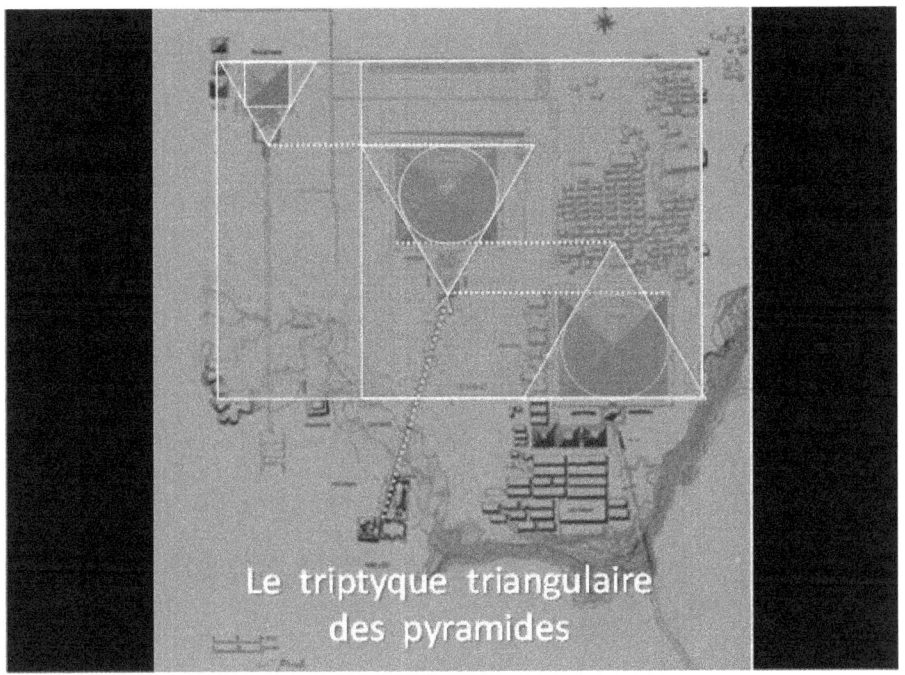

Le triptyque triangulaire des pyramides

Mahomet, les Nombres et le Coran

> La première marche clame à tout écho
> C'est moi l'escalier ! Pourtant,
> elle ne serait qu'achoppement sans la seconde !

Dans la sourate 74, verset 30 du Coran, l'Archange Gabriel s'adresse en ces termes au prophète : *« 19 sont chargés d'y veiller... »*

Anodine pour le profane, cette phrase conditionne l'ensemble des textes coraniques, autrement dit, elle est la clé de la symbolique numérique de base. « **19** », c'est avant tout 1 ⇒ 9 = 10 + 9 = « **19** ». N'est-il point d'ailleurs phonétiquement significatif en dix...neuf ou « le premier des nombres plus les 9 chiffres".

Le « 10 » implique la tetraktys de Pythagore avec 1+2+3+4 = 10, mais aussi les « 10 » doigts des deux mains jointes avec lesquelles nous retrouvons (nous l'avons vérifié) le cercle de lumière « **360** ». Ou encore, le dixième principe après le « **9** » de l'ennéade égyptienne, le Neter Horus, l'intelligence humaine que nous avons par ailleurs étudié.

Le « 1 Shou », c'est le Premier Principe numérique, il est allié au sifr « O » (le vide ou la puissance de l'incréé, domaine de Dieu) = Atoum, Principe Créateur de la Genèse Égyptienne. Lorsque le « 1 » est lié au sifr (mot dont est issu le mot chiffre), il nous donne le « 10 » = Horus dixième Neter de la Genèse (l'accomplissement). Le « 10 » étant constitué, vient ensuite s'adjoindre « l'ennéade » pour former le **19**.

Nous avons ici le Premier Principe numérique, suivi de l'ennéade représentant les « 9 chiffres » capables de composer tous les nombres. En symbolique numérique, le zéro implicite (créé – incréé), uni de sa lumière divine, le « 1 » au « 9 », le début et la fin de l'ennéade.

Le nombre « **19** » est donc un choix subtil pour engager le contenu d'un texte en une cryptographie numérique répondant aux critères de :

La Tradition Primordiale Universelle.

Nous en voulons pour preuve sa position en l'abécédaire primosophique (référence en fin d'ouvrage). Le « 19 » occupe la neuvième place parmi les nombres premiers. Qui plus est, il représente la voyelle « i », assimilable au « 1 ». Le « 19 » primosophique, c'est également la troisième voyelle parmi l'abécédaire des nombres premiers de « 1 à 100 », soit :

A = 1 + **E** = 7 + **I** = 19 = " 27 " = 9 9 + 10 = **19**.

Allons plus loin ; si nous interrogeons les nombres premiers sur la valeur numérique du nom divin « **ALLAH** » nous ordonnançons :

A = 1 + **L** = 31 + **L** = 31 + **A** = 1 + **H** = 17 = **81** $\sqrt{}^2$ = **9**.

Le plus beau des carrés, selon Pythagore. Il symbolise tous les chiffres, il est garant de la création. Le mot **Coran** quant à lui réalise :

C = 3 + **O** = 43 + **R** = 59 + **A** = 1 + **N** = 40 = **147**.

La Grande Pyramide sur le roc (témoin tangible de la lumière divine).

Elle réalise 147 m de haut. 81 + 147 = 228 ÷ 2 = **114**.

Il y a **114 sourates** dans le Coran. Nous avons cité le nombre « **19** » et la Grande Pyramide, utilisons sa coudée ésotérique : **19** x π =

59,69026041 ÷ 0,523598774 (la coudée ésotérique de référence immémoriale), nous obtenons le nombre de sourates du Coran, soit **114**.

114 ÷ 0,523598774 = 217,7239628. Puisque le prophète Mahomet nous le suggère si aimablement, divisons cette dernière valeur par le nombre « **19** », nous obtenons 11,45911559. Replaçons naturellement la virgule après le « 4 » comme pour souligner le nombre de sourates, nous lisons

alors 114,591559. Il ne nous reste plus qu'à multiplier cette valeur par π pour obtenir le plus merveilleux des nombres qui soit. Celui-ci représente **le cercle de lumière universel :**

$$360$$

L'ange de Mahomet était bien inspiré et il avait choisi son prophète. Il est en effet hautement improbable, si ce n'est irrecevable, que cet homme illettré ait pu envisager de telles concordances numériques, car elles relèvent d'une connaissance jusque-là résolument cachée. Seule la présence d'un danger imminent ayant trait à la désagrégation de nos sociétés humaines nous autorise aujourd'hui à révéler des bribes de cette Gnose ancestrale issue, elle aussi, de la Grande Tradition.

Nous savons que parmi les divers aspects de la symbolique numérique, la vitesse de la lumière apparaît parfois, pour souligner un avènement spirituel d'un intérêt particulier. Dans le cas présent, il semble bien qu'elle se manifeste au sein des révélations coraniques.

Le nom « d'**Allah** » apparaît **2698** fois dans le Coran. Si ces écrits, comme nous le pensons, sont inspirés d'une volonté divine, ce nombre mentionné ne relève plus du hasard. Lorsque nous le divisons par « 9 » (quintessence du mot « Allah »), **nous obtenons 299,77777777**, ce total est celui que la science accorde à la vitesse enregistrée sous vide de **la lumière** 299 792,458 km/seconde à 0,01 près sur 300 000.

Le réalisme ponctuel d'un rai de lumière pénétrant l'élément atmosphérique indispensable à la vie est suffisamment symbolique en soi. L'obscurité peut nous maintenir dans l'égarement, alors que le rayon de lumière est incisif et régénérateur, il nous révèle l'aspect des choses. Notre acuité visuelle ne saurait se modifier entre la nuit ou le jour, ce qui change avec la lumière, c'est la relation avec notre environnement. L'apport de la lumière nous permet de visualiser le paysage alentour, les méandres « de la voie » se précisent, notamment ceux que nous sommes tenus de suivre.

Le prophète Mahomet demeure l'incontournable artisan d'une voie spirituelle. Celui qui ne verrait en l'énumération précédente que gratuité ou idéation chimérique se fourvoierait. Les révélations corrélatives à la présence du divin passent par l'inaltérable voie des nombres, l'esprit peut, certes, trahir le sens des mots, mais tous ses efforts seront vains pour infirmer les agencements formulés par les nombres. Les nombres et la géométrie constituent un langage universel, ils lient le temporel à l'intemporel, l'inerte au vivant, ils animent l'instinct le plus primaire et l'intelligence la plus subtile. Les nombres sont la première manifestation de « **l'Esprit** » parmi l'essence de la création. À ce titre, nous devons prêter aux nombres la plus grande attention, car ils véhiculent les aspects cachés de la symbolique divine. Aujourd'hui, **la Gnose Traditionnelle** n'a plus beaucoup de temps pour éclairer les hommes sur le sens de la vie, pour éduquer leur pensée sur les réalités de *l'amour divin*. Si dans un avenir proche, nous refusons d'accepter l'option spirituelle, nous verserons plus encore dans un rationalisme destructeur, nous montrant, par le fait même, nos indignes capacités de conversion.

Le Principe Créateur de toutes choses a souhaité que dans le monde du savoir où nous sommes inéluctablement versés, nous soyons à même d'établir un décryptage des textes ancestraux, fruits de **La Tradition Primordiale**. Dans les siècles passés, et pour le commun des mortels, il ne s'avérait pas nécessaire d'établir ce déchiffrage, la foi du charbonnier suppléait à l'apport de preuves concrètes. Il en va différemment à notre époque, la population humaine est malmenée par des courants délétères qui relèvent d'un matérialisme outrancier, dangereux pour les éléments biophysiques inhérents à la vie. Il devient donc urgent que des êtres prédisposés, révèlent aux populations égarées, les voies traditionnelles de l'espérance.

Si dans un futur immédiat, ces populations ne prennent pas conscience de leur vide moral et de l'urgence qu'il y a à diriger leur mode de pensée vers un substrat spirituel d'union universelle, nous nous acheminerons au cours des décennies suivantes vers une déchéance irrévocable du genre humain. La laïcité n'est pas la moralité, la démocratie n'est pas la liberté, la loi n'est pas la justice, le droit n'est pas le devoir, la richesse n'est pas la sérénité, le courage n'est pas l'abnégation, l'autorité morale n'est pas le despotisme. Plaçons un gendarme en nous et octroyions-lui un pouvoir valorisant, que nous appellerons la « *dignité d'être* ».

Le linteau a un angle plus aigu, mais l'étoile Bételgeuse est bien en place en haut du schéma, légèrement sur la droite, comme il convient.

Le Moyen-Orient aurait-il lui aussi, une tradition cachée qui se rapporte au schéma.

L'harmonie Universelle a pour fondement de base les nombres et la géométrie, c'est ce qu'ont souhaités nous démontrer ces audacieux concepteurs d'un art de vivre dont nous retrouvons les traces sur beaucoup de sites archéologiques. Personne ne peut se prévaloir de l'origine de ces mystérieux initiateurs du genre humain, nous devons nous contenter d'hypothèses, mais pour autant ne doutons pas de leur authenticité. Les méthodes didactiques part eux employées, surprennent par leur originalité et par leur simplicité, elles consistent à nous démontrer *le caractère universel de la pensée créatrice*. Le fait que ces mystères ne soient pas immédiatement perçus par nos capacités mentales est susceptible d'engendrer un doute sur leur authenticité. C'est pourtant ainsi que la sélection s'effectue entre les êtres interpelés par leur intuitivité et ceux que la situation paradoxale des choses ne séduit pas. Si nous évoluons dans l'obscurité, il ne suffit pas de marcher vers l'est pour trouver l'aurore, il faut que les éléments du créé accomplissent leurs rôles de synchronicité pour nous faire découvrir la lumière.

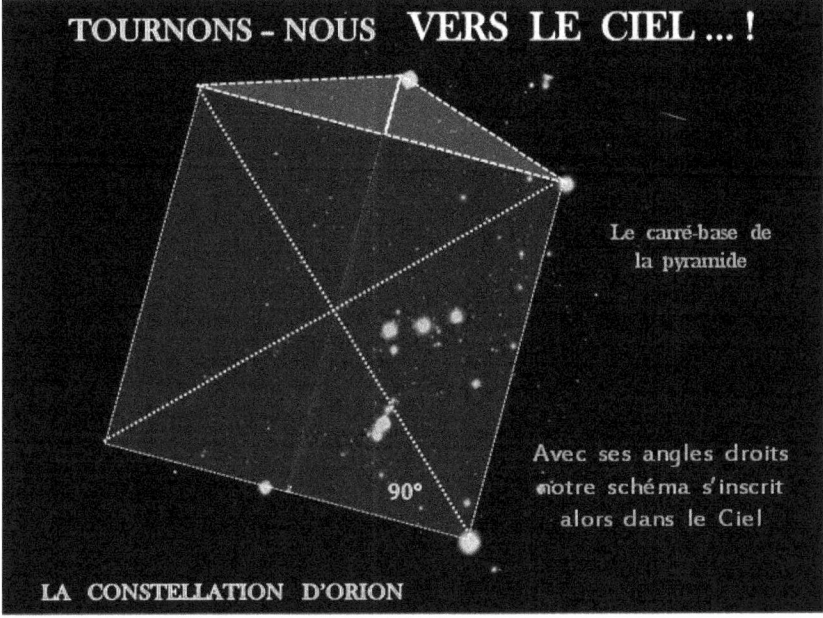

Cherchons un instant à évaluer les probabilités que nous offre le Ø du chiffre « 4 » une grande constante universelle.

12 732, 39544 + 1, 273239544 + 1, 273239544

12 734, 94192 km la Terre ∅ moyen

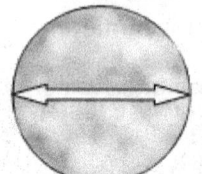

12 713, 5459 km aux pôles
12 756, 3379 km équateur
_____
12 734, 94192 km

La circonférence est = à 4, son diamètre est = à 1,273239544.

La Valeur de l'Année et le Mythe

Désolé de vous contre dire, mon cher Désiré Huitmilliards,
mais la Terre ne nous porte pas, elle... nous supporte !

Un texte égyptien relatif à la cosmogonie originelle décrit une situation numérique qui ne manque pas d'intérêt :

Nout, déesse du Ciel, aurait épousé **Geb** sans consulter « **Râ** » (dieu solaire) souverain du Panthéon Égyptien. Vexé d'un tel sans gêne de la part de la déesse, celui-ci rentra dans une grande colère et influa de sa puissance magique pour que **Nout** ne puisse enfanter en aucun des 360 jours que comprenait alors l'année. Cette dernière se divisait en 12 mois de 30 jours, ce qui était, semble-t-il, une convention généralisée parmi les peuples de la Haute Antiquité.

La chose devait profondément imprégner l'inconscient collectif, puisqu'en 1792, le calendrier révolutionnaire comportait encore 360 jours, plus 5 jours intercalaires consacrés aux réjouissances publiques. Ainsi, « **Nout** » se voyait-elle frustrée du plaisir d'être mère. En proie à un grand chagrin, la déesse alla trouver le dieu « **Thot** », traditionnellement considéré comme l'un de ses prétendants. Le dieu (dont la passion pour Nout n'était point éteinte) écouta son cœur et, pour être agréable à la déesse, contourna l'interdit. Il entama alors une partie de dés avec la Lune sur laquelle il gagna **1/72e** de sa lumière.

La Lune étant un cercle s'évaluant en degrés : **360 ÷ 72 = 5**

Il en fit aussitôt les « 5 jours » supplémentaires que l'on appela les jours « *épagomènes* ». Ceux-ci prirent place à la fin du dernier mois de l'année. Comme ces « 5 » jours n'apparaissaient pas aux éphémérides du calendrier habituel, la déesse les mit à profit pour enfanter un dieu en chacun d'eux.

Ainsi vinrent au monde : **Osiris – Haroéris – Seth - Isis - Nephtys.**

(Les 5 polyèdres réguliers que nous avons partiellement étudiés).

D'autre part, nous savons qu'**Isis**, fille de **Nout**, est associée à une brillante étoile de la constellation du Chien, « **Sirius** ou Sothis » (appellation grecque) ou encore Spdt (Sepedet) en égyptien, traduisons, « *La Grande Pourvoyeuse* ». L'étoile fut considérée « **héliaque** » pendant des périodes données, c'est-à-dire qu'elle apparaissait à l'Est juste avant que le Soleil ne se lève. Son vif éclat bleu était l'annonce des crues du Nil, ce qui était en soi un indéniable repère saisonnier pour les populations nilotiques. Les indices décrivant ce type de situation remontent très loin dans les âges, on peut en relever sous la première dynastie, il y a environ 5 000 ans.

D'autres témoignages se situeraient à la période supposée de « la construction » de la Grande Pyramide que nous appelons, nous, « *restauration* ». Sans négliger aucun aspect, essayons de tirer parti de ce bienfait céleste, tout en évitant le piège des 3 calendriers de l'Ancienne Égypte, nonobstant, la raison d'être de chacun d'entre eux.

Deux périodes sotiacales seraient à prendre en considération :

L'une (la petite) de 1 460 années, l'autre (la grande) de 36 500 années.

Ces périodes de temps ont une relation avec l'année ordinaire que nous connaissons, qualifiée également de « *solaire* » ou de « *tropique* », pour être plus précis **365,24220 jours**. Or, si nous reprenons cette légende où nous l'avons laissée, que constatons-nous ? Les **360** jours des Anciens représentent la perfection du cercle en harmonie avec les forces agissantes de la nature. Nous nous souvenons que le dieu **Thot** pour les beaux yeux de **Nout** a ajouté une période de temps à la notion du symbole absolu qu'est le nombre **360**. Soit 5 jours, ce qui fait **365 jours**, nombre à priori imparfait de ¼ de jour. Il existe un aspect de l'ésotérisme triadique qui nous conduit aux constatations suivantes :

Dieux	Effets	Puissance	Situation par rapport aux mythes.
ISIS	+	1	La mère fécondée, quatrième enfant, porte le fils, fruit de la perfection.
HORUS	-	0	Naissance : le fils s'extrait de la Terre - mère. Il prendra la place du « père terrestre 0 » au nom du « Père Éternel ».
OSIRIS	+	0,0	Osiris comptabilise une double nature : 1 dans la vie – 1 dans la mort. Unité de succession père-fils.

Définition	Symbolique	dieux	Représentation		
LA COURONNE / HORUS	Le pentagone étoilé. 10 arêtes. 10ème naissance		Il ne peut se représenter qu'en lui-même, il est la boucle, l'achèvement du processus créatif de base, il est le « 10 », premier des nombres. *L'être humain doué d'esprit et de conscience.*	0	10

En regroupant les données des tableaux ci-dessus et en ajoutant en temps croissant, rien à Isis, 1 zéro à Horus et deux zéros à Osiris, nous obtenons les résultats suivants :

Isis 4ème enfant **Horus** 10ème enfant   **Osiris** 5ème enfant

$+ 1 / 4 \quad - 1 / 10 + 0 = 100 \quad 5 + 00 = 500$

Nous avons vu plus haut que l'Année Tropique Solaire tend à sa juste valeur avec le passage du mythe précédemment décrit. De 360 jours, elle est passée à **365** avec la venue au monde des **5 enfants de Nout**. L'année demeure toutefois, numériquement imparfaite. Voyons comment la triade sacrée va y remédier. La déesse « **Isis** » ajoute 1 jour tous les 4 ans, cela fait par an + 0,25, soit **365,25 jours** (valeur de l'année sothiaque qu'elle représente, c'est le cycle de l'étoile Sirius). Son fils « **Horus** » extrait 1 jour tous les 100 ans, soit : 0, 01 par année, ce qui nous donne **365,24 jours**. « **Osiris** » complète en ajoutant 1,1 jour, tous les 500 ans. *Hérodote rapporte que tous les **500 ans**, avait lieu à Héliopolis **le retour** de l'âme osirienne, appelée « Le Phénix »* (Oiseau sacré de la Grande Tradition) soit 0,0022 par an. La répartition a pour résultat de parachever l'année avec une parfaite exactitude, soit **365,24220 jours** (l'année tropique actuelle). Les anciens égyptiens raffolaient de ces imbroglios numériques, qui par leur complexité, soulignaient l'importance des nombres dans le système de pensée.

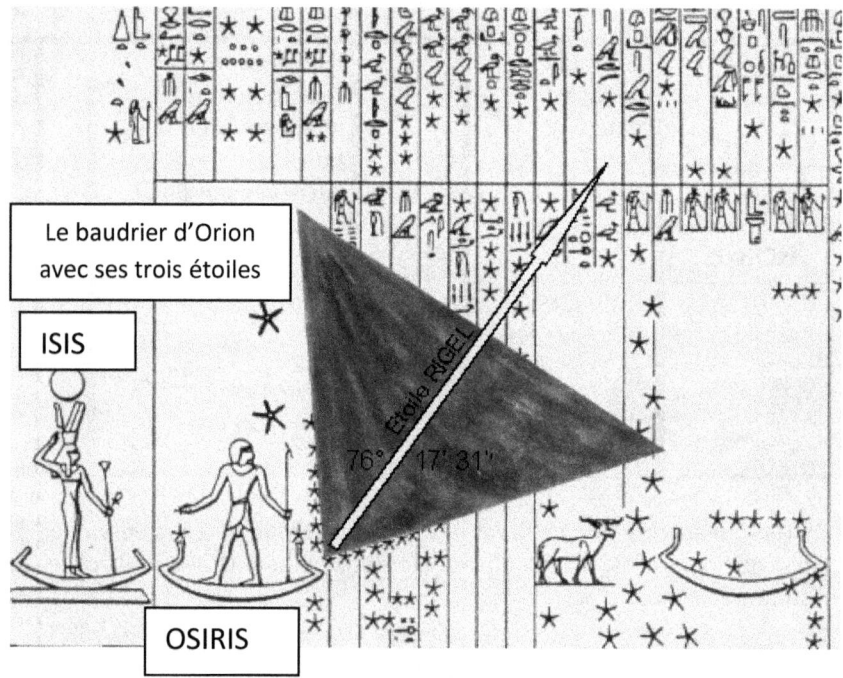

Détail du Plafond - tombeau de Senmout XVIIIème dynastie. Ombre portée de la Grande Pyramide, sommet en flèche basse selon deux rangées de 16 étoiles. Les fresques murales de la veille Égypte sont le plus souvent déroutantes par leurs aspects amphigouriques, mais elles recèlent des trésors d'imaginations qui conduisent à la révélation.

Sous le Regard de la Tradition

> N'aie pas l'écope plus grosse que l'esquif, mon fils,
> Le risque n'est qu'un souffle sur les voiles de l'espérance.

Depuis « **Shou-Tefnut** », émanation du Père et assise de la création jusqu'à « **Horus** », il y a (nous l'avons vu) une logique d'évolution. Le « **dixième dieu** », créateur du premier nombre, boucle la ligne génératrice des éléments menant à la vie. En tant que notion de base, le temps s'est graduellement inclus dans le processus des formes et des agencements numériques. Les cycles, petits ou grands, que régente la déesse « **Hathor** » (son épouse) imposent alors leurs lois à toutes choses et toutes choses leur sont soumises.

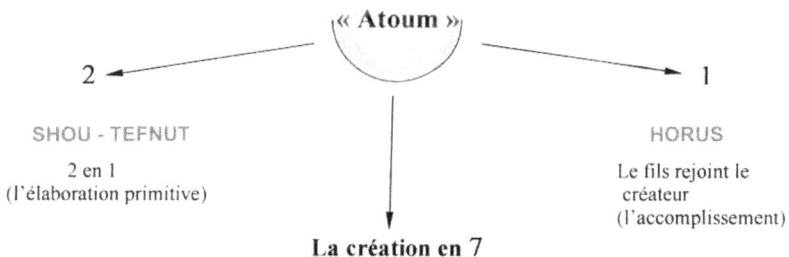

SHOU - TEFNUT		HORUS
2 en 1		Le fils rejoint le créateur
(l'élaboration primitive)		(l'accomplissement)

La création en 7

Geb – Nout – Osiris – Haroéris – Seth – Isis - Nephthys

« **7** phases d'évolution » vont de l'impulsion créatrice au retour à **Dieu**, voyons là, l'essentielle élévation d'un état de conscience jusqu'au plan spirituel et divin. L'esprit va lentement se dégager des contraintes de la matière, l'âme minérale, végétale, animale n'est pas encore très élevée, elle va se dimensionner avec l'apport cognitif. En cette exaltation, le fils rend hommage au Père, l'esprit gagne l'œil (conscience), l'œil le triangle (connaissance), le triangle le cercle (amour divin). L'intelligence ébroue l'univers matière. Au-delà se trouve « **l'incréé** », domaine placé hors du contexte nouménal, hors de l'état évolutif, en cette évocation se discerne la prénotion d'inframonde ou de transfini. Depuis son abstraction numérique jusqu'à l'émergence élaborée de sa symbolique, l'ennéade exige la prise en compte d'une réalité concrète.

Primordiale	Physique	Composite	Consciente
Avec l'aithéron	Avec la particule	Avec la molécule	Avec la cellule

« Le noyau de la cellule » contrôle ses réactions chimiques. S'il advient à la cellule d'être endommagée, c'est la partie conservant le noyau qui persiste à vivre. À l'image de la cellule, **Horus** retrouvera l'usage de son œil, il se recomposera numériquement. Ses efforts méritoires créeront en lui, une unité nouvelle semblable aux fractions du « Héquat » que nous avons étudié. L'œuf symbolise la connaissance alchimique, nous n'avons fait que l'aborder en cet ouvrage, mais nous savons désormais que **« l'œil et l'œuf »** comportent des caractéristiques graphiques communes.

Les hiérarques Égyptiens aimaient à jouer sur ces similitudes. Pour eux, le symbole provoquait l'intuitif et guidait le subconscient sur la voie des grands mystères. Les aspects multiples que revêtait **« la quête »** s'inscrivaient dans la liturgie sacrée, mais aussi dans l'œuvre artisanale et architecturale. Il en résultait un mode existentiel qui influait sur la manière de raisonner de tout un peuple. Le plus souvent, on cultivait cet état paradoxal qui consistait à vivre entre deux options. L'une étant de se laisser envahir par la douceur des bords du Nil, l'autre de suivre la discipline attachée à l'orthodoxie religieuse. Entre les suavités d'un temporel tolérant et les rigueurs d'une quête vertueuse, l'égyptien moyen optait pour le juste milieu. Celui-ci consistait à rendre hommage aux déités que prônaient les prêtres sans pour autant scotomiser ses inclinaisons naturelles. Notre société actuelle n'a pas encore réalisé qu'en oblitérant graduellement la spiritualité, elle conditionne la « *raison de vivre* » la convertissant en une simple « *aspiration à vivre* ». En entretenant une suspicion inquisitrice sur ce qu'elle juge utopique, elle nous soumet à un hédoniste émancipateur des usages. Ce choix nous éloigne d'un bien beaucoup plus apaisant, **« la raison d'être »**. La perspective d'une soudaine et opulente richesse ne parviendrait pas à compenser la sérénité intérieure, engendrée jadis, par l'omniprésence du divin. Pour autant, l'Égyptien de cette époque reculée ne boudait nullement son existence physique, bien au contraire, puisqu'il en percevait le sens éminent. Quant aux Grands Prêtres, ils avaient d'excellentes raisons d'avoir choisie la voie spirituelle. Les jubilations à côtoyer les mystères transcendantaux, compensaient de loin, les appétences d'ordre existentiel dont ils savaient se prévenir. Essayons modestement de voir les choses avec « **un œil égyptien** ».

La pupille : c'est le point central, elle représente l'énergie numérique primordiale (le dieu Shou) mais aussi le chiffre **« 1 »**, émanation de l'Esprit Créateur. **L'iris :** c'est la forme volumique qui habille l'énergie, le cercle est incarné par (Tefnut, chiffre « 2 »). La pupille placée au centre de l'iris est également le signe figuratif de « **Râ, la chrysopée des alchimistes** ».

Ce symbole représente invariablement l'Or, le Soleil, l'Aithéron primordial, la Lumière Divine.

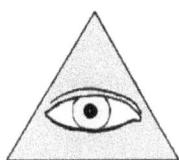

La Sclère : membrane externe du globe oculaire, mais aussi sur le plan graphique, le hiéroglyphe image du zéro que forme la bouche  d'où émane le verbe, la lumière faite parole.

Le mot Soleil s'écrit = **Râ**. En hébreu, le ר « Resh » a pour signification le feu. Chez l'homme, il représente la tête. Lorsqu'il est employé en tant que signe grammatical, le caractère devient « **bon ou mauvais** », comme la langue d'Ésope, laquelle se tient à l'intérieur de la bouche. De façon similaire à l'œil, la bouche s'ouvre ou se ferme à la parole de lumière, le dessin délimite le volume créé : **Shou** et **Tefnut**, le sec et l'humide, l'énergie et la forme, le verbe et son organe.

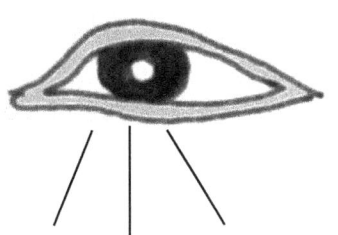

(IRT). L'œil reconstitué regroupe **l'énergie nombre « 1 » la géométrie-forme « 2 » et le verbe lumière « O ». Les 3 sources primordiales de « La Création ».**

Mais avec les pleurs de l'homme, (REM) 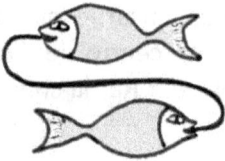 commence le domaine du dieu « **Ptah** », **l'évolution de l'état de conscience.**

◇	𓅃	👁	= REM =	Pleurer	⊙	forme évolutive
◇	𓅃	🐟	= REM =	Poisson	○	forme primitive

Ces similitudes ont-elles un sens caché ou faut-il voir là qu'un imbroglio de coïncidences ? Ce serait avoir une courte vue. Nous ne pouvons qu'être émus par la touchante candeur de ces primitifs !

À moins... qu'il ne faille subodorer quelques subtilités cachées, une philosophie adaptée, une symbolique codifiée, un mystère du verbe avalé par la bouche et retenu par le poisson, animal d'O, animal double, une face en cacherait-elle une autre ? De larme en source et de mer en « **mr** », le mystère a la même réalité que le léger tissu que nous approchons des yeux, les trames alors disparaissent et nous laissent en présence d'un paysage nouveau.

Si vous le voulez bien, concentrons-nous sur le dessin de la page suivante, en plaçant une pointe de notre compas sur le **A** et l'autre sur l'un des **B**. Traçons alors... un œil larmoyant ou plutôt non... un poisson ! Peu importe après tout, puisque l'un et l'autre ont de bien curieuses affinités, lesquelles, semble-t-il, n'étaient pas étrangères aux Égyptiens ainsi qu'aux progressions numériques de Fibonacci :

$1/1 = 1$; $2/1 = 2$; $3/2 = 1,5$; $5/3 = 1,666$; $8/5 = 1,6$; $13/8 = 1,625$; $21//13 = 1,615$; $34/21 = 1,619$; $55/34 = 1,6176$; **$89/55 = 1,618$** $= 1 + \sqrt{5}/2$

« Vue du Ciel, la Grande Pyramide représente un carré » :

Considérons que « le côté » de ce carré réalise **1 mètre**, la section dorée se prolonge sur **0, 6 180**. Elle s'étend de la commissure de la bouche (verticale gauche du quadrilatère) à l'extrémité de la queue du poisson.

Les nageoires sont définies par un triangle et la queue par le dépassement du trait, alors que la cible, « *Le Nombre d'Or* », trace un poisson de style pur, dont les nageoires pelvienne et dorsale imposent un œil expressionniste ouvert sur le secret. N'oublions pas que « *la barque* » était l'énoncé qui véhiculait les nombres et les nombres eux-mêmes étaient les poissons que l'on comptait à la remontée des filets.

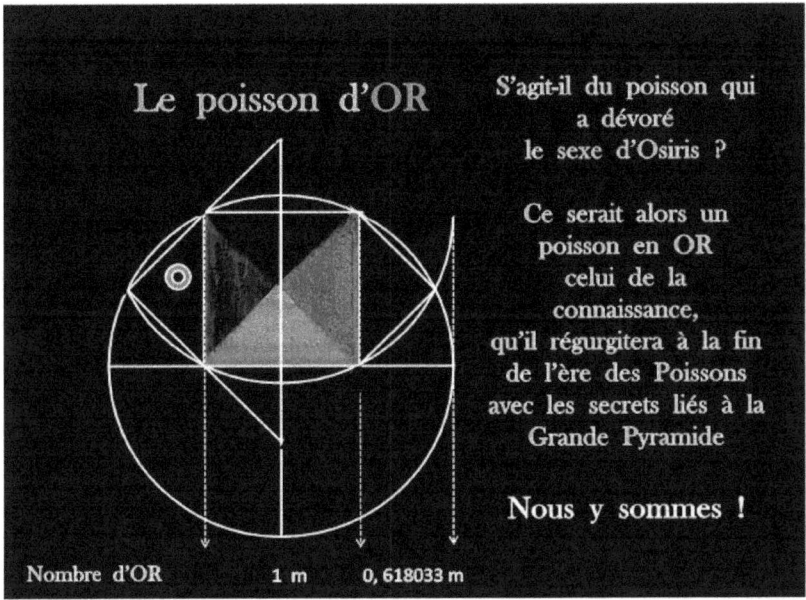

S'il nous venait l'idée (quelque peu nécromancienne) d'interroger « l'âme » d'un sumérien (Mage des temps bibliques), nous pourrions alors lui demander ce que signifie pour lui ce signe impliqué en l'image.

Sans doute répondrait-il sans l'ombre d'une hésitation :

« *C'est la représentation de « **Sharru** », ce qui signifie **Grand Roi**, mais le mot désigne également le nombre **3 600** »*.

Ce Mage alors s'empresserait d'affûter son calame pour concrétiser ses dires par un petit croquis de ce type . Aussi lui ferions-nous aussitôt remarquer que :

« *Le hasard fait bien les choses !* » Il sourirait sans doute et ajouterait : « *Ce dieu que vous appelez* « **Hasard** ». *Nous, nous l'appelons* **Enki** »... question de civilisation !

Enki, Grand Dieu... faut-il se fier !

 Poisson. En sumérien, époque classique... il génère.

Poisson. En assyrien, époque récente... il dégénère ou de manière plus triviale... il est presque cuit.

Bouche, poisson, œil, œuf, il y a dans ces évocations une identité de forme qui ne pouvait échapper à la sagacité des Anciens. « *Qu'importe le flacon* », prétend une dive littérature, « *pourvu qu'on ait l'ivresse* ». Ce glouglou onomatopéique aurait-il des accents diluviens ? Il rappelle qu'il n'y a pas d'eau sans vie, de vie sans porte, de porte sans arc et d'arc sans Ciel. Pas plus d'ailleurs qu'il n'y a de coupe sans ivresse, d'ivresse sans Noé et de Noé... sans éoN. Si le divin est dit... vin, le spiritueux peut-être « spiritu... El (Dieu) ». Versons donc allègrement ce « dit vin » en notre eau, histoire de réveiller quelque peu « ces poissons antiques » des grands fonds.

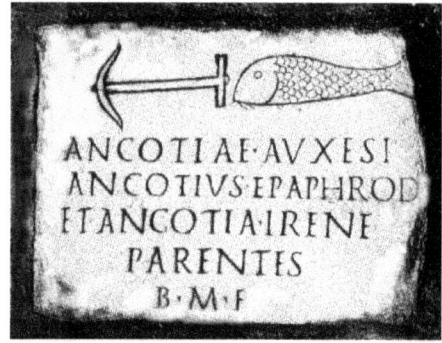

Dans cette hypothèse, nous en choisirons (au hasard, bien sûr) **153**. Puisque ce choix fait déjà l'objet d'un texte évangélique, (Jean 21, 4-9, 11) nous n'aurons que l'humble mérite de tenter de l'expliciter. Mais avant que de traiter ce verset, que le lecteur nous pardonne d'ouvrir une parenthèse, afin de rappeler dans le chapitre suivant ce qu'était « **le secret** » pour les disciples d'alors. Rappelons que les « Ébionites » ou tous premiers chrétiens, avaient pour *emblème de reconnaissance* un poisson butinant « **l'ancre de la croix** ».

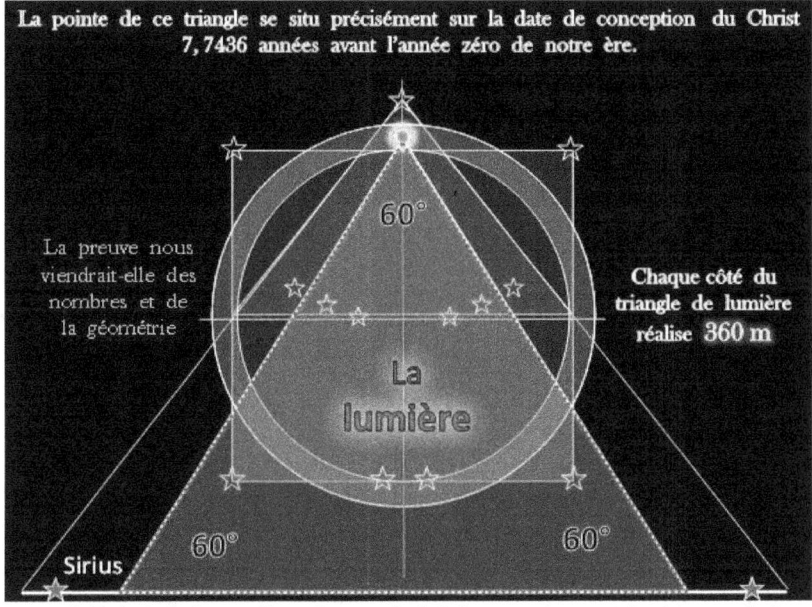

La réalité christique s'inscrit avec la loi des nombres et la rigueur de la géométrie, mais aussi avec *l'esprit de tradition*.

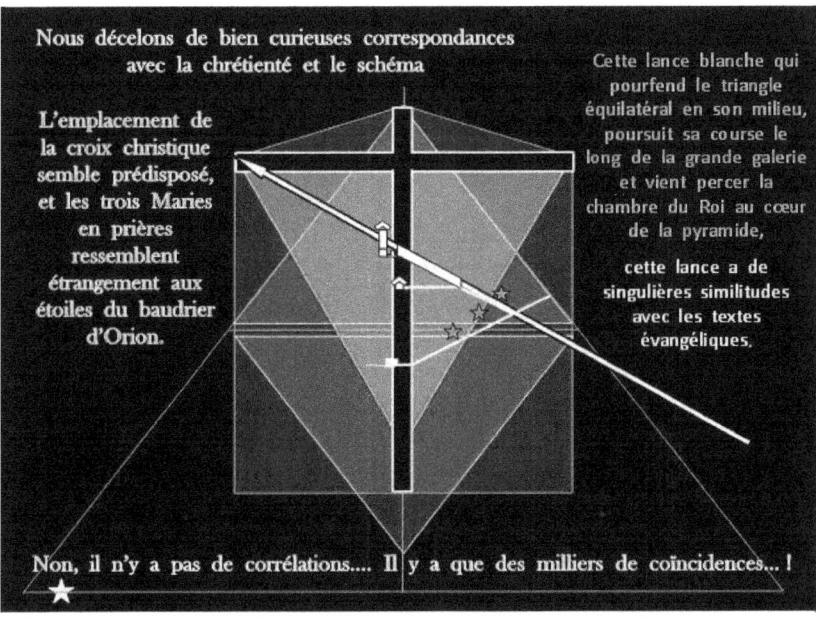

Peu de science éloigne de la spiritualité, beaucoup en rapproche !

La Gnose

> Ne sois pas une coupe trop pleine
> disposée à se répandre,
> en créant gêne et confusion.
> Pour autant, ne sois pas une coupe vide
> que l'on retourne sans vergogne.
> Laisse crépiter le contentement
> sur les lèvres du mystère.

L'arrogant savoir et son frère de lait *l'innocent profit* sont les jumeaux piédestaux de notre modernité. Ils ne sont pas nés d'hier. Sortis du berceau grec aux fioritures phéniciennes, ils s'appliquèrent à l'école des prérogatives et se montrèrent de redoutables prédateurs. Les clones contemporains de ces frénétiques ancêtres sont les affairistes de la mondialisation. Tout ce qui peut adhérer à un esprit soucieux de la tradition se trouve par eux vilipendé. Ces usurpateurs de la démocratie émirent de sentencieux avis sur les adeptes de la Grande Tradition : *« Toute démarche prétendue ésotérique n'est que spéculation intellectuelle d'un intérêt spécifique nul »*.

2500 ans d'échange, d'entente commune et de bonne intelligence, nous auraient très probablement conduits à l'âge d'or. C'est-à-dire, à un âge d'émancipation où la conscience aurait pu tempérer les appétences du corps et de l'esprit. Au lieu de cela, le verbe sera bientôt consommé, les derniers « hermétistes » quitteront l'édifice, comme le vieux ciment quitte la pierre. Les colonnes, vestiges du temple traditionnel, s'affaisseront, minées par les courants délétères qu'aucune « *idéologie salvatrice* » n'aura eu le temps et la force d'endiguer. Il n'en a pas toujours été ainsi. Il y a des millénaires, « *l'esprit de connaissance* » a permis de légiférer le rythme de l'évolution humaine. L'enseignement dispensé était indissociable d'une **déontologie d'inspiration spirituelle** et nul ne pouvait prétendre obtenir une activité responsable sans initiation préalable.

« Il est juste de penser que la science et la vérité sont l'une et l'autre semblables au bien, mais faute de croire que l'une et l'autre soient le bien, la nature du bien doit être regardée comme beaucoup plus précieuse ».
Platon (la république)

Aujourd'hui, la connaissance s'est égarée dans les dédales bourbeux d'un matérialisme exacerbé. Les annales fourmillent d'exemples de sorciers, gourous et pseudo thaumaturges ayant exercé et exerçant encore un pouvoir sur les foules. Pour obvier à de telles calamités, « *les adeptes de la Tradition* » durent s'ingénier à rendre leur enseignement hermétique aux « *non initiables* », entendons par ce qualificatif, à ceux d'entre les hommes, qui, bien que pourvus de capacités intellectuelles, montraient une apathie de leur état de conscience. Les siècles passant le rationalisme gagna du terrain. Les élus eux-mêmes furent de moins en moins enclins à livrer les inestimables mystères dont ils étaient détenteurs, considérant que la société des hommes, en s'éloignant graduellement de la synarchie *théoprimocratique*, s'éloignait par-là même de toute probité communautaire. Fallait-il que le mal tue le mal ? Beaucoup « d'Éminents Adeptes » parvinrent au terme de leur vie à une louable équanimité, mais… **les lèvres closes**. Cela eut pour effet de ruiner l'état factoriel de connaissances acquises et par contrecoup, de propulser le positivisme au sommet d'un *intellectualisme technocratique*. L'orgueilleux **savoir** décréta alors, que :

« *Le produit de la raison pure est le seul critère à considérer. Tout adjuvant relevant du subconscient, est facteur de suspicion, résultant le plus souvent de digressions invérifiables et par déduction inconvenantes.* »

Face à cette ingérence dans la liberté individuelle, la connaissance se replia sur elle-même. Encore conseillait-on jadis à ces fossoyeurs des traditions de se revêtir d'un habit d'humaniste, mais ils prirent rarement la peine de l'ajuster. Il est vrai que d'hellènes précurseurs avaient fait preuve d'un raffinement aiguisé en traduisant le mot *Pyramide* par les mots *petit pain fantaisie* et *Obélisque* par les mots *brochette à rôtir*, il n'y-a de doute que ces termes peu appropriés laissaient augurer de la matérialité outrancière en laquelle nous étions appelés à évoluer. Alors même que le mot « pyramide » dérive, selon toute probabilité, de l'ancien égyptien « per - âa – mer » ou « *Grande Demeure d'Amour* », ce qui est beaucoup plus convaincant.

Au détriment de la raison philosophique, nous avons cru que nos technologies robotisées imposeraient la solution à nos problèmes. Hélas, ce sont elles, ces technologies, qui, par leur assistance permanente, contribuent déjà à notre apathie collective. Si on en croit les textes, au début de notre ère, un élitisme suspect, provoquait le courroux d'un certain Jésus :

« Vous voilà bien, vous, les Pharisiens ! L'extérieur de la coupe et du plat, vous le purifiez, alors que votre intérieur est plein de rapine et de perversité ». Marc 11, 37-39, 40.

« Malheur à vous les légistes, parce que vous avez enlevé la clé de la science ! Vous-mêmes n'êtes pas entrés, et ceux qui voulaient entrer, vous les en avez empêchés ». Luc 11, 31-11, 52.

Si l'on tient pour évident que certains « esprits saillants » sont pratiquement démunis d'état de conscience, dès lors, il peut apparaître logique que ces derniers soient enclins à tirer profit des avantages (légaux ou non) que leur accorde la société en laquelle ils vivent. Nous pouvons constater que ce comportement est aujourd'hui amplement répandu, celui-ci demeure hautement répréhensible chez l'initié et inconcevable chez l'adepte. Ce dernier, en particulier, n'a plus à s'interroger sur la vraisemblance d'un « *univers spirituel* » ou sur la nécessité qu'il y a, sa vie durant, à se mériter soi-même, l'adepte sait ! Ce postulat l'oblige à opter pour une conduite digne, humble, si ce n'est exemplaire, toute autre attitude s'avérerait déloyale et relapse à la cause. Reste la question : *se taire ou agir* ? Cette question cruciale n'a cessé de tourmenter à toutes époques, les guides de l'humanité, Chuang Tseu nous en donne un exemple :

« Les grandes vérités ne saisissent pas le cœur des masses. Et maintenant, que le monde entier est dans l'erreur, comment serais-je, moi, bien que je connaisse la voie véritable, comment serais-je le guide ? Si je sais qu'il me sera impossible de réussir, et que j'essaye néanmoins de forcer le succès, ce ne serait là qu'une autre source d'erreur... Mieux vaut donc m'abstenir et ne plus m'efforcer.

Mais si je ne m'efforce plus... qui s'efforcera » ? Chuang Tseu.

Ce type de réflexion a-t-il justifié, il y a plus de 2 000 ans, l'intervention de ce Chrestos, de ce Magicien, de ce Charpentier, de ce Khery'cheta, de ce Maître des mystères, de cet homme dédié à Dieu, ce Nazaréen ? De ce Roi de lignée davidique, ce Schilo, ce Messie, ce Mäshiah et Meshiha, cet

Oint, ce Kurios, ce Mar, cet Amnos. Enfin, ce Bar Nasha qu'était ce Joshua, dit encore, Jésos le Gaulonite ou **Jésus**... peut-être !

Tel Janus il avait deux faces, nous tiendrons compte de la plus commune. La version composite fut instruite par les initiés des quatre premiers siècles (Eusèbe de Césarée et quelques autres). Cette version est celle d'un prophète déifié, « *initiateur du genre humain* ». L'autre approche, considérée historique, regroupe une trilogie inhérente à trois références amalgamées : celle du **Maître de Justice** (essénien), celle de **Jésus Christ** (rédempteur) le thaumaturge des ébionites. Celle de **Bar Abas** (messianisme), roi zélote idéologue et martyre insurgé contre les structures gouvernementales du pouvoir romain.

Les trois figures s'avèrent aujourd'hui si étroitement liées qu'il est bien difficile de les dissocier. D'ailleurs, est-il souhaitable de le faire... nous ne le pensons pas. Si cela est à même de satisfaire une minorité à l'esprit curieux, cela risque de troubler une majorité à l'âme sensible. N'est-il pas du devoir du spiritualiste de s'effacer devant « **le message** » ? Il apparaît néanmoins que dès le plus jeune âge, le **Jésus** des écritures reçut une culture essénienne. Une frange de ces « instructeurs Hassidim » était imprégnée des doctrines pythagoriciennes, celles-là étant axées sur **la symbolique des nombres**. Puis, à la puberté, ce fut l'école d'Alexandrie, l'Égypte d'alors demeurait réputée, à tel point que l'on évoquait les sciences enseignées en ce pays avec un respect mêlé de crainte superstitieuse.

Lorsque « **Jésus le charpentier** », traduisons par « héresh » (le magicien) l'homme de connaissance, réapparut à l'âge de 30 ans à la vie publique, il commença (selon la tradition) par s'entourer d'une garde zélote et à sélectionner ses disciples. Puis conformément à sa mission de « prophète inspiré », à élaborer une vision sotériologique du futur. Dès le départ, ses adeptes gnostiques et lui, durent se prémunir contre l'inévitable dépréciation des secrets divulgués. Le mieux était alors de dispenser le message sur l'échelle humaine du discernement, puis de codifier celui-ci afin de protéger sa révélation quintessentielle. Corrélativement, il fallait permettre à diverses couches sociales d'accéder aux prémisses des mystères révélés par le biais des écritures, ce qui en ces temps-là, était loin d'être le cas. Les gens de pouvoir ne se sont-ils pas toujours défiés de l'émancipation des masses, qu'ils considèrent dangereuses pour la pérennité de leurs agréments ? L'accès à l'entendement des connaissances relatives était perçu par ces « nazaréens » (esprits traditionnels à caractère anticonformiste religieux) comme un moyen pacifique, pour tenter d'homogénéiser les divergences ataviques du peuple palestinien. Après quoi, pensait-on, il serait plus facile de désolidariser les sadducéens de l'emprise romaine et d'unifier la lutte contre l'occupant. Il ne s'agissait plus de trier « le grain de l'ivraie » Plutôt, apparaissait-il urgent de développer l'accessibilité aux connaissances, afin qu'elles exercent leurs œuvres salutaires sans discrimination. Il fallait aussi permettre aux couches ethniques répudiées par les juifs d'accéder à la spiritualité.

Les sectateurs ébionites allaient pouvoir s'immiscer suivant leurs perceptions, en l'une ou l'autre des voies novatrices qui s'offraient à eux. Ces voies, qu'étaient-elles ? Tous adhéraient ou croyaient adhérer au même message, nonobstant, dès les premiers siècles, le net détachement de trois plans de conscience :

> **(1) Les croyants moralistes.**
>
> **(2) Les contemplatifs inspirés.**
>
> **(3) Les hermétistes symbolistes.**

La première voie était la « **voie fluviale** », la plus répandue (elle l'est encore de nos jours). Elle consiste à demeurer à flots dans le port du culte. Encore faut-il être à même de s'entraîner à hisser courtes ou larges voiles aux vents tourbillonnants du pouvoir ecclésiastique.

La seconde était la « **voie aérienne** », elle était en soi terriblement sélective, elle nécessitait l'abandon des lests matériels. N'était-il point conseillé d'éradiquer la moindre résurgence du doute ? Ces activités théorétiques, voire érémitiques, ne facilitaient guère l'audace de l'esprit, lequel, généralement, demeurait en un pleutre et irresponsable état d'âme. Lorsqu'il lui arrivait, à cet esprit, de se manifester, c'était le plus souvent avec un discernement obtus, d'où l'exemple qu'en donne sous Théodose le patriarche Cyrille envers Hypatie. Cette tragique démonstration ne fut, hélas, pas la seule qu'il y eut à déplorer dans l'interprétation du sacerdoce.

La troisième était la « **voie terrestre** », on la nommait également « voie gnostique », c'était la plus laborieuse, la plus ingrate et probablement la plus exigeante de l'adeptat. Après avoir fait choix des outils religieux, les initiés œuvraient en des pratiques alchimiques avec le compas et la rose. Tel le laboureur, il fallait alors tracer le premier sillon, puis creuser, voyager de grottes en temples et de temples en labyrinthes. Pour discerner en fin de parcours le fin rai de *l'esprit lumière*, mais, cette lumière ineffable était si révélatrice de beauté, qu'elle faisait basculer l'univers intérieur en une joie d'être et d'avoir été.

Pour verbeuses qu'elles puissent paraître, ces appréciations ne sont pas gratuites, rappelons-nous le point de vue de l'un des Pères réputé « le plus estimable » de l'église au sujet des Écritures :

« *Tant de nombreuses structures de nombres ont caché des correspondances secrètes, qui restent inaccessibles à ceux qui ne connaissent pas les nombres* ». Saint Augustin, De Verra Religion.

Les nombres, la géométrie et l'astronomie ont modelé les bases de la mythologie, de la gnose et de l'alchimie. Ces disciplines repoussées par le profane assujetti à la science expérimentale seront demain les supports d'une réalité universelle, axée sur les grandes constantes de la matière organisée.

La vérité changera d'azimute zodiacal, elle ne changera pas de définition.

Nombre et géométrie sont les deux colonnes de la création, elles seront demain celles de la révélation lorsque le temps procédera à l'éveille des consciences.

L'esprit de l'ennéade Soleil, Terre, Lune

1, 2 3 4 5 6 7 8 9

$\div$ 1, 273239544 la 🗝 numérale

= 0, 969627354 X 2 = 1, 939254708 $\sqrt{}^2$

= 1, 392571258 x 1 000 000 = en kilomètres

1, 392 571, 258 le ⌀ du

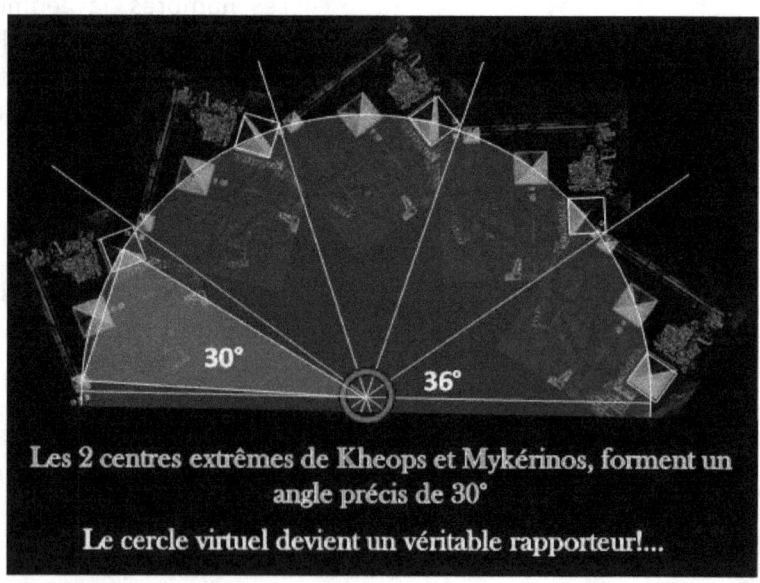

Les 2 centres extrêmes de Khéops et Mykérinos, forment un angle précis de 30°
Le cercle virtuel devient un véritable rapporteur!...

Les « 153 » Gros Poissons

> Les mystères, comme l'obscurité,
> n'éclairent pas nécessairement le chemin,
> mais ils orientent le regard vers la Lune enchantée.

Nantis de ces prémisses, il est temps pour nous d'effeuiller ce verset XXI de l'Évangile de Jean, lequel, sans être un modèle consacré des mystères évangéliques, n'en est pas moins d'un intérêt exemplaire. Ne serait-ce que par la présence de ce nombre « **153** » placé à dessein. Nous conviendrons que, même pour un lecteur non averti, il est difficile d'admettre sans réticence, que ce nombre fut énoncé au hasard d'un dénombrement, sans intention particulière. Si cela avait dû être, on aurait pu dire « 150 environ ». Ce qui aurait été une approche suffisante pour une logique en premier degré, ce ne fut pas le cas. Essayons de pénétrer le sens de ce verset considéré comme un appendice à l'épilogue 20 - 30 - 31 :

> « *Après cela, Jésus se manifesta de nouveau aux disciples sur...* (les bords de...) *la mer de Tibériade : Il se manifesta ainsi, il y avait ensemble Simon-Pierre, Thomas appelé Didyme, Nathanaël de Cana en Galilée, les fils de Zébédée* (sous-entendu, Jacques et Jean) *et deux autres de ses disciples* ».

Nous constatons que Jésus, **Simon-Pierre, Thomas et Natanaël** sont des **entités nommées** par rapport aux **« 4 »** autres disciples **innommés**. Ce ne peut-être qu'intentionnel. Ne définit-on pas par le nombre, ce que l'on ne peut ou ne veut pas nommer ?

« *Simon Pierre leur dit : je m'en vais pêcher...* »

Si nous effectuons une transposition, « l'onde » est assimilable à l'océan des chiffres, elle ne peut qu'inspirer la quête spirituelle.

> « *Ils lui dirent : nous venons, nous aussi avec toi. Ils partirent et montèrent dans le bateau. Et cette nuit-là, ils n'attrapèrent rien* ».

Le maître Jésus figure « **la lumière du secret** ». Il n'est pas encore sur « **l'onde** », la recherche des disciples est obscure. La barque, en Égypte Ancienne, était le support qui véhiculait les nombres, assimilables aux poissons que l'on attrapait au filet. En ce paragraphe, **c'est la barque qui instruit l'histoire.**

> *« Comme déjà c'était le matin, Jésus se tient sur le rivage : pourtant les disciples ne savaient pas que c'était Jésus. Jésus leur dit donc : Enfants, n'auriez-vous pas quelque chose à manger ? Ils lui répondirent : Non. Il leur dit : Jetez le filet du côté droit du bateau, et vous trouverez ».*

Le terme « enfant » employé par Jésus, ne doit pas être compris dans un sens paternel, mais dans celui de « *non-initiés aux mystères* ». C'est ainsi que « *quelque chose à manger* » signifie « *avez-vous des questions à me poser sur les mystères* ? Si Jésus ayant pour réputation d'accomplir des miracles avait tenu à manifester ce don auprès des pêcheurs, dans le sens pragmatique du terme, pourquoi ces précisions circonvenues ? En toute logique, n'aurait-il pas limité son énonciation à : « *Maintenant, jetez votre filet et remontez les poissons.* »

Formulé de la sorte, le phénomène paranormal se devait d'être tout aussi évident. Quand miracle il y a, celui-ci se suffit généralement à lui-même, le côté alors, importe peu. Ainsi décrit, ce type de précision est indifférent au **profane**, il peut apparaître en tant que preuve d'authenticité narrative pour le **croyant**, alors qu'il revêt un sens caché pour le **connaissant**. Le verset répond à un code, la parole incite à l'acte. Reprenons notre lecture :

> *« Ils le jetèrent donc* (le filet) *et ils ne parvenaient pas à le tirer à cause de la multitude de poissons. Le disciple, celui que Jésus préférait, dit à Pierre : c'est le Seigneur... ! "*

En égyptien le mot « **Seigneur** » est symbolisé par une coupe, « **neb** », que souligne l'unité. Nous remarquerons une certaine analogie avec « l'autel aux offrandes » d'où émane, nous le voyons, le chiffre de terre « 4 », élevé vers le Ciel, le diamètre de la circonférence de « 4 » est une grande constante universelle. Ce nombre est *la clé qui ouvre* *les paramètres secrets de la Grande Pyramide d'Égypte*. Il serait intéressant d'analyser ces courtes phrases chargées de sens, mais cela sortirait du cadre de notre ouvrage. Ajoutons que devant la démonstration verbale des nombres énoncés (poissons), Pierre reconnaît le Seigneur (le Maître à penser).

> *« Simon Pierre donc, apprenant que c'était le Seigneur, se noua un vêtement à la ceinture, car il était nu, et se jeta à la mer ».*

Rappelons au lecteur que l'action de se vêtir est un acte purificateur qui consiste à prendre conscience de sa nudité, autrement dit, de son manque de connaissance. À partir de cet instant, le disciple est à l'écoute du Maître. Quant à la « **mer** » (pyramide en égyptien), elle est ce que nous savons.

> *« Les autres disciples vinrent dans la barque, ils n'étaient pas loin de la terre, mais à environ 200 coudées, traînant filet et poissons. »*

Convenons que ces « **200 coudées** » s'avèrent superflues en ce texte. Si la phrase en question avait eu pour seule intention d'exposer les faits : « *Ils étaient proches de la berge* » aurait amplement suffit pour qu'on les imagine peu éloignés sans précision inutile. Nous allons voir in situ qu'à l'opposé de ce raisonnement, « **les coudées** » mentionnées se trouvent être précieuses pour l'interprétation ésotérique du verset. « *Ils n'étaient pas loin de la terre traînant filet et poissons* » signifie en clair, que maintenant tous les disciples étaient intéressés.

> *« Quand donc ils furent descendus à terre, ils aperçoivent un feu de braises disposé là et du menu poisson placé dessus, et du pain ».*

Soudain, les symboles se cumulent, nous retiendrons : **Terre, Feu, Menus Poissons, Pain**. Transposé sur un plan ésotérique, ce qui était, on ne peut plus commun à l'époque, il nous faut entendre dans l'ordre : **carré, triangle, nombres avec décimales et cercle**.

Cela ressemble à se méprendre à la préparation d'un rituel. Il n'y a pas si longtemps, à la fin du siècle dernier, dans les loges maçonniques, lors des agapes, il était encore d'usage de changer l'appellation des objets usuels.

Le but était d'inciter les frères affidés à pressentir les filières symboliques dissimulées sous les prescriptions rituelles.

> Jésus leur dit : « *Apportez de ces menus poissons que vous venez d'attraper* ».

Pourquoi **Jésus** précise-t-il « ***menus poissons*** » ? À moins qu'il ne jouisse secrètement de « la farce » qu'il est en train de leur faire. Attitude que l'on ne saurait prêter à un personnage de son rang.

Plus troublant encore, faudrait-il envisager que **Jésus** ignore les secrets de son pouvoir théurgique, il aurait pensé « **menus poissons** », alors que lui-même aurait eu la surprise d'en voir apparaître « **des gros !** » Prises au premier degré, ses singularités surprenantes engendrent une certaine perplexité... « *Simon Pierre monta dans le bateau et tira à terre le filet rempli de **gros poissons**. Cent cinquante-trois... Et bien qu'il y en eut tant, le filet ne se déchira pas* ».

Là encore, nous constatons une précision superflue qui ne l'est plus du tout si l'on considère que le filet forme cercle sous le poids (richesse) des nombres mis en valeur que contient la barque (support).

Hiéroglyphe du filet en égyptien   (échange de paroles lumineuses).

> « Jésus leur dit : *venez déjeuner !* Aucun des disciples n'osait lui demander : *qui es-tu...* » ?

Ces derniers mots ne sont rien moins que la signature de l'opération magique :

(en hébreu, lecture droite gauche) 𐤄 𐤀 𐤉 𐤌 = **qui es-tu... ?**

Le « **mi** » 𐤉 𐤌, relation pronominale indéfinie : qui, quoi, mais aussi « l'eau, l'onde » avec 𐤄 𐤀 (Ath), signe potentiel, symbole de la sympathie qui engage le rapport des choses entre elles. La substance de l'âme universelle (l'appel va à la rencontre du secret). En l'attente de la révélation, **« l'Amour Divin »** semble flotter entre eux et le rivage. Aucun des disciples n'est à même de poser cette question, tant ils sont à la fois subjugués et convaincus de vivre une phase cruciale de leur initiation. La cryptologie prend ici toute son importance, les mots, les symboles prolifèrent pour transcender l'instant :

> *« Ils savaient bien que c'était le Seigneur. Vient Jésus qui prend le pain* (le cercle) *et le leur donne, et du menu poisson pareillement* (unités numériques) *».*

L'attitude de Jésus est manifeste. Il incite les adeptes à réfléchir à la signification de sa gestuelle.

(Souvenons-nous, en d'autres instants, Jésus ne reproche-t-il pas aux apôtres leur manque de lucidité ? Marc 8/21)

« Vous ne comprenez pas encore… ? »

> *« C'était déjà la troisième fois que Jésus se manifestait aux disciples après s'être relevé d'entre les morts ».* (Fin de la narration).

Le moment est venu pour nous d'effectuer le récapitulatif numérique de l'ensemble. Nous trouvons ainsi dans l'ordre chronologique :

Le chiffre « **4** » est cité de façon implicite dans le texte. Le 3 et le 4 sont à la base des plus grands mystères concernant la Grande Pyramide d'Égypte. « **3** » × π = 9,4224777959 « **4** » ÷ π = 1,273239544 = 10,6980175 × 2 = **21,39603** Ø moyen de la Terre = à : 12 734, 94192 + 21,39603 =	Dès le début du paragraphe, le « **4** » s'impose, il devient flagrant en cryptographie. Sur l'ensemble des 12 disciples, **4 innommés** (le secret) et 3 nommés. L'attribut des noms souligne l'aspect qualitatif par rapport au quantitatif. Ne dit-on pas : il y a Pierre, Jean et Paul ou il y a 3 personnes.

12 756,337 km la Terre à l'équateur. 21,39603 moins la valeur moyenne = **les Pôles.**	
« **200** » Nombre cité dans le texte. Hauteur en mètres du calice Graal, dans la Grande Pyramide.	Coudées royales de **0, 5236.** La valeur de cette mesure, donnée par les années-lumière de la constellation d'Orion, était couramment employée dans l'architecture sacrée du Moyen-Orient, elle était le plus souvent ignorée du peuple et n'avait aucune valeur usuelle. Rappelons que multipliée par « **6** ». la coudée royale nous donne le nombre π. Jésus, qu'il soit considéré comme fils de Dieu ou Grand Initié, ne pouvait l'ignorer, Dieu ayant créé le monde en « 6 » jours et se reposant le septième.
« **153** » Nombre cité dans le texte.	« **153** » ...Gros poissons, soit la 17e triangulaire, 1+2+3+........ +15+16+17 = " **153** " « **1** » sur la berge, « **Jésus,** » et « **7** » dans la barque, « les apôtres », les chiffres liés = « **17** ». Ce nombre premier « **17** » représente, comme par hasard, la somme des « **4** » **premiers nombres premiers unitaires :** 2+3+5+7 = « **17** » « **17** » est le seul nombre premier à avoir cette propriété. 153 ÷ **17** = 9 « l'ennéade », mais aussi et surtout « **17** » + « **153** » = 170, lequel divisé par « **153** » = **1,111111111...** Nous avons peine à croire que **Jésus** ignorait ces subtilités numériques, après d'aussi

		longues années passées à l'ombre des temples égyptiens. Pour notre civilisation matérialiste, conditionnée par une logique au premier degré, ces imbroglios numériques relèvent tout au plus de fantasmes psychotiques sans réelles porté scientifique. C'est omettre que **la connaissance** issue de la « Tradition Primordiale » est de beaucoup supérieure au savoir issu de « la science expérimentale » qui n'a de pérennité qu'une perpétuelle remise en question.
	« **3** » Chiffre cité dans le texte.	Troisième apparition de **Jésus** après sa mort. Nous ne nous étonnerons pas qu'il soit apparu « **9 fois** » à ses disciples.
	« **360** » Total des nombres cités.	« *Vient Jésus qui prend le pain ..* » **(cercle)** L'attitude, nous l'avons vu, est celle des 2 mains en prière, soit : **360°**

Le pain antique, lorsqu'il était partagé, était assimilable à la nourriture consubstantielle, il était à la fois roboratif et **symbolique,** observons-le sous ses deux aspects :

Le « **T** » de Nout = ⌒ = Pain vu de profil **180° x 2 = Ciel** = Pain vu du haut = **360° = Lumière spirituelle.** ◯

Ce 360 est bien évidemment **le nombre des nombres**, mais aussi le cercle des cycles, le disque solaire indissociable de son triangle équilatéral circonscrit et de la lumière immanente qui en émane. **360°** c'est le serpent mythique (ouroboros), maître du degré rayonnant, c'est l'onde vibrante du corps ophidien regroupant le 1 et le 0 ou le « **10** », premier des nombres.

C'est le « **O trinitaire** » et sa manifestation sexagésimale créatrice. Le **360** représente l'harmonie cosmique, ce nombre a traversé le passé sans que sa symbolique se soit altérée, il traversera de même le futur. Le « **360** » est *une grande constante universelle,* c'est le plus beau des nombres.

Voyons comment les Anciens Adeptes de la **Tradition Primordiale** formulaient notre incontournable $E = mc^2$. Ils avaient, semble-t-il, des difficultés à dissocier le « 1 du 2 » et le « 3 du 6 » aussi répartissaient-ils l'essentiel de leurs bagages intuitifs de la manière suivante :

● = Masse énergie.   ○ = volume forme.   ⊙ = lumière temps.

« *Après que* ***la masse*** *(nombre) se fût positionnée par rapport au* ***volume*** *(géométrie),* ***l'énergie*** *prit* ***forme****, de cette union naquit la* ***lumière****, laquelle pondéra* ***le temps*** ».

C'était, bien sûr, tenter de noyer « le poinçon » dans l'  Mais au stade de notre étude, nous subodorons déjà ce qu'il nous faut penser de ce poisson et de cette eau. Soyons sérieux et revenons à notre verset de **Jean l'Apôtre**. Il s'agit là de Jean l'essénien, instruit qu'il était des mystères, et pour cette raison désigné comme étant, parmi les disciples, « *celui que Jésus préférait* ».

Nous lisons, sous ce qui est censé être sa plume « **200 coudées** ».

Le nombre de coudées séparant le bateau de la plage, 200, indique une notion de distance, laquelle distance est indissociable d'une notion de temps. Par ailleurs, nous constatons que Jésus va vers ses disciples et qu'il apparaît (le texte nous le précise) « ***pour la troisième fois****, après s'être relevé d'entre les morts* ».

Si nous faisons preuve de discernement, nous nous devons de faire s'impliquer cette « **distance de lieux** » avec la valeur corollaire mentionnée, soit « **200** coudées » (distance de séparation) et avec cette mention « **3** » (assimilable à une distance dans le temps.)

Rappelons qu'il s'agit là de coudées royales égyptiennes de 0, 5236 m couramment utilisées dans les temples d'Égypte, des millénaires durant. Il n'est donc pas question de « coudées usuelles » ou autre mesure usitées, dont les valeurs aléatoires aux différentes époques se montreraient inopérantes pour la cryptographie hermétique.

Cette coudée, donc, était admise par tous les initiés des territoires égyptiens. Visualisons au passage, ce que représentaient en valeur **les 3 coudées égyptiennes** non usuelles et **la coudée druidique** très proche de celle dont nous parlons.

La coudée druidique définit, aujourd'hui encore, la longueur « théorique » du bâton des maréchaux de France. Poursuivons l'analyse de notre verset évangélique : **200** coudées (notion de distance) multipliées par **0,5 236** mètre (coudée royale classique) = 104,72 m, multipliés par « la troisième apparition » (notion de temps) = 314,16, divisés par l'implicite mais logique valeur de 100 (le sang du Graal) = **3,1416.** Constante de toute éternité, circonférence du cercle de diamètre « **1** ». Autrement dit :

Définition : Valeur en mètres : Justification :

Coudée ésotérique	0,523598775	x 6 = **3,141592653** π (le transfini)
Coudée royale :	0,5236	x 6 = 3,1416 (Coudée classique utilisée pour la construction des temples).
Coudée pyramidale	0,5236006	x 6 = 3,1416036 = (Valeur de π se terminant par 36, spécifique à la Grande Pyramide d'Égypte).
Coudée druidique :	0,523606797	÷ 0,2 = 2618033985 $\sqrt{}^2$ = 1,618033988 (le nombre d'or).

« **Jésus, le Seigneur et Maître** », le « neb » hiéroglyphique égyptien ou « la coupe réceptrice » venant étancher la soif du monde.

Vision débridée ? Non... logique implacable. En ce temps-là, le secret était voilé par les nombres. La connaissance n'avait que faire des interprétations oiseuses des tricoteurs d'histoires, elle se nourrissait de vérités simples et nues, à l'image du créé révélé, ce que nos esprits devenus complexes ont tant de mal à concevoir. Si nous ne craignons pas d'être « menés en bateau », soyons attentifs, car nous risquons de voir briller sous la barque, dans la nuit des profondeurs, **les 306 yeux de nos « 153 » gros poissons**. La tentation est forte de multiplier ce symbole personnalisé par la troisième apparition du « *Khery-cheta,* **Jésus** *Maître des mystères* ». Le triangle regagnerait alors le cercle sa demeure naturelle.

Voyons, cela nous donne : 153 x 3 = 459.

Ayant alors réalisé la « **masse volume** », nous allons, conformément à la logique antique, puiser en « **l'énergie forme, le temps lumière** ». Comment ? Par la valeur 459, nous allons la diviser par ce fameux π (précédemment trouvé) soit : **459 ÷ 3,1416 = 146,10.**

Voilà une belle barque de « pêche heures » s'en allant « pêche ans ». Suivons attentivement les exhortations du Maître des mystères et jetons résolument le filet , où... à droite, bien sûr !

Puisque **Jésus** nous l'a suggéré. Ce qui aura pour effet de déplacer... la rame oh, pardon, « la virgule ». C'est ainsi que 146,10 deviendra **1461,0**. Rien n'est fortuit, tout à sa raison d'être, nous manquons simplement de discernement. Au passage, bénissons « le hasard », ce discret ambassadeur du néant. N'a-t-il point influé pour que certains versets évangéliques, encore empreints de la gnose originelle, parviennent à échapper au pieux épouillage des moines copistes ? À l'instar de Rufin d'Aquilée pour Origène ou de Saint-Jérôme pour les homélies, ces dévots censeurs crurent séant, de procéder à d'orthodoxes élagages qui ne sont aujourd'hui que témoignages de leurs impérities.

Comment peut-on faire de la foi une « arme » pour la tête, alors qu'elle devrait être « instrument » pour le cœur ?

Les **12** apôtres traditionnels divisés par les **3** nommés vont, sans quitter l'**O**, nous permettre de naviguer un peu plus loin.

1461, 0 divisé par 4 = 365,25.

Ce total est comparable au nombre de jours que possède l'année sotiacale. Par ailleurs, il s'écoule 1461 ans entre deux apparitions de « Sirius », en tant qu'étoile héliaque. Lorsque le Maître avance : « *Je suis l'étoile du matin…* » voyons là l'étoile du renouveau. Que feu Emmanuel Vélikowsky nous pardonne, « Vénus » est, certes brillante, mais au quotidien… fréquente. Alors que la montée de **Sirius** sur les rayons du Soleil levant relevait d'un tout autre spectacle, ô combien vénéré par les Mages de l'Antiquité ! **L'apôtre Jean**, n'a pas fini de nous séduire. Il nous demande, maintenant, de considérer « **les menus poissons** ». Suivons ses conseils, notons (en dehors des gros poissons), l'ordre chronologique des nombres, que l'apôtre a obligeamment fait figurer dans le verset. Utilisons le code ésotérique toujours en rapport avec les deux zéros flottants. Vous savez, ce sont ceux de l'ennéade : Atoum « 0 », Horus « 10 ». N'oublions pas que le mot « œil » a pour valeur primosophique « **100** » (œil pour œil) = **200,** la coupe du Graal. Les deux yeux (akhetouy) ou Soleil - Lune en ancien égyptien. En apparition dans l'ordre chronologique du verset, nous avons :

4 innommés	200 coudées	3 apparitions

423

Si nous prélevons les deux zéros des coudées pour les placer à l'avant, nous avons : **0,0423** + 1461 = **1461,0423**, ce sont là des « **menus poissons »,** que nous allons diviser par le nombre de « **gros poissons** » 1 461,0423 ÷ 153 = 9,549 296 078. Puisque **le Maître de connaissance, Jésus,** nous a enseigné la valeur de π, réalisons l'opération suivante **9,549296078 x 3,1416 = 30.**

C'est le nombre de jours des anciens mois multiplié par les 12 disciples du Seigneur =  = neb, hiéroglyphe de la coupe. Voyons en cette opération reprise plus tard par les 12 chevaliers, la division du **jour** et de la **nuit**, incarnée par les 12 apôtres, cela nous donne :

x **12 = 360.** Le cercle divin est restitué.

Nous avons voyagé de la nuit au jour, de l'Etoile au Soleil. C'est ainsi qu'au terme de « la pêche de nuit », apparaît l'aube au disque d'or, Ré ⊙ « Re-naître ». Nous remarquerons au passage que chacun des disciples, 30 x 12, bénéficie du chiffre « 3 », symbole numérique de l'ordre temporel régi par le divin. À la suite du « 3 » se trouve le zéro « O » des « connaissants », ce qui fait 30, voyons là l'évocation de la présence secrète de la Déité.

« 102 » x 30 = 3 060 ÷ 2 = 1 530 ou « 153 » 🐟 + « 0 »

(O) la signature d'Atoum « le créé dans l'incréé ».

« *Ne fait-on pas dire n'importe quoi aux nombres ?* » Si la chose est abondamment certifiée en matière de politique, elle ne saurait l'être en symbolique, pour de simples raisons de recoupements. En cette étude succincte, nous ne pouvons nier l'harmonie des nombres et des formes. Le cercle illustre de manière parfaite **la lumière épousant le temps, pour enfanter la création.** Nous allons voir en les illustrations suivantes le fait que les trois circonférences additionnées de la Terre nous donnent 120 240 km (12 et 24 le jour plus la nuit).

Nombre	Lumière	Géométrie
1	0	2
Shou	Atoum	Tefnout
Dieu en Shou Création du nombre	Dieu en Dieu Création de l'esprit de coordination par lui-même	Dieu en Tefnout Création de la géométrie
Principe formel	Principe informel	Principe formel
Réalisation	Conception	Agrégation

À ce stade, nous devrions être convaincus que les anciens textes ne peuvent être rangés parmi les allégories sans fondement ou les considérations mystico-philosophiques au premier degré. Le message « in fine » que révèle « le mythe » est porteur d'espoir, il est à même de modifier le comportement existentiel de celui ou celle qui entreprendrait de l'analyser, puis de le méditer. Une indicible vérité émane de ces écrits. Le reproche que l'on pourrait faire à ceux-ci, c'est qu'ils apparaissent fragmentés d'éléments mosaïques, on dira d'eux que les couleurs sont chatoyantes, mais que l'homogénéité fait défaut. L'appréciation sans doute, est-elle juste, c'est pourtant en cette apparente confusion que se situe le caractère prometteur de **la quête.** Il nous appartient, chacun selon ses mérites, de reconstituer ce puzzle. La révélation sera toujours au rendez-vous, quelle que soit la marche sur laquelle on se trouve, sans jamais oublier que la plus haute détient la clé de la serrure du bas. Le merveilleux est à portée de réflexion, laissons parler en nous « l'intuitif » ce précieux auxiliaire de la pensée. Celui-ci a l'envergure de notre évolution à travers les âges.

« Donc, pour ainsi dire, tous ceux qui traitèrent des choses sacrées, tant Barbares que Grecs, cachèrent les principes des choses. Ils ne firent connaître la vérité que par des énigmes, des allégories, des métaphores et autres espèces de figures ». Stromates, Ibid.21

Eh oui, mon cher Clément... !

Cette connaissance peut s'interpréter à des niveaux distincts, alors même que le texte initial demeure inchangé. Il ne fait aucun doute que les Anciens se livraient à de véritables prouesses cryptographiques. Ne fallait-il pas dissimuler plusieurs options autour de la même acception ? La lecture basique des textes a été fort critiquée dans les âges, elle fut souvent considérée par ceux qui n'ont jamais fait l'effort de comprendre comme étant un instrument collusoire propre à infantiliser les masses. Ne nous laissons pas abuser par ces apriori, la niaiserie, si c'est notre sentiment, n'est qu'apparente, elle drape un message paisible, sans formalisme excessif ou prosélytisme dangereux. Si de nombreuses générations s'en sont contentées, ce n'est pas par indigence intellectuelle. Plutôt verrions-nous en ces mythes évocateurs, le support d'un état intuitif apte à propager l'espérance que représente la foi. Pour cette raison et bien d'autres, la révélation crypté des textes s'avérait hier encore superfétatoire. Il en va tout autrement à notre époque, dit au plus court... « super ! »

Aussi, est-il temps de sauver ce qui peut l'être, étant donné que sur le plan psychologique, « **l'esprit de connaissance** » ne peut agir efficacement au regard d'une telle multitude, impliquée dans la vertigineuse spirale inversée de cette fin de cycle. « Le connaissant » ne peut que semer aux quatre vents, les graines tomberont là où elles devront tomber. Sachant qu'une majorité d'entre elles disparaîtront, entre les rides de l'oubli et le ton des suffisances.

Ainsi le veut la dure loi de sélection. « *L'homme*, dit-on, *est un fruit, qui ne mûrit qu'à sa saison propre* ». Toutefois, si ce fruit est privé de l'apport « lumière », craignons que les raisins verts n'agacent tôt venant les dents du futur. Relativisons le savoir enseigné pour nous consacrer à *la connaissance réfléchie,* celle qui engage le « moi pensant » sur les sentiers de l'évolution.

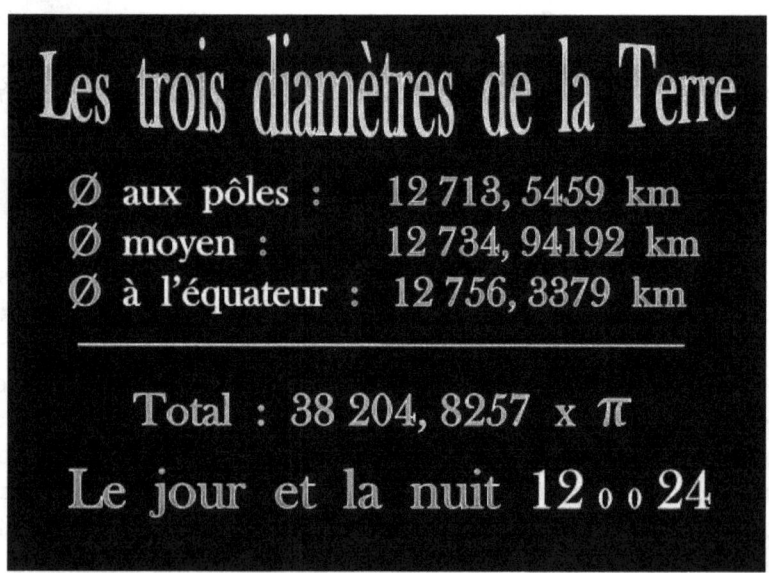

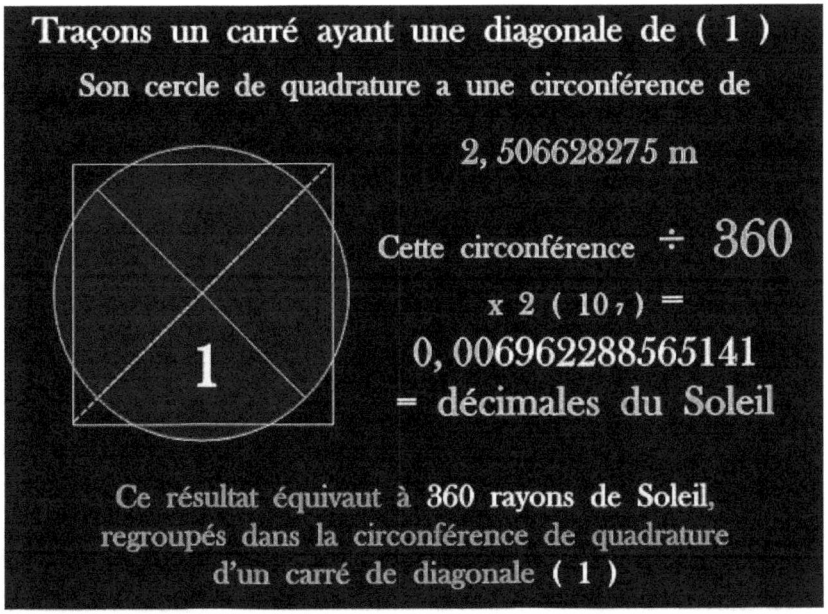

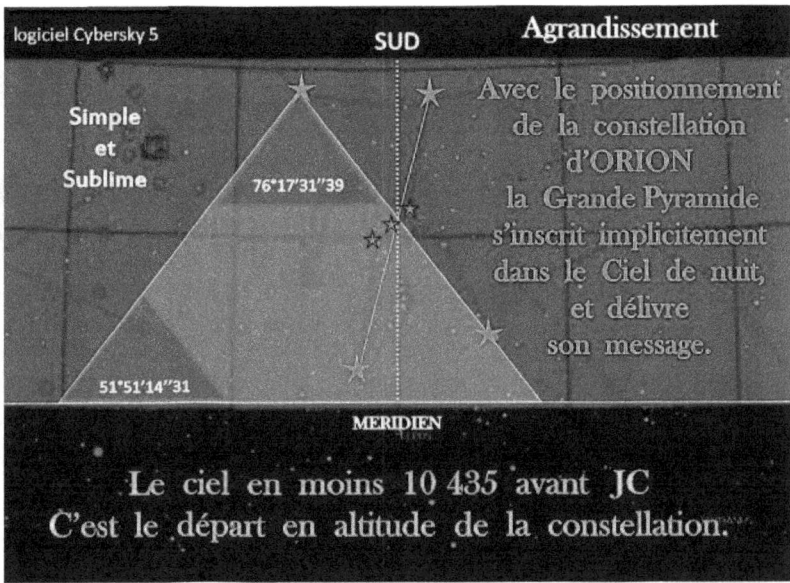

Qui a permis que le mouvement des choses soit aussi bien ordonné, que la constellation d'Orion à sa reprise d'altitude et placée au méridien, s'ajuste à la perfection aux apothèmes de la Grande Pyramide dont elle inspire les angles ?

Ainsi assemblé en effet miroir, le rectangle regroupant les trois pyramides absorbe en lui-même la Grande Pyramide avec le toit de la chambre de la Reine pour faisceau de lignes et un rectangle d'OR pour la verticale des côtés.

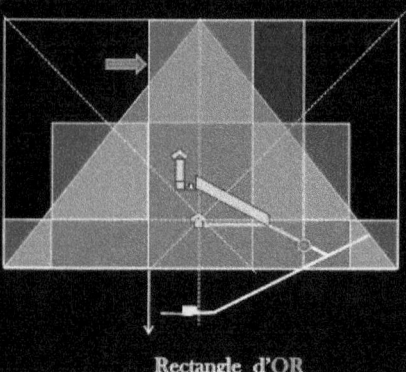

Rectangle d'OR

Ce simple graphique est peut-être la chose la plus étonnante qu'il nous a jamais été donner d'observer, la Terre et la Lune figurées par les 4 faces de la pyramide.

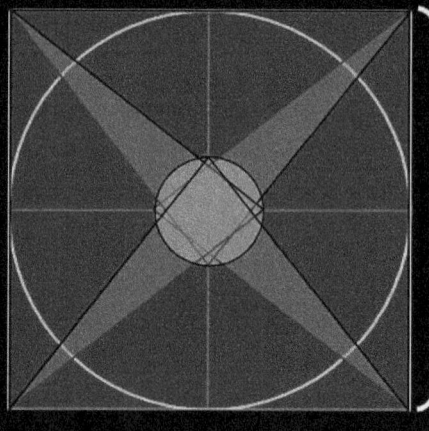

Le cercle de la Lune, ici au centre de la Terre, est uniquement composée par l'apport des pointes glissées de chaque face de la Grande Pyramide.

Celles-ci en déterminent sa surface avec une exactitude stupéfiant.

Le Sens Caché des Légendes

> Il y a des déserts psychologiques où seul le sable
> Agité par le vent de l'habitude, ressemble à la vie !

Parmi les écrits les plus lointains que la Terre des hommes nous a restitué, beaucoup viennent de Sumer en Mésopotamie. Certaines tablettes d'écriture cunéiforme datent du IVe millénaire avant JC. Il est question ici d'une épopée, celle du héros **Gilgamesh, roi d'Uruk**, en prise avec les manifestations du destin. Pour agrémenter notre quête, axée sur le sens caché des légendes antiques, mobilisons notre attention sur quelques strophes ayant trait à la tablette VI de ladite épopée :

> « **Gilgamesh et Ur-shanabi** s'embarquèrent, la barque fut poussée à l'eau et ils naviguèrent pendant un mois et quinze jours. Au bout de trois jours de plus, Ur-shanabi observa, et voici qu'ils avaient atteint les eaux de la mort ».

Essayons de décoder partiellement cette partie du texte :

« ***Gilgamesh et Ur-shanabi*** *s'embarquèrent...* »

Pour les mages spiritualistes de la Haute Antiquité, une telle tournure de phrase signifiait que, les deux héros quittent la terre ferme pour se mettre en relation avec l'O, (cercle fictif) espace caché de la matière :

« *La barque fut poussée à l'eau...* »

Comprenons : la recherche fut dirigée vers le cercle qui symbolise la lumière des nombres.

« *Ils naviguèrent pendant ...* » équivaut à : « Ils calculèrent cela ... »

« *Un mois et quinze jours...* »

Les anciens mois étaient de trente jours plus quinze jours, égal quarante-cinq jours. 1+2+3+4+5+6+7+8+9 = 45

« *Au bout de trois jours de plus...* »

$$45 + 3 = 48 \quad 48 \sqrt{}^2 = 6{,}92820323.$$

Ce nombre doit être vu comme « **le rayon d'un cercle** » puisqu'il est dit immédiatement après :

« *Et voici qu'ils avaient atteint les eaux de la mort...* »

Avec la chute d'un corps quelconque en eau calme, l'onde qui en résulte provoque des cercles (les orbes) ; il en émane des nombres mouvants dissimulés dans les profondeurs, alors que le corps lui-même est absorbé par ces ondes détentrices de mystères. Avec l'apport de la photographie numérique, nous voyons parfois apparaître sur les clichés de petites taches rondes et blanchâtres, parfois colorées. « *Elles aussi sont appelés « Orbes », elles sont la manifestation d'âmes en voyage selon les lieux ou les personnes qui les intéressent. C'est pour cette raison que leurs couleurs diffèrent en vertu de leur élévation* ».

Gilgamesh le sumérien n'ignorait rien de cela, d'où les eaux ou cercle évocateur de la mort. C'est l'indice d'une culture différente où le subconscient, doublé d'un état de voyance, permettait aux initiés de pressentir les éléments de la nature comme de didactiques vérités.

En Égypte Ancienne, mais aussi en Mésopotamie, la notion de « calcul » à caractère sacré, était symbolisée par la barque, laquelle était censée voguer sur l'océan des nombres. « Pêcher », en un langage hermétique, c'était choisir parmi les nombres. (Entendons sur un plan connexe – ramener quelqu'un sur la voie de la vérité). Les poissons étaient des nombres, ils étaient gros ou menus, ainsi pouvait-on multiplier ou soustraire, diviser ou chercher le volume au cube, sans attirer l'attention du profane. Les plus anciennes légendes sumériennes ou égyptiennes nous content des histoires de pêches, de barques, de perches ou de filets. Les textes révèlent rarement le caractère de ces nombres, ils sont là cependant pour indiquer que le secret d'initiation occupe les lieux avec les écrits ou les personnages en représentation. Nous nous devons alors de puiser en la subtilité des indices pour déceler le message qui s'y trouve dissimulé.

Mais revenons à notre mythologie sumérienne :

---

30 = **3**

Essence : 15 = **6** = Quintessence 12 = **3** 48 ÷ 3 = **16**

3 = **3**

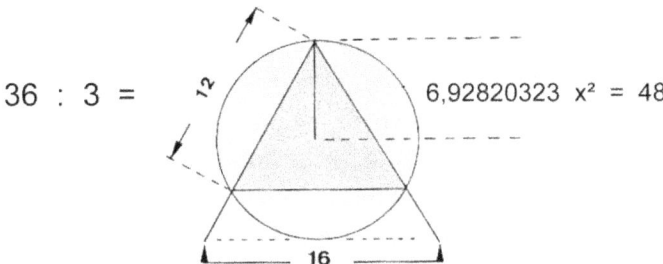

36 : 3 =   6,92820323 x² = 48

Il ne fait aucun doute que les deux héros viennent de tracer **un triangle équilatéral de 36 de périmètre**, acte magique, clé indispensable pour que s'ouvrent les portes du royaume.

« **Les eaux de la mort** » dont il est question, (comprenons l'infinité des nombres qu'ils n'ont pu puiser), se trouvent maintenant réparties autour du cercle. En d'autres termes, ces eaux-là ne peuvent plus brouiller leurs calculs puisqu'ils se sont placés au centre du triangle, **espace protégé, temps hors du temps**. Ils vont alors élargir le symbole pour que le triangle se trouve en harmonie numérique avec les armoiries de « **Anu : dieu du Ciel** ». Poursuivons le texte :

« *Approche-toi, Gilgamesh,* (sous-entendu, prends une perche) *et que les eaux de la mort n'effleurent pas tes mains :*

Prends une deuxième, une troisième, et une quatrième perche, ô Gilgamesh :

> *Prends une cinquième, une sixième, une septième perche, ô Gilgamesh ;*
>
> *Prends une huitième, une neuvième et une dixième perche, ô Gilgamesh, prends une onzième et une douzième perche ô Gilgamesh ;*
>
> « *Au bout de 120, Gilgamesh eut épuisé les perches. Alors il enleva son vêtement et le fixa au mât qu'il éleva de ses mains* ».

Le texte se poursuit, mais nous n'irons pas au-delà, en précisant toutefois que la longueur des « perches » utilisées par Gilgamesh, et mentionnées en amont, était de **60 coudées chacune**.

Or, le « **Ush** » valait précisément **60 coudées**. Il s'agissait là du nombre de « la perfection », il représentait également le chiffre « **1** » dédié à **Anu, dieu du Ciel** et père de tous les dieux du Panthéon sumérien. Les coudées, dont il est question dans le texte, ne peuvent être assimilées à la coudée « **Kùsh** » (classique), mais bien à : « **La coudée ésotérique universelle de 0,523598774 m** », laquelle multipliée par 60 nous affiche le nombre 31, 41592653 (on retrouve ce nombre en Ø, dans la disposition en plan des trois chambres de la Grande Pyramide). Cette coudée avait une valeur révélée pour les Amérindiens, les Chinois, les Celtes et bien d'autres peuples, c'était avant tout la division de π **par six** (nous retrouvons les « 6 jours » de la création biblique x les 24 h du dimanche = 144, le septième jour ou le toit du cycle précessionnel.)

Mais me direz-vous : « *Ils ne connaissaient pas le nombre pi ?* »

Nous affirmons, nous, que non seulement ils connaissaient ce nombre et le mettaient en pratique dans leurs œuvres magistrales, mais que celui-ci était connu des Grands Prêtres depuis l'enseignement de la **Tradition Primordiale**, il y plus de 12 000 ans de notre ère, et peut-être avant d'ailleurs, mais nous n'en avons pas la preuve. Reprenons et « divisons par le 10 premier des nombres » le nombre trouvé précédemment 31, 41592653 = π **3, 141592653**.

Nombre de perches, selon le texte, et répartition de celles-ci :

1	1
2 + 3 + 4	9

5 + 6 + 7 **27**	18	3 progressions par 9 = **9 – 18 -**
8 + 9 + 10	27	
11 + 12	23	

Reste : **1** et **23** ou vu en application (**1-2-3**).

La barque navigue sur « **l'onde** » provoquée par « **le cercle** » en lequel se fond **l'océan des nombres**. La perche, accessoire qui sert à sonder ce fond, à diriger l'embarcation, devient « **l'instrument de la pensée** ». C'est grâce à elle, que les deux héros vont chercher à obtenir « *la juste mesure* ». Les « perches », dont il est fait mention dans l'épopée, sont au nombre de **120**. Alors qu'en suméro-akkadien, l'idéogramme **1,20** a pour signification « **le trône** ». Notons au passage que des millénaires avant notre ère, l'usage du zéro a souvent été relevé sur des textes mathématiques ou des tablettes astronomiques employant des fractions sexagésimales. Le nombre **3600** représentait la grande unité sexagésimale du système suméro-babylonien. En des temps encore plus archaïques (époque de la Grande Tradition), il était symbolisé par une sphère et se manifestait à l'aide d'une empreinte circulaire.

La hauteur des perches est de **60 coudées**, soit 31,41592653 m,

(3.141592653 = π) 31,41592653 x 120, cela fait :

3769,911183 m ÷ π = 1200 (face du triangle) x 3 = **3600**.

Autrement dit : le « **shàr** », terme homophonique du nombre **3600**.

  Il y a 5000 ans    il y a 6000 ans et plus

Shàr = Grand = 3 600 Sharru = Roi = 3

Nous verrons en fin d'ouvrage que selon les communiqués scientifiques, c'est un rayon de feu de 3600° qui traversa l'Univers, pénétrant en un éclair *les moins 273°5 de l'espace aithérique* pour créer la matière. C'est le fameux Big-Bang.

En combinant la géométrie au nombre, **Gilgamesh et Ur-shanabi**, ont pénétré « **le cercle de protection** », lequel à l'ordinaire sépare les humains des « entités célestes ». Parvenus au pied du « **trône** » **1200**, ils assemblent les « **3 côtés** » du triangle équilatéral et vérifient celui-là par

« **60°** ». Le périmètre **3600** = **Grand Roi** est inséré dans le cercle symbole du *dieu du Ciel* **Anu** = anneau. Ainsi, les deux

Mages, héros de la Mésopotamie, se placent-ils en situation de connaissants pour pouvoir exprimer leur requête. Maintenant, **le Grand Roi est sur le trône.** Le $\varnothing$ du cercle divisé par « 8 » nous procure la racine de « $\sqrt{3}$ » à diviser par « 100 ». Gilgamesh sait qu'il ne peut hisser son « corps matériel » jusqu'aux marches de ce « **trône céleste** », aussi use-t-il d'un stratagème. Il place ses vêtements (lesquels sont censés le représenter) sur le faîte du mât. Il élève ensuite cet élément médiateur vers le Ciel comme on élève une supplique. *« ... il le fit de ses mains... »,* prend-on soin de nous préciser (les mains sont chez l'homme l'élément numéral de la pensée, souvenons-nous de la ligature des doigts en prière, total 360. La main qui soigne, redistribue les nombres en la partie malade ou blessée.). Il n'y a aucun doute que « **l'épopée de Gilgamesh** » englobe, sous le couvert de frasques romanesques, les tenants d'une vérité universelle. Fasse que cette tentative de décryptage nous permette d'aborder différemment la pensée de ces peuples, mais aussi d'apprécier combien « *leur quête spirituelle* » était empreinte d'un bon sens naturel. Les élucubrations que l'on prête parfois aux textes, ne sont que les échos de notre suffisance. Ne dit-on pas, que tout ce qui s'éloigne de notre logique... est illogique. L'essentiel pour **Gilgamesh et Ur-shanabi** était (il y a plus de 5 000 ans de cela) d'être compris des dieux. Fasse aujourd'hui qu'ils le soient humblement... des hommes. Le $\varnothing$ de leur cercle divisé par « 0, 12 » est égal à l'une des demi-bases de la Grande Pyramide, celle qui signe la dimension de la coupe du Graal 115,4700539 m. Quant aux **3 600** mètres mentionnés, ils regroupent les 8 faces en développement à partir du fruit du socle. Concernant le prolongement des lignes de structure, nous sommes à même de prouver, sur un plan virtuel, que la Grande Pyramide d'Égypte, réalise 3 600 m de périmètre. Ce nombre corrobore l'universalité de la **Tradition Primordiale** et la connaissance immémoriale du **mètre** comme unité « secrète » de mesure.

Médaillon sumérien au « 7 » étoiles des grandes épopées mystiques.

« Ha Oh » de l'O de l'A

> Lorsque le destin nous place en la pénombre,
> Ce n'est pas pour nous punir !
> C'est pour nous permettre de mieux observer
> Les êtres et les choses que la lumière éclaire.

Évoquons un fait que d'aucuns qualifieront de singulier, pour ne pas oser d'autres épithètes qui mettraient à nu une crédulité incompatible avec le stade d'homme moderne. N'est-il point vrai que, pour un esprit qui se veut dans le vent, fut-il délétère, souscrire aux niaiseries d'un symbolisme archaïque s'avère passablement régressif, et pourtant... !

Observons le hiéroglyphe « Oupet-râ », il signifie « premier jour ». Si les belles cornes de ce premier jour « de 24 heures » prenaient la liberté de se rejoindre au-dessus du cercle qu'elles soutiennent, ce « premier jour » pourrait alors se métamorphoser en une géométrie qui aurait tendance à nous rappeler quelque chose.

« Oup » (c'est son nom égyptien), il en résulterait l'esquisse d'une tête de bovidé,  pas folle... la céleste vache 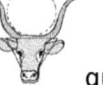 qui ne rit pas.

Mais, n'est-ce pas un peu « tirer le taureau par les cornes » et prêter à ces « arriérés » d'égyptiens une imagination qu'ils n'ont jamais eue ? Si vous le voulez bien, interrogeons le rationaliste de service en bas de l'escalier. Vous savez, ce monsieur qui collectionne **les points d'interrogation** pour en faire des crochets de portemanteau.

« Mais bien sûr... Ils vénéraient le taureau parce qu'il s'agit d'un animal puissant affublé d'un long sexe, ce symbole priapique obnubilait leurs pensées primitives, il n'y a là aucun message... » !

Vous avez dit « message », il se trouve que le mot
« **messager** » s'écrit avec une belle paire de cornes.

Ainsi que le nom du dieu qui est appelé , « **l'ouvreur des chemins** ». Nous remarquerons que ce hiéroglyphe est composé de « **9 triangles** » comme les 9 sages, les 9 dieux primordiaux et les 9 chiffres aptes à composer tous les nombres. Mais peut-être avez-vous raison, de cornes de lyre en délire de cornes, il n'y a qu'un pas que nous nous garderons de franchir !

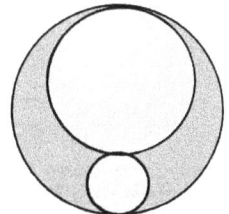

Observez bien la symbolique, le grand cercle représente **la Terre**,

Le petit cercle représente **la Lune** accolée à la circonférence de la Terre.

Sur un plan graphique, l'ensemble forme les cornes de la vache céleste. Et maintenant, tentons de redonner la vue aux aveugles, parmi la multitude, espérons que certains la recouvreront. Pour pleinement saisir l'importance des deux tableaux (cadres noirs) qui suivent, procédons à un récapitulatif des valeurs impliquées :

Le Ø du Soleil : 1 392 571,25 km. Le Ø moyen de la Terre :

12 734,9419 km. Le Ø moyen de la Lune : 3 476,4474 km.

La clé numérique de la Grande Pyramide : 1,273239544 Ø de 4.

> L'ennéade de la Genèse égyptienne : 1, 2.3.4.5.6.7.8.9.0.
>
> Avec le 360, nous avons là, les « 6 » plus importantes références numériques utilisées au sein de la Tradition Primordiale.

Est-ce possible, à partir du chiffre « 4 », de retrouver à l'aide d'une logique mathématique ces références astronomiques citées plus haut ? Voyons ce dont est capable **l'esprit** de la **Tradition Primordiale**. Partons du chiffre « 4 », son diamètre est une clé qui nous ouvre les portes des arcanes pyramidaux. Nous découvrons dans l'ordre, la Terre, la Lune et le soleil avec les chiffres de l'ennéade.

> $4 \div \pi$ = **1,273239544** X^2 = 1,621138936 x 10 000 =
>
> **16 211,38936** = en kilomètres le Ø Terre-Lune réunies.
>
> **1, 2.3.4.5.6.7.8.9** (l'ennéade) $\div$ 1,273239544 (la clé pyramide) =
>
> 0,969627353 x 2 = 1,939254708 $\sqrt{^2}$ =
>
> 1,392571257 x 1 million = **1 392 751,257** km
>
> (Ø du Soleil).

> 114,591559 (diamètre du cercle de 360) x **1, 2-3-4-5-6-7-8-9** =
>
> 141,4710592 x **360 = 50 929,5813** circonférence moyenne de la Terre
>
> **40 008** km + (circonférence moyenne de la Lune) **10 921,58174** km.
>
> Lorsque le nombre 360 est mis en rapport avec les 9 chiffres qui composent tous les nombres, il nous donne la circonférence
>
> ## Terre-Lune

Sur le plan de la pure logique, ces formules simples mais potentiellement subversives devraient bouleverser le monde en lequel nous vivons.

Toutefois, ce monde est-il prêt à se substituer à lui-même pour une existence spirituellement plus élevée ? Cette question cruciale est à l'ordre du jour. Si nous attendons demain… il sera trop tard ! Face au choix que nous impose le futur, **la Grande Pyramide** se présente comme l'unique symbole unificateur. Le mot égyptien « **mr** (aimant) = **aimer** », sur un plan primosophique **123**, n'est pas le produit de ce fameux hasard que nous n'avons cessé de caricaturer tout au long de ces pages. Tel « **l'aimant** » qui la définit, **la Grande Pyramide** rallie autour de son socle millénaire les bribes de **la sagesse traditionnelle**. Ce prestigieux monument du passé s'impose comme le vaisseau allégorique du futur, à bord duquel les plus lucides d'entre nous se doivent d'embarquer.

La Grande Pyramide est « **l'arche de la nouvelle alliance** », elle est le lien, l'élément rassembleur entre ce qui a été et ce qui sera. Mutilée par l'ignorance, spoliée par les uns, souillée par les autres, sous-estimée par l'ensemble, mais aimée des dieux, la Grande Pyramide a été érigée en tant que symbole de l'harmonie universelle. Elle n'est pas le tombeau de Khéops, mais bien celui de notre « *sensibilité réceptive* », face à une réalité transcendantale dont l'éthique cartésienne se défie par principe, imprégnée qu'elle est du conformisme judéo-chrétien. La consommation à outrance compromet d'âge en âge l'éveil de nos facultés. En langue sumérienne, le « **A** » de forme pyramidale, signifie « **eau** » ou onde dont les orbes contiennent la première forme du monde. Elles sont, ces ondes, perpétuellement renouvelées, car la vie est une naissance de tous les instants. Pur hasard, qui suit attentivement nos travaux, affirme que « **ha oh** » était le dieu de « **la sagesse** » chez les Assyriens.

« Alors le sage se réjouira, mais les fous et les ignorants négligeront ce signe et ne s'instruiront pas dans la sagesse, quand même ils y verraient cette marque essentielle imprimée par la main du tout puissant. Ils sont si obstinés que, quand même ils verraient des merveilles ou des miracles, ils ne quitteraient pas leurs faux raisonnements pour rentrer dans le droit chemin de la vérité. » Philalèthe Introitus - Chapitre V

Ce que l'on feint de méconnaître ou de pouvoir comprendre, c'est que la nature universelle a ses lois et que celles-ci ont été instaurées dès l'origine des temps. Les règles, certes, peuvent paraître sévères mais nous nous devons d'y adhérer. Il est vain et injuste d'être en rébellion permanente contre les aléas naturels, même s'ils revêtent de temps à autre l'aspect inattendu et cruel de la fatalité.

« Ceux qui ont dit qu'une fatalité aveugle a produit tous les effets que nous voyons dans le monde, ont dit une grande absurdité : car quelle plus grande absurdité qu'une fatalité aveugle qui aurait produit des êtres intelligents ?» Montesquieu : « l'Esprit des lois. »

À l'origine, il était des entités subalternes aux dieux du Panthéon que les hommes appelaient « les Tepi-aoui-qerr-en-pet ou les Akerou ou encore les Chemsou Hor » les demi-dieux du « *premier temps - Zep-tepi* ». Ils étaient, ces **demi-dieux**, chargés de maintenir les lois naturelles afin que celles-ci demeurent en toutes circonstances, conformes au « **plan créateur** ». Notre civilisation actuelle, en son ascension immodérée vers « l'âge de l'argent », qu'il faudrait ne pas confondre avec « l'âge d'or », n'accepte plus l'office de ces mandarins du surréel que sont les grands initiés. Autant d'effet placebo pour cœurs opprimés ! Ne sont-ils pas le produit d'un obscurantisme idolâtre face au monument du savoir contemporain ?

Cet état d'esprit a parfois pour incidence d'autoriser certains « déistes en herbe » à haranguer sans ambages « Le Principe Créateur ». N'entendons-nous pas fréquemment : « ***Mon Dieu, faites que...*** » !

Une telle forfanterie souligne notre méconnaissance du phénomène spirituel. Ignore-t-on que le monde divin est hiérarchisé telles que peuvent l'être nos humaines conceptions du pouvoir, et qu'il apparaît, pour le moins présomptueux de vouloir passer outre ? Il en résulte que l'homme crée Dieu à son image plus sûrement que Dieu créa l'homme à la sienne. Il est vrai qu'en notre précellence pour le moins outrancière, l'idée même de **Dieu** est aujourd'hui comparable à l'image que l'on se fait d'un « vieux pote » un peu ringard et évanescent sur les bords.

Puisqu'il en est ainsi, ayons au moins l'élégance de nous conduire en « vieux pote », car la réalité d'une amitié dépend, pour l'essentiel, d'un comportement. Enfin, si en un surcroît de lucidité, nous réalisons que s'octroyer une telle liberté à l'égard du « **Principe Créateur** », c'est faire preuve d'une suffisance consommée, employons-nous dès lors à exercer nos talents envers ses créatures que sont nos semblables. Ceux-là mêmes qui attendent jusqu'à la mort que l'exemple vienne de l'autre. N'oublions jamais que le destin qui afflige les hommes sera toujours plus fort que **notre bonne** volonté, mais il sera toujours plus faible que notre volonté... **que notre seule volonté !**

Les êtres que nous côtoyons se trouvent échelonnés sur la multitude de barreaux que comprennent les **réincarnations**. Cette échelle traverse les 7 sphères célestes, les deux montants qui la structure se nomment, non point « pragmatisme et réussite sociale », mais bien « *connaissance et discernement* ». Ce sont là les constituants essentiels de l'état de conscience. Suivant notre position sur cette échelle des valeurs relatives, notre attitude diffère, car elle ne peut être qu'adaptée à la hauteur des barreaux sur lesquels nous sommes censés nous trouver.

C'est pourquoi il nous faut être indulgent, ne critiquons pas outre mesure, la vision des autres. Si nous étions sur leur barreau (et nous nous y sommes trouvés en des temps antérieurs), notre perception serait identique. Pour bénéficier du panorama, il nous faut nécessairement changer de barreau, le temps ne saurait suffire, encore nous faut-il aborder les difficultés avec dignité et savoir renoncer, alors que d'autres gagnent en apparence. On ne peut s'élever dans la haine et la rancœur, atteignons le stade de l'acceptation, ce qui ne veut pas dire de la résignation. Plus haut encore, nous parviendrons à la compréhension et enfin à la perception de l'ordre divin. Pour virtuelle qu'elle soit, cette ascension est inséparable du désir d'évoluer, autrement dit du besoin de comprendre. La capacité à raisonner ne doit pas seulement être saisie comme la fibre permanente des jubilations existentielles.

Il serait souhaitable de réserver une partie des facultés qui nous ont été données à un autre type de démarche, ne serait-ce que pour affirmer cette liberté individuelle qui nous fait si cruellement défaut. Ainsi nous démarquerons-nous du magma collectif, dont l'individu aujourd'hui est le corpuscule chahuté avant d'être le logiciel asservi.

L'âme humaine doit nécessairement se mériter à travers les aléas de ses existences successives. Parvenue à la plus haute élévation, elle doit aller à Dieu sans que jamais cette finalité ne lui soit imposée, riche de ce qu'elle a été et endurée pour être.

Tat : « *Pourquoi donc, ô père ! Dieu n'a-t-il pas distribué l'intelligence à tous ?*

Hermès : « *Il a voulu, ô mon fils, l'établir au milieu des âmes comme un prix à conquérir* ».

N'est-ce point là le plus bel hommage que peut rendre « *la créature* » « *au Créateur* ». À l'exemple de la cellule horienne, engageons nos sentiments dans un mouvement universel de solidarité. Mais pour égale mesure, sachons aussi nous retirer en nous-mêmes, afin de méditer sur la démarche à suivre, sur les responsabilités qui nous incombent dans les cadres des lois nécessaires à l'équilibre des sociétés. Cette alternance accroîtra notre état de conscience sans risque qu'il se disperse en des appétences grégaires ou qu'il s'enlise en un égocentrisme sclérosant. Il n'y a pas d'idéaux adaptés au genre humain, mais une attitude morale. Elle seule est capable de nous maintenir en état de veille.

L'homme sans autre apport que sa raison, perturbé qu'il est par ses disparités ne peut gérer sa condition collective sans oscillations entre un ostracisme déguisé et un absolutisme blâmable. Il y a cependant, une possibilité, elle ne constitue pas une panacée, mais elle répond à une logique de base : la détermination à suivre une voie d'équité spirituelle, apte à revaloriser les individus que nous sommes, afin de les rendre dignes de leurs capacités pensantes.

Gardons-nous toutefois d'assimiler cette prise de conscience aux engagements dans les sectes aux miroitements sulfureux, dont la sottise, l'imposture et la cupidité ne sont plus à démontrer. La Spiritualité que nous évoquons est étroitement liée aux gnoses et aux mythologies, elle relève de l'esprit de « **la Grande Tradition** ». Cette Spiritualité-là était au commencement, elle sera à la fin. Seul l'amour déclaré pour la nature du créé et par voie de conséquence pour un « *Principe Créateur Universel* » peut aider l'homme à envisager le futur sans appréhension. La foi, comme toute émanation issue de la pensée est imparfaite, entachée de doutes et d'interrogations. Mais, à l'encontre des idéologies politiques, les supports de la foi comportent des degrés d'interprétation que n'offrent aucune de ces formules universalistes. Le spiritualisme peut ouvrir sans les rompre les cercles des différences, ceux des races, des mœurs et des âges. Il peut imbriquer leurs volumes sans les déformer, ce à quoi aucune philosophie à ce jour n'est parvenue. Il y a toutefois un préalable à cette sollicitation, **l'accès progressif à la notion de connaissance,** sinon l'institution religieuse se vide de sens et l'élite sapientielle, si tant est qu'elle existe en tous les cultes, ne pourra enrayer le phénomène de désagrégation amorcé. C'est un truisme d'avancer, qu'au cours de son histoire, l'homme a commis plus de crimes au nom de son dieu du moment que ne lui en ont conseillé ses avidités passionnelles portées à leur paroxysme. Le **dieu** de l'homme n'est donc pas plus grand que l'homme. S'il l'était, il lui déconseillerait la violence et l'inviterait à la méditation. Malgré tout ce que l'on a pu dire et écrire sur le sujet, **l'omnisciente intelligence,** que nous évoquons, ne vient jamais à l'homme, si l'homme ne fait l'effort d'aller à elle. La mythologie affirme :

« *Frappez et l'on vous ouvrira ...* »

La plupart diront : « ***Sur qui ... ?*** »

Quelques-uns diront : « ***Sur quoi ... ?*** »

Peu, vraiment peu, diront : « ***Où ... ?*** »

Ne dites pas : demain, je tenterai quelque chose, tentez ce quelque chose en tournant ces pages et demain sera un autre jour. Lorsque l'on est investi de l'amour d'être, on s'incorpore à la nature du créé. L'arbre sans intérêt d'hier ne sera plus jamais insipide, il fera partie de vous-même, votre ennemi deviendra ce que vous rejetez en vous et c'est en vous soignant que vous le guérirez de ses défauts. Nous sommes un tout souffrant, vivant, évoluant, *nous devons nous mériter nous même dans la dignité d'être,* si ce n'est celle d'avoir été. L'hier était problématique, l'aujourd'hui est prometteur, c'est par la réflexion que l'on désir et par la volonté que l'on change.

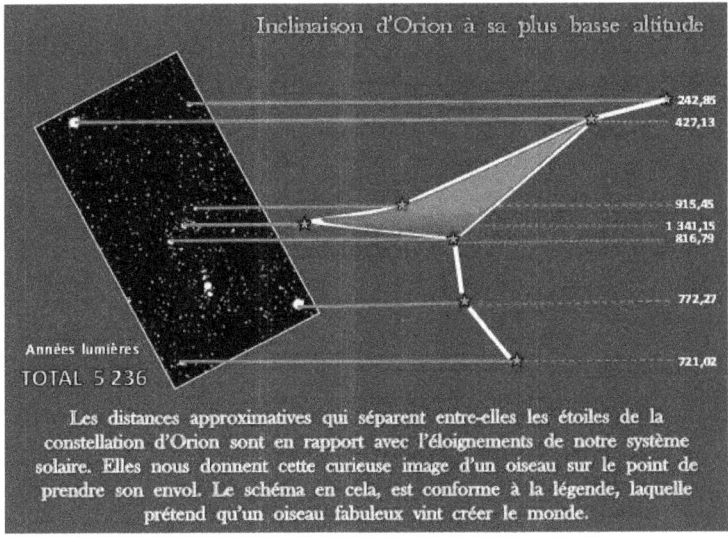

Les distances approximatives qui séparent entre-elles les étoiles de la constellation d'Orion sont en rapport avec l'éloignements de notre système solaire. Elles nous donnent cette curieuse image d'un oiseau sur le point de prendre son envol. Le schéma en cela, est conforme à la légende, laquelle prétend qu'un oiseau fabuleux vint créer le monde.

0,5236, c'est la coudée égyptienne qui donna mesure aux temples d'Égypte et qui, multipliée par « 6 », nous donne le nombre π. Peut-être sommes-nous l'un de ces vulgaires créationnistes, qui privilégient volontiers la conscience-intuitive, sans pour autant mépriser la gémellaire complicité d'un mécanisme cérébral.

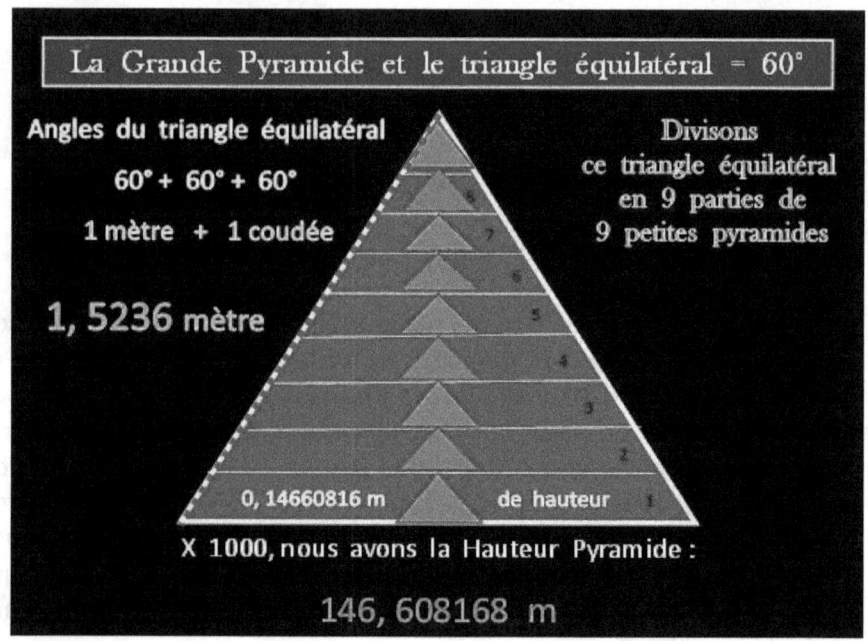

ÉGYPTE, ÎLE DE PHILAE

Suis-je né trop vieux, dans un monde trop jeune.
Ou.... est-ce le contraire ?

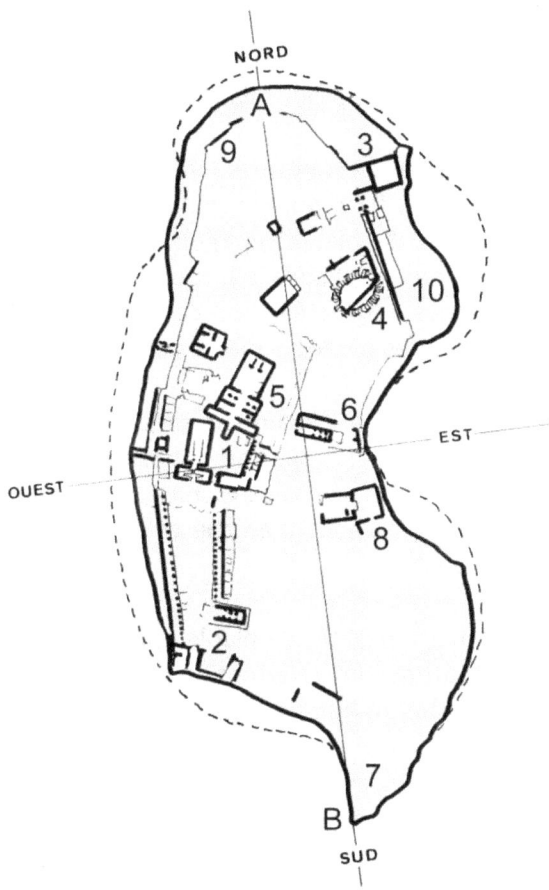

En raison de sa forme, « *la fève germée* » était pour les anciens égyptiens assimilables à « ***un embryon humain*** », aussi était-elle déconseillée pour la consommation. Cette graine était également proscrite chez les pythagoriciens, mais son usage pour « la fête des Rois » n'a jamais été aboli. Faut-il chercher l'origine de ces mesures en **l'Île de Philae** dans les mystères du « *temple de l'enfantement* ». En Égypte Ancienne, le mot

« iour », être « enceinte », et « fève » avaient la même convention phonétique.

La conformation géographique de l'Île de Philae, à proximité de la première cataracte du Nil, interpelle par son originalité. Nous n'ignorons pas que sur le site, un célèbre temple était dédié à **Isis**, la mère d'**Horus**.

Tout en ces lieux semble relever du secret le plus profond. S'agirait-il d'un cheminement initiatique, entre « la mère » (tradition des origines) et l'enfant à naître (intelligence horienne). Le tout étant agrémenté de mille subtilités attachées à la connaissance primordiale ?

L'Île d'abord, si nous l'observons attentivement en laissant voguer notre imagination au gré des flots qui l'entourent, nous sommes imprégnés d'une sereine notion de bien-être, d'un sentiment de plénitude, de fertilité apaisante. Poussons l'audace jusqu'à établir une analogie et nous voilà très vite amenés à effectuer une comparaison entre un embryon humain de 42 jours et les contours mêmes de l'Île.

Après avoir fait choix d'un document médical, nous l'avons placé à l'échelle, en juxtaposant scrupuleusement le calque photographique de cet embryon (ligne discontinue sur notre illustration, page précédente). Quelle ne fut pas notre surprise, de constater que celui-ci suivait à peu de chose près la périphérie de l'Île.

Nous n'aurions jamais imaginé semblable application, si un ensemble de choses n'avaient attiré notre attention : d'abord le corps fœtal, il représente ici **un embryon humain de 42 jours**. En Égypte antique, « **42** » était un nombre sacré.

Rappelons-nous « **les 42 assesseurs d'Osiris et les 42 nomes** » (terme Grec pour désigner les provinces de l'Ancienne Égypte). L'Île est entourée des eaux du Nil, comme les eaux amniotiques entourent le fœtus. Au centre (indice 1), se trouve la chapelle de l'enfantement. En ce lieu figure la cellule initiale, le chromosome maternel d'**Isis**, l'ovule en lequel l'embryon horien se tient en formation.

Ce que l'on peut déjà considérer comme étant la colonne vertébrale (indice 2) part de la région du rectum, gravit la partie ouest de l'Île, contourne la prépondérance crânienne (indice 9) et se termine par l'uraeus frontal (indice 3), illustré par la porte de Dioclétien. L'œil de l'embryon (indice 4) s'esquisse nettement à l'endroit qu'occupait l'ancien temple d'**Horus**. Situé au centre de ce corps fœtal, le temple d'**Isis** (indice 5) tient lieu de cœur (30° d'inclinaison), alors que le temple d'**Hathor** (indice 6) se trouve dans l'axe du nombril. Sur un plan allégorique, cet axe relie un corps à un autre, un monde à un autre. **Hathor** était à l'origine la déesse des cycles cosmiques et l'épouse du dieu Horus (symbole ailé de l'intelligence humaine). Les pieds (indice 7) non encore formés du futur bébé sont représentés par la pointe sud de l'île. La zone à proximité du sexe (indice 8) est indiquée par le kiosque de Trajan. Il est évident que ces vestiges romains sont venus se greffer sur des édifices en ruines, dont l'ancienneté n'a d'égale que la nuit des temps.

L'étalement des eaux du Nil entoure **l'Île de Philae** et l'embryon baigne en les eaux de la poche placentaire. Troublante coïncidence, l'Île est recouverte par ces mêmes eaux, **9 mois** par an. Un rituel ancestral voulait que tous les **10 jours**, **Isis** allât rendre visite à son époux **Osiris** sur une île proche et lui offre une libation de lait.

Le nombre **10**, premier de tous les nombres, est celui qui vient après l'ennéade des **9** chiffres aptes à composer tous les nombres. **Horus,** l'enfant né des amours d'Isis et d'Osiris, arrive au monde, nous l'avons vu, après les **9** dieux primordiaux de la Genèse. En tant que principe, il en résulte que le **10** numérique s'applique à la naissance d'Horus.

Les deux pointes extrêmes de l'île (**A**) et (**B**) indiquent le nord juste. Au centre se situe l'axe est-ouest, sa ligne horizontale s'étire de l'emplacement du nombril à l'entrée même de *la chapelle de l'enfantement*. Nous observons que le regard du futur **Horus** est tourné vers l'Orient et que son large bec (indice 10) s'esquisse à l'emplacement de ce qui sera plus tard sa physionomie.

Plus de 1000 km séparent l'Île de Philae du delta du Nil où **Isis** est censée avoir conçu **Horus** avec l'apport semencier de son époux **Osiris**. Au-delà des **28 jours** du cycle menstruel attestant de cet état, **14 Jours** s'avéraient alors nécessaires pour que la déesse regagne son temple chapelle, dit de « **l'enfantement** » aux confins du Sud. Ainsi, traversait-elle les « 42 provinces » (nome, en égyptien), 28 + 14 = 42.

En Égypte ancienne, l'étoile **Sirius** (Sothis) n'était pas dissociable de la personne d'**Isis**, aussi présidait-elle au calendrier depuis des temps immémoriaux. Un culte lié à la renaissance était pratiqué tout au long des **70 jours annuels** ou disparaissait du Ciel **l'étoile Sirius** (Seped).

Le cycle menstruel de la femme étant théoriquement de **28 jours**, au terme desquels **Isis** se considéra enceinte, elle entreprit alors son voyage de **42 Jours** en les eaux célestes. **28 + 42 = 70 Jours.** Aussi réapparut-elle en son **Île de Philae** à l'aube du **70ième** jour, perçant de ses bleus éclats l'obscur vélum de la nuit.

Précisons en outre, qu'il y a **28° d'angle**, entre le lever du Soleil au solstice d'été et l'Est véritable. Ajoutons enfin que parmi l'étalement du spectre attribué à la lumière visible, la couleur rouge, source de vie est représentée par la déesse **Isis**.

70 ÷ 42 = 1,666666666 x π = 5,23598775 x 0,6 = 3,141592653

Soit la valeur unitaire de la coudée égyptienne de 0, 523598775 et le nombre π (cercle – sphéricité – femme enceinte, une logique progressive s'impose).

Les 28 jours du cycle de la Lune étant accomplis (influence de l'astre des nuits sur les périodicités de la femme), **Isis** va progressivement constater une métamorphose corporelle. Son ventre s'arrondit au point de ressembler progressivement à une sphère ou plutôt une demi-sphère, puisqu'une moitié est à l'intérieur d'elle-même et l'autre moitié à l'extérieur. La sphère a une circonférence et en vertu de ce que nous venons de dépeindre une demi circonférence. Voyons maintenant ce que cette symbolique se doit de signifier en langage intelligible :

3,141592653 (circonférence de l'état d'Isis) **÷ 2 = 1,57079632 ÷ 10 =** (le premier nombre Horus) **0,157079632**. La mise au carré de ce nombre nous donne **0,024674011**. Ajoutons à cette ultime valeur, les **42 jours** de l'aspect fœtal, nous réalisons alors le total de **42,02467409.**

La Lune inspiratrice du cycle était-elle encore là… ? Oui, alors empressons-nous de multiplier ce nombre par son diamètre. Il y va de l'avenir de l'enfant **Horus**, n'est-il pas appelé à épouser **Hathor**, la déesse des cycles ?

42,02467409 x **3476,44745 km** (diamètre moyen de la Lune en kilomètres) = **146 096,5708**. Nombre que le sang... pardon que le « **100** » seul, peu changer, à condition bien sûr de diviser ce résultat par ce dernier nombre, ce qui nous donne **1460,965708 années**. Nous l'avons pressenti, il s'agit là du grand cycle de l'étoile héliaque. C'est exactement au terme de cette période de temps que s'élevait du Ciel oriental en direction du sud (île de Philae), l'étoile **Sothis**, elle étincelait en l'aube naissante annonçant la venue de **Ré de l'horizon**. En Égypte, on appelait cette période « *Le retour du Phénix* ».

C'est après **1460** années tropiques que **Sirius** entamait sa **1461**ème année, afin que se retrouvent sur un point de départ identique les trois calendriers, celui de **l'année syriaque**, celui de **l'année vague** et celui de **l'année tropique**. (précisons qu'avec le décalage précessionnel, **Sirius**, se lève aujourd'hui à Memphis en août de notre calendrier.)

Revenons à la condition d'**Isis**, l'apparition de son étoile annonçait la descente des eaux, celles de son état de femme enceinte, mais aussi celles, ô combien coutumières et fertilisantes de l'épandage du fleuve sur les rives du Nil. La symbolique concrétisait ses principes.

Les **1460,965708** jours de notre arithmétique divisés par **4** nous procurent **l'année isiaque conventionnelle**, soit **365,241424** jours (à 0, 0007 près). Cette légère différence ne veut point dire que sur des dizaines de milliers d'années, la valeur affichée ne s'avérerait pas plus juste en moyenne que celle aujourd'hui admise de 365, 2422 jours. Nous arrêterons là notre voyage sous « **les voiles d'Isis** », cependant, si nous récapitulons, nous avons matière à nous étonner.

Récapitulons :

(1) Les **42 jours** appliqués à l'embryon humain constituaient pour les anciens Égyptiens un délai d'application bioéthique au-delà duquel le fœtus prenait rang d'entité. Les femmes enceintes ne disaient-elles pas en plaisantant : « *J'ai avalé la fève...* » ? Le mot « iour » signifiant à la fois « *enceinte et fève* ». Ce qui pourrait expliquer ce ressentiment pour la papilionacée !

(2) Les **28 jours** du cycle menstruel de la femme sont associables avec les **28°** de l'horizon solsticial et avec les **280** coudées de la pyramide (**Isis**

maîtresse de la **Pyramide** et de la **Terre, texte découvert par Maspero**). Le 28 divisé par π, puis par les 7 étoiles, nous restitue la constante d'**Horus : 1,273239544.**
(Autrement dit, l'outil clé des arcanes pyramidaux).

(3) Les **70 jours** d'absence de l'étoile **Sirius** dans l'année, puis sa résurgence en tant qu'étoile héliaque. **70 ÷ 42** = la coudée et le nombre π par la formule de ces deux nombres. 1,666666666 x π = 5,23598774 x 0,6 = 3,141592653 ou la circonférence de « **1** ».

(4) Suivant la genèse égyptienne, **Horus** symbolise la 10ième naissance après le « **0** » d'**Atoum.** Avec **Horus,** la position est inversée, le cercle de la Genèse-ennéade est bouclé, le serpent mythique « Ouroboros » se mord la queue, il symbolise la tetraktys de Pythagore 1 + 2 + 3 + 4 = 10.

Les « 9 dieux de la genèse » portent des blasons faits de nombres et de couleurs. **Horus** est issu du rouge et du vert (Isis – Osiris), les tonalités de la vie ou le milieu et la fin du spectre visible.

> **Shou 1** (blanc) – **Tefnout 2** (noir) – **Geb 3** (violet) –
>
> **Nout 4** (bleu) – **Osiris 5** (vert) – **Haroéris 6** (jaune) –
>
> **Seth 7** (orangé) – **Isis 8** (rouge) – **Nephtys 9** (gris) fin de l'ennéade.

Horus 10 *l'arc-en-ciel* – l'arche dans les nues, il est le spectre visible, il s'étale du blanc 1 par la soustraction des couleurs à *la translucidité du zéro d'Atoum*. Il incarne l'intelligence humaine dans ses développements et nuances, il est l'accomplissement.

(5) Le nombre 0,02467401 carré de 0,157079632 (demi pi) divisé par 0,06 = **0,411234949**, soit la largeur exacte du rebord du socle de la Grande Pyramide. Ce nombre est à multiplier par **280** pour obtenir la valeur précise de la demi-base sur le socle, laquelle, multipliée par les 8 demi-faces, nous procure le périmètre total de l'édifice au millimètre près. **La largeur du rebord du socle** constitue la première assise, sur laquelle repose l'édifice pyramidal. Les chiffres qui s'étalent ci-dessous devrait nous donner à réfléchir :

0,411234949 m ÷ 0,5236006 m (la coudée pyramidale)

= 0,785398163 x 4 = **3,141592653** (le π mathématique).

(6) Le diamètre moyen exact de **la Lune**, **3476,44745** km (la Lune maîtresse de l'élément féminin). L'astre intervient pour appuyer de sa présence le bien-fondé des cycles. Rappelons que le produit de la racine de « 3 » 1,732050807 x 2 = 3.464101614 x 100 = 3464, 101614 + **1 2, 3 4 5 6 7 8 9** = 3476,447293, le ∅ moyen de la Lune.

(7) Les **1460 années** et les **1461 années** de la périodicité de l'étoile **Sirius**, rendent compte de la justesse des trois calendriers égyptiens. Chacun d'eux avait une fonction précise et **Isis** (l'héliaque) les unissait.

(8) **Les 365 jours de l'année conventionnelle** sont là pour souligner l'importance du temps, des cycles et des mesures. La sainte famille **Osiris-Isis-Horus** a rempli ses rôles, le temple de Philae peut être déplacé où les eaux du barrage peuvent altérer les références, la mythologie traditionnelle demeure, éternelle et souveraine jusqu'à la fin des temps.

(9) Enfin, **l'Île de Philae** elle-même, avec son temple de l'enfantement et sa forme caractéristique du fœtus humain. Si ce récapitulatif n'est pas le reflet de **la Grande Tradition**... *c'est quoi alors papa... La Grande Tradition ?*

- Sur un plan *numérique,* c'est la synthèse qui suis le 3 (trinité de base), c'est la quatrième naissance de la Genèse égyptienne, **la déesse Nout** (le Ciel). Sur un plan *géométrique,* c'est la base carrée de la Grande Pyramide vue du Ciel, dont le milieu des faces donne équinoxes et solstices. Sur un plan *astronomique,* c'est la disposition des 7 étoiles de la constellation d'Orion passant au sud du méridien en dessinant les pentes de la pyramide. Sur un plan *mythique,* c'est l'étoile Sirius, pour la tradition occidentale, la légendaire Blanche Neige, celle qui aspire à pénétrer dans la demeure des 7 nains (les 7 étoiles d'Orion) pour faire le ménage. Autrement dit, ordonner nombres et géométries afin que l'instinct devienne intuition et que l'inconscient devienne conscient. Sur un plan *Alchimique,* c'est la pénétration du lièvre sous la colline pyramidale, la constellation du lièvre est sous la constellation d'Orion (le lièvre osirien parcourt le labyrinthe). Sur un plan *universel,* c'est l'harmonie des ensembles qui émane des structures en place. Sur le plan *humain*, c'est l'indicible ressenti que procure l'intuition, lorsqu'elle est synchronisée à l'ordonnance du monde. C'est cela, l'esquisse de **la Tradition Primordiale,** mon fils.

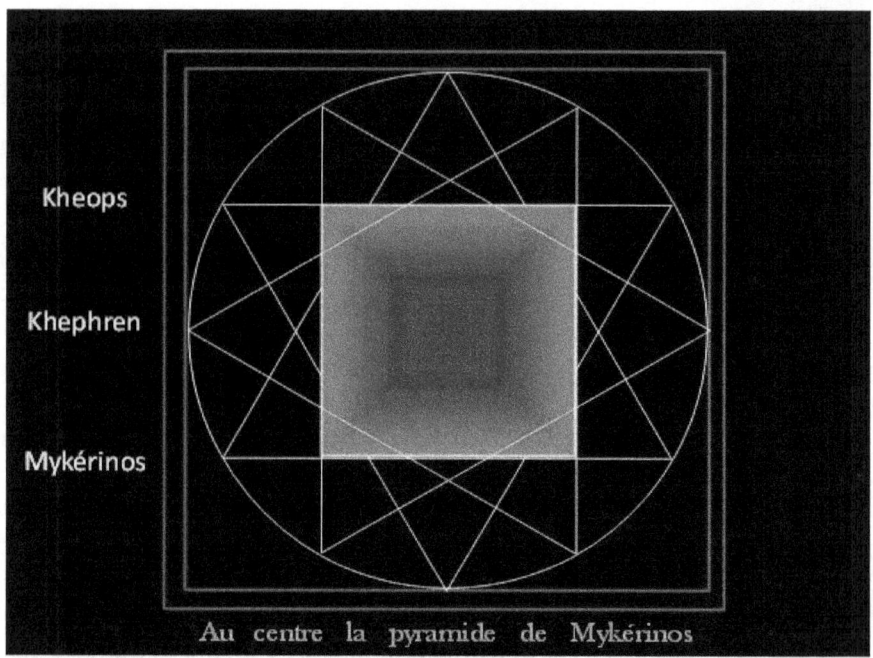

Au centre la pyramide de Mykérinos

La beauté s'inscrit dans ce que l'on admire, ce qui fait que nous pouvons changer toute banalité, et même toute insignifiance, en une source de motivation. En cela, nous sommes assistés par un notre conscience qui procède au reconditionnement de la nature des choses. Dans le vide aux ténèbres absolues, un rayon de lumière est inapparent, c'est l'obstacle aussi infime soit-il, qui nous projette sa réalité.

Le monde est ordonnancé en des états de consciences, corpusculaires ou galactiques, passifs ou actifs, connues ou inconnue avec lesquels nous pouvons rentrer en synchronicité en vertu de nos sentiments.

Civilisations Opposés

> « Il n'y a qu'un seul Dieu, il est omniprésent.
> Il n'y a qu'une seule religion, la religion de l'Amour.
> Il n'y a qu'une seule caste, la caste de l'humanité.
> Il n'y a qu'un seul langage, le langage du cœur ».
> **Un Sage Indien**

Face à une réalité autant secrète que fabuleuse, amusons-nous à relever les épithètes dont certains esprits simplistes gratifient encore de nos jours les Anciens Égyptiens : des *« mystico obsédés, des zoolâtres hallucinés, des mytho-maniaques extravertis »* et autres coquetteries équivalentes. Grimpons d'une assise pyramidale ! Affubler ces illustres Anciens de tels qualificatifs, ce n'est pas les insulter... non, c'est avoir à leur encontre... un certain point de vue !

Les insulter, c'est insinuer que leurs enseignements prétendus secrets, n'étaient que spécieux sophismes au profit des prêtres, dans le but d'exploiter la naïveté populaire. Les insulter, c'est affirmer que leurs prêtres ne connaissaient pas la roue et qu'ils ne supposaient d'aucune façon la sphéricité des astres ! Les insulter, c'est soutenir que leurs hiéroglyphes représentant des êtres de profil, établissent la preuve manifeste, qu'ils ne savaient pas les dessiner de face. Les insulter, c'est alléguer qu'ils avaient peine à compter, ignoraient le mètre, le nombre pi, et se servaient de mesures rudimentaires, quand elles n'étaient pas hallucinantes. Les insulter, c'est avancer que les pyramides ont été érigées par des centaines de milliers d'esclaves sous la « houlette diabolique » d'une royauté mégalomaniaque ! Qu'ils déifiaient un bestiaire immonde et que leur polythéisme était une innocente crétinerie ! Les insulter, c'est énoncer que les Sémites employés chez eux à titre de manutentionnaire étaient soumis à l'esclavage et flagellés pour assumer les tâches qu'on leur confiait ! Que le clergé opprimait le peuple avec la scélératesse que l'on prête aux tyrans ! Qu'ils construisaient des pyramides, pour permettre à leurs défuntes célébrités de gagner les régions étoilées où se trouvaient les dieux leurs pairs ! Les insulter, c'est considérer que le mobilier et les peintures disposés dans l'entourage des tombeaux royaux étaient placés à disposition pour permettre de faciliter la vie du monarque dans l'au-delà. Les insulter, c'est prétendre qu'il n'y avait rien avant les premières dynasties recensées et qu'à ce stade les connaissances qu'on leur accorde, viennent d'un imaginaire infantile ou de plagiats de civilisation plus avancées. Enfin, les insulter, c'est croire aveuglément à ce que « les spécialistes » déduisent des découvertes qui ont été réalisées jusqu'à ce jour (le fameux buste de Néfertiti étant un exemple parmi tant d'autres).

Ça… ça… c'est gravement les insulter… !

À moins de souligner que ces reproches ne concernent que ces longs siècles de dégénérescence provoquée par les apports allogènes. Ce qui serait en partie crédible, car tout évolue et dégénère dans la nature des choses. Il est vrai que contrairement au raisonnement des Anciens, en notre « psychopathologie de croissance exaltée » nous ne saurions concevoir une évolution de pensée et la concrétisation qui en résulte sans en tirer une profitabilité. De surcroît, si les raisons évoquées se trouvent être spirituelles. La chose alors ne se contente pas de surprendre… elle stupéfie, elle atterre… elle confond la logique par son aberrance. Ce fut pourtant le cas, les pyramides furent érigées à *la gloire de l'harmonie universelle.* Elles furent construites sans l'apport de la roue, nonobstant le fait que la roue occupe toutes les structures. Il y a là deux conceptions irréfragables, qui nous séparent radicalement de ces Grands Anciens. Ils ne se contentaient pas d'observer la création, ils la disséquaient pour tenter d'en percevoir les ramifications et en admirer les raisons profondes. Ce n'était pas pour en tirer un parti hédoniste sans bornes décentes, comme nos mentors contemporains, mais bien pour rendre hommage à ses harmonieux principes qu'ils considéraient finalisés en la nature humaine. Ils avaient compris très tôt, qu'il fallait du temps, beaucoup de temps pour entrevoir les ramifications des choses entre elles et en mesurer les conséquences. Aussi, exploitaient-ils dans le plus grand secret un état d'esprit, qu'ils adaptaient à leur propre évolution afin qu'il ne soit pas coupé des flux fédérateurs d'harmonie. La vie était un passage, un test, une épreuve, une expérience, une investigation du soi pour mériter sa raison d'être et l'engager dans le principe de création.

Contrairement à une pensée très répandue, les Anciens Égyptiens ne sont pas à l'origine des sentiments que nous soulignons, mais ils en sont les dignes et fidèles héritiers.

> *Ce que nous tentons de faire valoir, c'est que leur civilisation a été précédée par un peuple d'une prodigieuse intelligence qui venait on ne sait d'où, pour on ne sait qu'elle raison, vers on ne sait quel destin. Les Égyptiens ont eu le mérite de maintenir, des millénaires durant, les braises qui leur furent confiées, aujourd'hui, leur flambeau éteint se trouve entre nos mains, à nous d'en raviver la flamme.*

Obnubilées par un matérialisme obsédant, nos sociétés nient la réalité de l'âme, elles tiennent celle-là pour chimérique, alors que l'âme était le fondement même de la pensée égyptienne.

Consultons à ce sujet le sieur RIMA, vous savez ce (**R**ationaliste, **I**ncrédule, **M**atérialiste, **A**thée) cas tout à fait exceptionnel en nos sociétés :

« Quand bien même serait-elle, cette âme, qu'elle symboliserait l'inutilité. Force nous est de constater qu'elle a été, des âges durant, l'instrument de servitude d'un primitivisme coercitif de l'évolution humaine. Mais à l'époque prometteuse de nos technologies, elle ne figure sur aucun logiciel. Se souvient-on qu'un chirurgien ne l'ait jamais découverte sous son scalpel ? Ou qu'errante parmi les ruines des populations opprimées, d'aucuns l'aient vue pleurant ? Si ces obsessions d'un autre âge tissent encore les linceuls idéels de la crédulité, elles n'affectent en rien le pragmatisme du gagneur contemporain ».

Face à ces remarques de « grands penseurs », nous dirons que « la bêtise », elle non plus, ne se trouve pas sous un scalpel. Certaines civilisations ont vécu beaucoup plus longtemps que ne vivra la nôtre, avec pour principe et motivation une véritable aspiration spirituelle. Aussi pourrait-on dire, qu'en notre monde actuel, deux logiques s'affrontent :

L'une, minoritaire : se réfère d'une déontologie dont l'essence remonte à la tradition théologale, elle-même issue de la tradition des origines.

L'autre, majoritaire : est inféodée au pragmatisme doctrinaire actuel. Les lois modulantes deviennent des activités ergonomiques propres à stimuler l'esprit fouineur et dominateur des plus roués d'entre nous.

- Dans le premier cas, on s'inspire de ce qui est fondé pour évoluer.

- Dans le second cas, on fonde ce qui vous inspire pour profiter.

Le premier cas est axé sur une déontologie de tradition :

" J'évolue, je raisonne, je partage, j'éveille " !

Le second cas, prône la logique de l'opportunisme actuel :

" Je combats, j'écrase, j'accumule, je profite " !

On conviendra que pour une conscience éduquée, l'épreuve de vérité, c'est d'être tributaire des cycles du temps en lesquels elle est incarnée. Mais il faut se dire qu'en ce monde tout est nuance. Si nous admettons qu'aux époques les plus réputées de l'Antiquité sévissaient d'indéniables fripouilles, comment ne pas admettre en nôtre civilisation des êtres intègres ? Que le lecteur se rassure, nous n'irons pas jusqu'à tester cette proportion, de crainte de fausser à jamais le fléau de la balance de Maât.

Des feux rituels de la grande époque Indo Iranienne au fulgurant champignon nucléaire, des cultes arboricoles aux déforestations généralisées, des tentatives de domestication à l'élevage en batterie. Des pratiques sacrificielles à l'abattage programmé, des rituels incantatoires aux manipulations génétiques, du golem aux clones, de la prostitution sacrée à la pédophilie organisée, peut-on prétendre avoir positivement évolué ? Si la chose est recevable selon les critères émis par une science obnubilée par les avancées technologiques, l'est-elle sur le plan de l'absolue raison ? Depuis Solon, il est permis d'en douter.

Certes, l'homme immature peut être porté à l'errance, ce qui expliquerait notre acharnement pernicieux à vouloir réformer la nature. Cette nature aura mis des centaines de millions d'années à nous couver en son sein. Voilà qu'au sortir de l'œuf, nous, hommes de peu de reconnaissance, nous lui imposons « un vouloir être » qui est en désaccord avec le rythme progressif et harmonieux qui lui sied.

À peine avions-nous fini d'affûter notre silex que, nimbés de ce fringant intellect que nous nommons « intelligence », nous avons proliféré sans considération, sans préoccupation des conséquences pour notre environnement et notre descendance.

Nous nous sommes employés à planifier les mœurs ethniques, à abâtardir les cultures, à influer sur la génétique, à provoquer l'atome, à supplicier les animaux, à détruire les plantes, à corriger les espèces, à pourrir les océans, à trouer l'ionosphère, à empester l'air, à bétonner le paysage, à dénaturer l'alimentation, à influer sur la pensée des masses, à violer le libre-arbitre, à prôner déviations et argent roi, à mépriser la valeur morale en faveur d'une profitabilité effrénée, à célébrer la pornographie en embellissant les vices des plus faibles d'entre nous !

Quel est le propriétaire assez altruiste pour tolérer « ad vitam aeternam » une telle situation en son jardin ? Seul l'amour d'une mère pour sa progéniture peut pousser la tolérance au seuil aujourd'hui atteint. Mais attention, il y a des « raclées » qui bouleversent des vies !

Gardons-nous du jugement de nos enfants et petits-enfants, lesquels seront demain, les victimes inéluctables de notre inconséquence.

« Au nom de quelle idéologie pseudo-humaniste clameront-ils, *que vous nommiez pudiquement « rentabilité économique », alors qu'il s'agissait de ploutocratie et d'oligarchie financière dissimulées sous les oripeaux de la démocratie, ce pseudo-pouvoir du peuple ? Au nom de qui... de quoi... de quelle société égoïste dite de consommation, vous êtes-vous arrogé le droit de proliférer à loisir et de saccager la nature avec une telle absence de discernement ? »*

Répondez pères de nos pères...répondez ?

C'est alors que leurs larmes fielleuses iront irriguer les déserts du levant, légitimes héritiers de nos blanches dépouilles que seuls se plairont à moquer les vents éhontés de l'ironie.

La synarchie théocratique égyptienne protohistorique avait une ordonnance que nous pouvons à bien des égards considérer idéale, bien qu'inapplicable en nos sociétés actuelles.

Le blé ne se rencontre pas à l'état sauvage, il ne pousse pas sur tous les sols. Arroser le terrain ne saurait suffire, encore faut-il le défricher, le cultiver sinon, tôt ou tard, il advient un marécage puis un réduit à moustiques où prolifère l'insalubrité. Si en de tels lieux, l'animal aux dents longues survit, l'honnête homme se meurt. En ces époques lointaines, il était offert à tous les êtres, quel que fut leur rang de naissance, de gravir les assises de la perfectibilité. Le célèbre axiome que l'on prête à la hiérophanie égyptienne :

« **Tout pour le peuple, rien par le peuple** » a eu une fâcheuse tendance à s'inverser au cours des siècles. C'est ainsi que **le rien pour le peuple** deviendra fatalement **le tout par le peuple**. Les Trois qualités étaient requises pour évoluer en les sociétés d'alors :

- **La réflexion,** que l'on ne manquait pas de puiser en la vie et que l'on étayait d'une logique appropriée aux circonstances.

- **La moralité**, inspirée de l'éducation par l'exemple et influencée par l'éthique spirituelle.

- **La volonté**, que l'on extirpait d'un « soi universalisé » et non d'un « moi populiste » associé au grégarisme médiatique.

Hélas, l'Égypte Ancienne fut victime de nombreuses invasions, qui ne manquèrent pas de compromettre ce bel équilibre. À plusieurs reprises, les temples subirent des mises à sac, prêtres et gens de lettres furent massacrés, les œuvres d'art saccagées et le peuple spolié de ses biens. Ces envahisseurs sans scrupules usurpèrent titres et privilèges si laborieusement acquis. Ainsi, d'âge en âge, contribuèrent-ils à ruiner les institutions imprégnées de l'esprit de La Tradition Primordiale. Cette déchéance se poursuivit jusqu'à l'époque ptolémaïque où l'on disait n'avoir guère souvenance de ces choses du passé. Quelques années encore et les Égyptiens ne surent plus lire et écrire. La Grande Égypte sombra dans l'incohérence d'une eschatologie délétère et iconoclaste. Malgré quelques tentatives de restauration, le pays jadis " *aimé des dieux* " ne put rééquilibrer son système de valeurs. Tout disparut sous l'emprise de la cupidité, de la volonté de puissance et du despotisme, ces trois fléaux qui n'ont jamais côtoyé une verticale. Nous ne saurions associer à ce démantèlement caractérisé de la pensée égyptienne les écoles d'Alexandrie, plus précisément le néoplatonisme de Jamblique, que nous considérons être l'un des apports les plus heureux qui furent. Mais Ammonius, Plotin, Porphyre, Proclus, Longin, Olympius, Origène ou la noble pythagoricienne Hypatie, aussi conscients furent-ils du pactole égyptien, ne purent jamais réactiver la flamme moribonde de cette exceptionnelle civilisation... la page était tournée. Aujourd'hui sa merveilleuse empreinte est en forme de pyramide, c'est le témoignage vivant d'une époque fabuleuse que l'histoire ignore totalement. Le diplômé regarde son cursus comme le parcours d'une évolution dominante qui le place au firmament de l'évolution humaine. Cette arrogance nous montre que nous avons beaucoup de mal de nos jours à concevoir qu'il fut un temps où l'humanité avait des initiateurs de beaucoup supérieurs à ce que nous sommes.

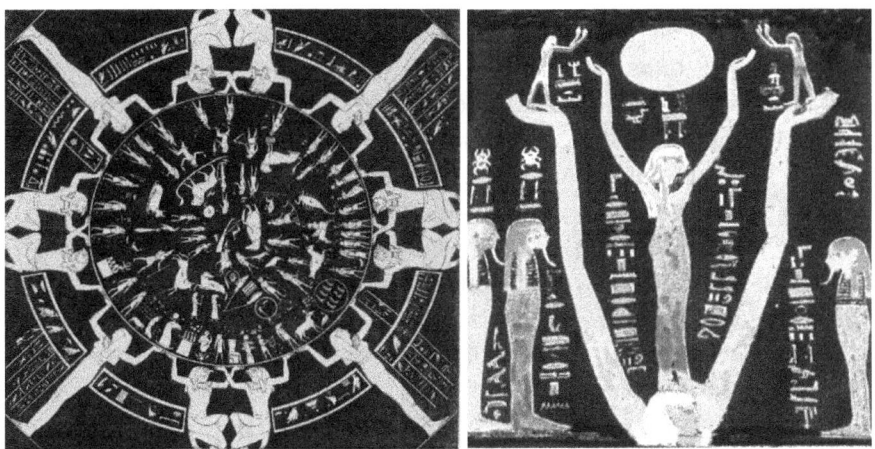

De la banale visualisation à la démarche hagiographique, de celle-ci à l'interprétation ésotérique des thèmes, l'énigme iconographique égyptienne impose « une raison d'être » à la hauteur de l'intellection humaine.

La Société Archaïque

> Il n'y a pas d'évolution morale sans tourment.
> Il n'y a pas de tourment moral sans conscience.

En Égypte archaïque, les possibilités de sublimation initiatique étaient dûment favorisées par la fiabilité des lois et la souplesse des structures. Que ce fût dans le monde religieux ou profane, les sujets étaient graduellement instruits au prorata de leur capacité à pourvoir aux fonctions auxquelles ils aspiraient. Cette logique était bien vécue par l'ensemble du peuple. Celui qui accédait aux plus hautes responsabilités n'était pas favorisé de par sa naissance, comme on le verra plus tard en période de déclin. En ces temps considérés prédynastiques, une telle situation aurait été vécue comme une indignité à peine concevable. Lorsque le choix des Pairs s'était porté sur un sujet aspirant à l'adeptat, ce ne pouvait être que la meilleure option et nulle flétrissure ne venait postérieurement amoindrir ce dictat.

En ces époques que l'on prêtant péjorativement « archaïques », les vieillards n'étaient pas encore des légumes ignorés, sacrifiés sur l'écran de l'audio-visuel aux démons de la déliquescence, mais des êtres dignes et responsables dont on sollicitait régulièrement l'avis pour parfaire sa conduite. En ces temps lointains, le mot « **respect** » était inséparable du mot « **estime** ». La conscience était placée sous le regard des dieux et la monnaie ne s'était pas encore acoquinée avec le profit pour mettre au monde la corruption, fléau tragique de nos sociétés. L'homme n'était pas suffisamment évolué pour savoir qu'il pouvait être indigne de sa nature intelligente. Les châtiments (au demeurant bien moins nombreux qu'on le laisse paraître) étaient essentiellement corporels, on flagellait ou on bâtonnait au vu de tous sur la place publique. La correction s'effectuait en la présence d'un homme médecine qui pouvait intervenir et différer la peine. Dans les cas d'extrême gravité, le coupable était condamné à des travaux d'intérêt public pendant une période donnée, à vie quelquefois. Les délinquants n'étaient pas parqués, mais répartis parmi des groupes de travailleurs. On ne tuait, ni murait un être humain. En procédant à l'enfermement, on risquait, pensait-on, de limiter ou d'enrayer le processus évolutif de sa conscience, ce qui aurait été une grave injure faite aux dieux.

En ces époques imprégnées encore de La Tradition Primordiale, on gardait souvenance de la parole aujourd'hui perdue. Les entités dites « célestes » n'avaient-elles pas énoncé que l'homme ne pouvait que lentement évoluer de la post-animalité à la sapience incarnée. Pour cela, il devait passer par l'agressivité, la jalousie, la perversité, l'égoïsme, le besoin de puissance, le goût du lucre et le conditionnement des sens, avant d'entrevoir la lumière. Il n'est aucun être qui échappe à cette affligeante énumération.

Revenons aux châtiments en vigueur. Les Très Anciens considéraient que lorsqu'il y avait délit, la faible conscience du coupable n'avait pas su tempérer les désirs de l'esprit, lequel esprit avait poussé le corps à agir. Il fallait donc effectuer le chemin contraire, punir le corps pour que celui-ci injustement châtié, reproche journellement à l'esprit de s'être laissé influencer par cette conscience peu amène.

En nos temps actuels, au nom du « corps souverain » (héritage grec tardif qui est devenu de nos jours « le corps consumériste ») nous n'hésitons pas à affaiblir l'état de conscience en torturant le mental, ce qui conduit à la révolte, puis au désir de vengeance pour finir par la récidive ou au suicide. Toute collectivité de parias, tout exécutif corrompu, toute promiscuité malsaine ne peut que favoriser la dépravation. À l'image de l'ensemble de la communauté humaine, les individus dévoyés sont délibérément ou non à *la recherche d'une raison de vivre*. Si autour d'eux ce n'est que dévoiement, stupre, perversion et, selon un langage moins châtié, « système démerde », cela ne redressera pas leur penchant naturel, cela l'accentuera.

Chez les très Anciens au contraire, celui qui avait été jugé et condamné se retrouvait par le fait même redevable auprès de la collectivité, jusqu'à concurrence des dommages que cette dernière avait subis. Si le crime était tel qu'il ne pouvait y avoir réparation, l'individu était maintenu au bas de l'échelle sociale. Il était alors banni en ces lieux de relégation qu'étaient les oasis du désert Libyque.

En le condamnant à vivre, la loi le contraignait à évoluer. En notre monde de justice exemplaire où l'homme se repaît de *ses droits* en ignorant *ses devoirs*, c'est à la société de supporter le fardeau qui devrait échoir à ceux qui lui ont créé préjudice ! Ne nous étonnons pas de manquer de prisons autant que de logique. Actuellement, certains pays ont un surveillant par détenu, gageons que d'ici peu, chacun de nous sera ou détenu ou surveillant. Jusqu'au jour où les truands seront en plus grand nombre, ce sera alors les prisons qui serviront de refuges aux honnêtes gens pour se protéger de la société.

Combien de suaves canailles, « leadership » de nos temps interlopes, châtiés sur la place publique à la manière sociétale de ces « égyptiens primitifs », auraient abandonné leurs coutumes d'aigrefins pour gagner derechef les chemins de la vertu.

> (Affabulons un court instant en évoquant « les frasques » de certains ex-directeurs de banques, pour leurs actes fripouillards que l'on édulcore « d'indélicatesses » envers le peuple payeur. Ne pourrions-nous les voir fouettés à poil sur la place de la concorde ! Ah, mon dieu, que d'élucubrations et d'illusions rétrogrades suscite en nous cette fantasmatique... Liberté – Égalité – Fraternité, ce vertueux slogan, dit des Droits de l'Homme qui ne profite... qu'aux canailles !)

En agissant avec fermeté et probité, les Anciens corrigeaient la personne physique, non l'esprit responsable de la faute. Il paraissait en effet immoral d'attenter au capital psychique sachant bien que celui-ci était à la recherche de **son équilibre intérieur**. Autrement dit, de cette précieuse ascendance qui maintient le cœur au-dessus des désirs primaires. Une faute réparée ne pouvait enrayer une promotion sociale, parfois au contraire la favorisait-elle. En ces temps « archaïques », on avait la faiblesse de croire à **la perfectibilité de l'homme**, aussi misait-on sur la valeur de l'exemple.

On savait tout à la fois corriger et aimer. Notre désaffection aujourd'hui est grande, aussi ignorons-nous l'un et l'autre. En ouvrant grand à nos enfants la porte **« émancipation extérieure »**, nous avons malencontreusement fermé la porte **« responsabilité intérieure »,** ce qui est pire, nous avons perdu la clé. Ne nous étonnons pas que les jeunes générations soient à la recherche de valeurs authentiques, que tout se dérobe à leur emprise et qu'ils ne trouvent nulle part en la référence ce que seule **« la raison d'être »** aurait pu leur procurer. Nous jugeons des éléments de notre société pour terrorisme, pédophilie, attaque à main armée, trafic de drogues et autres défauts d'équilibre moral, mais jugeons-nous la société qui procure à *ces mentalités sommaires* les artifices de leur déviation ? Non, car nous touchons à la politique de rentabilité, et les mêmes relâchements alimentent les vices inavouables des talentueux huissiers de la démocratie.

Revenons à l'Égypte Antique : en ces temps lointains, les contrevenants aux lois subissaient des contraintes par prélèvement de biens, ces amendes étaient proportionnelles au rang social qu'occupait le délinquant. Une telle péréquation contribuait à assainir le terrain de la moralité, tout en incitant les classes dirigeantes à être exemplaires. Si un ouvrier était pris à uriner à proximité d'un puits, la loi le contraignait à livrer le pain gagné d'une semaine, mais s'il s'agissait d'un haut fonctionnaire, celui-là devait abandonner champs, bâtiments et têtes de bétail. On comprend que tant de conceptions vieillottes n'aient pu résister au charme démagogique d'un humanisme bien-pensant que l'on prétend « *politiquement correct* » ! Cette consécration fait que de nos jours, la loi est la même pour tous, la faute étant patente, fortuné ou pas, chacun abandonne démocratiquement la même somme d'argent pour une infraction quelconque. Aussi en est-il que cela amuse pour insignifiance et d'autre que cela afflige par accablement. C'est ce qu'on appelle « *l'égalité démocratique* » incontestée, car incontestable pour les poseurs de rails de la députation ! Alors qu'il serait logique que « les citoyens » payent en fonction de leur représentativité et non pas en fonction de leur individualité, car dans le cas présent c'est au plus démuni d'être exemplaire. Moralité, il ne faut pas être un petit contrevenant en ce monde, mais une honorable crapule. C'est peut-être ce qui faisait dire à Francisque Bacon « *On ne parvient aux dignités que par mille indignités* » et Baudelaire d'ajouter gravement :

« *La meilleure ruse du diable est de faire croire qu'il n'existe pas* ».

Ce diable vivrait-il donc talentueusement en démocratie dans le lit des médiats où il copulerait à souhait pour enfanter demain ? Si notre civilisation était animée par le bon sens, il y a longtemps qu'elle aurait débaptisé les pompeux « Palais de Justice » pour les réactualiser en de raisonnables « *Demeures des Lois* ». Hélas, c'est vouloir ignorer que « les doctes » sont assistés en leurs célestes jugements et que leurs sentences ont l'équité du fléau de Dieu. Cette mascarade séculaire pousse à l'acte les petites canailles aux peines minimes et conforte ô combien la grande truanderie qui détient les cordons de l'aptitude à contourner les obstacles. Nous vivons aujourd'hui un paradoxe sociétal : il y a tellement d'honorables crapules impunies que nos applicateurs des lois ont « des scrupules » à sévir contre cette gredinerie en herbe. Ce qui édulcore toutes forfaitures et donne à ces dernières un semblant de caution morale, en reléguant l'homme honnête au rang du pithécanthrope démocratiquement attardé. *Quand les chats cherchent vainement les rats dans l'ombre, et qu'ils ne les trouvent pas*, affirme un vieil adage, *c'est que ceux-ci font des rondes folkloriques au soleil.*

En la pyramide sociale de nos bons vieux égyptiens, les individus apparentés à une virtuelle première assise avaient pour référence principale la deuxième, ceux de la deuxième la troisième et ainsi jusqu'au sommet. S'il y avait problème et que celui-ci revêtait une certaine importance, on remontait naturellement la hiérarchie des assises afin de consulter l'autorité compétente apte à traiter l'événement. Ce cloisonnement volontaire contribua à maintenir la force des institutions, tout en responsabilisant l'individu. N'affirme-t-on pas que la fiabilité d'une chaîne, s'évalue à la résistance de son maillon le plus faible ? L'Égypte Ancienne, cette grande civilisation, ce splendide édifice ne résista pas lui non plus aux méfaits du temps. Dégradé, fissuré, spolié par maintes incursions, il y eut quelques résurgences passagères au cours des premières dynasties recensées, puis tout sombra graduellement dans l'âge des dissensions. Une civilisation et vielle quand elle n'a plus la voix pour tancer et les bras pour étreindre.

Les Hyksos ne peuvent être tenus pour uniques responsables des mortelles blessures infligées à l'Antique Égypte. **Les Assyriens** la mirent à l'agonie, **les Perses** lui donnèrent le coup de grâce. **Les Grecs** recueillirent le dernier souffle, **les Romains** constatèrent le décès, **les Arabes** creusèrent la tombe et **les Mamelouks** comblèrent les fosses avec le sable. Les corpuscules ethniques qui par la suite s'immiscèrent, arboraient autant d'hommes de qualité que de « sarcophagos » distingués. La Grande Égypte à la fois permissive et rigoureuse, spiritualiste et pragmatique, savante et humble, avait vécu.

Fort heureusement, le message demeure, altéré, souvent travesti, rarement ridiculisé. Son fascinant passé n'a jamais cessé de séduire les âges. Cette mémoire de l'ailleurs, cette présence intemporelle s'est lentement mutée en une vérité omniprésente, rôle que tient de manière magistrale la Grande Pyramide, celle que l'on affirme avoir été construite sous « Kheops ». *Ce Roi n'aura jamais été que l'un des restaurateurs du monument,* mais l'histoire tient à ce rôle de constructeur de tombeau. S'il est vrai que la nature a horreur du vide, les historiens archéologues ont horreur des petits conditionnements non étiquetés, qui plus est, lorsqu'il s'agit de très gros volumes, indatables, avec des formes pointues...

difficiles à empaqueter. Les conséquences font qu'un tel cénotaphe devient vite une boîte de Pandore que peu d'entre nous se sont risqués à ouvrir. Il nous serait en effet insupportable de découvrir que des êtres issus d'un passé antédiluvien avaient un comportement plus convenable que le nôtre. Le mot tombeau, au contraire, clôt l'énigme et valorise notre civilisation, il nous démarque de ces ignobles despotes aux insatiables ambitions hégémoniques, prompts à sacrifier des générations au dieu du « post mortem relax ». Pour nous les modernes, ce mécréant polythéiste de Khéops « tombe à pic » et en la conjoncture « épique à tombe ».

Bah ... la piétaille en a bien avalé d'autres, mais celle-ci a l'inconvénient d'être un peu moins digeste. L'accusation est lourde, elle constitue un comble pour un Prêtre Roi, grand connaissant, adepte de **La Tradition Primordiale**, dont le nom même était voué de toute éternité aux divins voisinages. Rappelons qu'en l'Égypte dans les temps que nous dépeignions, hormis le respect dû à la fonction, on n'entretenait aucun culte de la personnalité. Cette attitude était tellement ancrée dans les mœurs que les noms des artistes, peintres et sculpteurs de tant de merveilles n'apparaissaient jamais en aucun texte. Celui qui « œuvrait » n'était pas valorisé par ses prouesses intrinsèques, mais par l'activité qu'il était apte à exercer, c'était le métier qui anoblissait la personne capable de le pratiquer. Tout ouvrage dominant était voué aux dieux du Panthéon, dont Pharaon avait le privilège d'être le premier serviteur, « hem neter » le serviteur de Dieu. En ces temps de sagesse accomplie, les temples étaient érigés en pierres éternelles et les palais en briques érodables. Le Roi n'était pas un dieu comme on le pense généralement, il était le représentant carné des divinités, le miroir des dieux. Il n'était point benoîtement *adoré*, mais traditionnellement *vénéré* comme l'émissaire du monde divin, les populations du Nil n'adoraient que les dieux immortels. Quant à la Grande Pyramide, elle symbolisait l'aspect théogonique de l'Univers, elle était par extension un lieu cultuel et transitoire. En aucun cas, elle ne pouvait abriter le corps d'un homme mort, fût-il Pharaon. Pour l'Égyptien de cette époque reculée, le corps et l'esprit avaient certes une réalité, mais la conscience et l'âme en avaient une autre, la mort les séparait à jamais. Il n'y avait donc aucun avantage à immortaliser le corps, mais bien à glorifier l'âme en l'au-delà. À l'origine, le rituel de momification répondait à un hommage dédié aux Rois émissaires que par décadence la noblesse et ensuite les gens du peuple ont cherché à contrefaire. Ce qui laisse clairement présumer d'un effondrement graduel des « *souverains principes* », car de semblables lacunes allaient inciter à momifier chats, taureaux, poissons et faune de toute sorte, « La Connaissance Primordiale » avait sombré en les ténébrescences des interprétations humaines. Mais alors… si cette pyramide n'était pas « le somptuaire tombeau » dûment certifié par un conformisme au discernement irrécusable, **qu'était-elle donc… ?**

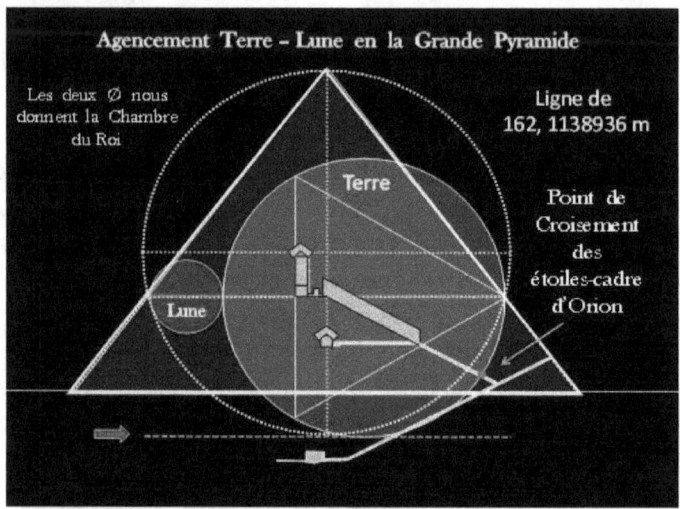

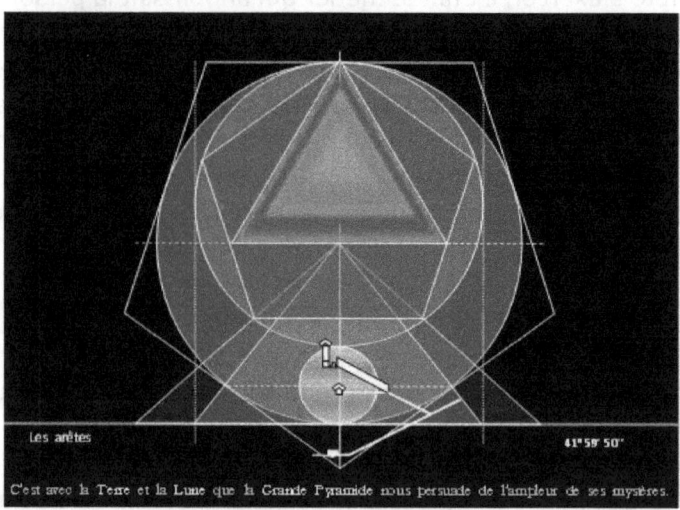

C'est avec la Terre et la Lune que la Grande Pyramide nous persuade de l'ampleur de ses mystères.

La Roue

> S'il est vrai, qu'il n'y a point de douleur qui n'ait sa raison.
> Alors, c'est qu'il n'y a point de raison qui n'ait sa douleur.

Pourquoi les Anciens Égyptiens, n'eurent-ils pas le goût de tirer un usage pratique du cercle, pourquoi la roue fut-elle déconseillée sinon proscrite ? Il nous faut rappeler que les Grands Prêtres excellaient en l'art mantique de la divination. On leur prêtait des dons exceptionnels de clairvoyance, facultés qui peut-être les rendaient aptes à visualiser les « roues-âges » du futur. On peut en déduire que cette extra-lucidité ne les incitait aucunement à favoriser l'émergence de la roue. Il ne faisait aucun doute que celle-ci finirait par s'imposer aux exigences humaines sans qu'il y ait urgence à ce que, les êtres en prime évolution, soient trop tôt convié à son emploi.

Il y a des millénaires, **« le cercle » symbolisait la lumière divine**, aussi ne pouvait-on le décrocher de la panoplie des dieux sans conditions requises. Cette situation se maintint des millénaires durant, l'ère des envahisseurs y mit un terme brutal et définitif. *Les grands principes* sombrèrent progressivement en désuétude, on finit par négliger les cultes que l'on rendait aux divinités. Ce qui eut pour résultat d'amoindrir la rigueur morale et de rendre cette dernière perméable aux exigences du temporel. Plus fâcheux encore, dans l'intention de garantir les frontières perpétuellement menacées, on se crut contraint de placer sur le trône d'Égypte, des Rois mieux initiés aux arts de la guerre qu'ils ne l'étaient aux secrets de connaissances. Par le fait même, le rôle du souverain s'en trouva modifié, il s'ensuivit des exigences personnelles qui n'étaient pas de mise aux époques précédentes où Pharaon était avant tout « hem », *le serviteur* des dieux. Vint alors le temps des invasions. Avec le règne des « Hyksos », le dieu Seth rejoignit Râ à l'empyrée, les chevaux de bataille baptisés « *Hardiesse et Témérité* » furent attelés aux chars de combat appelés plus discrètement « *Intérêts personnels* ». Dès lors, l'outil de défense se muta promptement en arme de conquête. En s'émancipant de la tempérance égyptienne, **la roue** allait changer la face du monde et, de façon spécieuse, contraindre l'homme qui s'en croyait maître à subir sa loi.

Tour à tour, cycle après cycle, « **la roue** » aura entraîné l'humanité de facilités en agréments, d'agréments en dépendances, de dépendances en contraintes et de contraintes en « *tour... ment* ». Il se pourrait alors, qu'en un suprême réflexe, l'homme s'emploie un jour futur à restituer la roue aux dieux. À moins que l'ire de ces dieux soit telle, qu'ils ne puissent attendre cette échéance ? En ce cas, ceux qui survivront aux cycles du temps seront de nouveau amenés à dessiner sur les parois des grottes, non des aurochs trapus, des rennes velus ou autres rhinocéros à poils longs, mais des scorpions, animal totémique qui se rit du nucléaire et concentre son arrogance en sa queue maintenue perpétuellement levée comme un défi au Ciel.

Ainsi, d'atomes en galaxies et de « Râ Roue en roueries », nous, êtres humains, auront été si « co-pieusement » roulés pendant des millénaires que nous pourrons enfin glisser avec le traîneau d'**Atoum** (tem) dans la nuit des temps. Nous constatons qu'en la nature en laquelle nous vivons, tout marche, bondit, court, vole, saute, nage, rampe, frétille, papillonne ou fourmille, mais... ne roule pas.

À l'instar de la Terre tournant sur son axe, rouler c'est parcourir une étape décisive, c'est passer d'une manière alternative de la lumière aux ténèbres. Selon les plus anciens critères de sagesse, seul un mode de philosophie éclairé était en mesure de gérer intelligemment cette option technique sans préjudice pour la perpétuité générationnelle. C'est ce que nous conseillaient déjà les omniscients Ancêtres de la vieille Égypte. Ne marquaient-ils pas ainsi la différence entre **la** matière qui roule et la lumière qui glisse, entre un temps et une éternité ?

« *Sous la roue qui sans fin poursuit sa ronde, deux sortes de gens vivent sans tourments : ceux qui savent tous les secrets du monde et ceux qui les ignorent totalement* ». Omar Khayyâm.

LES NOMBRES DIVINS

> Protégeons le flambeau !
> N'est-ce point lui qui témoigne
> lorsque la flamme est éteinte ?

En la tradition hébraïque, il y a « **la Baraïta** » et ses 32 règles aptes à interpréter les aspects secrets de la Tora. Parallèlement, il y a « 10 séphiroth » correspondant aux dix chiffres, niveaux, phases ou saphirs.

Ils sont étroitement liés au « 22 caractères » qui composent les lettres de l'alphabet. 10 + 22 = **32**. Ce dernier nombre est assimilable au deux fois 32 carreaux du jeu d'échec, pas si innocent d'ailleurs qu'il n'y paraît, puisque le nombre de cases est comparable aux 64 hexagrammes du livre des changements. Sachez, cher lecteur, que pour réaliser une sphère parfaite, il nous faut 20 hexagones et 12 pentagones, soit « **32** » pièces, sinon nous avons un résultat imparfait. Revenons aux Hébreux ; les 4 lettres du Tétragramme divin forment le nom de :

יהוה YHWH (Yahvé). 32 + 4 = **36**.

Rappelons que le nom divin est réputé imprononçable. Conscient de cet impératif traditionnel, nous codifierons les quatre caractères par « 4 zéros » en remplacement des lettres, soit 0 0 0 0. Le chiffre « 4 » se situe à la base de la création. C'est le diamètre de « 4 » qui nous communique la clé de la structure pyramidale. Ajoutons à ce nombre « 32 » originel 4 zéros « 0000 » cela nous donne **320 000**.

Et maintenant, voyons ce qu'il en résulte sur un plan symbolique, lorsque ce chiffre adopte une projection concrète :

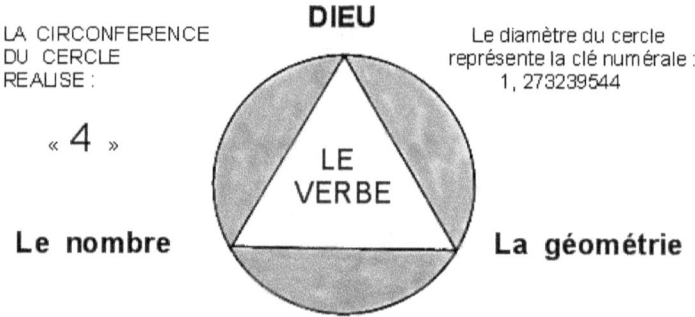

Le triangle circonscrit en la circonférence du cercle « 4 » a pour côté 1,102657791 x 3 côtés = 3,307973372 x 0,523598774 (la coudée ésotérique égyptienne) = **1,732050807 ou la** $\sqrt{3}$.

DIEU = Le Principe Créateur Universel. 0000 créé – incréé.

Le verbe = Les 22 lettres, avec lesquelles Dieu a créé le monde.

Le nombre = Les 10 séphiroth ou chiffres : 0-1-2-3-4-5-6-7-8-9.

La géométrie = Le triangle circonscrit dans la circonférence du « 4 ».

Maintenant, tentons d'interpréter le prolongement logique, mais extraordinairement hermétique du nombre **320 000**.

En ce qui concerne les rapports avec la Grande Pyramide, nous pouvons considérer que les 4 faces visualisées génèrent 8 demi-faces. Ne sont-elles pas validées par « *le creusement des côtés* » qui nous procure la brisure ombre et lumière aux équinoxes. Rappelons que le dit « creusement des faces » se révèle consubstantiel au plan architectonique de la Grande Pyramide. Celui-ci nous oblige à raisonner en demi-face, *puisque la profondeur par rapport à la ligne droite avoisine les 0,95 mètre*. Inutile de dire que cette faible enfonçure ne peut se distinguer à l'œil nu, compte tenu de l'étendue de la base au sol sur 231 mètres. Les archéologues justifient son usage par l'écoulement des eaux pluviales. Sans dénigrer cet aspect qui se veut fonctionnel, nous lui trouvons bien d'autres raisons, plus subtiles encore :

320 000 ÷ π = 101 859,1635 ÷ 8 demi-faces = 12 732,39544 x 1,273239544 (la clé numérale de la Grande Pyramide), **nous obtenons :**

16 211,38935 km. (considérés en kilomètres, les diamètres Terre - Lune réunis) :

12 734,94192 km, ∅ moyen de la Terre.

3 476,44743 km, ∅ moyen de la Lune.

16211,38935 km, ∅ Diamètre moyen de la Terre et de la Lune.

Ce qui signifie, en clair, que sans modifier aucunement les données générales de la structure de l'édifice, en conservant les angles stricts de 51°51'14" 31 pour la base et de 76°17'31"39 pour le sommet, la Terre et la Lune constituent une immense pyramide de 16 211 km de haut. Avec un périmètre base équivalent à 80 000 fois la clé qui nous permet son déchiffrement, c'est tout bonnement ahurissant ! La pente, qui serait alors de 20 613,66245 km pour chacun des quatre côtés, divisée par la demi-base nous procurerait « *Le Nombre d'Or* ».

20 613,66245 ÷ 12 732,39544 = **1,618** 993264.

Mieux encore ; si la hauteur de la Grande Pyramide était égale au rayon de la circonférence Terre + Lune, chaque face nous donnerait (à la base) 12 732,39544 km. Il nous suffirait alors d'ajouter deux fois la valeur de cette clé pour obtenir la valeur moyenne de la Terre, soit :

12 732,39544 + 1,273239544 + 1,273239544 = **12 734,94192**

base clé ∅ Terre

Les deux pyramides réelle et virtuelle ainsi réunies impliquent la longueur totale du cycle précessionnel (vues en coupe sur nos divers schémas, celles-ci forment un losange). La hauteur de ces deux pyramides constituerait le diamètre d'un cercle de **16 211,38935 km**, alors égal, **aux diamètres associés de la Terre et de la Lune**.

Avec la tradition chrétienne, nous obtenons des conclusions identiques, ce sont « *les 3 jours de construction du temple christique* » et le nombre déjà cité de 320 000 qui en résulte. (Consulter – Horizon 444.)

Le Soleil ne saurait être hors-jeu de ces révélations chiffrées, puisque, **1 392 571,259** km ÷ 100 000 = 13,92571259 ÷ par la coudée ésotérique de 0,523598774 = 26,59615202 X^2, nous obtenons 707,3553022 x 72 (entendons, les 72 acolytes de Seth qui ont enfermé Osiris dans un coffre, avec l'intention de le priver de la lumière de Rê) = **50 929,58176** (la circonférence Terre - Lune en kilomètres). On peut donc conclure que sur un plan mathématique, il y a un rapport direct entre :

Le Soleil, la Terre et la Lune.

Ces agencements numériques seront-ils demain à la base des plus importantes révélations ? « *La Tradition Primordiale* » serait-elle susceptible de motiver l'esprit de nos contemporains au cours de ce troisième millénaire ? Face à la désorganisation générale, les chercheurs du monde entier, consciemment ou non, s'éveillent à l'appel des mystères engloutis.

Penchons-nous un instant sur ce qu'il est convenu d'appeler « *la spirale d'Ulam* » du nom de son découvreur. Il s'agit d'un tracé sur ordinateur des impairs successifs, évoluant dans le sens inverse des aiguilles d'une montre. Les nombres non premiers figurent en noir, le résultat forme des lignes de points blancs ou noirs.

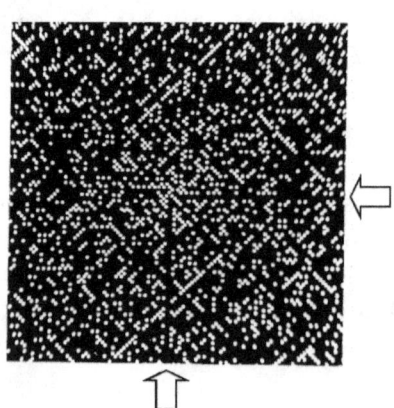

Le « 1 » étant au centre de l'illustration, le « 100 » à l'extrême gauche, en haut. Nous remarquons à l'emplacement des deux flèches indicatrices, le tracé en lignes noires d'un carré, il résulte du comptage numérique, électronique 1-86-82-77-1.

Le tout est souligné par une **diagonale blanche** (gauche – droite, haut - bas discontinue.) **Le côté surprenant de** notre comparaison, c'est que le trône pharaonique comprend à sa base un carré similaire, placé de façon identique. Ainsi affichée, cette symbolique validerait-elle les épousailles hiérogamiques de Shou et de Tefnou (nombre et géométrie), sur ce trône où siégeait Pharaon, représentant de l'espace temporel ?

(le grand carré représente le Terre, le petit à l'intérieur du cadre représente la Lune).

La Grande Égypte n'a pas fini de nous étonner. À l'orée des temps nouveaux, elle était détentrice d'une **Tradition Primordiale** hautement élaborée.

Celle-ci impliquait pour ses zélateurs, une déontologie salutaire, favorable à l'équilibre du genre humain.

Notre civilisation veut ignorer cet état de fait, quand elle ne veut pas tenter naïvement de le scotomiser. En nous rendant responsables de tels actes, nous avons altéré, puis rompu le lien Terre - Ciel. Celui-là même, que nos « Anciens » avaient patiemment entretenu des millénaires durant à travers la symbolique de tradition. Aujourd'hui nous nous trouvons face à une dangereuse alternative : ou nous rétablissons ces liens dans un ultime sursaut de lucidité ou apprêtons-nous à payer cette inconséquence à l'échelle planétaire. Il n'y a plus d'échappatoire possible !

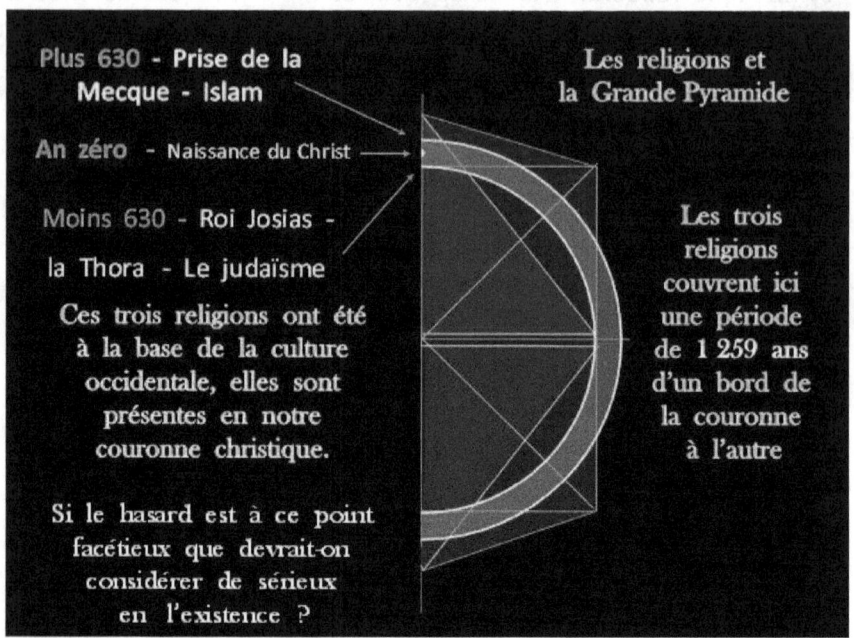

Avec les deux cercles entourant *l'année zéro de notre ère*, nous avons **les trois religions** prépondérantes de l'occident, la chrétienté au centre, le judaïsme en bas de couronne, l'islam en haut de couronne. **630 années exactement, les séparent les unes des autres**.

Nous pouvons voir là qu'une manifestation du hasard, mais ce que nous avons étudié précédemment nous invite à plus de circonspection. Le carré représente la base de la Grande Pyramide, c'est le schéma original de notre quête et sa perfection ne peut pas mentir.

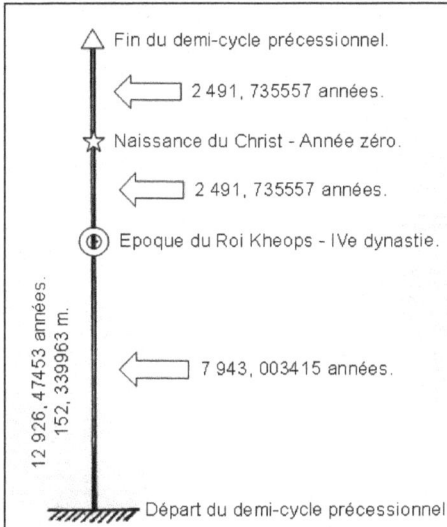

Les mètres sont ici divisés par **0,011785113**, la racine de deux divisé par 120. Nous remarquons sur le graphique ci-contre, qu'il-y-a autant d'années qui séparent l'époque de Kheops de l'avènement du Christ, et ce dernier de la fin du demi-cycle précessionnel, lequel prendra fin dans moins de 500 ans de nos jours. Cela constitue une bien troublante constatation.

Observons bien ceci ... !

La circonférence du cercle Jaune est celle du Soleil en laquelle est circonscrit un triangle équilatéral. Nous observons que la hauteur de celui-ci est égale aux côtés du carré, cette hauteur réalise 1 044 428, 444 Km

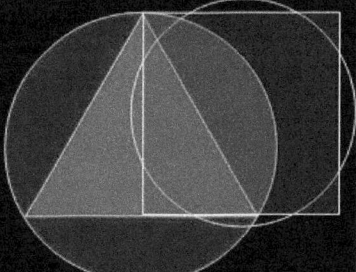

La valeur de la clé
0, 01178511321
a pour principe de changer les mètres en années.

Sont représentés ici
le cercle, le triangle et le carré,
base de la géométrie traditionnelle.

Si nous divisons le diamètre du cercle de surface égale au carré par 100 millions, il nous procure la clé chronologique dont nous faisons état, elle a pour valeur 0, 011785113 m.

360 divisé par 25 920 ans (le grand cycle précessionnel) = 0, 11785113 la clé chronologique. Celle-ci se trouve implicitement inscrite dans la structure de la Grande Pyramide, elle nous indique les faits les plus marquants du parcours spirituel de notre dernière humanité.

La diagonale du carré représente 1 mètre,
la circonférence du cercle rouge 3,141592635 m.

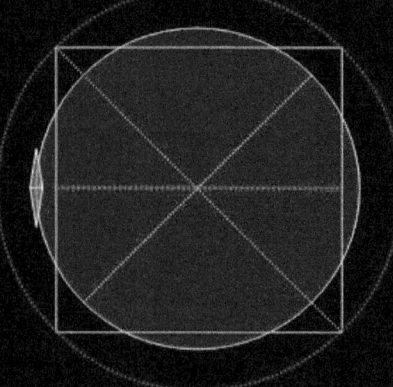

Le côté du carré réalise 0,707106781 m x 2 nous avons la √2, divisée par 120, cela nous donne la Clé chronologique, soit :

0,011785113.

La relation avec le temps universel est établie au sein de la pyramide, et les bateaux voyagent en sa base !

La circonférence du cercle de quadrature divisée par « 18 » (moitié de 36) réalise 0,1392571262 m ou le Ø du Soleil à multiplier par 10 millions en km.

La clé chronologique
unit en des rapports d'harmonie les supports pyramidaux.

Elle donne aux éléments structurels du monument la valeur d'une conceptualisation universelle.

Elle fait du temps que nous connaissons un facteur composite relié au principe de création.

Elle permet de préciser et certifier les dates qui ont jalonné notre évolution culturelle.

Elle souligne que la Grande Pyramide d'Egypte est le lien Terre – Ciel de référence.

La Primosophie

> Les nombres et la géométrie sont indissociables du mystère de la vie, et ce mystère est indissociable de la notion de créativité.

Au cours de cet ouvrage, nous avons fréquemment fait référence à une combinaison de nombres que nous nommons « **Primosophie** ». Cette étude est essentiellement axée sur :

Les Nombres Premiers s'étalant de 0 à 100.

Il est une numérisation, jusque-là méconnue, susceptible de répondre à un début d'interrogation en matière de lien spirituel entre ce qu'il est convenu d'appeler « l'intemporel et l'humanité ». Pour que cette numérisation soit opérationnelle, il est nécessaire d'y adjoindre un additif plus complexe sous forme de code. Ce n'est pas présentement notre propos, nous nous limiterons donc à des formulations simples, persuadés qu'à ce stade, d'intéressantes découvertes sont à visualiser sous les sandales ailées du phénomène « hasard » ! Il s'agit, comme nous l'avons laissé entendre, des premiers « **25 Nombres Premiers + 1 le A** (étant neutre) ». Ces nombres ont des propriétés énigmatiques, lesquelles, bien avant notre ère, interpelèrent un homme aux qualités exceptionnelles, **Ératosthène**. Cet honorable personnage né à Cyrène en 276 avant J-C, fut durant sa vie un éminent mathématicien doublé d'un philosophe pour qui l'astronomie n'était point une matière étrangère. Il administra la bibliothèque d'Alexandrie, étudia beaucoup, et se rendit célèbre en son temps, par ses recherches sur la circonférence terrestre et les Nombres Premiers. Il rangea ceux-ci en un ordre appelé « crible », sur lequel il insuffla une bien curieuse géométrie. Ce sont ses recherches qui nous sensibilisèrent, il y a déjà bien longtemps, et nous permirent de découvrir cet étrange concordance des nombres et des mots.

Nous savons que sur les 100 premiers nombres, nous devons en extraire 25, qu'il nous faut considérer « **Premiers** ». En incluant le plus normalement du monde, le chiffre « **1** », neutre et vierge, nous avons alors **26** nombres. Il va de soi que chacun d'eux peut-être associé à une lettre de notre alphabet, le tableau ci-dessous en donne l'exemple :

> A-1 B-2 C-3 D-5 E-7 F-11 G-13 H-17 I-19 J-23
>
> K-29 L-31 M-37 N-41 O-43 P-47 Q-53 R-59 S-61
>
> T-67 U-71 V-73 W-79 X-83 Y-89 Z-97.

Ainsi codés, les mots, les noms attribués aux personnes et aux choses sont détenteurs de nombres cachés. Nous pouvons d'ailleurs nous demander, si, à l'instant de leur élaboration, celui ou celle qui les soutire de l'anonymat, ne subit pas une discrète influence métapsychique ?

Prenons quelques exemples :

Dieu est égal à « **102** » et **le Ciel** à « **60** ». On peut s'étonner que le premier placé au carré fasse 10404 (élongation du 144 biblique,) que le second, fasse 3600 et que les deux additionnés réalisent 14004.

Le dieu **Shou**, première émanation du « Principe Créateur » et sommet du linteau de 144° de la pyramide, assure, lui, que les « 0 » baladeurs ont une signification particulière. Mystère du bien et du mal.

Le « **S** » du serpent est dans l' « **O** ». Ces deux sentiments opposés trouvent leur symbolique dans le Yin et le Yang. Ce **69** de hasard, est précisément le nombre qui échoit au **bien,** le même **69** échoit au **mal**. On pourrait s'interroger sur cette absence de différence numérique. Nous répondrons simplement que ces deux notions sont **l'une et l'autre relative**, elles n'ont pas le même indice suivant la position qu'occupe « **le curseur conscience** » de chaque individu sur l'échelle de « **l'élévation** ». Si la raison acceptait cela, la plupart des problèmes d'ordre philosophique seraient ainsi résolus. Hélas, nous sommes attachés à l'intellect, au détriment **d'un état de conscience régulateur**. Le philosophe cherche l'homme en la structure de son mental, alors qu'il lui faudrait puiser en l'émanation la plus subtile de son être. Cela équivaut à louanger un récepteur d'ondes en ne tenant aucun compte de l'émetteur. Il est vrai que le premier s'impose en clamant à une multitude « **c'est moi...** », alors que le second s'efface en susurrant à quelques-uns « **c'est nous** » !

Considérons que l'homme, en sa prime incarnation, est de beaucoup inférieur à l'animal évolué, alors que sa vanité lui fait non seulement croire le contraire, mais superbement mépriser cet autre. Il est vrai que la ressemblance physique entre « l'homme-animal et l'homme-conscience » est si proche que les humanistes eux-mêmes les confondent. Le rôle assigné à une première réincarnation humaine est d'abord d'atteindre le stade de l'animal évolué, puis de le dépasser. C'est alors seulement que l'homme-animal peut prétendre à une responsabilité dans la société des hommes. L'individu exerçant son potentat sur la nature est une bien pénible constatation. À titre d'exemple, il est des êtres d'un niveau d'émergence primaire à la conscience fœtale que des engeances crapuleuses étayent pour la gouvernance des populations. Alors que des consciences en plénitude devraient assumer ce type de fonction, entendons par-là, celui ou celle qui serait parvenu, au cours de sa vie, à franchir le seuil de l'intuition sensible accédant à la transcendance de la pensée.

Tant que notre masse humaine croissante entretiendra cette addiction de consumériste exacerbé, nous opprimerons *la nature notre mère* et éliminerons, sans un sursaut de bon sens, tout ce qui ne nous est pas directement profitable. Cela, au détriment de la flore et de la faune, lesquelles ont autant de droits que nous à revendiquer la vie planétaire.

Aujourd'hui, nous festoyons joyeusement, bien... profitons-en ! Nous en sommes au dessert sucré, c'est l'addition qui risque d'être salée !

Non seulement nos enfants n'auront pas participé au festin, mais à la présentation de la note... ce sont eux qui devront payer !

Reprenons le cours de nos pensées Primosophiques. Si le mot « **poisson** » fait 315, il faut peut-être chercher la raison de **153**. Et si les 4 éléments **Eau, Terre, Air, Feu** nous déçoivent par leur banalité apparente, avec le mot « **élément** » précédant chacun d'entre eux, l'ensemble s'illumine du nombre **1234**, ce qui nous fait apprécier et même « **aimer** » = **1 2 3** ce genre de correspondances.

Si la « mère » identifiée au « cercle » fait 110, il ne faut pas s'étonner que le « père » identifié au feu (triangle dans le cercle) fasse 120, car 3 fois 120 font le mot « Pyramidion = 360 ». Si le pain « 10 » fut partagé en 12, c'est que le rappel du mythe originel doit y être pour quelque chose.

Quant à la « **lumière 23** » associée à « **Dieu 102** », elle devient la beauté même **333** ! Bref, laissons le soin au lecteur de découvrir, le long de ces sentiers numérisés, les petits arcanes des jardins du temple. Toutefois, il ne s'agit pas tout à fait d'un jeu, ce que les plus éclairés d'entre nous réaliseront aisément. Si en vos noms et prénoms usuels vous découvrez un nombre qui n'a pas pour vous de signification, cela ne veut pas dire qu'il en est démuni, mais que son véritable sens sera plus long à découvrir. Nous vous conseillons de lier votre nom, avec des mots qui ont pour vous un intérêt ou un sens particulier. Peut-être serez-vous très surpris de constater des affiliations singulières, sur lesquelles vous devrez réfléchir.

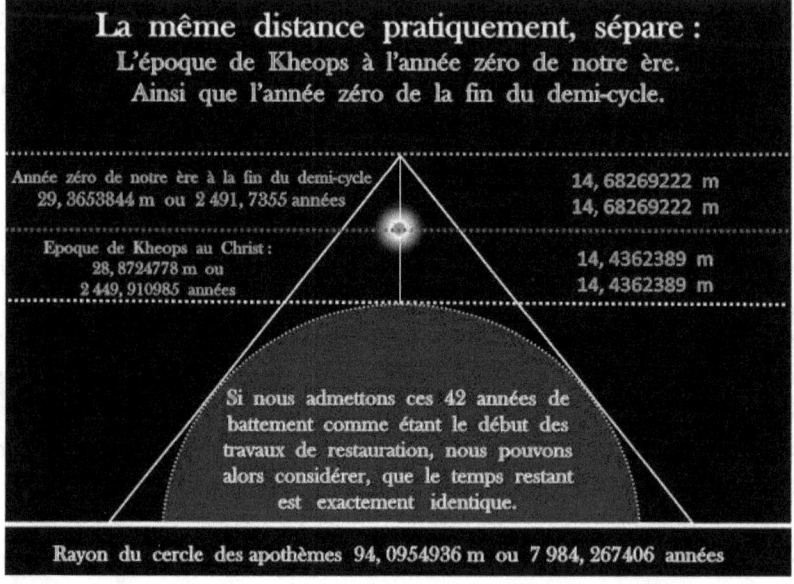

Les nombres sont à la base du créé. Élevons en dignité notre conscience jusqu'aux arcanes de **la raison de vivre**.

L'étoile à 6 branches est dans le cercle, le cercle est dans le Soleil, le nombre d'OR nous l'affirme. C'est la première phase du « Grand Œuvre Alchimique ».

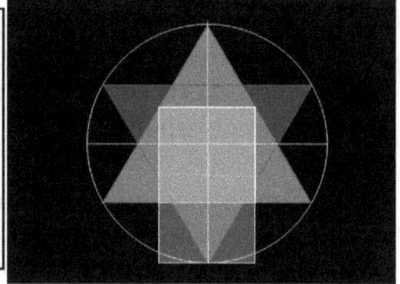

Le Nombre " 102 "

*L'homme est une innocence,
égaré dans le labyrinthe du discernement !*

Nous avons souvent mentionné tout au long de ces pages le nombre « **102** ». En vertu d'un Principe de référence nous attribuons sa symbolique à **Dieu**. L'option n'a pas le caractère gratuit que l'on trouve fréquemment dans ce genre de numérotation.

« **Les Nombres Premiers** » véhiculent des propriétés particulières. Ils s'érigent en une structure ancestrale attachée à la valeur du verbe, laquelle a pour fonction, de révéler un aspect du sens caché des choses. Une majorité d'entre nous ont pu être amenés à penser que les mots ont pour origine les jardins de la coïncidence, et que leur étymologie la plus lointaine pourrait se déterminer par des idéations de caractère spontané. De ce fait, les mots ne sauraient receler quelques subtilités originelles et moins encore de secrètes concomitances avec la gnoséologie des mystères. Cependant, si notre lecteur à l'esprit en éveil, nous le prions de réfléchir à ces fameuses coïncidences : Concédons à ce que les vingt-six lettres de l'alphabet s'inscrivent dans les **100** premiers » **Nombres Premiers** ». Ainsi que nous venons de le constater, le mot « **Dieu** » serait défini par les valeurs suivantes : D-5- I-19- E-7- U-71- = 102

1	0	2
SHOU -1	ATOUM – 0	TEFNUT - 2
Principe masculin	Androgynie	Principe féminin
Le Créé	L'Incréé et le Créé	Le Créé
Le Nombre	**Le Verbe Lumière**	**La Géométrie**

Les chapelets de tradition qu'utilisent les musulmans sont composés de 3 fois 33 grains + 3 de séparation, soit **102 grains** = 1 + 2 = 3.

Par ailleurs, nous avons écrit que la matière incarnée par **Lucifer** représentait le nombre « **201** » soit l'inverse de « **102** ».

Or, il est dit que : **Dieu** a missionné **Lucifer,** « *le porteur de lumière* », pour ordonnancer la matière en ce monde. Si nous prélevons en ce nombre, l'essence, puis la quintessence du mot « **Dieu** », nous relevons les résultats suivants :

D	5	5	5		
I	19	10	1		2 + 1 = 3
E	7	7	7		
U	71	8	8	Total 21	Lucifer **2** 0 **1**

Il ne manque que le subtil « **O** » de l'**incréé** pour **créer**. Cet examen démontre que **l'Archange Lucifer** a dû compléter à l'aide de son nom (implication dans la matière) la trilogie du zéro divin. Rappelons que le mot « **Lucifer** », signifie « *porteur de lumière* », ce *porteur* ne peut se manifesté dans la lumière existante, mais seulement dans les zones obscures, autrement dit, dans la difficulté, si ce n'est la souffrance. Son rôle est donc de soumettre les incarnations humaines à l'épreuve, car c'est uniquement devant l'obstacle que se révèle, se restaure ou se dimensionne « la conscience », c'est pourquoi par méconnaissance, Lucifer est si souvent assimilé à Satan, le « sa-ta » serpent de l'Égypte Ancienne. Les résultats cumulés, donnent **21 + 30 = 51 = 6**. « **51** » représente le nombre de degrés établissant les angles de base de la Grande Pyramide. Nous remarquons que le chiffre « **3** » s'impose dans les deux cas et que le chiffre « **6** » procède à l'union finale**.**

L	31	4	4		Total de la première ligne verticale
U	71	8	8		
C	3	3	3		**201**
I	19	10	1		
F	11	2	2		L-31-U-71-C-3-I-19-F-11-E-7-R-59-
E	7	7	7	Total	
R	59	14	5	30	Quintessence de Lucifer = 30 = 3

« **Il créa 6** » (premier mot de la bible), vu autrement, « **le 3 divin** » crée un double inversé qu'il missionne en la matière. La coudée égyptienne de **0,5236** se manifeste elle aussi par le « **6** », souvenons-nous, lorsqu'elle est multipliée par ce nombre, elle révèle π **3, 1416**.

Il nous faut rappeler le mot araméen « ABBA = 6 », qu'utilisait Jésus pour désigner son Père Spirituel « DIEU » et la signification numérale de celui-ci en Primosophie.

Reprenons le tableau de la page précédente concernant le mot « **Dieu** » et additionnons pour résultat, les trois colonnes de chiffres s'y rapportant ; (horizontalement) 15 + 30 + 21 + 87 = « **153** ».

Ce nombre nous évoque « **les 153 gros poissons** » des évangiles. Or, depuis des temps immémoriaux, l'effigie symbolisée du poisson est liée au divin, nous retrouvons « **le poisson** » dans la plupart des mythologies et notamment dans le tracé des **caractères runiques** représentant le nombre que nous attribuons à Dieu.

Un tiret horizontal, le « **1** » des Runes, représente également dans les traités scientifiques Chinois le chiffre « **1** » en son aspect allongé ou debout (le Yang).

» 1 » c'est également le chiffre du dieu Shou, chiffre premier de la création.

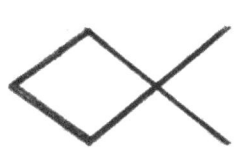

Un poisson dans l'**O** a avalé le fruit de la connaissance. Il est prévu qu'il régurgitera une partie de ses secrets à la fin du signe, lorsque nous serons sur le point de verser « *l'eau du Verseau* ».

Une pyramide, les « **2** » arêtes pyramidales émergent de l'étalement de la Terre, comme une symbolique d'importance primordiale.

Le mot DIEU en Celte se prononce « **Youne** ». Ce qui n'est pas très éloigné du « **Noun** » égyptien. Il est évocateur de l'incréé, il va du « **O d'Atoum** » aux **3 rayons**  de « **Râ** ».

Nous pouvons constater la troublante concordance qui existe entre, les caractères runiques, ayant pour signification le nom de l'être ineffable, créateur de toutes choses, « **IOW** » et le nombre » **102**», extrait des nombres premiers.

La chose nécessiterait-elle un esprit zélé pour assimiler la morphologie du « **1** » au « **i** », celle du zéro au « **o** » et celle du « **2** » au double « **V** » ? Nous avons déjà décrit combien est judicieux la décomposition de ce nombre 102, représentatif du premier acte de la création, le zéro étant placé entre ses deux principes d'évolution, Shou pour les nombres et Tefnout pour la géométrie.

Nous sommes certains que ces deux éléments mentionnés, à la base du processus de création, ont un pouvoir de synchronicité quantique que nos scientifiques commencent seulement à envisager comme une réalité incontournable.

NOMBRE	**DIEU**	**PROVENANCE**	**SYMBOLIQUE**
102	En langue française	Primosophie des nombres premiers	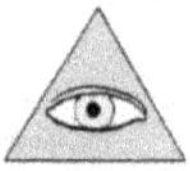
IOW	En alphabet classique	Mythologie des peuples Celtes	
	En alphabet runique	Alphabet runique Futhark	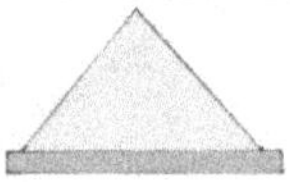

I O W = DIEU. Alors que chez les Hittites, « **DIEU** » était représenté par le hiéroglyphe « aimanté » ci-contre :

*« La science a fait de nous des dieux,
avant de faire de nous des hommes. »* Jean Rostand

CONCLUSION

Les scientifiques aujourd'hui n'ont plus la même vision que leurs ainés des principes existentiels, beaucoup d'entre eux étaient naguère obnubilés par le darwinisme. Cette discipline leur apparaissait être le dénouement de tous les problèmes relatifs à la biophysique sur l'évolution des espèces. Certes, il en est qui n'ont pas quitté « le Beagle » et brandissent encore les pinsons des Galápagos. Mais les moins conformistes constatent que les découvertes successives de ces dernières années sont à même de restreindre « les logiques » admises au premier degré. Ne faut-il pas tenter de pénétrer des domaines plus subtils ayant trait à la conception de l'univers ?

Des études de pointe, réalisées dans des spécialités telles que le nucléaire, l'astrophysique, la neurologie et la métapsychologie, tendent à le prouver, expériences à l'appui. Il est vrai que les déductions hors contexte qui émane de ces résultats, s'avèrent dérangeantes pour les « conformistes », dont le général De Gaulle disait « *Ceux qui cherchent on les trouve, mais ceux qui trouvent on les cherche !* »

Si les dérives lucratives d'intérêt commercial ne favorisaient pas une généralité de prébendiers en rupture d'idéaux, nous vivrions cette merveilleuse union de la connaissance ancestrale et du savoir contemporain. C'est la seule réconciliation qui aurait quelques chances de conduire notre civilisation vers une réforme de bon sens, face à l'inconséquence de cette mondialisation aux accents de rentabilité dogmatique légiférée par l'international establishment. Hélas, craignons que ce ne soit que rêves éveillés.

Citons tout de même quelques-uns de ces résultats, qui vont dans le sens de nos inspirations :

Les 10 000 milliards de décimales atteintes par deux mathématiciens japonais concernant *le nombre Pi*, dont nous avons fréquemment cité les bouleversantes ramifications. Ce nombre irrationnel (Lambert 1761) et transcendant (Lindemann 1882) était parfaitement connu des hiérarques de l'Égypte protohistorique. Nous en donnons la preuve à longueur de texte ici et ailleurs, l'estimation de 16/9² découverte dans le papyrus Rhind n'est pas une attestation de méconnaissance de la Grande Prêtrise. Cette approche de Pi s'avérait largement suffisante pour les travaux ayant trait à la vie quotidienne, ce n'est qu'avec le 22/7 d'Archimède que ce nombre tendit à s'affiner et se vulgariser. Pi, tel que nous le pratiquons, était considéré par les Grands Hiérarques, comme un secret à acquérir, π n'avait pas été par eux découvert, mais il était une révélation multimillénaire de *la Grande Tradition*. À ce titre, il était tenu tabou et n'avait de raison pratique que dans la réalisation d'édifices sacrés ou les phases d'enseignements réservés à l'adeptat.

Aujourd'hui, les logiciens, fer de lance de la recherche, considèrent que *le hasard n'existe pas en mathématique*. Puisque les mathématiques, consciemment ou non, conduisent les dispositions de l'Univers, nous comprendrons que l'avancée en matière de psychologie est déterminante. Les nombres, considérés jusqu'ici aléatoires, résulteraient de formules démontrables, parfois complexes, mais nullement hypothétiques. Le mot « hasard » souvent attaché à nos existences dans son aspect le plus minoratif, n'aurait donc pas le sens cocasse ou récusable que certains lui prêtent. Il prend soudainement chez ses détracteurs la figure péjorative de « *l'incompétence à formuler un avis* », ce qui est tout autre chose.

Il y a aussi ce que les physiciens appellent les « *inégalités de Bell* ». L'expérience repose sur des particules ayant eu à tel moment une proximité commune. Si pour des raisons diverses, elles se trouvent éloignées l'une de l'autre, même considérablement, le constat est établi qu'un *phénomène de simulation naturel les relie à jamais*. Il est en effet désormais possible de constater une parfaite synchronicité de comportement de ces *« unités expérimentales »*, quelle que soit la distance qui les sépare. Cette annihilation de l'effet distance qui nous apparaissait, hors les ondes radioélectriques, impossible à imaginer, se trouve être inscrit dans la nature depuis la création du monde. La question jaillit alors de l'obscurité, l'Univers serait-il assujetti aux formules mathématiques ? À l'instar de ce que pensait Platon, si « *Tout ce que Dieu crée possède un caractère mathématique* », nous ne sommes plus très loin d'une autre conception des choses. Il est un fait que cela entrouvre les portes jusque-là dûment scellées par la suspicion en matière de télépathie et autres mystères métapsychiques.

Nous citerons parmi ces insolites découvertes, les recherches effectuées sur l'origine de l'Univers, principalement sur ce que nous appelons dans nos ouvrages « *les aithérons* » (Shou – Tefnou) et que nous dépeignons comme des éléments mobiles s'étendant à la limite de l'inframonde. Les aithérons seraient composés de particules semi-virtuelles de caractère numérique et géométrique, capables, lorsqu'ils sont exposés à incident, de s'associer par effet de réciprocité ou de complémentarité. Selon nous, ils constitueraient les éléments initiaux de la matière perceptible, et leur mouvante plénitude meublerait notre Univers concevable. Les physiciens aujourd'hui définissent ces « pseudo-éléments » sous le vocable de supersymétrie ou « *champ scalaire* ». Ils subodorent leur existence comme étant antérieure à l'étincelle génératrice du fameux Big Bang, lequel nous le savons, se situe à l'origine de la matière organisée. Nous sommes d'accord avec cette analyse, l'inconvénient, c'est qu'il est peu probable que nous puissions un jour concrètement le vérifier, si ce n'est par des formules spectrales de déductions. C'est vraisemblablement par des recoupements d'influences, dont le fameux « boson d'Higgs » nous donne un aperçu, que nous pourrons envisager sérieusement cette éventualité. Nous pourrions citer d'autres exemples, ce n'est pas dans les desseins de cet ouvrage qui se veut avant tout une tentative de lien entre une époque ancestrale, considérée chimérique, et une physique nucléaire en complète mutation. Aujourd'hui la science expérimentale n'est déjà plus ce qu'elle était, elle s'approche lentement de cette humilité qui caractérisait jadis le grand savoir. Souhaitons que dans un futur proche, elle s'accorde pour le bien de tous à *la connaissance traditionnelle*.

Merci cher lecteur de votre attention.

Déjà parus

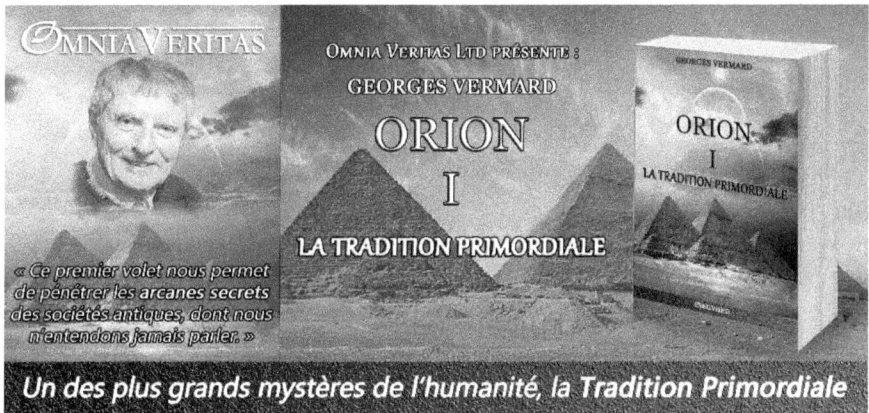

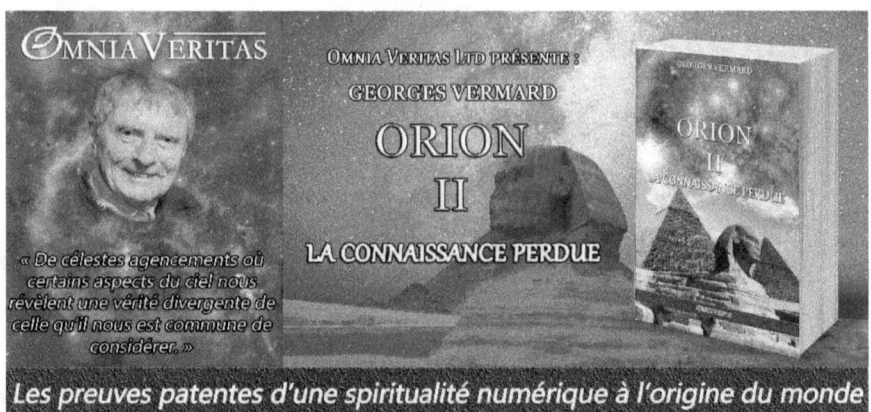

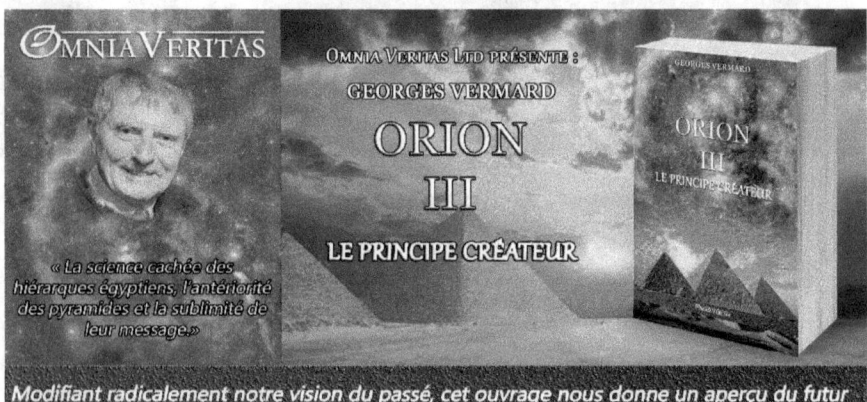

Georges Vermard

www.omnia-veritas.com

www.ingramcontent.com/pod-product-compliance
Lightning Source LLC
Chambersburg PA
CBHW071311150426
43191CB00007B/587